国防科技大学国际关系学院政治学丛书

变动世界中的大战略缔造

葛汉文 著

江苏人民出版社

图书在版编目（CIP）数据

变动世界中的大战略缔造 / 葛汉文著. —南京：
江苏人民出版社，2024.3
（国防科技大学国际关系学院政治学丛书）
ISBN 978 - 7 - 214 - 28763 - 2

Ⅰ.①变…　Ⅱ.①葛…　Ⅲ.①国际政治-文集　Ⅳ.
①D5 - 53

中国国家版本馆 CIP 数据核字（2023）第 217870 号

书　　　名	变动世界中的大战略缔造
著　　　者	葛汉文
责 任 编 辑	史雪莲
装 帧 设 计	许文菲
责 任 监 制	王　娟
出 版 发 行	江苏人民出版社
地　　　址	南京市湖南路 1 号 A 楼,邮编:210009
照　　　排	南京紫藤制版印务中心
印　　　刷	江苏凤凰扬州鑫华印刷有限公司
开　　　本	652 毫米×960 毫米　1/16
印　　　张	24.5　插页 2
字　　　数	320 千字
版　　　次	2024 年 3 月第 1 版
印　　　次	2024 年 3 月第 1 次印刷
标 准 书 号	ISBN 978 - 7 - 214 - 28763 - 2
定　　　价	98.00 元

（江苏人民出版社图书凡印装错误可向承印厂调换）

序

当今世界,正历经"百年未有之大变局"。在经济全球化、区域一体化浪潮席卷全球、世界主要国家或区域间的相互依存态势已然成为几乎坚不可摧的国际政治经济现实之后,进入 21 世纪第二个十年以来,仅仅短短数年之间,无论世界形势、国际关系、群体意识乃至普通人心,皆逢剧变。

国际体系方面,主要归因于世界主要国家实力对比的显著调整,冷战结束后形成的主要以"一超多强"为特征的国际权势结构,在诸多事实和变量的冲击下早已震荡不断,而与之互为因果——世界主要权势力量之间持续 30 余年的和平乃至有限度的合作关系,在很大程度上亦已为彼此竞争、对立、对抗甚至冲突所取代。

国际经济方面,冷战后高歌猛进的经济全球化,如今在极度广泛的范围内,遭遇到空前的抵制声浪。甚至在一些最因全球化而得益的国家社会内部,国际经济合作和全球经济分工也被当作前述国家经济社会问题孳生的"替罪羊"。在经济整体下行背景下,经济民族主义和保护主义开始广泛盛行,"脱钩""断链"之说甚嚣尘上,"贸易战""能源战""科技战""芯片战"此消彼长。

I

国际政治方面,距里根"邪恶帝国"演说尚不足 40 年,意识形态鼓噪亦开始伴随国际体系的强烈振荡而借尸还魂。在"霸权诱惑"驱使下,部分国家企图复制其半个多世纪之前的做法,公开渲染国际政治身份差异,全力煽动观念的对立与对抗,国际社会因意识形态异同而逐步显现的阵营化、集团化、敌对化趋向也因此愈发显著,"新冷战"即将降临(甚至已经到来)的预言乃至论断不绝于耳。

非传统领域方面,主要以新冠肺炎疫情的全球扩散为代表,诸多新型安全挑战迅速且紧密地显现,不仅使得人类为此付出成百万规模的生命之代价,而由此引发的恐惧、偏见、歧视和隔阂,亦极度放大了很多国家、社会和民众之间原本已然存在的分歧乃至敌意,这更为未来国际形势发展蒙上一丝不祥之意。

当然,以上事实、事态或趋势绝非近五六年间而骤然显现,其根源恐怕早于冷战结束前后便已种下;然而短短数年之间,此类事态、事实和趋势相续爆发,影响彼此牵连叠加,不仅直接引发"地缘政治破碎地带"传统安全形势的加速恶化,同时在世界范围内亦极大催生国际政治竞争的空前加剧。失序、混乱、对抗、冲突已经成为当前国际关系的日常,大国之间的战争(甚至核战争!)也已变得并非完全不可想象。

正是在上述事实、事态、趋势的连续冲击下,几乎所有的国际观察家现今均不得不承认,冷战结束后形成的国际政治经济体系已然出现了具有历史性意义的巨大变动,人们所熟悉的传统国际格局行将崩塌,或者已经正处于崩塌过程当中。在这种为愤懑、狂喜、紧张、燥动、绝望相交织的整体氛围推动下,当今世界几乎所有的国际行为体均不得不反复求索其自处之道:有公开鼓吹实力自助,本国"优先"者;有选择以武力破局,以期一举扭转颓势者;有惊恐未定,进而选择搭车取暖者;更有心怀险狠鬼蜮,煽动鼓惑挑唆,试图借机渔利者!

"周虽旧邦,其命维新。"作为人类历史最为悠长的不间断文明,中国在历经40余年的高速发展之后,在经济实力、科技实力、国防实力、文化实力和国际影响力等各个方面正急速地进入世界顶尖国家之列,中国正在前所未有地靠近世界舞台中心!这一在当今时代甚至在世界历史发展中亦属少见的伟大成就之取得,当然体现出中国大战略缔造总体上所取得的巨大成功。但另一方面,作为其后果,如此规模和快速的大国兴起肯定已经且仍将对现有国际政治经济体系(至少是对国际权势结构)造成一种持续的、非线性的、复杂叠加的深刻影响。鉴于当前国际政治经济体系为西方国家(欧洲及其文明旁支)所构建、规范和主导已历几个世纪之久的事实,因此未来中国的发展完全可能不止一次地遭遇克劳塞维茨所反复强调的"敌对情感和敌对意志"的严峻挑战!

出于以上原因,完全可以预料:在当前及未来一段时间里,正处于发展关键阶段的中国所面临的内外部安全挑战,在规模、范围和复杂程度上均将与先前出现显著之不同。在如此变局、乱局、危局面前,兼具深厚文化底蕴和现代物质文明成就的当下中国,亦完全可以预料,其大战略的选择和缔造,不仅对中国自身的发展走向作用颇巨,更将对地区安全、国际关系乃至人类命运发挥关键性影响。

本书共编入20篇文章,系作者近五年来有关国际政治和战略理论问题思考的一个小结。按内容,本书编成"守成国家的战略彷徨""兴起国家的战略经验""中小国家的战略选择"及"退向未来:新时代与旧路径"等四个部分。在国际权势体系出现较大规模变动背景下,本书力图通过对历史和现实的比较,梳理并探讨大战略缔造的若干关键因素及学理线索,评估守成国家战略实施的特征与成败,总结兴起国家战略缔造的历史经验与当代议题,分析中小国家的战略传统与可能取向,并借此探讨国际权势体系及全球安全在未来若干年内可能出现的变动样式与演进方向。

古人有云，"盛衰之理虽曰天命，岂非人事哉！"20世纪40年代，时值我民族气运空前衰微之际，面对日军汹汹铁蹄，冯友兰先生如是写道："我国家民族，值贞元之会，当绝续之交，通天人之际，达古今之变，明内圣外王之道者，岂可不尽所欲言，以为我国家致太平、我亿兆安心立命之用乎？虽不能至，心向往之。非曰能之，愿学焉。"80年后，在风云激荡的世界大变局面前，体察历史大势，探究中国大战略缔造的应循之道、振作之机和权变之策，更是现下中国学者最需关注的重大议题。当然，受水平和眼界局限，书中谬误疏漏之处，在所难免，敬祈学界同人不吝大加斧正。

是为序。

目 录

第一部分　守成国家的战略彷徨

"拒绝衰落"与"美国要塞化":特朗普的大战略 *

　　作为当代国际政治经济体系中首屈一指的超级强国,从 20 世纪 30 年代以来,美国大战略(grand strategy)的制订与实践便一直是推动当代国际政治经济以及国际安全形势演进的关键性变量,尤其是美国大战略在 20 世纪当中至少三次具有转折性意义的大转型,在极为显著地影响了 20 世纪世界历史走向、促动当代国际政治中诸多大事件、大趋势显现与成型的同时,亦为大战略理论提供了若干经典案例。[①] 当 21 世纪第二个十年行将结束之际,主要是 2017 年 1 月共和党人唐纳德·特朗普(Donald Trump)就任美国总统以来,尤其是推出的新版《美国国家安全战略》报告,其极具个人风格的政策表态加之当前美国安全战略中一些显著变化,在不断激起美国国内及国际社会巨大争议的同时,也引发了战略学界的普遍疑问,即:当前的美国是否要从根本上调整冷战后美国已延续近 30 年的大战略?特朗普一再宣示的"美国优先"(America First)原则是否代表美国正准备重返 20 世纪 30 年代的孤立主义路线?考虑到美国在当今世界中依然保有的超强国力及其对世界事务的重大

＊　原文发表于《国际安全研究》2018 年第 3 期。
①　20 世纪美国大战略的三次关键性调整分别出现于西奥多·罗斯福、富兰克林·罗斯福和杜鲁门执政时期。参见 William C. Martel, *Grand Strategy in Theory and Practice: The Need for an Effective American Foreign Policy*, New York: Cambridge University Press, 2014, p.209, p.244.

影响,对这一问题的解答对于判断国际安全形势发展乃至世界历史演进均具有至为突出的战略意义。

一、大战略理论与美国国家安全战略

尽管有学者将大战略的理论源头甚至追溯至 19 世纪初拿破仑战争时期战略理论家的归纳,但一般认为,现代意义上的大战略概念之提出及较为系统的理论建构,主要始于二战前后。[①] 尤其是在二战后国际安全形势急剧变动的宏观历史背景下,包括利德尔·哈特(Liddell Hart)、保罗·肯尼迪(Paul Kennedy)、柯林·格雷(Colin S. Gray)等人在内,诸多战略理论家通过弥补调和传统外交理论与军事战略理论在全面性上之不足,力图构建出一个能够统筹衡量战争与和平,将政治、经济、文化等诸项变量均纳入考察框架的总体战略理论体系,从而为那些具有地区性甚至世界性影响的强国(尤其是美国)在冷战的大搏杀中维持生存、巩固安全乃至最终胜出提供理论指引。本此目的,在 20 世纪下半叶,有关大战略的学理论说大量涌现,学术体系构建速度不断加快,其宏大的格局、视野和突出的政策实用性亦得到国际学术界和各国战略决策界的广泛关注。

尽管在此过程中,学界在大战略概念、可用资源的界定、原则手段与战略目标之间关系等诸多元理论问题上的分歧没有得到明显缓解甚至还在不断加剧;[②]但总的来看,大战略的要义和精髓,或者致力于回答的

---

① Lukas Milevski, *The Evolution of Modern Grand Strategic Thought*, Oxford: Oxford University Press, 2016, pp.15-16.

② 学术界在大战略概念方面最为明显的分歧,在于对大战略的目标与手段,尤其是政治和军事间相互关系的理解上。以美国当代战略学家罗伯特·阿特(Robert J. Art)为主要代表,狭义的大战略概念关注武力的运用或威胁运用如何与国家总体政治目标相协调。在他看来,所谓大战略就是"如何运用军事力量以实现对外政策的总体目标";然而,更为宽泛的大战略概念则强调在国家整体战略目标的界定下,"政治、军事、经济、技术、外交、思想文化和精神等"各类资源和手段的相互配合。见 Robert J. Art, *A Grand Strategy for America*, Ithaca: Cornell University Press, 2003, p.1; Hal Brands, *What Good is Grand Strategy? Power and Purpose in American Statecraft from Harry S. Truman to George W.*

中心问题，目前已经取得广泛的学术共识，即：国家如何本着生存乃至壮大之目的，较为平衡地运用战争与和平的手段，调节和指导本国（甚至连同其盟国）所有的军事、政治、经济和精神资源，以达成一个明确的、适度的和总体可行的宏大战略目标。或者正如当今最杰出的历史学家、战略学家和地缘政治学家之一杰弗里·帕克（Geoffrey Parker）所说，大战略致力于回答：国家如何将其设想的威胁、应对威胁的方式以及它为了使目的与手段相匹配而采取的步骤相互协调。而这种协调肯定"涉及整合国家在平时和战时总的政治、经济和军事目的，以维护长期利益，包括目的和手段的管理操作、外交以及军政两大领域内的国民士气和政治文化"①。从这个意义上讲，大战略是位于政治战略、军事战略、经济战略等其他战略类型之上的最高层次的战略，其重大意义在于它直接关乎一个国家的"路径、手段和目标"（ways，means and ends）。②

美国是战后大战略理论发展最重要的学术中心。值得关注的是，战后美国大战略理论研究的大勃兴，是与二战结束后美国在当代国际体系中超级强国地位的确立、巩固相伴随甚至互为因果的。包括乔治·凯南（George F. Kennan）、约翰·加迪斯（John L. Gaddis）、亨利·基辛格（Henry A. Kissinger）、兹比格纽·布热津斯基（Zbigniew Brzezinski）等人在内，战后美国诸多学界精英不仅在大战略理论建构方面做出显著的学术贡献，而且直接参与到战后美国国家安全战略的论证筹划过程当中。在政策层面，美国国会 1947 年通过《国家安全法》，成立以总统为首

Bush，Ithaca，NY：Cornell University Press，2015，p.3；Stephen G. Brooks and William C. Wohlforth，*America Abroad: the United States' Global Role in the 21st Century*，Oxford：Oxford University Press，2016，p.75；Stephen G. Brooks，G. John Ikenberry and William C. Wohlforth，"Don't Come Home，America：the Case against Retrenchment"，*International Security*，Vol. 37，No. 3，2012，p.11；Barry R. Posen，*Restraint: a New Foundation for US Grand Strategy*，Ithaca：Cornell University Press，2014，p.1.

① ［英］杰弗里·帕克：《腓力二世的大战略》，时殷弘等译，北京：商务印书馆 2007 年版，第 1 页。

② Peter Dombrowski and Simon Reich，"Does Donald Trump Have a Grand Strategy?" *International Affairs*，Vol.93，No.5，2017，p.1016.

的国家安全委员会,意味着美国大战略的筹划实施由此具备了制度性保障。而根据 1986 年《戈德华特-尼科尔斯国防部改组法》(*Goldwater-Nichols Department of Defense Reorganization Act of 1986*)中有关美国总统须定期向国会提交国家安全战略报告的规定,自 1987 年起美国政府先后出台了 17 份《美国国家安全战略》报告,更为分析美国历届政府国家安全政策的内容、实质进而预判美国大战略的走向提供了坚实的基础。①

　　部分由于美国学术界和决策界对大战略理论与实践的浓厚兴趣,二战结束后美国历届政府的国家安全政策中得以体现出一种清晰、连贯、系统的大战略设计。在冷战期间,这种大战略的基轴就是以杜鲁门主义为主要表现的遏制战略(Grand Strategy of Containment)。在战后国际政治经济形势发生根本性变动的背景下,在视国际政治为一场以美、苏为首的两个集团的全面竞争的前提下,杜鲁门主义以确保美国在战后国际体系中的"首要地位"(Primacy,或者说,就是霸权)为目标,以苏联为主要敌手,以"冷战加遏制"为战略原则,综合运用包括政治、军事、经济、外交、意识形态在内的诸多手段或手段组合,统率其全球同盟体系与苏联展开了一场世界范围内的竞争与争夺。当然,冷战时期美国的大战略,在逻辑、目标与资源之间的协调,各手段之间的相互配合等方面实际存在重大缺陷,而此类缺陷在部分时段的诸多历史事件(朝鲜战争、越南战争、古巴导弹危机)中亦得到突出暴露,并因此受到不少美国战略学者的尖锐批评。然而总的来说,尽管在资源动员和手段运用上不断有所调整,但以杜鲁门主义为基轴的美国大战略,指导了二战结束后美国近半个世纪之久的军事部署、海外介入、政府预算、外交、对外援助及与国际

---

① 美国政府文件中将国家安全战略直接等同于大战略。例如,美国国防部在《军事术语及相关概念汇编》中,将"国家安全战略"定义为"发展、运用和协调国家力量各组成部分,以达到巩固国家安全的目标"。而有关"大战略"的条目则"参见国家安全战略"。见 Department of Defense, *Department of Defense Dictionary of Military and Associated Terms* (*JP1-02*), Washington, D.C.: DOD, 2008, p.230, p.369.

组织的关系,并最终帮助美国赢得了冷战。①

　　苏联解体、冷战结束后,在主要对手消失、战略目标得到大体实现的情况下,以杜鲁门主义为基轴的美国大战略宣告失效。围绕冷战后或是21世纪的美国应当奉行何种替代性大战略,美国学术界展开了激烈争论,并得出了多种在战略目标、实施手段与资源动员等方面均存在显著差距的大战略类型供21世纪的美国进行选择。② 然而,从20世纪90年代以来美国主要政策行为看,一种名为"自由霸权"(Liberal Hegemony)的大战略主导了国家安全政策的筹划与实施。这种大战略延续了美国于二战后期就已确定的目标,即巩固美国的全球首要地位,实现"美国治下的","自由主义的世界秩序"(Liberal World Order)。③ 而其主要路径和手段,在于美国继续保持超强实力的同时,维持其全球同盟体系和基本为其所主导的国际体系的运转,在经济上推动开放的全球自由贸易以及在世界范围内拓展其意识形态。④ "自由霸权"的逻辑建立在两个相关联的假设基础上:一是美国压倒性的物质力量与其对"自由价值"的推广,将实际上阻止而非激化大国竞争和大国敌对;二是美国通过范围及于全球的同盟网络,为他国搭车提供激励,降低均势的花费。⑤

① Tim Kaine, "A New Truman Doctrine: Grand Strategy in a Hyperconnected World", *Foreign Affairs*, Vol.96, No.4, 2017, p.40.
② 巴里·波森等人提出包括:1.首要地位(Primacy,也即霸权);2.选择性介入(Selective Engagement);3.合作安全(Cooperative Security);以及4.新孤立主义(Neo-Isolationism)等四种大战略供新世纪的美国进行选择。见 Barry R. Posen and Andrew L. Ross, "Competing Visions for U.S. Grand Strategy", *International Security*, Vol.21, No.3, 1996, p.3. 更有学者归纳出八种大战略类型,即:霸权战略、全球集体安全战略、地区集体安全战略、合作安全战略、遏制战略、孤立主义战略、离岸平衡战略和选择性干预战略。见[美]罗伯特·阿特:《美国大战略》,郭树勇译,北京:北京大学出版社2014年版,第10页。
③ Jack Thompson, "Trump and the Future of US Grand Strategy", *CSS Analyses in Security Policy*, NO.212, 2017, p.1; Barry R. Posen, *Restraint: A New Foundation for US Grand Strategy*, pp.5-6.
④ Barry R. Posen, "The Rise of Illiberal Hegemony: Trump's Surprising Grand Strategy", *Foreign Affairs*, Vol.97, No.2, 2018, p.20.
⑤ Michael Clarke and Anthony Ricketts, "US Grand Strategy and National Security: The Dilemmas of Primacy, Decline and Denial", *Australian Journal of International Affairs*, Vol.71, No.5, 2017, p.480.

这种大战略无疑相信,在这个基本为美国所塑造和主导的世界秩序的巩固和延续过程中,美国自身的国家利益要么与之重合,要么会随之自然实现。

自 1992 年至 2016 年间,尽管冷战后美国各届政府在战略路径选择上有所侧重、在手段和资源运用上有所偏好,但"自由霸权"战略实际上在美国决策界已经达成了相当程度的共识:乔治·布什政府力图利用冷战结束之初美国全球独大之良机,推动一个为美国所主导、能够体现美国价值、确保美国利益的"新世界秩序"的出现;比尔·克林顿政府显示出与前任政府相当的政策延续性,虽然更多地强调"民主价值"的推广与多边主义;乔治·W.布什任内,美国偏重于向世界显示其国势的强大,尤其是军事实力的强大;而巴拉克·奥巴马政府则力图避免小布什时期那种过于简单的、严重依赖运用武力的政策倾向,侧重使用外交、经济手段和多边主义,审慎使用资源。① 典型的案例出现在 2008 年的总统大选当中,无论两党的自由国际主义或是新保守主义,其国家安全政策主张实质均建立在"自由霸权"战略基础上。三位主要的竞选人希拉里·克林顿、奥巴马和约翰·麦凯恩(John McCain)尽管不断置疑对手的政策主张,但在安全政策上具有惊人的相似性:他们均将巩固美国的全球首要地位和领导世界的责任视为理所当然,均将在全球范围内推广美国意识形态视为其天然的责任,他们都将包括北约在内的美国全球同盟体系的进一步强化作为应对恐怖主义、非政府行为体、"失败国家"和崛起强国威胁的必然手段。②

当然,也有不少美国学者批评道:冷战结束后美国再未能构建起一

---

① Michael Clarke and Anthony Ricketts，"US Grand Strategy and National Security：The Dilemmas of Primacy, Decline and Denial"，*Australian Journal of International Affairs*，pp.479 – 480.

② Barry R. Posen，*Restraint: A New Foundation for US Grand Strategy*，p.5.

个明确的、总体的、兼具前瞻性和可操作性的大战略。① 其结果，则是在其后近 30 年时间里，美国在没有大战略指引下，无目的地卷入多场冲突和对外干涉中去，虚耗了巨量国家资源：很多对外干涉是应急性的，并无深思熟虑，如索马里、海地、波黑、科索沃、阿富汗和伊拉克；而有些"理应介入"的事件，美国则选择了观望，如卢旺达、克里米亚以及最近的叙利亚。② 尤其是自 2009 年奥巴马上台以来，美国更历经了一个模糊不明的、缺少战略指导的阶段。在一系列难题（是否继续留在阿富汗和伊拉克？是否干涉利比亚和叙利亚？是否以亚洲为基轴重新定义对外政策？如何应对俄罗斯"吞并"克里米亚？是否继续推动北约东扩和扩大亚太同盟和伙伴国体系？是否继续新的贸易协定谈判?）面前，由于缺乏一个清晰的、可行的和平衡的大战略，美国被迫做出诸多反应式、"就事论事"的应对。尽管此类做法，不少可能如奥巴马所说的——"不会犯太过愚蠢的错误"，但由于缺乏对战略目标的总体把握，因此美国难以从诸多挑战面前"动员最适当的资源"，"寻求最佳的化解方案"。其后果，使得美国"正在失去全球领导能力"，并且不止一次在"海外陷入困惑"。③ 正是出于这种担忧，在一些美国学者看来，大战略的模糊或者缺失才是当前美国面临的最大危险。在 20 世纪里，正确的大战略方针已使得美国取得了世界历史中"最如日中天"的成就，而当前的美国更是"迫切需要制订一项清晰明确的大战略"，以谋略来补充力量的不足，从而"在美国霸

---

① 包括罗伯特·阿特、彼得·多姆布洛夫斯基（Peter Dombrowski）、蒂姆·凯恩（Tim Kaine）、理查德·伯特（Richard Burt）等人在内，很多美国学者或政界人士均表达出这种观点。见罗伯特·阿特：《美国大战略》，第 2 页；Peter Dombrowski and Simon Reich, "Does Donald Trump Have a Grand Strategy?" *International Affairs*, p.1016; Tim Kaine, "A New Truman Doctrine: Grand Strategy in a Hyperconnected World", *Foreign Affairs*, p.40; Richard Burt, "A Grand Strategy for Trump", *National Interest*, Vol.149, No.3, 2017, p.5.

② William C. Martel, *Grand Strategy in Theory and Practice: The Need for an Effective American Foreign Policy*, p.1.

③ Tim Kaine, "A New Truman Doctrine: Grand Strategy in a Hyperconnected World", *Foreign Affairs*, p.41.

权之后的年代里增加符合美国利益的各种机会"。[1]

二、"美国优先":特朗普的大战略

大战略之谋划必须回答以下诸项关键性问题,即:国家的总体战略目标是什么? 为实现此类目标有哪些资源可用? 国家准备以何种方式使用这些资源从而达成总体战略目标? 与上述问题密切相关的还有:这个国家的核心利益是什么? 如何判断这个国家的内外部环境? 如何界定这个国家面临的安全威胁及其严重程度? 以及最后也是非常关键的,怎样判定这个国家的敌手与伙伴? 一项大体成功的大战略必须对以上问题给出明确的回答。[2] 当然,也必须承认,构建一个深思熟虑、细致系统并且行之有效的大战略,在国际政治实践中何其之难:历史上出现的每一项大战略几乎都天然存在逻辑上的瑕疵,从指导原则到行动皆是。与此同时,由于各种制约因素的存在,政策决策者在战略筹划和实施方面的选择实质上极为有限,而一个国家所设计的大战略与其实施过程,也即"言"和"行"之间更可能存在巨大的差距,一些在历史上已宣告大致成功的大战略亦是如此,尽管这并不意味着大战略构建之无效用甚至无必要。

自 2017 年 1 月 20 日共和党人唐纳德·特朗普(Donald Trump)就任美国总统以来,美国大战略似乎开始发生重大变化。尤其是 2017 年 12 月美国政府出台新版《美国国家安全战略》,将特朗普于竞选期间和就任之初诸多远非完整,并多带有颠覆性意义的政策主张进行了较为系统的表述,描绘出以特朗普标志性的、以"美国优先"为总口号的当前美国国家安全政策的基本框架。此中透露出的有关当下及未来一段时间里美国在战略路径上的大幅调整,不仅对当下美国国家安全政策构成显著

---

① 罗伯特·阿特:《美国大战略》,第 1 页。

② William C. Martel, *Grand Strategy in Theory and Practice: The Need for an Effective American Foreign Policy*, p.1.

的影响,而其中所昭示出的与奥巴马政府乃至冷战结束后历届政府大不相同的精神取向,可能标志着一个全新美国大战略的出台。

在战略目标上,与冷战后甚至二战后美国历届政府实质上并无二致,特朗普依然强调维持巩固美国的全球霸主地位,即美国在世界上的"首要地位"以及"对世界的领导"。① 但与其前任各届政府,尤其是与冷战结束之初美国国内对于其霸权地位的极端乐观主义论调出现了异常显著的改变,特朗普政府对当下世界的理解,是一种悲观的、前途黯淡的且大不利于美国的场景。这一场景是自冷战结束以来所仅见,已经并且仍将对美国利益构成前所未有的挑战。在构成这些挑战的来源当中,既有具备足够能力和意愿对美国内外部利益形成威胁的所谓"修正主义大国"(revisionist powers),如中国、俄罗斯;也有所谓的"流氓国家",如朝鲜和伊朗;还有包括恐怖主义组织及跨国犯罪集团在内的、对美国怀有极大敌意的各类跨国行为体。② 值得注意的是,不同于冷战后美国以往各届政府提出的、范围相当广泛的威胁来源,特朗普政府所列举的所谓"威胁"主要集中在军事、经济领域,极度关注此类威胁所触发的安全挑战及对美国国家利益乃至世界"首要地位"的影响。③

尤其是中国、俄罗斯等大国,其实力的快速发展引发了特朗普政府的极度关注。一反其在刚刚结束的访华行程中的温和表态,特朗普在新版《美国国家安全战略》中将中、俄与伊朗、朝鲜等"流氓国家"以及恐怖主义组织一同定义为美国的"竞争者",认为此类竞争者正在系统地挑战美国的"实力、影响和利益",在军事、政治、经济等各个方面"侵蚀美国的安全和繁荣","意图塑造一个与美国价值观和利益背道而驰的世界"。

---

① The White House, *National Security Strategy of the United States of America* (2017), Washington, D.C.: The White House, 2017, p.1.

② The White House, *National Security Strategy of the United States of America* (2017), pp.2–3.

③ 例如,奥巴马政府于2015年发布的《美国国家安全战略》中,列举了美国面临的包括暴力极端主义、恐怖主义、网络安全、地缘政治、气候变化、疾病传播在内的范围广泛的威胁来源。见 The White House, *National Security Strategy of the United States of America* (2015), Washington, D.C.: The White House, 2015, p.1.

特别是中国,近年来"中国试图在印度-太平洋地区取代美国,扩大其国家主导的经济模式的势力范围,并以对它有利的方式改写地区秩序"。为此,特朗普提出美国必须反思近20年来主要针对中国的政策——"接触竞争对手(中国)、将其纳入国际机构和全球贸易,从而使其成为良性参与者和可信赖的合作伙伴"的政策,"已经被证明是错误的"。[1] 特朗普对中国"竞争者"的定义,似乎意味着美国将放弃其长期以来鼓励中国融入现行国际体系从而使其成为"负责任的利益相关者"(responsible stakeholder)的政策,极有可能成为两国关系发展中一个极具里程碑意义的重大事态。[2]

在这种战略判断基础上,特朗普政府号称将"美国优先"或者"优先考虑美国利益"作为当下美国及未来一段时间政策制定的主要考虑。在此基础上提出"(1)保护美国人民、国土及生活方式,(2)推进繁荣,(3)通过实力维护和平,(4)提升美国国际影响"等所谓四大支柱,试图以此作为应对美国"在全球范围内面临的日益增长的政治、经济和军事竞争"的战略手段。[3] 此类极具实用主义色彩的政策举措,以维系美国在国家实力上的超强地位及对比其他权势在力量上,尤其是在物质力量上的绝对优势为目标,多集中在直接关乎美国"硬"实力(hard power)指标的关键战略领域,如军事技术与军费投入、国内经济指标、国防工业、科技创新、新兴领域等方面。因此,特朗普的战略大致是一个较为内向的政策设计,主要关注自身的实力发展,即"通过实力维持和平"。在经济方面,提出美国必须"重建经济实力,恢复对美国经济模式的信心",尤其是重振美国的国内经济,促进"自由、公平和互惠的经济关系",以及可能

---

[1] The White House, *National Security Strategy of the United States of America* (2017), p.2, p.25, p.3.

[2] William Inboden, "A Comprehensive Roundtable on The National Security Strategy", 2 Jan. 2018, https://warontherocks.com/2018/01/comprehensive-roundtable-national-security-strategy/.

[3] The White House, *National Security Strategy of the United States of America* (2017), pp.1 - 4.

最为迫切现实的、抵制所谓的"不公平贸易"。在军事方面，强调美国必须保持绝对的武力优势，重点推进国防工业技术创新、扩大军队规模和经费投入，维持一支具有绝对优势、训练有素、常备不懈的军队，从而"在充足的时间内打败敌人，巩固军事成果，并且能够持续保护美国人民和美国的核心利益"。因此，该战略以美国权势力量，特别是军事力量与经济力量的再强化为核心，以建设一个"国内安全、繁荣和自由、拥有力量、信心"的美国作为其"领导世界"的前提和基础。[①]

至少从文本上分析，这种以"美国优先"为口号，以经典现实主义的"自助"（self-help）原则为基轴，极力强调强化美国自身实力的论调，实际上标志着美国安全政策中单边主义倾向的剧增，这与奥巴马政府国家安全战略及政策实践当中体现出的"多边主义"形成了鲜明的反差。[②] 特朗普本人对国际机制和国际组织抱有几乎天然的怀疑态度，他视目前存在的很多国际机制均被所谓的"独裁国家"主导并且大不利于美国。尤其是联合国，在他看来，这个由美国带头创建、美国长期提供大额经费支持、在国际关系发展中具有标志性意义的国际组织，早已为那些"对美国充满敌意的国家"所利用，"正在损害美国的利益"。[③] 特朗普甚至认为一些主要为西方国家（其中很多都是美国盟国）所主导的国际机制（如全球

[①] The White House, *National Security Strategy of the United States of America*（2017），p.1，p.19，p.25，p.29.

[②] 无论在文件层面还是在具体对外战略运行中，奥巴马政府一直强调"领导、强化"同美国盟国、伙伴国乃至其他对象国之间的合作，以共同应对所谓的"挑战"，如领导反恐同盟以打击恐怖主义组织和势力、推动欧洲盟国在克里米亚危机之后发起对俄罗斯的制裁、实施"亚太再平衡"以强化其亚太地区同盟体系，以及在全球问题治理、核不扩散、网络安全的国际合作等方面。见 The White House, *National Security Strategy of the United States of America*（2015），p.3.

[③] 特别突出的例子包括：在2017年12月6日美国宣布承认耶路撒冷为以色列首都，并将驻以色列大使馆迁往耶路撒冷而导致在联合国内受到普遍谴责后，特朗普对在联合国大会投票反对美国的国家发出威胁："我们省钱了，我们不在乎。美国过去给这些国家数千万美元援助，但这些国家却投票反对美国，这种事不会再发生了。"见 Peter Beaumont, "Trump Threatens to Cut Aid to Countries over UN Jerusalem Vote", 21 Dec. 2017, https://www. theguardian. com/us-news/2017/dec/20/donald-trump-threat-cut-aid-un-jerusalem-vote.

气候谈判和贸易谈判），同样没有能够充分体现美国的利益，尽管"美国已经做出相当程度的让步"。正是出于普遍的不信任态度，虽然特朗普政府依然称"（美国）将在多边组织中竞争并发挥主导作用"，但不断强调在国际机制当中，尤其是当美国被要求向一个国际机制"提供不成比例的支持"的情况下，美国必须对后者决策"产生相应程度的影响"，"努力争取与美国的利益和价值观相一致的结果"，"以保护美国的利益和原则"。① 如果这一目的无法达到，美国将采取单独行动以追求其认定的国家利益。这一点，从特朗普上台后美国因宣布其"利益受损"从而退出多个国际组织和国际协定已经得到了反复的验证。特朗普政府对于国际机制和国际组织的态度，与冷战后甚至二战后主导美国各届政府的共识（即"维持国际秩序本身也将有利于美国自身国家利益"）存在明显的不同。

特朗普对于多边主义的另一个修正，则是强调美国全球同盟体系对美国国力的拖累，要求盟国为美国对其安全保护分担更多费用，从而避免美国国力的"过度损耗"和盟国的免费安全搭车。② 当然，美国的这一要求实际上早在尼克松政府时期便已开始。在冷战期间乃至冷战结束后近30年的时间里，在美国的全球同盟体系中，多数盟国便一直为驻本国的美军甚至为美军的全球军事行动支付高额费用。最典型的如日本，不仅在其国防开支当中，长期担负驻日美军相关费用的七成到八成，更曾经在海湾战争中向美国提供巨额财政支持，即所谓的"支票外交"（check diplomacy），以换取美国的军事保护。但特朗普上台后，仍提出希望日本继续增加承担费用比例，甚至全额承担驻日美军费用。他在访问亚太及欧洲时，也不断敦促其他盟国分担相关费用，他还曾经将北约称为一个"过时的"和"陈腐的"机构，建议美国盟国应当自己保卫自己，

---

① The White House, *National Security Strategy of the United States of America*（2017），p.40.

② Richard Burt, "A Grand Strategy for Trump", *National Interest*, p.5.

以减轻美国的海外军事负担。① 从这一点看,特朗普"美国优先"的口号肯定会对其与盟国的关系构成破坏性影响,进而对战后美国全球霸权地位赖以维系的重要支柱之一——美国的全球同盟体系造成较为严重的削弱。

总的来看,特朗普国家安全战略报告中体现的主要政策倾向,一是主张极力强化自身的经济与军事实力。在经济上强调国家经济主权以及撤回对全球开放经济的支持,为被全球化削弱的美国制造业提供保护性关税等;在军事上加大投入、进一步强化实力、保持军事实力的优越地位,但同时又远离是非,只限于保卫美国自身。即使是在反恐问题上,也将目标仅限于迅速取得军事胜利,放弃通过军事和非军事手段促进当地的"民主、人权"。二是反多边主义。置疑战后美国的国际机制设计,尤其是国际安全机制设计,从部分国际组织和国际协定中退出或考虑退出。同时淡化美国传统的全球安全视角,在鼓励盟国担负更多责任同时,部分撤回海外安全承诺。三是坚持安全,尤其是美国单方面的军事、经济与国土安全,在同对手竞争时强调获得单方面的优势或好处,这与以往力图在维系其主导之下的国际政治经济体系中实现美国安全和国家利益最大化的传统思路存在较大的差异。

三、"拒绝衰落"与"美国要塞化":特朗普战略的逻辑与缺陷

二战结束特别是冷战结束以来,美国凭借其超强的国家实力,通过构建并主导国际规则、国际机制以及组建全球同盟体系,一度实现或接近实现了全球霸权的企图。但进入 20 世纪第二个十年之后,美国实体经济在全球化浪潮中的受损和制造业的流失、国家实力和战略资源在两次反恐战争中的巨大消耗、在国际机制和诸多新兴领域主导能力大幅下

---

① Aaron Eglitis, Toluse Olorunnipa and Andy Sharp, "Trump's NATO Skepticism Raises Alarm for Allies near Russia", 21 Jul. 2016, https://www.bloomberg.com/news/articles/2016 - 07 - 21/trump-says-u-s-may-not-defend-nato-allies-against-russia-attackiqvw8gki.

降甚至接近丧失，与中国迅速崛起、俄罗斯实现复兴、部分地区问题（朝核、伊核、中东、阿富汗）积重难解等事态或趋势合在一起，引发了美国政治和学界精英乃至普遍民众的受损者心理和对于国力衰落的普遍恐慌。他们现在已经承认，当下的世界正在或已经转变成为一个多极化的、类似于二战之前的世界。特别是在奥巴马执政的近十年间，美国在诸多国际问题、领域中的"克制"和"退缩"立场，格外加剧了很多美国政界和学界精英的失落感，认为美国在应对挑战中的无力和混乱，"不仅动摇了国家的战略信心和精神，也助长了关于这个国家正在相对衰落和政治无序的认识"[①]。因此在 2016 年总统选举中，很大一部分美国政界人士对奥巴马政府在国际事务上的政策主张公开表示不满，由此导致了特朗普上台后政策主张的大幅反动。

　　特朗普战略调整的主旨就是"拒绝衰落"（decline denial），这与奥巴马的"管理衰落"（decline management）存在截然不同的主张和路径。[②]实现的方式，就是在极力提振美国国力的同时，力图将美国从国际法、国际机制和多边主义的"枷锁"下解放出来，确保美国的行动自由以充分行使其无与伦比的权势力量，以实现其"使美国再度伟大"的战略目标。其精髓，就是重回经典现实主义、强调国家在国际竞争中的自助（self-help）而非延续美国长期固守的"自由霸权"路线。正如 2017 版《美国国家安全战略》中所宣告的："纵观历史，对权力的争夺一以贯之，当今时代也不例外。"[③]这种对国际关系"零和"本质的认定，当然与长期主导美国国家安全战略制定、洋溢着浓厚意识形态气息的"自由霸权"战略形成了鲜明的反差。正因为此，当下美国战略界对特朗普的主要担忧，便在于认为

① Michael Clarke and Anthony Ricketts，"US Grand Strategy and National Security：The Dilemmas of Primacy, Decline and Denial", *Australian Journal of International Affairs*, p.479.
② Michael Clarke and Anthony Ricketts，"US Grand Strategy and National Security：The Dilemmas of Primacy, Decline and Denial", *Australian Journal of International Affairs*, p.479.
③ The White House，*National Security Strategy of the United States of America*（2017），p.25.

其政策主张中的“民粹主义的、保守的民族主义”（populist conservative nationalism）将使美国放弃其长期坚持的“国际主义、致力于建立自由主义世界秩序”的战略方向，而后者构成了冷战结束以来，甚至二战结束以来美国大战略的基本考虑。[①]

就其战略手段而言，特朗普提出的战略实际上就是“美国要塞化”（Fortress America）：强调在首要维护美国自身安全、竭力提升国家实力（尤其是经济实力与军事实力）的同时，注意节省资源，在“美国优先”口号下削减长期以来对国际机制的战略性投入，以单边主义和强烈的现实主义趋向为主要特点。这是一种冰冷的、精于算计的逻辑，认为其他国家（包括其盟国以及中、俄等竞争对手）长期以来均在系统性地利用美国的“慷慨”和“开放”；认为更大规模的全球化实际上削弱了美国，威胁到美国的主权和抵御国际政治经济大变动的能力，而在全球范围内主动推动美国式意识形态是“无果的”和“堂吉诃德式”的追求；认为美国必须拥有和更具攻击性地使用其庞大武装力量，但只限于保卫狭义的国家利益，并在美国与其他强国的竞争中取得压倒性的胜利，而对美国所承担的更宽泛意义上的国际安全义务不以为然。有学者评论道，特朗普的主张实质上已经对美国的战后规划提出了强大挑战，如果按这种趋势发展下去的话，当前这个多少为美国所主导和维护的国际秩序有可能被美国自己抛弃，后者也可能重新步入 20 世纪 30 年代甚至更前的状态当中去。[②] 有学者因此评论道，特朗普的战略体现出一种简单化的、狭隘化霸权主义（Illiberal Hegemony）倾向。[③]

但应当注意的是，在路径手段上体现出强烈现实主义的特朗普政府，尽管没有将美国式意识形态的拓展和建构一个美国式的“自由主义

① Jack Thompson, "Trump and the Future of US Grand Strategy", *CSS Analyses in Security Policy*, p.3.

② Hal Brands, "U.S. Grand Strategy in an Age of Nationalism: Fortress America and its Alternatives", *The Washington Quarterly*, No.40, Vol.1, 2017, p.77.

③ Barry R. Posen, "The Rise of Illiberal Hegemony: Trump's Surprising Grand Strategy", *Foreign Affairs*, p.20.

世界秩序"置于其政策主张的首要位置,但其对于世界的认识同样存在极为严重的意识形态偏见。例如,当在描述当前美国面临的诸多现实挑战时,该报告使用了类似凯南电报(Kannan Telegram)的口吻:美国与包括中国、俄罗斯、朝鲜、伊朗以及有敌意的跨国组织之间的竞争,实际上"是在尊重个人尊严自由的国家与压制个人并强制同质化的国家之间的根本性竞争"①。而美国在这场竞争中面临严峻形势的原因,在于此类"专制的、封闭的国家和组织"虽有其脆弱性,但由于后者"不受真理、民主国家固有的保护私利的规则以及武装冲突法律的约束",并且"有耐心、有能力随着时间的推移获得战略收益",因此极大提升了美国及其盟国应付此类挑战的难度。② 与几十年前冷战的发起者(杜鲁门)与冷战高潮的推动者(里根)的语调几乎完全雷同,这种以美国自身意识形态标准将国际形势发展变化一律以"善-恶"对立进行标签化区分的方式,无疑是冷战思维的又一次集中体现,而这种武断的、充满意识形态偏见的论调,非但无助于当前国际事务中的一些热点问题的解决,同时当然大有害于国际关系的正常发展和良性演进。

特朗普的国家安全战略是对"自由霸权"战略的颠覆(或者是有限的颠覆)。当然,美国战略学界对"自由霸权"战略的批评早已有之。当代美国著名战略学家巴里·波森(Barry R. Posen)早就指出,冷战后主导美国对外政策的"自由霸权"战略虽号称收益巨大(如美国得以保持权力的独大、主导全球安全、掌控世界经济、促进"民主自由"价值),但是该战略是"不必要的、达不到预期目的、代价高昂的和浪费资源的",导致美国权力地位处于不断衰落当中,最终将"自我失败"。③ 因此,相对实力有所下降的美国,必须有效降低其海外军事负担,撤出塑造其他国家社会的企图,从一些地区脱身以降低恐怖主义的风险,减小国防预算,集中有限

---

① The White House, *National Security Strategy of the United States of America* (2017), p.3.

② The White House, *National Security Strategy of the United States of America* (2017), p.27.

③ Barry R. Posen, *Restraint: a New Foundation for US Grand Strategy*, p.24.

资源，使得美国更有能力保卫自己的关键利益：美国的安全和人民的繁荣。[①] 从这一点看，当前很多美国学者在对"自由霸权"战略的批判性认识上同特朗普是一致的，但在构建一个新的大战略，尤其是战略目标与战略手段设定上（如对海外介入的程度、美国军事实力发展的限度、全球范围内意识形态拓展的必要性以及对待国际机制的态度）存在巨大的分歧，这也充分表现出复杂国际形势面前美国战略界当前的思想混乱。

实际上，当前美国所面临的诸多威胁和挑战，与奥巴马和小布什执政时期并无实质上的不同。与冷战时期相对简单的形势（意识形态对抗和两极竞争）相比，美国战略学界已经充分意识到当前美国面临的安全形势之异常复杂。首先是威胁种类的多元化：当前美国既面临诸多"高级政治"（high politics）问题的挑战，如应对欧亚大陆地缘政治变迁、处理与俄罗斯和中国等兴起中大国的关系、处理与美国盟国的关系、防止大规模杀伤性武器扩散等；同时也有诸多"低级政治"（low politics）问题有待解决，如海盗、毒品、非法移民、跨国犯罪、金融安全、网络攻击等；还有性质多少介于上述两类之间的问题，如恐怖主义活动、国家经济安全等。其次是威胁来源的分散化：既有中国、俄罗斯此类大国国力上升以及随之而来的，对美国战略压力的加大，也有伊朗、朝鲜等地区国家对美国的"反复挑衅"，还有恐怖主义组织、跨国犯罪集团等非国家行为体对美国国家安全的直接冲击。再次是冲突类型的多样化：既有常规武装冲突的挑战，也有非对称（asymmetric）攻击的威胁。此类范围广泛、性质迥异的安全挑战，对于美国应对策略的考验前所未有，在其国力呈相对衰落趋势的情况下更是如此。美国资深参议员约翰·麦凯恩（John McCain）便指出，"在非常严格的财政资源的情况下，美国现在面对二战结束以来国家安全最为分散和复杂的威胁"[②]。

---

① Barry R. Posen, *Restraint: a New Foundation for US Grand Strategy*, p.24.
② Peter Dombrowski and Simon Reich, "Does Donald Trump have a grand strategy?" *International Affairs*, p.1018.

与 20 世纪 90 年代至今美国战略学界提供的诸多大战略选项相比，特朗普的国家安全战略实质上是"追求首要地位""新孤立主义"及"选择性介入"三种战略的混合物：在追求世界性霸权，保有绝对优势军事实力，防备和抑制全球范围内所有可能权势竞争者等方面同"追求首要地位"战略保持一致；在对国家利益的有限限定，将战略关注主要集中于北美和本土，对国际机制的疏离（包括联合国和北约），对全球范围内人道主义干涉的排斥等方面，特朗普的战略接近于"新孤立主义"；而加大军事打击恐怖主义力度则又同"选择性介入"战略存在共通之处。[①] 这既说明在国际政治经济和安全形势大幅变动背景下，一种单一的大战略类型显然已经无法同时应对美国当前急剧多样化与复杂化的安全挑战；也说明当前美国决策界在被迫承认全面掌控国际政治经济体系已无可能的同时，依然寄希望于再强化并有选择地展示美国权势优势（尤其是军事优势），以期在未来国际政治重回大国竞争场景下取胜。其中所体现出的，当然是当前美国部分政治-学术精英在明知美国国力有不及的情况下，依然拒绝承认美国正处于相对衰落中的事实，依然难以摆脱其维持甚至巩固世界霸主地位的迷梦。

特朗普所提供的战略路径，短期内有望降低美国大战略的损耗，至少在一段时间内提供诸多的好处：经济保护主义和提升美国制造业，将增加美国就业机会；从部分国际机制和国际协定中退出可以减轻美国的国际负担，使其享有更多的"行动自由"；军事实力的强化可望更为迅速击败（至少是在军事行动上）各类恐怖主义组织，而不再参与以西方意识形态标准重塑当地社会可避免使美国深陷中东泥潭；等等。然而，这种以民族主义和保守主义为精髓的战略转型，对国际社会而言却绝非福祉。特别是特朗普鼓吹以实力，特别是军事实力为后盾以应对国际权势

---

① 有关新孤立主义、选择性介入、追求首要地位等战略在目标、手段、资源方面的比较，参见 Barry R. Posen and Andrew L. Ross, "Competing Visions for U.S. Grand Strategy", *International Security*, p.4.

对比变化，尤其是应对其他大国"竞争"的简单化做法，不仅有碍国际政治经济发展的总体趋势，加剧了国际安全形势的进一步紧张，并且对美国实现自身的战略目标亦毫无帮助。特别是在应对中国和俄罗斯此类兴起大国的政策上，美国部分学者便批评道，特朗普的政策严重混淆了上述两个大国在战略目标和行为路径上的明显差别，"对俄罗斯不够严厉，对中国又过于强硬"[①]。而此类简单的、武断的甚至粗暴的（而非注重技巧的，如有些学者鼓吹的"将合作、竞争和对抗相结合的"[②]）做法，将严重破坏与上述国家的关系，甚至可能将两国直接推向与美国公开敌对。在当前大国之间全面战争难以想象的情况下，美国的正确做法显然绝非将其与中、俄等大国的关系，尤其是将中美关系无可挽回地推入"修昔底德陷阱"（Thucydides Trap）当中。因此，特朗普关于与上述国家进行接触已经总体失败的结论相当草率："接触战略不会保证成功，但不接触一般会失败。"[③]

尽管面对的批评不断，但特朗普关于强化经济与军事实力的政策，还是得到了美国国内尤其是那些对全球化持敌视态度，留恋美国的大国荣光，不满于现实的政治保守势力不小的支持。美国空军中将大卫·德普塔拉（David Deptula）尤为赞赏特朗普关于美国必须进一步强化军事实力的说法，认为这一策略蕴含了里根"以实力求和平"的战略精髓。他完全认同特朗普关于美国军事力量的优势地位已经被其他竞争者（包括俄罗斯、中国、朝鲜和伊朗）军力建设严重削弱的看法，认为美国空军就是这种情况的代表——"预算匮乏、规模欠缺、准备不足"，"当前是空军有史以来最糟糕的状态，我们用着最陈旧的武器系统，规

---

① William Inboden, "A Comprehensive Roundtable on The National Security Strategy", 2 Jan. 2018, https://warontherocks.com/2018/01/comprehensive-roundtable-national-security-strategy/.

② Tim Kaine, "A New Truman Doctrine: Grand Strategy in a Hyperconnected World", *Foreign Affairs*, p.45.

③ Tim Kaine, "A New Truman Doctrine: Grand Strategy in a Hyperconnected World", *Foreign Affairs*, p.44.

模最小,准备也最差"。① 不仅如此,很多民主党人士尽管在其他议题上有严重保留,但也对特朗普关于强化军事实力的动议持赞同态度。希拉里·克林顿竞选团队中的重要成员、资深参议员蒂姆·凯恩(Tim Kaine)就认为美国军事力量的全球独大地位现在正受到严重削弱。其原因,既有中、俄等国军事力量建设的高速发展,也有奥巴马政府执政时期对军费开支的主动缩减,认为这已经对美国的全球霸权支柱构成了致命的削弱。②

正由于美国国内在进一步强化美国军事实力议题上存在的广泛共识,特朗普政府提出的 2018 年度国防预算在美国国会几乎毫无争议地通过(参议院一致通过;众议院 356 票支持,仅有 70 票反对)。这个总额7000 亿美元、创历史纪录的军费预算较上一财年增长 13%,远远超过了确保美国本土安全和在海外击败恐怖主义组织的需要,后两者是特朗普极力强调的当前美国两个最为首要的任务。而特朗普执政一年以来,似乎也越来越倾向于在应对大国竞争方面显示和运用武力:如 2017 年至今美军更加深度地介入叙利亚的军事行动;中止从阿富汗和伊拉克撤军,甚至扩大驻军规模;不断派遣战略轰炸机、核潜艇、航母编队在朝鲜半岛周边炫耀武力;在北大西洋和太平洋频繁进行单边、双边以及多边大规模联合军演以向战略对手施压;在中国南海更为积极地实施所谓的"航行自由行动"(FONOPs)等,这与奥巴马时代美军全球行动的有限收缩形成了较大的反差。③ 特朗普政府一方面宣称要减轻海外负担,一方面却在全球范围内极力显示和运用美国超大规模的武力;一方面誓言要放弃全球扩张意识形态,但另一方面又不断用自身的意识形态偏见妖魔

---

① William Inboden, "A Comprehensive Roundtable on The National Security Strategy", 2 Jan. 2018, https://warontherocks.com/2018/01/comprehensive-roundtable-national-security-strategy/.

② Tim Kaine, "A New Truman Doctrine: Grand Strategy in a Hyperconnected World", *Foreign Affairs*, pp.48 - 49.

③ Barry R. Posen, "The Rise of Illiberal Hegemony: Trump's Surprising Grand Strategy", *Foreign Affairs*, p.21.

化其想像中的竞争对手和外部世界。此类看似异常抵触的现象的出现，集中体现出特朗普战略在逻辑上存在的深刻矛盾：特朗普治下的美国还未能设计出一个适度的和可行的大战略目标，也未能在强化实力与节省资源这两个战略原则之间取得基本的平衡，以及在确保美国自身安全与广泛的海外负担方面取得大致的协调。因此，特朗普的设想还远不能称得上是一个设计明智的和切实可行的大战略。

特朗普政府国家安全战略的出台及其中所蕴含的大战略转型，无疑将对当下正处于和平发展关键阶段的中国具有重大战略意义。尽管以经典现实主义著称的特朗普政府在拓展西方意识形态全球扩张方面并无太多兴趣可能将为中美关系发展产生正面推动作用，但前者将权势对比作为判断"敌-友"标准和"零和"的战略思维模式，肯定会将快速发展中的中国作为其延续世界霸主地位的头号敌手，这从新版国家安全战略一反常态、前所未有地对中国"竞争者"的定义中已经得到鲜明的体现。当然，由于面临国内政治反对势力、政府官僚系统以及国际社会的广泛牵制，加之执政团队内部矛盾及特朗普本人政策态度的多变，特朗普政府在政策执行力方面依然存在较大的不确定性，其战略转型是否能够得到坚定的、有力的和连贯的实施依然存在疑问。但是执政以来特朗普政府对强化军事、经济实力并以此作为其遂行单边主义行动甚至作为参与大国战略竞争主要手段的不断鼓吹和部分实践，尤其是当下美国优势军力在我周边更加频繁、更具挑衅性的战略运用，以及美国向我施加的、所谓纠正不平等贸易等经济压力的激增，肯定将对我国国家安全与和平发展造成不小的干扰和挑战，尽管此举还不足以对我民族伟大复兴大局产生直接的和具有冲击性的影响。

从另一个角度看，特朗普的战略转型实质上也会对我国构建更加友善、稳定的国际安全环境提供一定的机遇。在世界多极化、经济全球化深入发展、全球治理与国际秩序加快演进、各国相互依存趋势愈发牢固的当下，特朗普战略中体现出的强烈的单边主义、霸权主义和极端利己主义无疑将或是已经引发了甚至包括美国盟国在内的国际社会的广泛置疑。而中国政府提出的包括推动构建人类命运共同体、摒弃冷战思维和强权政治、积极发展全球伙伴关系等一系列倡议和原则精神，在展现出一个在世界事务中负责任大国形象的同时，也极大有利于我国在诸多国际安全议题上（尤其是反对冷战思维与强权政治回潮、反对地缘政治竞争加剧、坚定维护自身国家利益等方面）争取国际社会的进一步支持，甚至是来自美国盟国的支持，提供了更大的可能。

美国作为超级强国的勃兴早在 19 世纪 60 年代便已初露端倪：奴隶制的废除、内战的结束、急速发展的工业化和经济活力加之规模可观的领土、资源和人口基数，所有这些因素合在一起奠定了美国在 20 世纪发挥世界级影响的物质基础。到 1894 年时，美国经济已经跃升至全球首位，西奥多·罗斯福时期的美国也开始逐步拓宽其世界性视野，而选择介入两次世界大战（尤其是第二次）及取得的大胜无疑为美国登上国际政治经济体系的顶级地位提供了不二良机。[①] 战后美国凭借其压倒性的权势力量主导了战后国际规则、国际规范和国际机制的建构，并发动了对苏联集团的冷战；而苏联解体、冷战结束后美国的一超独强，使其凭借在国际政治经济体系中愈发显赫的地位，几乎已经继罗马和不列颠之后实现了世界历史上的第三次"霸权治下的和平"。

然而，随着当前国际政治经济当中一些事件、事态和趋势的突出发展，当下的美国早先异常牢固的世界霸主地位，现在显然面临来自性质、来源、形式各不相同的综合性甚至是系统性的挑战，其中不少有可能会对美国在当前国际政治经济体系中的主导性地位构成实质性威胁。而特朗普的当选、执政及其令人印象深刻的政策主张和实践，就是当前美国尽力维系其全球霸权，至少是权势绝对优势地位的一次全新尝试。而无论美国大战略是否开始决定性的转型，但至少它在未来将具有更多的

---

①   Tim Kaine, "A New Truman Doctrine: Grand Strategy in a Hyperconnected World", *Foreign Affairs*, p.52.

单边性、攻击性甚至冒险性。然而，在和平发展、协商共赢、开放包容等新型国际关系理念在全球范围内取得愈发广泛影响的今天，特朗普这种洋溢着重商主义、强权争霸时代色彩的政策举措，及其中体现出的历史偏执或无必要的自我满足，在极大有悖于国际政治经济演进趋势的同时，是否真正有利于美国的安全与发展也存在相当大的疑问，更遑论对国际社会的和谐、繁荣做出有益贡献。

特朗普时代美国的同盟政策与同盟体系 *

　　在一个基本为无政府状态所主导的国际政治现实当中,国家克服其几乎与生俱来的安全恐惧的重要战略路径之一,便是寻求建立联盟(alliance)。而组建联盟对于国家平时和战时的重大意义,在于巨幅增大了国家取得总体胜利的前景。尤其是设法将盟友拖入战场,用丘吉尔著名的表述就是:"其作用堪比打赢一场大仗。若能用安抚或威慑手段使某个危险国家保持中立,其价值高于抢占一个战略要点。"①第二次世界大战结束以来,美国作为超级强国的勃然兴起和霸权地位的逐步确立,与其遍及全球的政治、军事同盟体系密不可分,联盟成为美国大战略(grand strategy)缔造的重要基础和关键性政策工具。然而,早在 20 世纪 70 年代开始,便不断有美国战略学者从估算"边际成本-边际收益"角度出发,质疑美国维持庞大同盟体系对其国家利益的"真正价值",认为其同盟体系不仅导致部分盟国转嫁防务负担、联盟整体防务能力不足、严重消耗美国自身国力,并且急剧增大了美国在全球范围内卷入"无谓冲突"的风险,导致出现所谓的"帝国过度扩张"(imperial overstretch),最终加速了美国的总体衰落。苏联解体、冷战结束后,美国国内对其维持同盟体系

＊　原文发表于《世界经济与政治论坛》2019 年第 1 期,《全国高校文科学术文摘》2019 年第 3
　　期全文转载。
①　L. Freedman, *Strategy: A History*, New York: Oxford University Press, 2013, p.139.

的批评与该体系事实上的不断扩张一起,构成了冷战后美国大战略演进中格外令人关注,同时也是截然相反的两类事实。然而,伴随着当前国际政治经济中诸多新事实、新趋势的发展,主要在唐纳德·特朗普就任总统后,美国联盟政策的调整成为特朗普大战略缔造的重要组成部分。在此过程中,以美国同其盟国,尤其是主要盟国之间围绕防务合作功用、防务负担份额调整等问题展开的激烈博弈为表现,美国全球同盟体系内部矛盾有所上升,对当前国际安全形势及其演进趋势产生复杂深刻的影响。

一、联盟与美国的大战略缔造

在经典现实主义(classical realism)理论框架下,由于整个国际体系为"自助"(self-help)原则所主导,国家为确保其自身的生存和安全,不得不极力保持或改善其相对权势地位。在此过程当中,国家拥有的全部三种选择(强化自身实力、借助他国实力以加强自身实力、阻止其他国家成为敌对力量)当中,有两种均倾向于推行联盟政策。国家选择联盟的目的在于借助盟国的力量以加强己方的力量,以抑制个别强国主导国际体系的潜在或现实图谋,实现己方的总体战略目标。在现实主义理论当中,联盟是实现均势(balance of power)——这一次佳国际体系形态的主要手段,而均势在多国体系中作用的结果必然是形成各种联盟。①

实际上,自建国直到第二次世界大战爆发近一个半世纪的时间里,美国在与外部国家结盟问题上始终存在相当的顾虑。与 19 世纪至 20 世纪初欧洲诸国本着强化实力、防范敌手为目的频繁结盟与退出同盟的情形存在鲜明反差,地理上受到两大洋保护的美国在国际政治和安全领域长期处于一种相对孤立的状态当中。长期以来,美国政治/知识精英都习惯于使用"价值""正义""安全与和平"此类具有浓厚道德说教意味

---

① [美]汉斯·摩根索:《国家间政治:权力斗争与和平》,徐昕等译,北京:北京大学出版社 2006 年版,第 238 页。

的字眼来描述本国应有对外战略的起因与逻辑,而对"均势""权力政治""势力范围""地缘政治"等国际政治经典现实主义术语保持道义上"优越感",认为这与美国的价值观和民主政体绝难相容,这无疑是具有悠久"理想主义传统"的美国社会在认识处理国际事务时一贯持有的"地道美国作风"。① 尤其是针对联盟,长期以来美国政治/知识精英几乎抱着难以言喻的厌恶态度,认为这种政策连同均势一起,源自老旧欧洲自私自利的权谋喜好,是欧洲诸强"野心、竞争、利益、谣言或反复无常"行为的来源,直接催生了地区甚至世界规模的冲突与战争。为此,华盛顿在其著名的告别演说中便警告美国人必须时常提防外国势力的阴谋诡计,关键是要"避免同任何外国订立永久的同盟"②。

然而,在赢得了第二次世界大战之后,美国在继续谴责传统联盟和均势等概念并将之归为大战起源的同时,为了在与苏联集团的总体较量中胜出以实现全球霸权地位,却在事实上通过一系列频繁的联盟政策,在 20 世纪 40 年代后期至 50 年代中期建立起一个以抵制"共产主义扩张"、维护"集体安全"、"确保区域和平"为口号,据说与传统联盟形式绝不相同的同盟网络。这个以美国为首的同盟体系从东北亚经西太平洋、东南亚、南亚、中东、地中海、西欧一直延伸至北大西洋,涵盖了整个西方以及处于西方影响下的广泛区域,不仅包括西欧、北美、澳大利亚和日本,甚至还包括"蒋介石盘踞的台湾岛、李承晚的南朝鲜、保大的越南、萨拉查的葡萄牙、法鲁克的埃及、佛朗哥的西班牙、巴蒂斯塔的古巴、贝隆的阿根廷、法属阿尔及利亚、军事独裁统治着的海地以及在非洲和亚洲的所有欧洲人的殖民地"③。到 1970 年时,美国"在 30 个国家驻军 100 万,是四个地区性防务联盟的成员,与 42 个国家有双边防务条约,参加

① [美]亨利·基辛格:《大外交》,顾淑馨等译,海口:海南出版社 1998 年版,第 411 页。
② G. Washington, "George Washington's Farewell Address To the People of the United States", 18 Feb. 2020, https://www. history. com/news/george-washington-farewell-address-warnings.
③ [美]威廉·曼彻斯特:《光荣与梦想:1932—1972 年美国社会实录》,朱协等译,海口:海南出版社 2004 年版,第 560 页。

了 53 个国际组织,对全世界近 100 个国家提供军事或经济援助"①。

整个冷战时期,这个由美国所组建和主导的全球同盟网络构成了美国大战略的主要支柱。在名为"遏制"大战略(Grand Strategy of Containment)指引下,美国以确保在战后国际体系中的"首要地位"(Primacy)为目标,以苏联为主要敌手,以其全球同盟体系为依托,动员和运用包括其盟国在内的政治、军事、经济、外交、意识形态资源,与苏联展开了一场世界范围的竞争与争夺。在此过程当中,尽管不时面临内部及外部的严重挑战,并且出现过诸如"多米诺骨牌"及越南战争之类的战略性挫败,但美国全球同盟体系的组建及运作,依然为美国遏制大战略的缔造、实施以及最终的胜出提供了物质和精神资源的巨大支撑,甚至被认为是除全球经济、金融制度建构之外美国在二战结束以来"自由霸权秩序"(liberal hegemony order)设想得以实现的关键性政治/军事安排。②

值得注意的是,除以"民主""自由""和平""安全"等价值取向鲜明的意识形态词藻掩饰外,美国在该体系中的一枝独大与同盟成员对美国权势的绝对依附,均使得该体系与世界历史当中,尤其是近代欧洲国际关系史中的联盟类型存在相当的不同,它实际上更接近于古希腊时期雅典主宰的提洛同盟,或者古罗马共和国时期及帝制初期的同盟体系。与这两者相类似,该体系以一个具有相当实力的大国及其同盟为敌手,与之展开政治、经济和军事的全面对抗;在体系内部,美国以在安全和经济领域向联盟内部成员提供安全保障等公共物品(public goods)为代价,换取同盟国家(或者是附庸国家)对美国霸权的承认。在显然放弃公开抵制美国主导努力的情况下,大多数附庸国家均选择"免费搭车"

---

① [美]保罗·肯尼迪:《大国的兴衰:1500—2000 年的经济变迁与军事冲突》,陈景彪等译,北京:国际文化出版公司 2006 年版,第 356 页。
② M. A. Flournoy and S. Brimley, eds., *Finding Our Way: Debating American Grand Strategy*, Washington, D.C.: CNAS, 2008, p.46.

(free-riding)，以节省本国国防经费，在安全领域完全依赖美国的保护。[①]
甚至还有不少盟国因与美国同盟关系而行为莽撞，甚至萌发野心不惮对
外冒险。这些国家明白，即使招致麻烦，也因美国保护而安全无虞。[②]

    正是基于以上原因，早在 20 世纪 70 年代开始，便不断有战略学家
对美国全球同盟体系的功用产生怀疑。美国战后大战略理论的主要开
拓者保罗·肯尼迪（Paul Kennedy）尤其倾向于将美国的全球同盟体系
及其承担的同盟义务视为一种担负。在他看来，以缔结同盟为主要表现
形式，二战结束以来美国所承担的海外义务随冷战的发展与日俱增。尽
管冷战开始以来，随着欧洲和日本的经济复苏，美国在世界国民生产总
值、工业产量、军费开支和武装部队总人数中所占的比重呈不断下降之
势，但却依然承担着与二战刚结束时同样多的海外同盟义务。1988 年，
美国在国外驻守的武装部队总数达 52 万人，这比鼎盛时期大英帝国海
外陆海驻军总数要多得多。[③] 在美国因其海外同盟及安全义务而愈发透
支国家实力同时，北约组织其他成员国仅仅将其国民生产总值的很小一
部分用于国防开支，尽管在当时欧洲的全部人口和总收入已超过美国。[④]
这种事实的存在，不得不反复引发这些战略学家关于美国已经"过度扩
张"并且直接导致其衰落的断言，而联盟政策则被认为是导致美国大战
略陷入困境的关键原因。在他们看来，美国面临的迫切问题便在于改变
其因同盟义务过多而导致的能力自我损耗，特别是阻止其中小盟国继续
"免费搭车"，节约本国的资源投入，从而达到"国家义务和国家力量之间

---

① M. Smith, *NATO Enlargement during the Cold War: Strategy and System in the Western Alliance*, New York: Palgrave, 2000, p.176.

② B. R. Posen, *Restraint: A New Foundation for US Grand Strategy*, Ithaca: Cornell University Press, 2014, p.33.

③ 保罗·肯尼迪：《大国的兴衰：1500—2000 年的经济变迁与军事冲突》，第 508 页。

④ 不少美国学者批评道，"让一个拥有 5 亿美元经济的国家在防务上投入如此多得多的资金，
以保护经济规模分别达到 6 万亿美元（欧共体）和 3 万亿美元（日本）的盟友免于一个拥有
2 万亿美元略多的国家（苏联）构成的威胁，这当然不是一种好战略"。见［美］保罗·肯尼
迪主编：《战争与和平的大战略》，时殷弘等译，北京：世界知识出版社 2005 年版，第 180 页。

的平衡"。①

　　然而,苏联的瓦解和冷战的结束,极大地掩盖了这一问题。在"冷战胜利"的普遍乐观心态下,这个二战结束以来为美国所主导的,以"自由民主"自居的庞大军事政治网络在失去了直接敌手的情况下,依然得以存在。在绝大多数美国决策者眼中,美国的全球同盟体系在历史上帮助美国赢得冷战的胜利,在冷战后时代依然可以作为维持地区稳定、区域和平和美国全球"领导地位"的重要支柱,甚至成为美国在全球范围内确保"民主价值",同世界其他地区人民"一道捍卫新世界秩序"(New World Order)的工具,成为所谓"美国治下的和平"(Pax Americana)的关键性制度保障。② 因此,在冷战后美国历届政府的战略筹划中,保持、巩固甚至强化其全球同盟体系均在政策层面得以延续,构成了冷战后时代美国"自由霸权"(Liberal Hegemony)大战略的两大基石之一。③

　　与此同时,不少前东欧阵营国家以及部分苏联前加盟共和国,出于对俄罗斯复兴前景的惧怕,冷战后谋求积极加入美国同盟体系,作为其确保自身安全、进一步排除俄罗斯历史影响,甚至推进"融入西方"政策的重要手段。④ 受此推动,美国的全球同盟体系在缺乏直接敌手的情况下甚至还在不断扩大:1997 年 3 个原华约国家(波兰、匈牙利和捷克)加入北约;2004 年北约完成第二轮东扩,有 7 个东欧前社会主义国家或苏联前加盟共和国(斯洛伐克、保加利亚、罗马尼亚、斯洛文尼亚以及波罗的海 3 国)加入;2008 年克罗地亚和阿尔巴尼亚两国加入;黑山于 2017

---

① 沃尔特·李普曼(Walter Lippmann)语,转引自保罗·肯尼迪:《大国的兴衰:1500—2000 年的经济变迁与军事冲突》,第 521 页。

② 典型的论述,可参见 G. Ó. Tuathail and S. Dalby, eds., *The Geopolitics Reader*, London and New York: Routledge, 1998, p.137.

③ 有学者认为,美国实现其"首要地位"的基础,一是美国的压倒性物质实力,二是关键性的安全机制。见 M. Clarke and A. Ricketts, "US Grand Strategy and National Security: The Dilemmas of Primacy, Decline and Denial", *Australian Journal of International Affairs*, 2017, Vol 71, No.5, p.489.

④ Ellen Hallams, *United States and NATO Since 9/11: The Transatlantic Alliance Renewed*, New York: Routledge, 2010, p.111.

年加入,北约现有成员国数量已达 29 个。到 21 世纪即将进入第二个十年时,除白俄罗斯、中亚五国之外的前苏联加盟共和国和前东欧华沙条约国国家,已经全部或正谋求加入北约,并通过向美国提供军事基地、派兵参加美国主导的军事行动(阿富汗、伊拉克)、参加联合军事演习等多种方式,极为积极地寻求强化与美国的军事/安全合作。[①]

亚太地区,虽然在冷战结束之初,受亚太地区安全形势进一步好转影响,日本、澳大利亚、韩国、菲律宾等传统盟国一度在继续巩固与美国同盟关系上呈现明显的犹豫态度;但进入 21 世纪第一个十年后,上述国家均不同程度地开始将强化与美国的安全合作关系,作为应对亚太地区安全形势发展的主要方式。[②] 尽管在成员数量上,美国亚太同盟体系并没有出现相应的扩张,但从该区域非联盟国家参与美国主导的联合军事演习、海外军事行动,与美国展开定期安全对话与安全联系情况看,美国在冷战时期构筑的亚太区域机制性安全安排,近年来在成员规模和合作程度上均有相当程度的跃升。[③] 不仅如此,美国亚太同盟体系内的部分国家,甚至还主动推动扩大美国亚太同盟体系范围,以求强化该体系在效力和范围上的"不足"。近年来,"印太"(Indo-Pacific)概念在日、澳等国家决策界所受到的热烈关注,便是明显的例证。

二、大战略调整背景下的美国同盟政策

随着近年来国际政治经济发展中多种事实、力量、情势的发展及其相互作用,尤其是 2017 年共和党人唐纳德·特朗普就任总统以来,美国

① Z. Selden, *Alignment*, *Alliance*, *and American Grand Strategy*, Ann Arbor: University of Michigan Press, 2016, pp.42 - 43.
② 冷战结束之初,日本、澳大利亚、韩国等美亚太地区盟国在维持与美同盟关系上出现的政策态度摇摆,可参见葛汉文:《冷战后日本的地缘政治思想》,《和平与发展》2014 年第 4 期,第 57—58 页;葛汉文:《冷战后澳大利亚的地缘政治思想》,《战略决策研究》2015 年第 4 期,第 79—80 页;以及葛汉文:《"事大"还是"平衡":韩国对外战略传统及其当下效应》,《和平与发展》2017 年第 5 期,第 33—47 页。
③ Z. Selden, *Alignment*, *Alliance*, *and American Grand Strategy*, pp.42 - 43.

大战略开始出现重大调整迹象。在不断强调所谓"修正主义国家"(指中国、俄罗斯)、"流氓国家"(指朝鲜和伊朗)以及包括恐怖主义组织及跨国犯罪集团在内的,对美国怀有极大敌意的各类跨国行为体对美国霸权日渐突出的"系统性挑战"的情况下,加之考虑到美国权势优越地位相对衰落的事实,特朗普的大战略设计,虽然在战略目标上与冷战后甚至二战后美国历届政府实质上并无二致(强调维持巩固美国的全球霸主地位,或者说,美国在世界上的"首要地位"以及"对世界的领导"),但部分放弃了先前"自由霸权"战略一些关键性的政策设计,转以所谓"有原则的现实主义"(principled realism)为指导,将"美国优先"或者"优先考虑美国利益"作为美国当下及未来一段时间政策制定的主要考虑,试图以此作为应对"全球范围内面临的日益增长的政治、经济和军事竞争"的战略手段。[1]

特朗普大战略缔造的要旨,就是以"使美国再次伟大"为口号,在维护美国自身安全、竭力提升国家实力(尤其是经济实力与军事实力)同时,强调精细地算计美国战略成本与战略收益之间的关系。在战略投入方面,特朗普提出的政策措施,多集中在直接关乎美国"硬"实力(hard power)指标的关键战略领域,如军事技术与军费投入、国内经济指标、国防工业、科技创新、新兴领域等方面,而在战略支出方面则格外强调节省资源。特别是美国的海外防务承诺和同盟体系,在特朗普那里,均是严重拖累美国国力的主要根源。用他的话说就是,长期以来,包括其主要盟国在内的世界很多国家均在系统地利用美国的"慷慨"和"开放",因此美国所拥有的和必须更有攻击性使用的庞大武装力量,只应限于保卫其狭义的国家利益,而非将之用于保卫盟国或更宽泛意义上的国际安全。[2]

在这种考虑主导下,特朗普在竞选期间便不断对美国自二战结束以

[1] The White House. *National Security Strategy of the United States of America* (2017), Washington, D.C.: The White House, 2017, pp.1-4.

[2] H. Brands, "U.S. Grand Strategy in an Age of Nationalism: Fortress America and its Alternatives", *The Washington Quarterly*, 2017, Vol. 40, No. 1, p.77.

来延续至今的同盟体系颇有微词。他将北约称为一个"过时的"和"陈腐的"机构，认为其严重浪费了美国的军事和财政资源，建议美国盟国应当自己保卫自己，以减轻美国的海外军事负担。[①] 就职之后，他亦反复要求盟国为美国对其安全保护分担更多费用，从而避免美国国力"过度损耗"和盟国"免费"安全搭车。[②] 特别突出的例证出现在 2018 年 7 月召开的布鲁塞尔北约峰会上：特朗普毫不避讳地批评欧洲北约成员国自身军费预算不足，为自身的防务承担义务过少，在集体安全方面贡献不够。他反复强调，"美国军费开支占本国国内生产总值（GDP）的 4.2%，但很多北约国家的防务开支达不到 GDP 总值的 2%"。尤其是德国，特朗普在推特上称：由于德国的军费开支仅占其 GDP 的 1%，因此"德国欠北约一大笔应付的钱"。[③] 而美国驻德国的 3.5 万名军事人员花费高昂，并且"我们保护德国、法国和所有国家长达数十年，这样的情况不再继续，不妥之处不会持续下去"。为"促使他们（盟国）增加支持北约的愿意"（美时任国务卿迈克·蓬佩奥语），特朗普要求北约各国立即（而不是在 2025 年前）将军费开支增加到其 GDP 的 2%，否则美国很可能会重新调整其部署，减少在欧洲特别是德国的军事存在。[④]

特朗普对其同盟体系中其他国家的指责，虽然招致了其盟国国内（甚至美国国内）的广泛批评，但实际上亦取得了部分成果。在美国压力下，北约部分国家同意增加国内军事开支，并在 2024 年前达到军事开支

① A. Eglitis and T. Olorunnipa, "Trump's NATO Skepticism Raises Alarm for Allies near Russia", 21 Jul. 2016, https://www.unian.info/world/1430943-bloomberg-trumps-nato-skepticism-raises-alarm-for-allies-near-russia.html.

② Richard Burt, "A Grand Strategy for Trump", *National Interest*, 2017, Vol. 149, No. 3, p.5.

③ Meg Kelly, "Many fact checks later, President Trump is (still) botching NATO spending", 13 Jul. 2018, https://www.washingtonpost.com/news/fact-checker/wp/2018/07/13/many-fact-checks-later-president-trump-is-still-botching-nato-spending/? utm _ term =. 940eda22947e.

④ John Hudson, "U.S. Assessing Cost of Keeping Troops in Germany as Trump Battles with Europe", 30 Jun. 2018, https://www.theday.com/nation/20180630/u-s-assessing-cost-of-keeping-troops-in-germany-as-trump-battles-with-europe/.

占 2% 的 GDP 目标，德国提出将军费增至 1.5%。尤其是一些尚存在传统军事安全忧虑的国家，在美国压力下更做出相当幅度的让步。例如，波兰便提出计划支出至少 20 亿美元的承诺，以保留一个永久的美国军事基地。[①] 北约布鲁塞尔峰会同意"合理的经费分担为联盟的稳定、团结、能力和可信度提供支持"的原则，宣言中称，北约所有盟国均开始实际增加其军费预算，有三分之二的盟国计划在 2024 年前将预算增加至国内生产总值的 2%；一多半的盟国将超过防务开支 20% 的经费用作装备研制和采购，而在 2024 年前计划有 24 个盟国将达到这一标准。[②]

实际上，在冷战期间乃至冷战结束后近 30 年的时间里，在美国的全球同盟体系中，多数盟国一直通过各类方式，为驻本国的美军甚至为美军的全球军事行动支付高额费用。最典型的如日本，长期担负驻日美军相关费用的七成到八成。1991 年海湾战争期间，在美国就不断敦促其盟国分担军事行动的相应开支以缓解"物质消耗极其严峻"情况下，日本更曾经向美国提供巨额财政支持，即所谓的"支票外交"（check diplomacy），以支持美国的军事行动。[③] 在 2018 年日本防卫开支当中，有 6997 亿日元以所谓"强化日美同盟"名义用于支付驻日美军经费以及驻日美军基地搬迁等费用，占全部防卫预算的 14.2%。[④] 美国在欧洲的主要盟国德国，长期以来通过实物提供（如土地、设施）和政策优惠（如建设、税费）等方式，为驻德美军承担相关费用。据 2002 年的统计表明，德国为美驻德军事人员

① John Hudson, "U.S. Assessing Cost of Keeping Troops in Germany as Trump Battles with Europe", 30 Jun. 2018, https://www.theday.com/nation/20180630/u-s-assessing-cost-of-keeping-troops-in-germany-as-trump-battles-with-europe/.

② NATO, "Brussels Summit Declaration", 11 Jul. 2018, https://www.nato.int/cps/en/natohq/official_texts_156624.htm.

③ President George Bush, "Toward a New World Order", in G. Ó. Tuathail and S. Dalby, eds., *The Geopolitics Reader*, London and New York: Routledge, 1998, p.133.

④ Ministry of Defense, *Defense Programs and Budget of Japan: Overview of FY 2018 Budget*, Tokyo: Ministry of Defense, 2018, pp.21-22.

承担 33％的费用。[1]

特朗普坚持希望盟国继续增加承担费用比例甚至全额承担驻海外的美军费用,否则便以重新考虑美国对其盟国和联盟体系的安全承诺相威胁的要求,是其"美国优先"口号的逻辑延伸。然而从其欧洲及亚太地区盟国经济发展依然乏力的现实看,特朗普在增大军事开支问题对其盟国施加的强大压力,肯定会对其与盟国的关系构成破坏性影响,甚至将对其全球同盟体系——这一战后美国全球霸权地位赖以维系的重要支柱造成较为严重的削弱。也正因为此,当下美国战略界对特朗普同盟政策调整的主要担忧,便在于认为其政策主张中的"民粹主义的、保守的民族主义"(populist conservative nationalism)将使美国削弱乃至放弃其长期坚持的"国际主义、致力于建立自由主义世界秩序"的战略方向,而后者构成了冷战结束以来,甚至二战结束以来美国大战略缔造的基本考虑。[2]

特朗普同盟政策调整的源由,来自美国实力相对衰落的事实。在小布什政府"反恐战争"拖累下,美国在伊拉克和阿富汗战事的延绵不绝连同 2008 年爆发的全球金融危机,使得美国不得不在经济上忍受大萧条,在军事上被迫应对过度扩张。奥巴马政府时期,美国对军费开支的削减,尤其是预算控制法(BCA)的实行,以及对海外军事行动的克制,均出于这种考虑。但后果,则是使美国在负担其范围广泛的海外防务承诺时愈发力不从心。特朗普就任后,为反对奥巴马政府的"无所作为"和显示美国的霸权地位,以大幅增大军费投入、极力强化美国军事实力优势、强调显示武力优势或威胁使用武力为基轴的政策,更是无助于挽救,甚至

---

[1] John Hudson, "U.S. Assessing Cost of Keeping Troops in Germany as Trump Battles with Europe", 30 Jun. 2018, https://www.theday.com/nation/20180630/u-s-assessing-cost-of-keeping-troops-in-germany-as-trump-battles-with-europe/.

[2] Jack Thompson, "Trump and the Future of US Grand Strategy", CSS Analyses in Security Policy, No.212 (Sep.2017), p.3.

更加剧了美国在军事上的过度扩张。[①] 因此,希望盟国为美国海外驻军、基地和交通方面提供更多的贡献,甚至指望盟国成为"帝国的廓尔喀军团",以减轻美国在军事和财政方面的压力,此类观念在美国战略学界中影响日渐高涨,这也正是特朗普极力向盟国施压并将之作为节省战略资源的关键性举措之根源所在。

特朗普所触及的问题,实际上是美国长期存在的一个大战略困境:这就是在冷战结束、无明确敌手的情况下,美国维持其全球同盟体系的成本与收益问题。在持积极态度的一方看来,与冷战时期相比,当前同盟体系对于美国全球霸权的重要性没有降低反而上升,美国在欧洲、东亚长期维持的同盟和驻军,既服务于其永久地维持在上述地区的霸权,亦是美国推行全球战略的重要工具:对外是为了遏制现实或潜在的战略敌手(在欧洲是俄罗斯,在亚洲是中国),对内则在预防盟国当中强国(欧洲是德国,在亚洲是日本)对美国政治/军事秩序安排的可能挑战,从而尽可能长地延续"美国治下的和平"。用美国学者的话说,就是预防可能挑战美国霸权的地区强国的崛起,遏制潜在的地区地缘政治对抗,从而维持欧亚大陆边缘地区的稳定,为美国主导的全球秩序创立安全环境。[②]

然而事实已经证明,早在冷战中后期美国便对其范围异常广泛的海外义务力不从心,更遑论当下。在美国权势相对衰落的情势下,美国是否,或者如何更加经济地履行其同盟义务不断被置于美国国内政治辩论的中心位置。这也从反面证实了美国自 20 世纪 70 年代以来权势优势地位不断下降的事实,用保罗·肯尼迪的话说就是,一个世界大国在其强大而又不受任何挑战之时,是不会对自己履行的义务的能力展开辩论的,展开辩论本身就是其衰落的表现。[③] 而一直沉醉于所谓"霸主诱惑"

---

① B. R. Posen, "The Rise of Illiberal Hegemony: Trump's Surprising Grand Strategy", *Foreign Affairs*, 2018, Vol. 97, No. 2, p.21.

② [美]克里斯托弗·莱恩:《和平的幻想:1940 年以来的美国大战略》,孙建中译,上海:上海人民出版社 2009 年版,第 201 页。

③ 保罗·肯尼迪:《大国的兴衰:1500—2000 年的经济变迁与军事冲突》,第 517 页。

(hegemon's temptation)中的美国,在维持首要性(primacy)和所谓"全球领导地位"的指引下,不仅继续盲目地使用其强大的军事力量,而且越来越多地卷入本可避免的冲突当中,因而显著地加速了美国力量的衰弱,助长了帝国的过度扩张。[①]

而对美国的盟国而言,当 21 世纪第一个十年行将结束之际,它们对于各自国家安全环境及所面临的军事压力挑战,在认识方式和认识程度上存在的差异,显然并未缩小甚至进一步增大。与冷战甚至是冷战结束之初相比,当下国际政治经济及安全形势的巨大变动及其对不同领域、不同区域产生的显著差异化的影响,正是造成美国与其欧洲及亚太盟国以及盟国之间,在总体安全形势判断进而本国防务开支问题上分歧急剧增大的根源所在。在美国看来,权势优势地位的相对削弱、战略竞争对手挑战的增强、传统与非传统安全压力的增大,均要求美国在财政负担日趋沉重同时,却不得不维持甚至强化对军事和安全领域的战略性投入,希望其盟国为此分担压力在所难免;对西欧那些面临传统军事安全压力较小的国家而言,削减军费、减少对同盟体系的投入,当然是在安全压力基本不大、经济形势却总体不佳时的首选;而对于那些存在传统安全威胁,尤其是与美国全球体系战略"竞争者"(competitor)接壤或邻近,能够直接感受到外来军事安全压力的国家,则不得不在设法全副武装同时,极力强化与其盟主的安全联系,被迫向该体系做出更大贡献,以求换取有效的安全保护,以应对此类战略竞争者在规模和质量上甚至还在不断扩大的显著优势。

正是由于以上因素的长期存在,冷战期间美国联盟体系便长期存在的三大缺陷(联盟整体防御能力不足,部分盟国对提升作战能力计划明确不作为,盟国在联合行动中对分配给自己承担的任务斤斤计较)当前依然存在,甚至更加严峻。一方面美国自认为承担过多义务,付出过多财政代价,直接导致美国国力的削弱;美国的盟国虽不时"取悦"美国,但

---

① 克里斯托弗·莱恩:《和平的幻想:1940 年以来的美国大战略》,第 9 页。

目的是在安全方面长期"占美国的好处",使得美国承担了大部分责任,因此当前美国从联盟关系中所获得的净收益已经远远少于冷战时期,与美国所付出的成本完全不对等。[①] 但另一方面,由于其模糊且异常宽泛的战略目标,加之近十年来美国对其海外安全承诺并不坚定的态度,使得其联盟体系的有效性和可靠性实际上不断受到部分盟国质疑。特别是那些自觉面临较大安全压力的国家,在对美国安全保护不具信心的情况下,有些国家甚至开始不得不寻求保护自身安全的替代途径,选择之一就是逐步疏远与现有联盟体系主导国家(美国)的安全联系,代之谋求发展自身防务或建立地区军事联盟,以便在必要时可以在没有美国援助的情况下确保安全。

三、不和与失能:美国全球同盟体系的问题与趋向

同盟体系当中国家战略投入与战略产出的关系,也即成本与收益的关系,是所有国家间联盟普遍存在的问题。现实主义国际关系理论的主要奠基人汉斯·摩根索早就指出,联盟中利益的分配,最理想的状态应当是完全互惠的。各缔约国相互间提供的服务应相当于各自所获得的利益。当然,摩根索也承认,只有缔约国实力相当、利益一致的情况下所结成的联盟,似乎更易于达到这一理想状态。[②] 然而国际政治实践的诸多案例早已证明:在权势地位完全不对等的联盟中,实力强大的国家很可能在决定联盟的利益和政策时贯彻自己的意志、主导联盟的战略走向;而弱国如果拥有对强国而言的关键性利益的话,则可以为自身与强国的联盟中的地位提供一定保障,否则其利益完全可能被强国忽视甚至被强国用作利益交换。

作为当下持续时间最长、规模最大的联盟,美国主导下的全球同盟体系是美国大战略缔造的重要手段工具,其演进当然是国际安全形势发

---

① B. R. Posen, *Restraint: A New Foundation for US Grand Strategy*, p.34.

② [美]汉斯·摩根索:《国家间政治:权力斗争与和平》,徐昕等译,北京:北京大学出版社2006年版,第243页。

展的重要影响因素之一。冷战时期,尽管面对不少批评,同时面临诸多同盟国"自行其事"而将美国拖入意料之外冲突的风险,但总的来说,美国冷战时期的遏制大战略极大受益于其全球同盟体系:美国成为所谓"自由世界"的领袖,取得了巨大的声望;在朝鲜战争、越南战争乃至冷战末期的海湾战争中,盟国为美国提供军事基地,并派军参战;盟国在一些关键地区和关键议题上支持美国的主张,并配合美国在贸易、财政和军事方面的要求(甚至包括一些明显有损于自身国家利益的要求)。当然,盟国对美国的屈从并非完全出于对美国的"善意",而在希望借此换取美国坚定的安全承诺和武力保障。其后果,则是在极大有助于美国在与苏联的全球争霸中占据上风并最终赢得了冷战胜利的同时,也保证了其他盟国在财政负担有限的情况下实现了大体安全和经济繁荣。①

冷战结束后,与外界对美国同盟体系是否依然有其足够战略价值的质疑相伴随的,则是美国同盟体系的进一步扩张。以北约为例,其在冷战后奉行的所谓"双重扩展"政策,使得北约的地缘政治范围乃至任务范围均得到大幅的拓展,在成员国数量上升至 29 个的同时,后冷战时代北约战略关注范围已经扩展至欧洲传统边界之外,甚至将乌克兰、高加索、中亚、北非、中东等区域统统包括在内,宣称将在如此广阔的区域内继续完成包括集体防务(collective defence)、危机管理(crisis management)和合作安全(cooperative security)在内的三大核心任务。② 联盟规模和范围的不断扩大,与当前国际政治经济中一些事态、趋势(这包括金融危机,俄罗斯的复兴,巴尔干、乌克兰、外高加索、中东等所谓的"不稳定弧"安全形势的持续恶化)的快速发展一起,无疑对美国同盟体系的能力和资源均提出了巨大挑战。而小布什政府发动的,后果甚至延绵至今的两

---

① Hal Brands, "American Grand Strategy: Lessons from the Cold War", 26 Aug. 2015, hhttps://www.fpri.org/article/2015/08/american-grand-strategy-lessons-from-the-cold-war/.

② NATO, "Brussels Summit Declaration", 11 Jul. 2018, https://www.nato.int/cps/en/natohq/official_texts_156624.htm.

场反恐战争,不仅严重消耗了美国及其关键盟国自身的战略实力,更暴露并且加剧了该体系的能力缺陷及部分成员国在意愿上的严重不足。因此,近30年来,有关对美国全球同盟体系、海外军事部署态势及其效能再度进行"成本-收益"评估的要求,早已成为美国战略学界政策辩论的核心议题之一。

亨利·基辛格早就提出,联盟只有符合以下四个条件才能有效:(1) 有共同目标,通常是抵御共同的危险;(2) 有一定程度的共同政策,至少是足以解释宣战的理由;(3) 万一决定采取共同行动,有具体的合作手段;(4) 不合作需受惩罚,也即不予援助的可能性必须存在。否则,受保护会被视作理所当然之事,而相互应尽的义务就会中止。① 根据这一框架,在很多持批评态度的美国学者看来,冷战结束后,美国全球同盟体系实际上是在没有界定明确敌手、没有明确目标的情况下继续扩张;美国在没有明确大战略指导的情况下,政策行为前后矛盾;其成员国之间则在应对安全威胁方面各有各的考虑,在分担自身联盟义务时斤斤计较,"低价搭车"甚至"免费搭车"行为因无相应惩罚机制存在而被长期容忍甚至得到鼓励。在当前国际政治经济形势出现大幅变动,而美国权势又处于相对衰落的背景下,美国对其同盟体系的战略性投入与该体系能力建设上愈发的不足一起,均构成了未来美国战略大失败的直接根源。在此情况下,有学者警告称:如果说大战略关乎协调目的与手段,那么目的如故、某些手段却在相对衰减的情况便值得特别注意。②

对美国而言,解决这一困境的方法之一,当然是撤出。但是应当看到,美国全球同盟体系的搭建,其最基本的考虑,显然并非完全出于应对外部的战略敌手。早在北约组建之初,北约首任秘书长伊斯梅爵士

① [美]威廉·奥尔森、戴维·麦克莱伦、弗雷德·桑德曼编:《国际关系的理论与实践》,王沿等译,北京:中国社会科学出版社1987年版,第298页。
② 保罗·肯尼迪主编:《战争与和平的大战略》,第182页。

(Lord Ismay)的话就相当清楚地表明了这一意图。[1] 而美国以防范"苏联入侵"为由而继续与数十个国家维持安全协定并在当地驻军的说法,早在苏联解体之前很久就已经不再是一个令人信服的理由。[2] 然而,在苏联瓦解 30 年后并且在可预见的相当长的时期内,美国依然在很多基本不受传统安全威胁困扰的国家驻军、坚持维持全球同盟体系、不懈地为这个联盟体系寻找对手,其更重要的目的之一,肯定是在于"防止欧洲和亚洲的盟国在地缘政治上各行其是",其战略意图的核心显然是为了延续其霸权企图。[3] 用米尔斯海默的话说就是,用霸权秩序这一等级制度防止出现当地的"无政府状态"。[4] 而这种将美国在海外军事存在充当关键地缘政治区域的"平定者"、美军在上述地区的撤出将导致欧洲和亚太历史积怨重现、军备竞赛激化的说法,在美国战略学界和决策界相当流行。在美国不放弃其维持"首要性"战略目标的前提下,可以预料的是,作为"冷战遗产"的全球同盟体系,将依然会被美国以所谓"地区稳定器"的缘由而继续充当政策工具。因此,即使在特朗普大战略调整的背景下,在可预见的未来,无论在欧洲和远东是否有足以挑战美国霸权的大国出现,美国都不可能放弃其全球同盟体系和海外军事承诺:如果出现潜在或现实的战略敌手,美国将留在原地制衡"威胁";如没有出现战略敌手,美国也不可能撤回,它将继续其地区霸权结构。[5]

在直接撤出不可能的情况下,可选的方法之二,只能是劝服其联盟成员加大对联盟的投入。从尼克松到特朗普,这也正是不少美国决策者致力于推行的方法。然而,正如上文所提及的,由于数量庞大的盟国在

---

① 伊斯梅爵士曾指出:"这个同盟的目标,是让美国人留下,让俄国人出去,让德国人倒下。"见 M. Bassin, "Between Realism and the 'New Right': Geopolitics in Germany in the 1990s", *Transaction of the Institute of British Geographers*, 2003, Vol. 28, No. 3, p.354.

② 转引自克里斯托弗·莱恩:《和平的幻想:1940 年以来的美国大战略》,第 38 页。

③ 克里斯托弗·莱恩:《和平的幻想:1940 年以来的美国大战略》,第 39 页。

④ [美]米尔斯海默:《大国政治的悲剧》,王义桅译,上海:上海人民出版社 2008 年版,第 403 页。

⑤ 米尔斯海默:《大国政治的悲剧》,第 409 页。

安全关注方面存在的显著差别，这一做法在执行过程中通常极为困难。20 世纪 20 年代的大英帝国争取说服各自治领增大对共同防务的财政及人力贡献，却几乎全无结果。[①] 而大英帝国内部的分裂甚至叛乱的出现，其根源不少均来自于此。从当前美国同盟政策的调整看，基于财政状况与安全担忧的巨大差异，美国与其盟国间关于防务负担分配的争议仍将继续。而特朗普顽固向其盟国施压要求提高其财政负担的做法，当然在短期内可能取得一定成果（如 2018 年北约首脑峰会承诺关于提升其他盟国军事开支的标准和时间表），但如果美国继续这种既坚持对联盟主导权的绝对控制权，同时又强压其他盟国加大对同盟体系战略投入做法的话，除了位处东欧、波罗的海、外高加索及远东那些自认为直接面对安全威胁，在防务上不得不严重依赖美国的国家，其他国家肯定会对提高自己的投入比例，但在联盟内却享有与之前几乎一样甚至下降的权利感到不满。而由此带来的不合甚至盟国的反抗，也肯定会削弱其成员对于该体系的信心，甚至不得不主动寻求其他的安全保障。而上述种种因素，无疑都将进一步加深该同盟体系内部的裂痕。而特朗普的战略设想，虽然准确地触及了此类兼具非凡现实性与象征性问题的关键，但其实际上选择范围极其有限的政策措施却基本无助于甚至加速了该体系的调整进程。

从当前国际政治经济发展、特朗普上台后政策实施及所引发的复杂效应上看，美国的霸权地位确实处于风险当中。但客观地说，这种风险实际上并不是来自特朗普本人饱受争议的政策风格，甚至也并不来自美国全球霸权的潜在"挑战者"，或如特朗普反复强调的战略"竞争者"，而是主要来自这种霸权结构本身。尤其是美国霸权的战略支柱——美国控制下的全球同盟体系，在直接服务于美国冷战时期及后冷战时期大战略缔造 70 余年之后，支撑该体系正常运作，早先并无太大争议的一些关

---

① 保罗·肯尼迪主编：《战争与和平的大战略》，第 180 页。

键性安排，如美国对该体系的绝对控制与战略性投入，其他盟国承认美国的体系内霸权及对美国的安全搭车，连同早先那种将国际机制、全球贸易体系、全球金融体系、全球同盟体系视为美国大战略或美国主导下的"自由霸权秩序"关键组成部分，此类体系的良好运转将促使美国国家利益"自动"得以实现的观点，在美国战略界显然已经失去了共识。相反，那种认为现行诸多国际机制或国际组织的运转并非与美国的国家利益完全吻合，反而是美国的负担，甚至是美国衰落根源的看法，开始有所流行。

在美国权势绝对优势地位即将丧失的预期下，尤其是在国际政治经济快速发展所呈现的诸多事实或趋势面前，以特朗普为代表，部分美国决策者的逻辑开始转向继续甚至更加充分地享有其同盟体系战略益处，期望其更好地遏制体系内、外部可能的霸权挑战者的同时，削减自身的投入成本，并极力向其盟国转嫁战略负担的方向转变，甚至致力于将该体系打造成为公元前5世纪提洛同盟的当代翻版。这无疑是精于算计，以现实主义和实用主义自诩的地道"特朗普风格"的又一次集中体现！而其后果，短期内有望在争取各成员国加大战略投入、弥补该体系能力建设不足方面取得部分成效，但从中长期看，无疑将激化体系各成员（尤其是体系主导国与体系内的中等强国之间）之间愈发激烈的不和，甚至诱发其部分国家在安全政策及同盟政策上脱离美国主导的尝试，而这些国家极有可能是该体系最初战略设计当中必须时刻关注的"战略防范者"。此类趋向的出现和发展，同当前国际政治经济不断演进，来自该体系外部压力的持续增强，体系主导国自身能力的下降及其对历史发展前景的空前焦虑一起，可能预示出该体系未来出现重大调整的征兆。而这种调整，无论规模程度大小，其引发的战略后果，势必将对美国全球霸权及其主导下的现行国际秩序产生不小的冲击，甚至可能推动全球权势结构和地区地缘政治格局革命性变动的到来。而对这种前景的极大恐慌，也正是当前很多西方政治-知识精英异常坚定地反对特朗普政策调整的根源所在。①

　　在美国放弃联盟进而放弃全球霸权绝不可能,多数盟国在该同盟体系中收益与成本的不对称性依旧甚至更加恶化的情况下,美国设法继续维持甚至强化其全球同盟体系,逼迫盟国提升对同盟体系战略投入的又一选择,则是有意无意地推动恶化地区乃至全球安全环境,或者说,为这个同盟主动塑造一个足以对其盟国构成重大安全威胁的外部敌手(至少是在心理学意义上)。在无法排除这种可能性的条件下,美国是否将依旧同70年前一样,为实现其大战略目标,从而将其目前与部分大国在有限议题、有限领域内的有限分歧刻意夸大为一种无以复加的庞大威胁,从而再次凝聚和动员其同盟体系,以求继续巩固其全球霸权呢?随着美国战略决策"不确定性"突出增长,加之其部分决策者冰冷的、宿命的且无任何历史进步性的国际政治理念,这一可能性的存在当然值得引发国际社会的进一步关注甚至是足够的警惕!

---

① 特朗普同盟政策的调整,尤其是他在北约峰会上对其盟国的指责,在美国国内引发了诸多批评。其中最为犀利的批评称,特朗普的政策"对待朝鲜、俄罗斯这样的敌人,态度过于温和但却一无所获,对待盟友则过于严厉"。见 K. Parker, "Big dog Trump doesn't need to anoint NATO's hydrant", 17 Jul. 2018, https://www.bangordailynews.com/2018/07/17/opinion/big-dog-trump-doesnt-need-to-anoint-natos-hydrant/。而据《华盛顿邮报》报道,近期有近600名美国国际关系学者联名登报反对特朗普对于包括联合国、北约、世贸组织等在内的"战后国际机制"的敌视态度。这是继1930年1028名经济学家联名反对《斯姆特-霍利关税法》,以及2002年850名学者联名反对伊拉克战争之后,美国知识界的又一次集体表态。David A. Lake and P. Gourevitch, "Hundreds of scholars have signed a statement defending the international institutions that Trump has attacked", 14 Aug. 2018, https://www.washingtonpost.com/news/monkey-cage/wp/2018/08/14/hundreds-of-scholars-have-signed-a-statement-defending-the-international-institutions-that-trump-has-attacked/?utm_term=.ed6c6b677458.

岛链、空间控制与霸权:美国对西太平洋的地缘政治想象 *

经典地缘政治理论历来关注地理位置、形态与国家权势间的联系,力图从对地理环境、领土边界和自然资源分布的考察中得出其对国家政治行为的影响和制约作用。然而,批判地缘政治学(critical geopolitics)更重视文化差异、政治认同、民族性、价值取向、伦理判断等意识层面的因素在地缘政治思想建构和战略实践中的重要作用,注意探究"人是如何认识或想象地理环境从而展开政治实践"问题。① 作为批判地缘政治学核心概念之一,地缘政治想象(geopolitical imagination)是指特定政治单元从地理角度出发对世界政治的反映和实践过程,涉及其对当地(local)、地区(region)、全球(global)地理形态的历史记忆、政治解读以及据此做出的战略应对,体现出特定政治单元对不同地理区域政治-战略重要性和实然、应然地缘政治身份的大体判断。② 作为 20 世纪八九十年代批判地缘政治学大流行的直接结果之一,地缘政治想象现今已经成为战略学界分析、判断特定民族和国家描述、衡量和想象其地理环境从而

* 原文发表于《国际展望》2020 年第 3 期,中国人民大学复印报刊资料《国际政治》2020 年第 8 期全文转载。
① Klaus Dodds, "Political Geography Ⅲ: Critical Geopolitics after Ten Years", *Progress in Human Geography*, Vol. 25, No. 3, 2001, pp.469 - 484.
② 参见葛汉文:《批判地缘政治学的发展与地缘政治研究的未来》,《国际观察》2010 年第 4 期,第 43 页。

塑造诸如"自我-他人""安全-危险""邻近-疏远"等概念以及据此进行战略缔造的关键指标之一，在评价、预测其外战略的动机及效应方面具有独特意义。[①]

从 20 世纪初至今，由于诸多地缘政治大师的构想与设计，美国决策与战略学界对西太平洋政治-战略重要性的认识逐渐趋于一致，形成了一整套关于既定区域的地缘政治想象。尤其是自二战结束以来，随着冷战在东亚的扩散和激化，主要以"岛链"（chain of islands）概念的出现并迅速强化为重要标志，西太平洋特定的地理空间开始被美国战略界赋予明确的政治和战略意义，开始与其亚太政策和军事战略紧密联系，成为美国全球大战略在东亚实施成败的权势、物质标尺。冷战结束后，美国对西太平洋地区的地缘政治想象经历了一段明显的调整期，岛链的战略作用也受到强烈的质疑与批评。但进入 21 世纪以来，随着国际政治经济形势的急剧演进，这种以强调西太平洋战略重要性为主要特征的地缘政治想象再度强化，并成为当前美国亚太政策甚至"印太"战略的主要推动因素之一，对地区安全形势及中国的国家安全构成愈发突出的挑战。在中美战略竞争背景下，深入分析美国西太平洋地缘政治想象的源起、发展及当下表现，对于准确把握美国亚太政策企图，分析甚至预测其未来发展走向具有不可忽视的重要价值。

一、岛链、边缘地带与前沿防御

美国对西太平洋的地缘政治想象，源自对西太平洋关键地理位置及由此衍生的权势重要性的认识。早在 19 世纪末、20 世纪初，在美国国力大幅增长的背景下，海权论的主要阐释者、美国海军少将阿尔弗雷德·马汉（Alfred T. Mahan）便极力鼓吹太平洋尤其是西太平洋的地理位置、经济活动与商业价值对于美国国力的提升具有重要战略意义。马汉认

[①] Gearóid Ó Tuathail and S. Dalby, "Introduction: Rethinking Geopolitics: Towards a Critical Geopolitics", in Gearóid Ó Tuathail and Simon Dalby, eds., *Rethinking Geopolitics*, London: Routledge, 1998, p.4.

为,美国在各大国围绕太平洋的空间竞争中胜出的方式,就是通过建设强有力的海军力量,与海上强国结盟以及争取太平洋中的"前进基地"。因此,在美国"尽可能远地深入太平洋"的过程中,选择和保持海军基地应当被列入首要的战略考虑中,"通过保有太平洋岛屿并将其发展成为基地,开发其资源,通过补充装备,不仅海军力量能够获得提升,而且能够增强军队的机动性"。[1] 马汉尤为满意地看到,美国占有太平洋中部的夏威夷群岛,足以使其"避免在太平洋方向受到任何严重的威胁";而美国于1898年对关岛的兼并则意义更为重大:"没有一个地方能够像关岛一样可以保卫我们在太平洋的安全利益。"[2]对这条从太平洋中部的夏威夷延伸至西太平洋的关岛的"海上领土之链"的牢固控制,是20世纪美国取得足够海上优势乃至最终控制太平洋的权力基础。这可谓是"岛链"概念的滥觞。

二战前后,随着地缘政治学在美国的逐步兴盛,美国著名地缘政治学家尼古拉斯·斯皮克曼(Nicholas Spykman)在极力强调一个国家的地理位置是其对外政策最基本因素的同时,对"边缘地带"(Rimland)之于世界权势的意义做出了与哈尔福德·麦金德(Halford J. Mackinder)不同的理解。在他看来,欧亚大陆与其周围一系列内陆海和边缘海之间的地带具有非凡的战略价值。在历史上,大国(如英国)正是通过对该区域的控制,发展出世界性的势力。对实力急剧上升的美国而言,这一地理空间亦具有直接的战略关系,尤其在防止大陆强国崛起方面具有突出价值。但与大西洋方向存在巨大差异,美国此时还不曾在西太平洋与欧亚大陆之间的边缘地带拥有真正有效的基地,因此受到处于大陆沿海地区控制海道国家的直接威胁。与马汉强调关注海洋、控制海上基地进而争夺西太平洋海权的主张相比,斯皮克曼显然走得更远,他

---

[1] A. Mahan, *Retrospect and Prospect: Studies in International Relations Naval and Political*, Boston: Little, Brown, & Company, 1902, p.42.

[2] See David Scott, "U.S. Strategy in the Pacific-Geopolitical Positioning for the Twenty-First Century", *Geopolitics*, Vol. 17, No. 3, 2012, p.615.

认为美国有必要改变依靠海上势力的传统政策，进而在欧亚大陆边缘地带形成强大的影响力。①对策就是如同美国在西欧那样，在太平洋对岸地区（并非仅仅是离岸岛屿）建立更多的海军和空军基地，而"在一些托管岛屿上新建基地，在菲律宾重建美国的军事势力，这些都是起码的措施"②。

二战结束后，世界形势尤其是亚太安全形势的发展，为美国早期地缘政治学家诸多论断及主张进入美国战略决策提供了契机，有关西太平洋的地缘政治想象亦开始向政策转化的进程。在太平洋战争中彻底击败日本后，美国占领日本本土及其在太平洋的大量托管岛屿，军事进驻朝鲜半岛南部，恢复在菲律宾的驻军，并对中国国民党政府具有强大影响。美国实际上不仅实现了马汉当年的梦想，甚至已经接近完成斯皮克曼的战略筹划，即实现对欧亚大陆东端边缘地带的牢固掌控。然而，随着中国内战的爆发和新中国的成立，加之1950年朝鲜战争的爆发及美国的受挫，使美国对于西太平洋的政策设计实质上又经历了一个从"斯皮克曼模式"向"马汉模式"的转化过程。在"失去中国"、朝鲜挫败与"苏联威胁"的三重压力下，美国亚太政策显然又再次回到马汉的思路，即设法强化对日本及其他西太平洋离岸岛屿的"保卫"，并"避免"进行一场大陆战争。而在欧亚大陆的边缘海强化由一系列岛屿所构成的军事和战略基地以及更有效地遏制共产主义向海洋扩张，成为当时美国决策精英讨论的优先议题。

为此，遏制战略的主要设计者之一乔治·凯南（George Kennan）强调，美国东亚政策的基础就是通过控制离岸岛屿（如阿留申、琉球、关岛）以确保对西太平洋边缘海的控制，而非轻易介入欧亚大陆的东端边缘。③时任美国国务卿迪安·艾奇逊（Dean Acheson）亦公开宣示，美国的战略

---

① ［美］斯皮克曼：《和平地理学》，刘愈之译，商务印书馆1965年版，第85页。

② 斯皮克曼：《和平地理学》，第108页。

③ Michael Green, *By More than Providence: Grand Strategy and American Power in the Asia Pacific since* 1783, New York：Columbia University Press，2017，p.251.

投射必须抵达"太平洋的最西端边缘",即"从阿留申到日本、琉球再到菲律宾群岛"。在西太平洋,"美国必须保持强有力的防卫姿态,极为关键的是保持位于冲绳的庞大美军基地"。在驻日美军司令和"联合国军"司令道格拉斯·麦克阿瑟(Douglas MacArthur)看来,二战后的太平洋"已经成为'盎格鲁-萨克逊湖'"。在如此有利的情势下,"围绕亚洲海岸的'岛链'已经成为美国的防御线"。美国对这条"岛屿链条"的军事控制"可以防止(敌手)任何前出太平洋的敌对行动",尤其是台湾,"由于至关紧要的军事原因,千万不能让其落入共产主义之手"。[1] 正是在此类言论的不断渲染下,在超级大国全球战略争夺的宏观背景下,一系列位于西太平洋的岛屿开始被赋予新的地缘政治意义,甚至成为"自由、民主的"西方遏制、防范和封锁"共产主义的东方"的"海上锁链",也成为美国及其亚太盟国抵制"侵略成性、军国主义、扩张主义、严重敌视美国的苏联"最主要的地理-战略仰仗。[2]

马汉的主张构成了冷战时期美国对西太平洋地缘政治想象的主要内涵,即主要依靠对海域和岛链的控制来巩固其在西太平洋的海权,进而实现区域霸权。而此类主张亦成为美国地区政策尤其是军事战略制定、实施的精神基础。早在1946年,美国参谋长联席会议在《美国武装力量部署战略概念与计划》中指出,美国应当"设置自身的前进基地,尽可能远地阻止潜在敌人的攻击。……总之,要扩大美国的战略边界"[3]。在1947年的《海军计划研究》中,这个战略边界就是美国在西太平洋控制下的海域和岛链。而岛链的作用就是为巡弋于黄海和日本海的美军航空母舰提供港口,也为美军部署于离岸岛链的陆基轰炸机对亚洲大陆边缘

[1] David Scott, "U.S. Strategy in the Pacific-Geopolitical Positioning for the Twenty-First Century", p.617.
[2] Andrew A. Latham, "China in the Contemporary American Geopolitical Imagination", *Asian Affairs: An American Review*, Vol. 28, No. 3, 2001, p.139.
[3] Michael Green, *By More than Providence: Grand Strategy and American Power in the Asia Pacific since 1783*, p.272.

地区发动军事打击提供基地。^① 这就是美国将其前沿防御半径（Forward Defense Perimeter）设置于西太平洋边缘海域诸离岸岛屿的主要战略-军事考虑。

冷战时期，美国对西太平洋的地缘政治想象尤其是以岛链为核心建构的政策逻辑实质上存在重大缺陷。首先，这条从阿留申群岛、日本、冲绳、中国台湾到菲律宾群岛甚至延伸到马来西亚和马六甲海峡的极其漫长的岛屿"锁链"，军事上的防御难度极大，因为各个岛屿之间的海峡和国际公海为敌对的海上势力提供了广阔的穿越空间。而在战略层次上，麦克阿瑟早就承认："是否守得住西太平洋沿岸的防守线完全取决于能否守住这条岛链的所有组成部分，岛链上的任何缺口对敌对势力而言都极具价值，因为其可以据此对该防线的其他组成部分轻而易举地发起攻击。"^②特别是自 20 世纪 50 年代以来，随着亚洲人民的觉醒以及民族解放运动大潮的涌动，美国及西方殖民宗主国对东亚海洋国家的控制也愈发受到像日本、菲律宾、马来西亚民众的广泛抵制。在此情况下，美国以控制岛链及西太平洋实现区域霸权的政策已经呈现失败的征兆。

不仅如此，作为美国对西太平洋地缘政治想象的组成部分，斯皮克曼的主张（即美国应超越其海洋势力定位，以主动介入尤其是军事介入欧亚大陆作为其控制"边缘地带"的手段），亦不时作用于美国战略决策，对其亚太政策的推行构成重要干扰变量。1949 年麦克阿瑟关于构筑一条从菲律宾到琉球、日本到阿留申的"太平洋战略防线"实际上并没有提及朝鲜；1950 年艾奇逊在定义美国在亚洲的"防御半径"时，同样没有将朝鲜纳入其中。^③ 但朝鲜战争被当作美国国家安全委员会第 68 号文件有关"共产主义威胁"的直接证据，越南日后亦被认定是威胁东南亚的

---

① Michael Green, *By More than Providence: Grand Strategy and American Power in the Asia Pacific since 1783*, p.272.

② David Scott, "U. S. Strategy in the Pacific-Geopolitical Positioning for the Twenty-First Century", p.617.

③ Michael Green, *By More than Providence: Grand Strategy and American Power in the Asia Pacific since 1783*, p.274.

"多米诺骨牌",从中均可以看出斯皮克曼主张的影响力。但美国对亚洲大陆边缘地带的战略、军事介入以及由此引发的损失空前的战略大挫败,在很多美国战略学者看来,再次证实了马汉、乔治·凯南主张的正确性——乔治·凯南一直强调美国在东亚的政策应与欧洲不同,应当主要确保对离岸岛屿和西太平洋边缘海的控制,尽量减小对亚洲大陆的战略性投入。[①] 而回归马汉的主张(据守岛链和西太平洋前沿基地并严密控制边缘海)以及采取外交措施争取中国的支持,来应对苏联巨大的军事、地缘压力(尤其是苏联针对岛链南、北两端的巨大压力)则成为 20 世纪 70 年代和 80 年代美国亚太政策的无奈选择。

二、"重返"岛链与"重塑"边缘地带

冷战的结束标志着一场持续近半个世纪、规模空前、具有鲜明意识形态色彩的全球地缘政治大对抗的收场。在"赢得冷战"的鼓舞下,美国政治、知识精英对延续其在亚太地区所谓"领导地位"持极其乐观的态度。以 1991 年时任美国总统乔治·布什"新世界秩序"(New World Order)的推出为标志,冷战后的世界被视为一个主要以美国压倒性实力和意识形态优势为基础而主导的"独极"(unipolarity)世界,美国已经没有任何需要全力应付的战略敌手。[②] 由此,传统的以维持岛链、控制西太平洋边缘海为基轴的地缘政治想象由于缺乏主要应对目标,亦处于不断弱化的过程中。1990 年美国参议员阿兰·迪克森在一场国会听证会上指出,美国在亚太尤其是西太平洋地区仍然维持军事"前沿部署"的原因,在于其已患上了"神圣罗马帝国情节"。[③] 在其功能日趋受到严厉批

①   Michael Green, *By More than Providence: Grand Strategy and American Power in the Asia Pacific since 1783*, p.251.

②   Geogrge W. Bush, "Toward a New World Order", in Gearóid Ó Tuathail, Simon Dalby, and Paul Routledge, eds., *The Geopolitics Reader*, London and New York: Routledge, 1998, p.131.

③   Michael Green, *By More than Providence: Grand Strategy and American Power in the Asia Pacific since 1783*, p.445.

评的情况下，1992 年《美国军事战略》报告亦不得不指出，由于苏联威胁的消失已经根本改变了太平洋区域的总体安全情况，因此美国在西太平洋的关注重点亦应从抵御侵略转向"危机反应"和"确保稳定"。①

尽管如此，美国对西太平洋的总体战略实质上却并未发生根本转型。虽然缺乏直接敌手，但美国依然凭借其在西太平洋的海上优势地位维持在离岸岛屿的前沿军事存在，以此确保其在亚太地区的"首要地位"。1990 年，在时任美国参联会主席柯林·鲍威尔（Colin Powell）的推动下，美国虽然开始有限削减其在太平洋方向的前沿军事部署，强调以高度灵活、全球机动的武装部队来遏制或消除既定区域未来可能出现的威胁，但是美国在西太平洋继续维持舰母战斗群及空中、地面和两栖优势兵力，依然强调其西太平洋军事基地群尤其是驻日军事基地的极端重要性，也极力维系其以岛链和前沿军事存在为基轴的空间控制战略。②在菲律宾群众性反美运动不断高涨，苏比克和克拉克军事基地已难以为继的情况下，美国计划在区域内（如新加坡）发展新的"前进基地"，以减少对菲律宾基地的严重依赖。③ 而这种扩展在新加坡对美军开放和扩建樟宜基地后，显然已经取得了部分成功。

进入 21 世纪后，由于中国的发展效应不断积累，美国以岛链为核心的亚太军事基地网络更具备了明确的存在理由，而其决策界对西太平洋的传统地缘政治想象又重新得以迅速强化。实际上，早在 1997 年，美国地缘政治学家、前国家安全顾问布热津斯基就开始渲染中国在亚太地区对美国军事存在构成的所谓"威胁"，即中国海军已经采纳了"近海积极防御"的战略思想，同时设法在 15 年内拥有远洋作战能力，以便有效控制"第一岛链"之内的海域，尤其是台湾海峡与南中国海，此举无疑将对

---

① JCS, *National Military Strategy of the United States（1992）*, Washington, D.C.: DOD, 1992, p.3.

② Michael Green, *By More than Providence: Grand Strategy and American Power in the Asia Pacific since 1783*, p.432.

③ JCS, *National Military Strategy of the United States（1992）*, p.22.

美国的东亚"主导地位"构成严重挑战。① 1999 年,美国中国问题专家陆伯彬(Robert S. Ross)在重读斯皮克曼写于半个世纪前的名著《和平地理学》后亦提出,中国作为陆权优势力量的快速崛起,能够被美国在太平洋的海上优势平衡。但是,中国向太平洋的进军正在改变这种地缘政治平衡。在不远的未来,"中国是能够事实上挑战美国海上权势、颠覆东亚'两极结构'的唯一国家"②。而冷战结束后美国仍然着力稳定和强化其同亚太地区传统盟国(日本、韩国、澳大利亚)关系的主要出发点之一,也在于中国权势的不断增长。③

作为此类地缘政治想象的逻辑延伸,美国国防部 2006 年的《四年防务评估报告》应被视为 21 世纪美国亚太政策尤其是安全政策的转折点。尽管美国仍将恐怖主义视为头等安全威胁,但亦强调"中国作为一个主要的和正在兴起的力量,有巨大的潜力在军事上同美国竞争"。中国的境外军事投射能力大幅提升,已经将亚太区域的军事平衡"置于危险"当中。④ 为此,美国宣称将其 60％的潜艇兵力和至少 6 个航母战斗群部署在太平洋,并强化在夏威夷、阿拉斯加、阿留申群岛和最为关键的关岛的兵力部署,以减少美军在太平洋应对中国的反应时间。⑤ 美国海军在 2007 年发布的《21 世纪海权的合作战略》中亦明确提出,"美国将保持和扩展其相对海权优势,在西太平洋保持可靠的作战能力以维护美国的关键利益,确保美国对盟友和伙伴的安全保护,威慑和阻止潜在的敌对者

---

① [美]兹比格纽·布热津斯基:《大棋局——美国的首要地位及其地缘战略》,中国国际问题研究所译,上海人民出版社 2007 年版,第 128 页。

② Robert S. Ross, "The Geography of the Peace: East Asia in the Twenty-First Century", *International Security*, Vol. 23, No. 4, 1999, p.94.

③ Aaron L. Friedberg, "The Future of U.S.-China Relations", *International Security*, Vol. 30, No. 2, 2005, p.23.

④ DOD, *Quadrennial Defense Review Report* (*2006*), Washington, D.C.: DOD, 2006, pp.29-30.

⑤ DOD, *Quadrennial Defense Review Report* (*2006*), p.47.

并盯住竞争者"①。从美军兵力在太平洋诸岛屿的再部署和跨区域的兵力调整中，可以看出美国异常清晰且带有浓重地缘政治色彩的战略逻辑，这是一个世纪之前马汉思想的当代再现。②

在21世纪第一个十年结束之际，中国的军事现代化程度不断提高，尤其是海上军事力量的快速发展，引起了美国战略学界的极大关注和严重不安。③ 中国大力发展其"反介入/区域拒止"（anti-access/area denial，A2/AD）能力，特别是发展其武器系统、技术、作战概念，加快建设包括两栖和潜艇能力在内的蓝水海军能力，并且通过运用空中和海上力量频繁穿透岛链，在远离中国海岸线的区域进行远距离"冒险"的情况下，美国位于第一岛链的军事基地以及在西太平洋的前沿防御战略，开始面临"不确定的多重挑战"。④新威胁的日趋上升及传统岛链战略效能的下降，使得美国虽然不断宣称"美国不会将太平洋让给任何人"，"美国作为太平洋国家将持续发挥作用。……美国必须沿太平洋边缘保持强有力的军事介入和威慑姿态"；⑤但受到两场反恐战争和国际金融危机的双重打击，美国实际上开始寻求采取一种扩大化的岛链战略，以应对中国对其亚太军事存在日益严峻的挑战。

以2012年美国高调推出"亚太再平衡"（或"重返亚太"）战略为标志，美国这种扩大化的岛链战略强调在现有的政治-军事存在基础上，主

① DOD, *A Cooperative Strategy for 21st Century Seapower*, Washington, D.C.: DOD, 2007, p.6.

② David Scott, "U.S. Strategy in the Pacific-Geopolitical Positioning for the Twenty-First Century", *Geopolitics*, p.614.

③ 美国国防大学出版的《中国海军：能力发展和作用演进（2011）》是这方面较有代表性的研究成果。参见 Phillip C. Saunders, Christopher D. Yung, Michael Swaine, and Andrew Nien-Dzu Yang, eds., *The Chinese Navy: Expanding Capabilities, Evolving Roles*, Washington, D.C.: National Defense University Press, 2011.

④ Evan Braden Montgomery, "Contested Primacy in the Western Pacific: China's Rise and the Future of U.S. Power Projection", *International Security*, Vol. 38, No. 4, 2014, p.117.

⑤ 上述观点分别出自2009年时任美国国务卿希拉里·克林顿（Hillary Clinton）和2011年时任美国国防部长罗伯特·盖茨（Robert Gates）。参见 David Scott, "U.S. Strategy in the Pacific-Geopolitical Positioning for the Twenty-First Century", *Geopolitics*, p.611。

要发挥外交、经济等"巧实力"的作用,通过说服其亚太盟国、伙伴国甚至中立国(并不仅限于岛链国家或西太平洋的海洋国家和地区),来扩大或再次强化美国在亚太的政治、军事网络,将扩大国际合作、利用中间人来达到目标,以此"对冲"来自中国的威胁和安全挑战,继续维系在西太平洋乃至亚太的主导地位。① 为此,美国不仅在既有基础上强化了其在"岛链"尤其是以关岛为重点的军事部署,同时大力推动恢复在菲律宾的军事存在,加强在澳大利亚和新加坡的军事活动,重塑亚太同盟网络。在其积极推动下,尽管在冷战结束之初美国的亚太同盟体系中有相当一部分国家(如日本、菲律宾、澳大利亚、韩国和菲律宾)一度透露出谋求"正常国家"或"中等强国"地位,摆脱美国控制的政策倾向,但随着亚太安全形势的发展,上述不少国家亦开始重返强化与美国政治、军事同盟的旧有政策路径。美国还在外交上积极争取越南、缅甸、马来西亚、老挝乃至印度等亚洲大陆非离岸岛屿国家,试图在传统的离岸岛链之外营造一个以中国为主要目标、扩大化的伙伴国网络。从这一点看,美国的"亚太再平衡"战略不仅是马汉观点的再强化,甚至有向斯皮克曼主张回归的趋势,尽管这种回归更多体现在外交而非实际军事层面。

三、"放弃岛链"还是"超越岛链"?

2017 年特朗普就任美国总统,成为冷战后美国大战略演进过程中的标志性事态之一。当下的美国以所谓的"美国优先""让美国再次伟大"为口号,在经贸、同盟、军控、军事、全球治理等领域做出诸多颇具颠覆性的政策调整,由此使国际政治经济的不确定性更加突出,并导致国际安全形势的剧烈震荡。②尤其是美国同盟政策的调整,对其亚太同盟体系及其已维持半个多世纪的岛链战略造成的冲击最为直接。特朗普时代的

① 参见葛汉文:《克制战略、战略克制与美国的大战略困境》,《解放军国际关系学院学报》2019 年第 4 期,第 6—7 页。
② 特朗普政府的大战略设计,可参见葛汉文:《"拒绝衰落"与美国"要塞化":特朗普的大战略》,《国际安全研究》2018 年第 3 期,第 82—100 页。

美国指责其盟国"一直在系统地利用美国的'慷慨'和'开放'"，并将海外防务承诺和同盟体系视为严重拖累美国的主要根源。为此，美国要求其盟国分担更多防务费用，否则就威胁减少在海外的军事存在，甚至让盟国"自己保卫自己"。以此为表现，美国的同盟政策开始向在继续维持对该体系绝对主导、继续享有其战略益处的同时，削减自身的投入，并极力向其盟国转嫁战略负担的方向转变。①

在此情况下，美国先后同日本、韩国就分担美国当地驻军费用问题展开谈判。尽管日本长期以实物、服务、现金等方式为驻日美军支付高额费用，但特朗普依然强调驻日美军费用对美国造成了沉重负担，要求日本支付 100％的驻日美军费用，以换取美国对日本的"保护"。②而对于美国亚太军事存在的最前沿韩国而言，美国则直接要求韩国政府向其支付远超驻军费用总额的 50 亿美元，导致韩国国内舆论哗然。③ 自二战结束以来，日本便是美国岛链战略的重中之重，而韩国则是美国亚太前沿军事存在的重要支柱之一。特朗普政府同盟政策的调整引发的震荡必然会对其亚太同盟体系造成冲击；而日本、韩国、菲律宾则采取相应的措施应对特朗普政府的战略冲击，这已经并将继续对地区安全形势演进产生深刻影响。

然而，自 20 世纪以来，美国的政治精英都确信：如果美国不能守住位于西太平洋的岛屿防线的话，那么将无法确保太平洋不受到来自欧亚大陆心脏地带的权势力量的攻击。这一点在特朗普的相关政策设计中也得到了印证，美国以同盟体系为网络，以控制岛链、维持海洋霸权为基

---

① 相关论述可参见葛汉文：《特朗普时代美国的同盟政策及同盟体系》，《世界经济与政治论坛》2019 年第 1 期，第 8 页。

② 在 2018 年日本的防卫开支中，有 6997 亿日元以所谓"强化日美同盟"的名义用于支付驻日美军的经费以及驻日美军基地搬迁等费用，占全部防卫预算的 14.2％。Ministry of Defense, *Defense Programs and Budget of Japan: Overview of FY 2018 Budget*, Tokyo: Ministry of Defense, 2018, pp.21－22.

③ 特朗普讲话见"President Trump's Imaginary Numbers on Military Aid to South Korea", 25 Feb. 2019, http://www.haymeslaw.com/president-trumps-imaginary-numbers-on-military-aid-to-south-korea/.

轴的地区战略尚未出现显著变更的征兆。[①]因此,尽管特朗普政府从"收益-成本"的角度出发对美国的同盟体系与承担的海外义务颇有微词,而且2017年3月美国助理国务卿董云裳(Susan Thornton)亦宣布奥巴马政府的"亚太再平衡"战略"已宣告结束",[②]但针对中国不断增强的军力投射能力和"反介入/区域拒止"能力,特朗普政府反复强调将以增加武器装备的购买力度、军队建设与训练、深化国际合作等多重手段加以应对。而发挥位于日本、韩国、关岛、澳大利亚、新加坡、菲律宾和迪戈加西亚的2000余架飞机、200艘舰艇和37万名军事人员的作用,尤为关键。[③]

尤其是以在大国战略竞争中获胜为目标,特朗普政府大幅增加了在西太平洋边缘海的军事活动的规模和力度,以此显示其对既定海域的"绝对主导"地位。2017年6月,美国时任国防部长詹姆斯·马蒂斯(James Mattis)宣称,美国将会继续在国际法允许的任何地区飞行、航行与行动,并通过在南海及其他地区的持续性行动表明决心。[④]在此指引下,美国海军近三年来对中国西沙群岛和南沙岛礁展开所谓"航行自由行动"(FONOPs)的数量、频次大幅上升,海军舰只较以往更频繁地通过台湾海峡;空中军事力量无视认证查询,频繁进入中国设于东海的防空识别区(ADZE),对中国南沙岛礁实施飞越穿行;在中国周边海域不断举行各型各类的联合军事演习,持续向中国展示军事存在和遂行抵近侦察,挑衅意味不断增强,极大推升了武装冲突的风险,严重加剧了地区紧张局势。

---

① Michael Green, *By More than Providence: Grand Strategy and American Power in the Asia Pacific since 1783*, p.9.

② Aaron Meht, "'Pivot to the Pacific' is Over, Senior U.S. Diplomat Says", 14 Mar. 2017, http://hrana.org/news/2017/03/pivot-to-the-pacific-is-over-senior-u-s-diplomat-says/.

③ DOD, *Indo-Pacific Strategy Report: Preparedness, Partnerships, and Promoting a Networked Region*, Washington, D.C.: Department of State, 2019, p.19.

④ James Mattis, "First Plenary Session: The United States and Asia-Pacific Security", 3 Jun. 2017, https://www.iiss.org/events/shangri-la-dialogue/shangri-la-dialogue-2017.

　　自 1945 年以来，美国的亚太政策尤其是军事战略的核心是前沿防御，要点是对西太平洋边缘地区岛链的控制。[①] 尽管在确定美国在西太平洋防御前沿的位置方面，每一届美国政府实际上均有各自的主张，但是这些信条尤其是其背后体现出的地缘政治想象，依然对当下乃至未来美国的政策制定持续发挥强大影响。尤其是在中国崛起的背景下，美国沿袭已久的以其海上优势遏制陆权敌手（最初是苏联，目前是中国）的地缘战略设计，更具备了明确的总体目标。在不少美国学者看来，格外受益于二战后美国在远东构筑岛链的战略安排，美国已与西太平洋几乎所有的沿海岛屿国家构筑了相当牢固的政治、军事关系。而除以日本、中国台湾和菲律宾为主的传统岛链国家和地区之外，美国海军亦可利用印度尼西亚、新加坡、马来西亚和文莱的港口设施。因此，尽管敌手出现了变更，但美国早已在中国周边构筑了海上包围圈，可以向中国通向海洋的任何通道施加海上和空中压力。[②] 正是由于这条"由美国盟友所组成的完善的用于监视甚至必要时阻断中国通向太平洋通道的海上'长城'"的存在，使得当下中国所面对的是"一个充满敌意的海上环境，这与陆地方向截然不同"[③]。

　　不仅如此，以"印太"战略的推出为代表，当前美国的政治精英的政策设计实质上已经远远超越对西太平洋的传统地缘政治想象。在美国"印太"战略计划进一步强化或扩大其现有的地区同盟、伙伴关系国家和地区中，除日本、菲律宾、中国台湾外，澳大利亚、泰国、新西兰、新加坡、印度、斯里兰卡、马尔代夫、孟加拉国、越南、文莱和柬埔寨等国家，均不是传统意义上的位于岛链上的国家或地区。甚至像蒙古、尼泊尔、老挝

---

① Evan Braden Montgomery, "Contested Primacy in the Western Pacific: China's Rise and the Future of U. S. Power Projection", *International Security*, Vol. 38, No. 4, 2014, p.126.

② Robert S. Ross, "The Geography of the Peace: East Asia in the Twenty-First Century", *International Security*, p.101.

③ Robert D. Kaplan, "The Geography of Chinese Power: How Far Can Beijing Reach on Land and at Sea?" *Foreign Affairs*, Vol. 89, No. 3, 2010, p.33.

这些地理位置深入东亚大陆的国家,也通通被美国列入加强安全关系的名单中。① 至少从所涉及的地缘范围看,特朗普政府的"印太"战略已远远超越了防守岛链这条环绕东亚大陆的防御周线的层级,甚至也超越了斯皮克曼的战略构想,而成为一个类似冷战、远超地区规模的宏大战略设计。但是,在美国自身战略投入有限、区域国家摇摆不定、中国坚守和平发展等多重因素综合影响下,该战略的具体效果短期内亦可能相对有限。

四、地缘政治想象与空间霸权

地缘政治想象作为一种政策与军事话语和精神意识反映,其逻辑就是通过对特定地理位置、形态的观察和描述,以期就某个特定地理区域进行"战略价值评估",力图从中发现确保本国权势利益的所谓"永恒规律"。通过这种方式,特定的地理区域开始与国家的整体国势起伏建立起逻辑联系,世界空间亦被分割和标注为一块块"'关键''重要'或是'无价值'的地理区域"。② 因此,尽管不少学者一再声称,"地理依然在发挥作用,国家依然在为权势和领土而斗争"③,但实际上正是由于国家对权势几乎永不停歇的追逐,地理空间方才被赋予了这样或者那样的战略作用。

美国对西太平洋的地缘政治想象正是最为典型的案例之一。在美国兴起、力图巩固其国家权势的过程中,其对西太平洋地缘政治想象的基本叙事和精神风格得以成型。地缘政治想象的三大核心要义,即对国际形势发展的内在恐惧、对国家间关系的经久不信任和对特定区域的空间控制构成了国家权势的基础,在这一案例中亦得以充分体现。总的来

---

① Department of State: *A Free and Open Indo-Pacific*: *Advancing a Shared Vision*, Washington, D.C.: Department of State, 2019, p.17.
② 关于这种将世界进行空间化和等级化理解的观点,参见 John Agnew, *Geopolitics*: *Re-visioning World Politics*, London and New York: Routledge, 1998, p.2。
③ David Scott, "US Strategy in the Pacific-Geopolitical Positioning for the Twenty-First Century", *Geopolitics*, p.610.

看，尽管处于不断演进中，但美国对西太平洋的地缘政治想象一般呈现如下三大特征：一是美国有关"位置"(location)的自我定义——"美国是太平洋国家"，使其在西太平洋天然具有"至关重要"的国家利益；二是西太平洋的边缘海尤其是离岸岛屿具有异乎寻常的战略价值，对于美国对西太平洋的控制至关重要；三是美国在西太平洋安全秩序中的主导地位是其全球霸权的重要组成部分，绝不允许亚洲大陆强国挑战。正是在与之相关的诸多学理表述、政策表态和战略实施的不断强化下，这种地缘政治想象最终上升成为从 20 世纪中期至今美国地区政策的总体战略基轴。

这种地缘政治想象有其久远的思想渊源。除马汉、斯皮克曼之外，太平洋一向能够引起地缘政治学家的广泛关注。早在 1908 年，德国地缘政治学(*Geopolitik*)的领军人物卡尔·豪斯霍弗(Karl Haushofer)便将这片"地球上最大的地形学区域"视为"庞大权势的孵育器"。在他看来，这片区域的地缘政治重要性在 20 世纪将逐步凸显，太平洋时代将继地中海时代和大西洋时代后主导人类的历史。[①] 而"印度洋-太平洋区域"尤其是西太平洋区域在地理上的独特性在于其处于大陆东方的所谓"离岸岛屿之弧"(offshore island arcs)上。在豪斯霍弗看来，这一"离岸岛屿之弧"提供了有用的"保护面纱"，"掩护了"中国和印度等大陆大国。[②] 一个多世纪之后观之，豪斯霍弗当年的判断准确预言了 20 世纪下半叶以来环太平洋地区尤其是亚太区域权势力量的强劲发展及其在世界政治经济中的地位，亦意识到构成或诱发亚太安全问题的最主要地理空间因素。

目前，由于沿线国家数量众多、经济活动频繁、矛盾与热点问题集中

---

① Hans W. Weigert, "Haushofer and the Pacific: The Future in Retrospect", *Foreign Affairs*, Vol. 20, No. 4, 1942, p.735.

② Andrew S. Erickson and Joel Wuthnow, "Why Islands Still Matter in Asia: The Enduring Significance of the Pacific 'Island Chains'", 05 Feb. 2016, http://www.andrewerickson.com/2016/02/why-islands-still-matter-in-asia-the-enduring-significance-of-the-pacific-island-chains/.

以及区域内国际关系微妙,亚太区域安全形势尤为复杂。2007 年,美国太平洋总部司令蒂莫西·基廷(Timothy Keating)曾宣称,"在太平洋,我们是在一个地缘政治环境中行动"①。此人显然忽略了这样一个事实,即美国对该区域事务的直接介入尤其是军事介入和前沿部署,以及美国试图长期维持地区霸权的努力,正是该区域安全形势朝地缘政治竞争演化乃至成为战争和冲突频发的重要诱因之一。自二战结束以来,那种视太平洋为"美国湖""控制西太平洋是美国地区霸权的基础"的看法,已经上升为一种长期主导美国地区政策的精神信条。而保持在既定区域内的"统治能力"或"主导地位",确保美国军事力量能够"自由、不受挑战、强有力地"展开行动,成为一代又一代美国政治、战略精英的共识。而这种观念本身就是导致区域内冲突和摩擦频发的最主要根源。

不仅如此,美国的相关政策也直接导致地区国家间关系的紧张。作为一种历史事实,位于西太平洋的诸多离岸国家,很多均与其邻国尤其是东亚大陆的沿海国家存在岛屿主权和海洋权益争端,前者如北方四岛、钓鱼岛和西沙、南沙群岛,后者如东海划界和南海主权争端等;而另一些国家或地区自身则长期是区域内军事、安全的焦点。这些争端或热点问题长期得不到全面、公正解决,部分国家正常的合法权益和主张被长期压制,甚至被刻意渲染为地区安全"威胁"。区域安全形势长期紧张的局面,很大程度上正是美国实行岛链战略的直接后果。从二战后至今美国的亚太政策看,美国显然也非常乐意利用此类矛盾为其在远东的军事存在提供借口,为其在地区事务中扮演"制衡者"(balancer)角色提供足够正义的理由。正是出于这种原因,可以预料,在美国继续坚持其对西太平洋的地缘政治想象及其政策转化的情况下,地区安全形势的紧张化趋势还将总体持续,甚至在特定时段极有可能激化;区域内国家间的主权和海洋权益争端,以及不少长期存在的矛盾、问题,在可预见的时间

---

① David Scott, "U. S. Strategy in the Pacific-Geopolitical Positioning for the Twenty-First Century", *Geopolitics*, pp.610 – 611.

内仍无得以完全、公正、合理解决的可能。

必须看到，地缘政治想象这种将特定地理空间与国家权势相联系的思维模式存在的最大问题，是其将部分地理空间单向标签化和固定化的逻辑，严重忽视了当地国家、民族的独特性及其可能的演进发展。岛链上的诸多国家和地区都有自身的政治-战略考量，当然不会永远甘于充当霸权国家的政策工具或"地缘政治棋子"。尤其是被岛链战略所设计防范的大国，距这些离岸岛屿并不遥远，同时它们又在安全、经济、文化和历史上存在密切的联系。这亦是近十年来日本、菲律宾等国的对外政策均有所调整，部分趋势甚至出现了令人鼓舞的变化的根本原因。而特朗普政府放弃奥巴马时期主要借助外交等"巧实力"支持区域内国家挑战中国的政策路径，转向亲自展示军事存在和海上力量优势，这一变化本身就是其岛链战略乃至亚太同盟政策面临潜在危机的证明。从这一点看，受多方面因素影响，美国的岛链战略的战术功能仍会延续，仍会为美国的远东军事存在提供基点和地理基础，但其战略功能正处于逐步弱化当中。

目前，在很多美国政治、战略精英看来，已经维持70年之久的现行国际秩序正在产生裂痕，甚至有整体崩溃的可能：英国脱欧导致欧洲一体化进程遭受重挫；中东四分五裂且无任何好转的迹象；俄罗斯尽管国力衰退但对外愈发咄咄逼人；中国的崛起及其"不断强硬的立场"，被认为"直接挑战"美国在太平洋地区的主导地位。进入21世纪以来，就"如何应对中国崛起"的问题，美国战略学界的相关政策辩论愈发激烈。然而，单就地区安全政策而言，尽管不时有鼓吹以"离岸平衡"（Offshore Balancing）战略取代"深度接触"（Deep Engagement）战略的呼声，但更多的看法则认为，如果采纳"离岸平衡"政策，不仅意味着大幅变更美国自二战结束以来的全球军事部署，而且意味着如果一旦同大陆强国（如中国）发生军事冲突，美国将不得不克服地理距离的巨大限制，从数千海里之外向西太平洋沿岸增派兵力。这显然较二战后维持至今的岛链战略

"花费更高、效果更糟"①。因此,尽管美国以岛链为核心的地缘政治想象愈发落后于时代的发展且饱受质疑,但在当前美国战略学界普遍焦虑的氛围下,并受到"大陆强国向海洋进军"自我暗示的支配,这一地缘政治想象依旧保持着牢固的战略惯性,依然构成当前乃至未来美国地区安全政策最主要的逻辑和心理根源。

---

① "深度接触"战略主张美国应保持其海外安全承诺,维持其长期以来一直执行的前沿防御,实时、实地消除"威胁";与之相对,"离岸平衡"则是一种"延后的"防御战略,主张美国应削减海外兵力、撤出海外基地,鼓励区域内的国家自身去应对"威胁",只有区域内的国家无法应付时美国才军事介入。Evan Braden Montgomery, "Contested Primacy in the Western Pacific: China's Rise and the Future of U.S. Power Projection", *International Security*, p.116.

美国特朗普政府对朝政策与半岛安全形势演进 *

朝鲜半岛局势一向是严重影响东北亚安全乃至其周边诸大国关系的核心问题之一。冷战结束以来,在传统地区格局发生重大转变背景下,以朝鲜力图获得可靠核战斗能力为诱因,连同由此引发的大国博弈和地区安全形势紧张,使得半岛问题很快上升至当前国际政治演进当中的头几大关键变量之一。尤其是2017年初特朗普就任美国总统以来,在激烈批评奥巴马政府时期对朝"战略忍耐"(strategic patience)政策基础上,提出所谓"极限施压与接触"(maximum pressure and engagement)战略,美国对朝鲜的政治、军事和经济压力骤然增大。几乎相同步,2017年内朝鲜开发核武器和弹道导弹进程虽面临美国重压但亦继续加速,武器试验次数、规模均有相当跃升。朝美两国毫不妥协且愈发激烈的对抗姿态,与两国领导人之间频繁的、极具挑衅性的言论攻击一起,几乎推动半岛来到了较大规模武装冲突的边缘。然而,2018年初以来半岛形势亦出现了令人瞠目的、极具戏剧性的大转变:主要源自朝鲜在无核化问题上立场的明显松动(至少在政策宣示上),引发了美国特朗普政府异常热烈的回应,由此更推动了6月12日极具历史意义的美朝两国首脑会谈的举行,半岛形势发展似乎出现大改组和大变局的征兆。

＊　原文发表于《东北亚论坛》2019年第1期。

近来朝美双方关系和半岛形势发展之波云诡谲，源自不同意图、力量、情势作用之结果，集中体现出包括美、朝在内所有半岛利益攸关方"敌对情感和敌对意志"(hostile feelings and hostile intentions)①的复杂折冲。然而必须看到的是，美国特朗普政府就任以来，其对朝战略的调整是影响半岛安全形势演进极其重要，甚至是决定性的干扰变量之一。②在此战略指引下，美国在不同时期明确区分优先等级，灵活运用了包括军事威胁、经济施压、言语挑衅和外交劝服在内的多重战略手段，直接推动了半岛安全形势发展中诸多新事实、新问题和新趋势的出现。特朗普政府对朝战略的调整，既集中反映出美国对外战略的思维逻辑和行事风格，亦隐晦体现出当前美国政府针对其他半岛利益攸关方(尤其是针对中国)的重大战略图谋。因此，深究战略转变背景下特朗普政府对朝政策的根源、逻辑和手段，从其"战略可预测性"把握其"行动的不可预测性"，无疑对正确把握美国在既定问题上的战略意图和战略目标，研判未来半岛安全形势走向，进而采取针对性措施维护我国家安全具有重大意义。

一、冷战后美国对朝政策的演进及特朗普的政策调整

防止大规模杀伤性武器扩散一向是美国对外战略的核心关切之一。在美国国家利益战略排序当中，防止大规模杀伤性武器扩散，尤其是防止"难以被威慑的国家行为体"获得核生化武器，向来被认为是维护美国本土安全——这一核心国家利益的关键。③基于这种考虑，冷战结束至今，美国对外战略的重点之一便在于防止伊拉克、利比亚、伊朗和朝鲜等所谓"疯狂国家"拥有大规模杀伤性武器。与"正常国家"形成对比，此类

---

① 克劳塞维茨语。Carl Von Clausewitz, *On War*, trans., by Michael Howard and Peter Paret, New York: Oxford University Press, 2007, p.14.
② Leif-Eric Easley, "From Strategic Patience to Strategic Uncertainty: Trump, North Korea, and South Korea's New President", *World Affairs*, Vol. 180, No. 2, 2017, p.8.
③ [美]罗伯特·阿特:《美国大战略》，郭树勇译，北京:北京大学出版社 2014 年版，第59页。

国家被美国认定为"实行专制统治,反对领土现状并不惜以牺牲邻国为代价而扩张本国的边界,准备使用武力或者已经有使用武力的记录,倡导恐怖主义以扩大其领土或实现其他外交政策目标"。而如果此类国家拥有核武器,则被认为对美国安全构成较正常国家"大得多"的风险,原因在于上述国家"实现目标的动机很强,在使用武力达成目标方面有更强的准备性";"较正常国家更不关心其公民或支持者的痛苦,更愿意付出更大的牺牲";尤其是"缺乏理性计算,从而更容易错误估计防御方的威胁或忽略这种威胁"。[①] 正是在这种思路指引下,在过去三十年时间里,美国对外战略中的重要一环便在于"竭尽所能"地防止此类难以被威慑的国家装备核生化武器,而非是在此类国家拥有大规模杀伤性武器后,对其展开预防性战争,后者被认为危险重重,代价高昂,且后果无法预测。[②]

被认定为此类国家的典型代表,朝鲜核能力发展一向被美国视为是对其核心国家利益的重大威胁。自 20 世纪 90 年代初至今,美国历届政府虽在对朝政策的手段、力度、重点上存在一定的不同,但均以防止朝鲜获取核能力,尤其是核作战能力为主旨,在半岛问题上的基本逻辑和政策目标上存在显著的延续性。1993 年半岛第一次核危机爆发,朝鲜在被发现秘密推进核计划后不久,美国克林顿政府便于次年与朝鲜达成《关于朝鲜核问题的框架协议》:美国力图通过为朝鲜建造轻水反应堆并提供重油以换取朝鲜冻结其核计划和核设施。随后,美朝还就朝鲜停止试射弹道导弹问题展开协商,并取得一定成果。然而,由于在拆除朝鲜石墨反应堆问题上久拖不决,该协议在 90 年代末实际已经名存实亡。[③]

小布什政府上台后,美国对朝政策转向强硬。在 2002 年的《美国国

---

① 罗伯特·阿特:《美国大战略》,第 60—61 页。

② [美]巴里·波森:《克制:美国大战略的新基础》,曲丹译,北京:社会科学文献出版社 2016 年版,第 122 页。

③ Niv Farago, "Washington's Failure to Resolve the North Korean Nuclear Conundrum: Examining Two Decades of US Policy", *International Affairs*, Vol. 92, No. 5, 2016, pp.1128 - 1134.

家安全战略》报告中,美国将朝鲜称为"流氓国家"(rogue state),指责朝鲜努力发展核武器和导弹技术,而美国必须阻止其获得针对美国及其盟国的大规模杀伤性武器。① 紧接着,美国以朝鲜继续开发核武器为由停止向朝鲜提供重油,对朝鲜施加新的制裁,直接撕毁了框架协议。在"新保守主义"(neo-conservatism)指引下,小布什政府对朝政策实质上还包含有推动朝鲜政权更迭的倾向:美国不仅意图迫使朝鲜停止核武器和导弹研制、严禁导弹出口,还力图"减弱"朝鲜常规武装力量的"威胁";不仅坚持朝鲜必须"全面、可验证、不可逆转"(CVID)放弃核计划,并且还将朝鲜必须采取步骤"改善人权"和"实行经济改革"通通列入实现两国关系正常化的先决条件当中。② 美国强硬政策的后果,引发了朝鲜激烈反弹:朝鲜于2003年宣布再次退出《核不扩散条约》,重启核反应堆,加快推进铀浓缩计划,并于2006年进行了第一次核试验。

奥巴马就任美国总统当年,朝鲜宣布退出六方会谈并进行第二次核试验。美时任国务卿希拉里·克林顿使用"战略忍耐"(Strategic Patience)一词定义奥巴马任内美国的对朝政策,强调采取措施建立信任,及以对话谋求和平。在此推动下,2012年美国与朝鲜签订《闰日协议》(Leap Day Agreement),美方宣称对朝鲜并无"敌对意图",并承诺向朝提供24万吨食品;朝鲜则同意暂停核试验、中远程导弹试射和铀浓缩活动,并允许国际原子能机构(IAEA)进行核查。③ 然而,随着2013年朝鲜再次进行卫星发射和第三次核试验,美国再度回到联合盟国对朝制裁和施压的政策轨道当中。

2017年1月唐纳德·特朗普(Donald Trump)就任美国总统以来,

① The White House, *National Security Strategy of the United States of America* (2002), Washington D.C.: The White House, 2002, p.14.
② Niv Farago, "Washington's Failure to Resolve the North Korean Nuclear Conundrum: Examining Two Decades of US Policy", *International Affairs*, p.1134.
③ Evans J. R. Revere, "Tough Challenges, Hard Choices: Dealing with North Korea after the Collapse of the Leap Day Agreement", *American Foreign Policy Interests*, Vol. 34, No. 4, 2012, pp.171-172.

美对朝政策酝酿重大变化。就任之初,特朗普即指责奥巴马时代美国的"战略忍耐"政策毫无效用,根本无法约束朝鲜,只是坐等朝鲜回归谈判进程。而随着朝鲜发展出更远射程的导弹和进行更有威胁的核武器试验,更加速了这个战略的彻底失败。[①] 在当年 12 月推出的《美国国家安全战略》报告当中,特朗普继承了小布什广为人知的说法,即将朝鲜指责为"流氓政权"(rogue regime),谴责朝鲜无视其所做出的每一项承诺,"企图破坏地区稳定,威胁美国人民和美国的盟友,并残害他们自己的人民"[②]。尤其是随着朝鲜在导弹数量、类型和效能上的增长,该报告视朝鲜为美国国家安全,尤其是美国本土安全面临的现实威胁之一,认为"朝鲜正谋求获得利用核武器杀死数百万美国人的能力"[③]。

对此,特朗普政府在进一步加强反导能力建设、部署一套针对朝鲜的分层导弹防御系统以消除导弹威胁的同时,高调推出所谓的"极限施压"政策:寻求急剧加大对朝鲜的军事压力,以朝鲜"可见的方式"展示美国的强大武力,以压制朝鲜屈服。2017 年,美国在半岛附近不断扩大军事演习规模,频繁派遣核动力航母、战略轰炸机、核潜艇赶赴半岛周边参演,急剧推高了地区紧张局势。当年 4 月,美韩举行"关键决心"联合军演,美"卡尔·文森"号、"里根"号核动力航母,B-52、B-1B、B-2 战略轰炸机,以及核潜艇等战略兵器参演,规模创历史新高。8 月至 9 月,美韩启动年度"乙支自由卫士"联合军演,参演美军数量达 1.75 万人,韩军达 5 万人。11 月美韩海军在朝鲜半岛东部海域进行大规模联合演习,美军派出"里根"号、"罗斯福"号和"尼米兹"号等 3 艘核动力航母打击群参演,规模为过去十年以来所仅见。而在 12 月美韩"警戒王牌"联合空中演习当中,美韩双方共出动超过 230 架飞机参演,规模之大前所未有。

---

① Leif-Eric Easley, "From Strategic Patience to Strategic Uncertainty: Trump, North Korea, and South Korea's New President", *World Affairs*, p.9.

② The White House, *National Security Strategy of the United States of America*(2017), Washington D.C.: The White House, 2017, p.2.

③ The White House, *National Security Strategy of the United States of America*(2017), p.7.

在急剧加大军事施压力度同时,美国特别强化了对朝鲜的经济制裁。在美国极力推动下,联合国安理会在 2017 年短短半年多的时间内便通过 4 项针对朝鲜的制裁决议,力图完全截断朝鲜获取外汇的国际渠道。[①] 美财政部还不断出台相关规定,加强对朝的经济封锁和制裁。在 2018 年 2 月美国对朝实施的"最为严厉"的制裁名单中,共涉及 56 个实体和个人。美财政部还与国务院、海岸警卫队联合发布"全球航运提示",警告通过船运方式和朝鲜进行货物交易都将受到处罚。不仅如此,美国还不断暗示中国对朝鲜开发核导"纵容袒护",甚至对中国部分企业和个人发动"次级制裁",以压迫中国加大对朝制裁力度。

另外,则是高频率地向朝鲜发出露骨的口头恫吓和战争威胁。特朗普本人在社交媒体,甚至在正式场合中,丝毫不惮于使用远超外交言论限度的话语频繁指责朝鲜。例如,在 2017 年 9 月朝鲜第六次核试验后,特朗普在联合国演讲中公开宣称朝鲜"火箭人(指金正恩)在自寻死路";[②]在朝鲜试射了"火星-15"洲际弹道导弹后,他更称金正恩是"独裁者"和"有病的狗崽子"(sick puppy),发誓要以世界上从未出现过的"烈焰和狂怒"(fire and fury)彻底摧毁朝鲜。[③] 2018 年 2 月,在被问及对朝新一轮制裁如果无效美国如何应对时,特朗普宣称,美国将进入"第二阶段",这就要粗暴多了,将会使整个世界都"非常、非常不幸"。[④]

然而,总的来看,"极限施压"战略的后果是十分可疑的:面对美国骤然加大的各方面压力,朝鲜则以极力加快核武器与导弹研制作为回应。

[①] 分别为 2017 年 6 月 2 日通过的 2356 号、8 月 5 日的 2371 号、9 月 11 日的 2375 号和 12 月 22 日通过的 2397 号决议。

[②] Kevin Liptak and Jeremy Diamond, "Trump to UN: 'Rocket Man is on a suicide mission'", 20 Sep.2017, https://abc7ny.com/president-trump-united-nations-north-korea-new-york/2432479/.

[③] Karen DeYoung and John Wagner, "Trump threatens 'fire and fury' in response to North Korean threats", 8 Aug. 2017, https://news.tfionline.com/post/164018281807/trump-threatens-fire-and-fury-in-response-to.

[④] Victor Cha and Katrin Fraser Katz, "The Right Way to Coerce North Korea: Ending the Threat without Going to War", *Foreign Affairs*, Vol.97, No. 3, 2018, pp.87-88.

在 2016 年第四次和第五次核试验基础上，2017 年朝鲜在美高压下仍于 9 月 3 日进行第六次核试验（氢弹试验），核武器杀伤力实现大幅跃升。在特朗普任期的第一年中，朝鲜进行的弹道导弹试验（20 次）两倍于在奥巴马任期第一年中的次数（8 次），还于当年 7 月试射了射程达 4475 公里、据称可以打击美国本土的首枚洲际弹道导弹。[1] 通过高频繁的试验，朝鲜显然已经实现了导弹型号多元化，射程有所提高，机动发射能力明显增强。至当年 11 月，朝鲜领导人金正恩宣布："（朝鲜）完善国家核力量的历史大业、火箭强国事业今天终于完成。"[2]与此同时，在美国不断发出的战略恫吓面前，朝鲜在对外表态上毫不屈服：在回应特朗普的言论攻击时，朝鲜最高领导人金正恩指责特朗普是"爱玩火的恶棍、流氓、老疯子"，"必须、必须以火惩治美国疯子"。[3]

必须特别注意的是，美国对朝战略调整的第二阶段，则是推进与朝鲜的直接接触。甚至在 2017 年 12 月美国对朝施压最高潮时，时任国务卿雷克斯·蒂勒森（Rex Tillerson）便宣称美方已准备好无条件与朝鲜会晤。虽然此言随即被白宫否认，但不得不认为美政府内部已有推动美朝转而实现对话的呼声。这也不难理解，特朗普在其发表著名的"世界将非常、非常不幸"言论仅两个星期后，便全然改变调门，表示考虑与朝鲜最高领导人金正恩会面。[4] 从这一点看，特朗普早先对朝的极限施压的真正目的，在于向朝鲜展示其强大实力优势及使用这种优势的决心，营造一种迫使朝鲜做出（哪怕是口头上）让步的氛围。而美国在对朝高压已到极致后骤然向朝鲜展示出其可以接触、可以交易进而达成妥协的

---

① Victor Cha and Katrin Fraser Katz, "The Right Way to Coerce North Korea: Ending the Threat without Going to War", *Foreign Affairs*, pp.87 - 88.

② 劳动新闻网：《朝鲜就新型洲际弹道火箭试射成功发表政府声明》，2017 年 11 月 29 日，http://www.rodong.rep.kp/cn/index.php?strPageID=SF01_02_01&newsID=2017 - 11 - 29 - 0003.

③ 中国网：《金正恩发表声明回击特朗普：以火惩治美国疯子》，2017 年 09 月 22 日，http://www.china.com.cn/news/2017 - 09/22/content_41629130.htm.

④ Victor Cha and Katrin Fraser Katz, "The Right Way to Coerce North Korea: Ending the Threat without Going to War", *Foreign Affairs*, pp.87 - 88.

极度灵活性,亦充分体现了当前美国对外战略所独有的"特朗普风格"。因此,与2017年半岛局势的危险、紧绷形成鲜明对照,当6月12日美朝领导人于新加坡亲切握手,两国宣称将建立"新型朝美关系"和"持久稳定的朝鲜半岛和平机制",朝鲜方面承诺"完全无核化"时,半岛事务之复杂离奇此时已经发展至极致,特朗普的战略调整似乎取得了重大成效。

二、特朗普政府对朝政策的逻辑与实质

特朗普当选美国总统后,美国大战略(grand strategy)被认为进入到一个明显的调整期,或者正如特朗普所反复强调的,进入到一个所谓的"美国优先"的战略阶段。① 在其战略设计当中,特朗普极力强调美国安全环境的恶化和外部挑战的大幅增强,在战略路径上主张单方面强化美国的经济与军事实力,放弃多边主义,撤回对国际机制的支持,以期在未来的"大国竞争"中取胜。此中透露出的有关当下及未来一段时间里美国在战略路径上的大幅调整,不仅对当前美国对外战略构成显著的影响,而其所昭示出的与奥巴马政府乃至冷战结束后历届政府大不相同的精神取向,可能标志着一个全新美国大战略的出台。在此前提下,特朗普政府上台伊始便在对朝政策上改弦易张,一改奥巴马时代里的"软弱"和"无所作为",而以"极限施压"取代之,并且在前者推进已臻顶峰时,骤然转变立场,开美朝领导人直接会晤之先河。这种带有浓重特朗普印记的政策"不确定性"(uncertainty),被认为是在"以武力推翻朝鲜政权"和"接受朝鲜为一个有核国家"这两种极端政策之间可接受的选项。

单就"极限施压"战略而言,特朗普政府对朝鲜实行的外交孤立、经济制裁和军事施压政策,实际上与美国往届政策的对朝鲜政策存在相当的延续性。尽管冷战结束之初美国在核武器及核威慑战略方面曾经历

---

① The White House, *National Security Strategy of the United States of America* (2017), p.1.

过最初的混乱,但正如上文所提及的那样,之后的美国历届政府很快便将防止大规模杀伤性武器扩散,尤其是所谓的"流氓国家"获得大规模杀伤性武器及运载手段,列入最高级别的国家利益范畴当中。当然,特朗普上任以来急剧加大对朝施压力度的重要诱因之一在于过去两年间朝鲜核、导技术的突飞猛进。2016 年,也就是在奥巴马任期的最后一年,朝鲜宣称其第四次核试验为氢弹试验,在第五次核试验后则宣称"实现了核弹头的标准化、规格化,朝鲜完全掌握多种分裂物质的生产及其应用技术,将任意按需制造小型化轻量化多种化的、打击力更大的各种核弹头"①。朝鲜在同一年还进行了 20 余次导弹试验,其陆基机动导弹、陆基中远程导弹、潜射导弹的研发试验等项目均取得显著进展。朝鲜核武器和导弹能力的快速发展,格外加剧了美国的挫败感和紧迫感,同时也为特朗普极限施压政策的出台提供了依据。

然而,特朗普的"极限施压"战略实际上存在诸多限制性因素。有美国学者指出,第一,该战略必须依赖中国的"充分合作"才能发挥可能的功效,而中国虽反对朝鲜核导试验、强调半岛无核化,但同时致力于维护半岛的和平稳定,反对美国对朝鲜的单方面施压,尤其是军事施压,这与特朗普政策目标存在明显的差异;第二,该战略对朝鲜可能是无用的,因为朝鲜一向习惯于利用外部压力作为其国内合法性的基础,同时追求将这种压力作为向其邻国,尤其是韩国和中国"获取战略好处"的机会;第三,该战略并非没有风险,可能导致局势的无法把控,或紧张形势突然升级甚至导致军事冲突的出现。② 而这些限制性因素,同样也正是前几届美国政府对朝鲜施压政策基本失败的原因。

因此,与所谓"极限施压"相比,特朗普对朝鲜战略调整的后一部分才最令人印象深刻:在其本人与朝鲜的"隔空对骂"已经成为现代外交史

① 中新网:《朝鲜进行第五次核试验:称系应对美国威胁和制裁》,2016 年 9 月 10 日,http://www.chinanews.com/gj/2016/09 - 10/8000117.shtml。

② Leif-Eric Easley, "From Strategic Patience to Strategic Uncertainty: Trump, North Korea, and South Korea's New President", *World Affairs*, p.9.

当中不多的典型案例后,特朗普政府开始翻转性地回到外交接触轨道,并极其迅速地、近乎无条件地同意与朝鲜的首脑会晤。这一事件本身,再一次验证了特朗普在政策决策方面的"不可预测性",而特朗普本人现在显然也在灵活运用其一向饱受指责的"不确定性"进行所谓的"工具性运用",以服务于其战略意图的实现。但实质上,美国对于不设条件或者朝鲜没有采取实质性举措而展开双边会谈的提议,一般持反对态度,尤其是在小布什政府时期。① 因此,特朗普在朝鲜仅仅是口头上承诺无核化的情况下同意与金正恩会谈,这一事件本身就是一个巨大的突破,而朝鲜也借此很"轻易"地完成了这一朝鲜数代领导人长期追求的对外政策目标。

特朗普的对朝战略似乎是一种过于简单化的思维,即使用最简单直接的办法、美国最具优势的手段、尽可能快地解决问题,无论是武力威胁、经济制裁和外交接触,都是这种思维的产物。在此过程中,特朗普显然希望最大限度地利用其战略不确定性,在不断提高要价的同时试探和引导对手反应,然后骤然地、极其灵活地、没有任何顾忌地转换立场,从而为其所认定的美国利益服务。当然,此类过于简单化的做法,远远谈不上能够在短时间内有效推进半岛问题的全面(甚至部分)解决。2017年的战略极限施压尤其是武力施压,使得朝鲜更加确信美国在半岛问题上的虚张声势;2018年极具象征性意义的美朝接触及《朝美联合声明》的出台,其结果也多为象征性的,缺少对朝鲜弃核的方法、步骤和时间点的规定。② 而在时任美国国务卿迈克·蓬佩奥(Mike Pompeo)事后就落实两国领导人会晤精神访问朝鲜时,朝鲜严厉指责美方"最终的、充分的、可检验的非核化"(FFVD),以及包括销毁核、生、化等大规模杀伤性武

---

① Juergen Kleiner, "The Bush Administration and the Nuclear Challenges by North Korea", *Diplomacy and Statecraft*, Vol. 16, No. 2, 2005, p.221.
② The White House, "Joint Statement by President Trump and Chairman of the State Affairs Commission Kim Jong Un of North Korea", 12 Jun. 2018, https://www.whitehouse.gov/briefings-statements/joint-statement-president-donald-j-trump-united-states-america-chairman-kim-jong-un-democratic-peoples-republic-korea-singapore-summit/.

器、导弹和所有相关设施在内的 47 点要求,表示这是一种"令人遗憾的、强盗般(gangster-like)和不治的(cancerou)"的要求。①

因此,特朗普对朝政策调整,至少到目前为止,还远远谈不上成功有效。从其战略推进的过程看,特朗普如此低估朝鲜问题复杂程度,力图用最简单方式尽快解决朝核问题肯定另有图谋。其中的根本原因是,特朗普政府当下及未来一个阶段的战略重心,在于集中力量应对所谓"大国竞争"而非在半岛核不扩散问题上继续纠缠。特朗普早就断言,冷战结束以来美国历届政府对中国的接触政策"已经被证明是错误的"。② 他无疑相信,在冷战后美国历届总统(尤其是奥巴马)的忽视甚至纵容下,以中国为代表的"战略敌手"国家实力的持续大增长,已使其具有了挑战美国国家利益乃至世界"首要地位"的能力和意愿,必须迫切加之重点应对。2017 版《美国国家安全战略》报告早就暗示,中国、俄罗斯等所谓"修正主义大国"(revisionist powers)在军事、经济领域对美国利益的威胁,实际上远超朝鲜、伊朗等所谓"流氓国家"以及"对美国怀有极大敌意的各类跨国行为体"对美国安全的短期挑战。③

如果将美国对朝政策视作特朗普大战略组成部分的话,那么特朗普在朝核问题上政策调整的深层次目的则可见端倪:早前对朝鲜的极端施压,政策目的肯定包括利用朝鲜问题胁迫中国加大对朝制裁力度,蓄意将朝鲜问题由美朝矛盾转化为中朝矛盾,扩大中朝之间的对立对抗;而之后几乎逆转性地向朝鲜示好、实现美朝首脑会晤目的之一,也在于寻求伺机越过中国、拉拢朝鲜以进一步挑拨中朝关系。新加坡会晤之后,特朗普利用暂时安抚住朝鲜、国内支持率提升之时机,立即着手从经贸

① Matthew Lee, "After talks, North Korea accuses U.S. of 'gangster-like' demands", 8 Jul. 2018, https://abcnews4.com/news/nation-world/after-talks-nkorea-accuses-us-of-gangster-like-demands－07－08－2018－014932194.
② The White House, *National Security Strategy of the United States of America*(2017), p.3.
③ The White House, *National Security Strategy of the United States of America*(2017), p.25.

领域压制中国,不惜刻意制造贸易摩擦,以求改变美国在双边贸易乃至制造业竞争中的不利态势。因此,特朗普在其国家安全战略报告当中,极力强调美国面临的"大国竞争"威胁、史无前例地将中国标注为"战略竞争者",绝非仅仅停留于口号,而是利用各种政治、安全和经济议题,借助各类地区热点问题,有意无意地消耗中国的战略资源,以达到遏阻中国和平发展的目的。

美国对朝战略的调整,可以充分体现出特朗普大战略的实质。与前几任美国政府以"自由主义"相掩盖,事实上致力于维持美国全球霸权的"自由霸权"(Liberal Hegemony)战略不同,特朗普大战略设计的逻辑起点正在于对国际政治的现实主义理解和对国际关系"零和"本质的认定。2017 版《美国国家安全战略》便毫不讳言地宣告:"纵观历史,对权力的争夺一以贯之,当今时代也不例外"。[1] 而特朗普的对策,就是以国家在国际竞争中的自助(self-help)信条即他时常提及的所谓"有原则的现实主义"(principled realism)为指导,强调在首要维护美国自身安全、竭力提升国家实力(尤其是经济实力与军事实力)的同时,注意节省资源,在"美国优先"口号下削减长期以来对国际机制的战略性投入,厚植国力以求在大国竞争的时代中"使美国再次强大"(Make America great again!)。用美国当代著名战略学者巴里·波森的话说,就是一种简单化的、狭隘化霸权主义(Illiberal Hegemony)倾向。[2] 因此,特朗普的战略内核,是一种冰冷的、精于算计的国际政治现实主义逻辑。在所有的国际政治经济议题当中,美国的政策立场一切以特朗普所认定的利益而定(这些利益不仅包括维持或促进美国利益,还包括在国内获取更大的政治支持,甚至争取更多民众的好评和社交媒体上的关注)。只要符合其利益认定,特朗普完全可以不理会任何质疑、无所顾忌地、极其灵活地、甚至翻

---

[1] The White House, *National Security Strategy of the United States of America* (2017), p.25.

[2] Barry R. Posen, "The Rise of Illiberal Hegemony: Trump's Surprising Grand Strategy", *Foreign Affairs*, Vol.97, No.2, 2018, p.20.

转性地切换立场。而这一点,从 2017 年内美国对朝鲜几乎发展到极致的军事和经济施压,再到 2018 年中特朗普与金正恩的握手,可以得到最为典型的体现。

三、半岛安全形势演进中的美国因素

美国介入半岛事务的历史,可以追溯至 19 世纪中叶。早自 1882 年《朝美修好通商条约》签订、朝鲜被迫向美国开放市场之后,美国便开始在朝鲜半岛安全形势演进中扮演重要角色。[①] 时至今日,仍有不少美国学者对于 1905 年美国"听任"日本吞并朝鲜一事耿耿于怀,认为那是美国半岛政策的头一次,但绝非最后一次大失败。[②] 朝鲜战争打响后,在冷战大背景下,美国得以动员巨量资源介入到半岛军事行动当中,在导致巨大伤亡和损失的同时,其在战争中的大体失败,亦直接推动和参与塑造了之后半个多世纪朝鲜半岛政治和安全格局的形成。

自朝鲜战争至今,美国决策界和战略学界对于朝鲜的认识一直存在分歧。尤其是冷战结束之后,在两大阵营对抗已宣告结束的宏观历史背景下,美国战略学界传统和保守的观点依然将朝鲜认定为东北亚地区一个重要的敌手:朝鲜数量庞大的军队和常规武器装备一向对韩、日等美亚太地区盟国以及美国驻军构成严重威胁;而朝鲜"类似宗教狂热""无法预测"的政策举措,也使其不同于一般民族-国家,"极有可能完全不顾其人民的死活而将后者置于末日灾难(apocalypse)当中"。特别是 90 年代以来朝鲜快速发展的、可用于实战的大规模杀伤性武器,使其更有把握未来与敌人"同归于尽"。[③] 在这种判断指引下,美国必须以强硬的政策态度以威慑朝鲜可能发动的进攻,并利用各种机会,推动朝鲜政权的

---

① 高丽大学校韩国史研究室编:《新编韩国史》,孙科志译,济南:山东大学出版社 2010 年版,第 191 页。

② Victor Cha and Katrin Fraser Katz, "The Right Way to Coerce North Korea: Ending the Threat without Going to War", *Foreign Affairs*, pp.87 - 88.

③ Juergen Kleiner, "The Bush Administration and the Nuclear Challenges by North Korea", *Diplomacy and Statecraft*, Vol. 16, No. 2, 2005, p.211.

更迭。作为这种根深蒂固敌意之体现,自 20 世纪 80 年代以来,美国高层表态甚至政府文件当中就一直用"非法国家"(outlaw state)、"流氓国家"、"邪恶轴心"(Axis of Evil)、"孤立国家"(outlier state)等此类具有显著敌意的字眼以描述朝鲜。

然而另一种主张则认为,朝鲜国家政策目标并非为了对外发动军事攻击实现自我毁灭,而仅仅是为了维系国家的生存。① 冷战结束之初,在自身经济萎缩、外界援助减少、敌对压力(特别是来自美、韩压力)急剧增大的情况下,朝鲜不断向外界显示其已拥有毁灭性力量并且也具有使用这种力量意志(哪怕是在受到最轻微挑衅情况下)的真正原因,在于在不利局面下吓退外部敌人的可能进攻,进而确保国家的生存。同样的,进入 21 世纪后朝鲜发展核武装的目的,也在于本着生存的目的,作为换取与美国等西方国家结束战争状态、建立正常关系、获得外部经济和粮食援助的筹码。这些学者相信,朝鲜心中明白,其挑衅性的言行只是为了掩盖其自身的虚弱,向韩国和美国主动再发动一次战争无异于自杀。因此,美国推进半岛无核化政策的关键,在于与朝鲜的接触,用向朝鲜提供安全保障的方式,消除朝鲜对自身安全环境的极端忧虑,进而放弃其核武器和导弹计划。

总体而言,冷战后美国历届政府对朝政策的逻辑,大致均是以上两种思路的混合物。在具体政策层面,也一般交替使用威胁和许诺,或将威胁和许诺相结合的政策以劝服朝鲜屈服,尽管在不同时间段内,美国对朝鲜政策可能倾向推行强制高压,或者重点倾向对朝接触。这一点,从克林顿、小布什、奥巴马乃至当前的特朗普政策实践,均可得到大致的验证。然而,正如不少学者指出的那样,这种施压与接触相混合的战略,其效果是十分可疑的,它取决于朝鲜如何认识和判定美国的战略意图:朝鲜如何解读美国发出的信号? 美国的威胁或许诺是否可信? 美国的

---

① Robert Jervis and Mira Rapp-Hooper, "Perception and Misperception on the Korean Peninsula: How Unwanted Wars Begin", *Foreign Affairs*, Vol. 97, No. 3, 2018, p.104.

真实意图是要防止大规模杀伤性武器扩散抑或是颠覆朝鲜政权？[1] 当然同时，也在非常大程度上取决于除美国之外其他周边大国在既定问题上的作用与立场。

事实上，几乎与1968年朝鲜签署《核不扩散条约》相同时，朝鲜便开始追求拥有核武技术。自1993年第一次朝核危机爆发至今，朝鲜在拥核问题上的立场，虽经多次变化，但现在可以认为：拥有现实的、可用于实战的核能力，显然已经被朝鲜认定为属于其核心利益范畴，被认为是确保自身生存，尤其是在美国经久敌意下维持生存的关键手段，而并非如早先很多观察家所认为的——作为与西方国家讨价还价的工具。同时应当看到，无论是历史还是当下，是周边大国的竞争和博弈，而非朝鲜的自身政策，才是主导半岛安全形势走向的关键。包括中、俄、美、日在内，这些在全球权势对比当中处于顶尖的国家不仅在综合实力上远远超过朝、韩两国，并且均处于半岛周边。而最为致命的是，这些大国在半岛事务上还有着不那么一致，有时甚至是截然相悖、相互冲突的重大利益诉求，这就是半岛问题长期难以解决的根源所在。在过去近30年时间里，朝核问题始终是地区安全与国际政治的头等议题，但始终未能得到全面和妥善的解决，这一事实本身即已充分说明其复杂性所在。

就当下而言，美朝两国领导人会晤，随后美国宣布暂停原定的"乙支自由卫士"及其他两项军演，似乎为解决朝核问题提供了相当的推动；而近来朝韩两国元首频繁的外交接触以及双方一系列具有重要象征意义的政策文件(4月《板门店宣言》、9月《平壤共同宣言》)的签署，更为半岛安全形势的总体稳定提供了较大助益。但总的看来，正如上文所提及的那样，尽管朝、韩两国在半岛安全形势发展中发挥重要变量作用，但解决半岛问题的真正钥匙仍掌握在半岛周边那些具有洲际规模的权势力量手中。而在美国特朗普政府战略调整导致该地区大国关系出现明显紧

---

[1] Josh Rogin, "Maximum Pressure on North Korea is Gone, and It isn't Coming Back", 17 May 2018, https://news.tfionline.com/post/174141727182/maximum-pressure-on-north-korea-is-gone-and-it.

张化趋向、地区地缘政治竞争加速抬头的情势下,除非朝鲜就弃核问题做出满足西方国家(主要是美国)严苛标准的实质性举动,否则朝韩两国间的外交互动对半岛安全形势甚至是政治形势演进所发挥的作用仍是相对有限的。

在上述条件几乎无法实现的情况下,半岛问题绝不可能在短时间内,特别是主要依靠朝、韩两国外交努力就能够得到全面解决,半岛安全依然将在阶段性的"紧张-缓和"模式中发展,任何据称能够较快地、全面地解决半岛问题的政策都是失于简单的、无效的、不负责任的,甚至是另有企图的。这一点,从特朗普在首脑会晤后依然签署总统令延长对朝经济制裁一年,以及朝鲜对蓬佩奥近期四次访问的官方回应当中,已得到充分的证明。就美国而言,虽然有不少美国学者相信如果首脑会晤级别的外交努力都无法阻止朝鲜继续拥有并威胁使用核武器的话,军事打击可能会成为特朗普政府的最终选择之一。① 但应当看到:随着美国将其政策注意力重点转向应对中国、重点转向应对所谓的"大国竞争",半岛形势不会再次回到之前异常紧绷敌对、战争似乎一触即发的状态当中去。美国务院前主管核不扩散官员就承认,美国即使重回对朝的"极限施压"政策,但如果无韩国和中国协助也绝不可能。②

必须承认的是,特朗普对朝战略的调整,尤其是在"极限施压"后骤然选择与朝鲜领导人直接会晤,应当是近些年来半岛安全形势演进中的一个重要事件,尽管这一事件并不足以决定性改变朝核问题的实质,更勿论破除其根本症结。而半岛安全形势亦很可能再次回到以往传统的,以外交角力与多方博弈为主要表象的路径当中:朝鲜一方面无限期地拖延给出弃核的具体时间表和实质性举措,另一方面则保持与美国的接触

---

① Josh Rogin, "Maximum Pressure on North Korea is Gone, and It isn't Coming Back", 17 May 2018, https://news.tfionline.com/post/174141727182/maximum-pressure-on-north-korea-is-gone-and-it.

② Josh Rogin, "Maximum Pressure on North Korea is Gone, and It isn't Coming Back", 17 May 2018, https://news.tfionline.com/post/174141727182/maximum-pressure-on-north-korea-is-gone-and-it.

和谈判，以寻求美国在经济制裁上的让步；而美国则将依旧在施压与接触这个战略天平之间来回摇摆。当然，朝核问题如果在"大国竞争"当中对美国形成相当的战略利益（如破坏中国周边安全环境，挑拨中国与朝鲜和韩国关系，借助该问题迫使中国战略让步）的话，美国依然可能选择再度激化这一问题，再度使用包括威胁运用武力等手段，以展示美国的军事和经济权势在该地区的优势地位，并达到压制中国地区影响力的目的。

中国一直是半岛问题的利益攸关方。对我国而言，维持半岛的和平、稳定、缓和涉及中国国家安全利益，中国始终并且将继续在半岛安全事务演进中扮演重要的甚至是主要的角色。在 2017 年美国对朝施行"极限施压"政策导致半岛安全形势极度紧张的情势下，中国政府提出"双暂停"倡议，通过对话协商解决问题的主张，均为半岛安全形势不至于出现颠覆性风险发挥了关键性的制动阀作用。而以 2018 年 3 月以来中国国家主席习近平三次会晤朝鲜最高领导人金正恩为重要标志，中朝两国在半岛安全形势发展极不明朗的前提下进一步强化传统友好关系，共同应对安全风险，更是一种极具宏大历史视野的战略性、关键性的举措。

在美国对朝政策、东北亚政策特别是对华政策"不确定性"突出增长的局面下，我国一方面要继续坚持和平、发展、合作、共赢旗帜，坚持半岛无核化目标，坚持维护半岛和平稳定、通过对话协商解决问题的原则，支持半岛北南双方改善关系，以正面的、积极的、促和的主张，最大限度地赢得其他半岛利益攸关方的赞同与支持，展示负责任大国良好形象；但另一方面，必须坚持以我为主，进一步统筹和定位构建新型大国关系与应对大国博弈、确保东北亚形势总体稳定与防止地区地缘政治竞争加剧、推进半岛无核化进程与稳定发展中朝关系等系列政策目标在我国大战略塑造中的优先等级排序与彼此关系，在深入分析把握美国对华、对朝和半岛政策逻辑、实质基础上，进一步清晰我国相关政策的时间和空间节点，实现目标与手段的协调平衡，从而为营造更加友善、亲近、有益于我和平发展的周边安全环境提供战略助益。

路径、机理与极限：美国特朗普政府的南海政策 [*]

  进入 21 世纪第二个十年之后，因其愈发突出的地缘政治意义连同其所激发的地区国家间甚至世界主要大国间关系的复杂变动，南海问题已经愈益成为影响我国国家安全、地区形势发展甚至全球权势格局变动的关键变量之一。特别是，作为当前国际体系中的头号强国和域外国家，美国近年来在南海问题上的战略调整，不仅在外交领域持续推动区域内国家间的猜忌与不和，更在军事领域不断推升既定区域安全形势的总体紧张，甚至急剧增加了中美两国爆发武装冲突的风险。其后果使得南海问题在领域上早已大幅突破了原定议题，在范围上亦已远远超越了区域地理概念，成为当下中美战略博弈的关键战场和决定两国当下乃至未来关系走向的重要风向标。

一、美国南海政策的演进与基轴

  冷战后美国对南海问题的直接介入大致开始于克林顿政府时期。在所谓"美济礁事件"（1994 年）后，1995 年 5 月美国国务院发言人提出包括"和平解决争端""保持和平稳定""航行自由""在主权问题上保持中立"及"尊重以《联合国海洋法公约》（UNCLOS）为代表的海洋规范"等五

---

* 原文发表于《太平洋学报》2019 年第 5 期。

点声明，首次较为完整地表述了美国在既定问题上的政策立场。[①] 随着区域地缘政治格局的进一步变化，部分声索国在南海岛礁归属及海洋资源开发等问题上立场的日趋激进以及随之而来的声索国之间主权、权益争端的不时激化，主要在 2006 年之后，美国对南海问题的关注程度开始显著加大。2009 年，美国以中国制裁参与越南非法开采的美国石油公司及"骚扰"对华抵近侦察的美海军舰只（即所谓"无暇号事件"）为由，开始着手制定一项"全新的、清晰的和全面的"南海政策，以应对美国利益在该地区所受到的"危险和挑战"。[②] 2010 年，时任美国国务卿希拉里·克林顿公开发表声明，在重申 1995 年政策诸项核心要素（尤其是所谓"自由航行权"）的同时，再次强调美国在南海争端中"不持立场"，主张通过"司法渠道"解决争端，声称反对任何声索国在地区争端中"使用或威胁使用武力"。[③]

进入 21 世纪第二个十年后，主要在中国国家综合实力不断上升、地区权势结构向有利于我方向演进背景下，南海问题很快便成为美国亚太政策重点关切的议题，甚至成为部分美国决策者心目当中足以阻滞中国战略崛起的"绝佳助力"。2012 年美国务院以我维护黄岩岛主权及设立三沙市为由发表声明，首次明确指责中国"破坏地区现状""激化紧张局势"，重申美国将该地区的"和平、稳定"视为其国家利益的组成部分。[④] 2014 年美国负责东亚事务的助理国务卿丹尼尔·拉塞尔（Daniel Russel）以中国"围困"仁爱礁、海军舰只抵达曾母暗沙甚至"可能"在南海设立"防空识别区"（ADIZ）为由，指责中国"有计划的、采取坚实的步骤

---

① Enrico Fels and Truong-Minh Vu, eds., *Power Politics in Asia's Contested Waters: Territorial Disputes in the South China Sea*, New York: Springer International Publishing, 2016, p.393.

② Nicholas D. Anderson and Victor D. Cha, "The Case of the Pivot to Asia: System Effects and the Origins of Strategy", *Political Science Quarterly*, Vol. 132, No. 4, 2017, p.604.

③ Enrico Fels and Truong-Minh Vu, eds., *Power Politics in Asia's Contested Waters: Territorial Disputes in the South China Sea*, p.394.

④ Enrico Fels and Truong-Minh Vu, eds., *Power Politics in Asia's Contested Waters: Territorial Disputes in the South China Sea*, p.394.

控制'九段线'内区域",甚至明确声称中国的"九段线"主张"既不符合自然地貌,也不符合国际法",并宣称支持菲律宾向国际海洋法法庭(ITOLS)提起仲裁,甚至将之称为以"和平"而非"施压"手段解决争端的"范例"。① 美国对中国的权益主张("九段线")及中国正常维权行动的直接攻击,实际上标志:美国已然放弃早先一再强调的所谓"中立"立场,将南海安全形势紧张的根源归因为中国合法的主权权益诉求和正常的维权行动,实际上开始"选边站"。

尤其在 2015 年,以美国时任国防部长阿什顿·卡特(Ashton Carter)在香格里拉对话会公开指责我南海岛礁建设为"过度主张"、严重破坏地区军事平衡、宣称将针对性展开"航行自由行动"(FONOPs)为标志,美国在南海问题上开始由外交介入正式开始升级为军事介入阶段。② 2015 年和 2016 年,美海军舰只在中国南海共计执行了 4 次进入我南海岛礁 12 海里内的所谓"航行自由行动"。③ 与此同时,奥巴马政府执政末期的"亚太再平衡"战略以南海问题为其政策依据和关注重点,强调主要依赖外交等所谓"巧实力"(smart power)加强其地区同盟体系、提升盟国和伙伴国能力、更大程度参与地区事务,以求强化遏阻中国在该地区"专断"(assertive)行动的国际网络。④

作为域外国家,2015 年后美国深度介入南海问题的缘由,主要在于

---

① Enrico Fels and Truong-Minh Vu, eds., *Power Politics in Asia's Contested Waters: Territorial Disputes in the South China Sea*, p.397.

② Ashton Carter, "The United States and Challenges to Asia-Pacific Security", 30 May 2015, https://www.iiss.org/events/shangri-la-dialogue/shangri-la-dialogue-2015.

③ 分别为:2015 年 10 月美驱逐舰"拉森"号驶入我渚碧礁邻近 12 海里水域;2016 年 1 月美驱逐舰"威尔伯"号进入我西沙领海;5 月美驱逐舰"劳伦斯"号驶入我永暑礁邻近 12 海里水域;10 月美驱逐舰"迪凯特"号进入我西沙领海。见 Axel Berkofsky, "US Freedom of Navigation Operations (FONOPs) in the South China Sea—Able to Keep Chinese Territorial Expansionism in Check?" in Marco lementi, Matteo Dian, and Barbara Pisciotta, eds., *US Foreign Policy in a Challenging World: Building Order on Shifting Foundations*, Cham: Springer International Publishing AG, 2018, p.341.

④ Nicholas D. Anderson and Victor D. Cha, "The Case of the Pivot to Asia: System Effects and the Origins of Strategy", *Political Science Quarterly*, Vol. 132, No. 4, 2017, pp.597-598.

其所宣称的在南海存在两大重要利益。一是所谓"自由通行权"。美国宣称,考虑该区域对于全球经济、贸易、能源、军事的重要地缘价值,直接关乎世界经济尤其是美国及其亚太主要盟国的经济发展和外部安全,因此所有国家在该区域均应享有充分的海洋"航行自由"(FON),而南海的海洋通行自由则是全球海上通行自由最重要的组成部分之一。二是所谓维护"地区稳定"。随着亚太区域经济的高速发展,南海及其周边地区已经成为当前世界经济中最具活力且具备相当规模的区域之一。维持该地区安全形势的总体稳定,被认为是涉及美国及其地区盟国、伙伴国的重要利益。与此同时,其他被列入到美国国家利益范围的相关问题还包括:美国对地区盟国、伙伴国的所谓"安全承诺";处理与中国的总体关系等。①

　　总的来看,1995 年至 2016 年的 20 年时间里,美国的南海政策主要存在四大特征:(1)美国对南海问题的关注程度存在明显的不连贯性。特别是前期,主要是对所谓的"突发事件"做出政策回应。(2)美国至少在政策宣示上对南海岛礁主权和海洋权益争端"不持立场"。(3)美国将维护所谓"秩序和准则"作为其南海政策的基轴。(4)美国的南海政策与其全球战略相联系并存在内在机理的一致性。② 然而应当看到,在该阶段行将结束之际,美国南海政策正酝酿着大变动。尤其是以 2015 年为重要节点,美国开始一改早先主要以政策宣示和外交手段插手南海问题的战略路径,开始将我正当维权行动视为中国"挑战"其地区霸权地位进而"主导"地区事务的先声,倾向于综合运用外交攻势和军事力量正面挑战我主权权益主张,阻碍了两国关系的正常发展,加剧了地区相关国家在既定议题上的猜忌与不和,推动了地区紧张局势的不断升级。

---

① Enrico Fels and Truong-Minh Vu, eds., *Power Politics in Asia's Contested Waters: Territorial Disputes in the South China Sea*, pp.391 - 392.

② Enrico Fels and Truong-Minh Vu, eds., *Power Politics in Asia's Contested Waters: Territorial Disputes in the South China Sea*, pp.389 - 390.

二、特朗普政府的南海政策:逻辑与实践

2017 年 1 月 20 日唐纳德·特朗普(Donald Trump)就任美国总统以来,美国大战略开始出现较大调整。在"美国优先"口号下,特朗普政府将应对"大国竞争",尤其是中俄等所谓"修正主义"大国的竞争视为政策重点;在经济上撤回对全球自由开放经济的支持,为被全球化"削弱"的美国制造业提供保护性关税;在军事上加大投入、进一步强化实力、保持军事实力的绝对优势地位,同时又强调远离是非,军事力量只限于保卫美国自身安全;置疑战后美国的国际机制设计,尤其是国际安全机制设计,强调获得单方面的优势或好处;淡化美国传统的全球安全视角,在鼓励盟国担负更多责任同时,部分撤回海外安全承诺。这与以往美国力图通过维系其主导之下的国际政治经济体系进而实现国家安全和国家利益最大化的传统思路存在较大的差异。[1]

尽管就任当年特朗普政府的亚太安全战略重点基于以所谓"极限施压"政策(maximum pressure)以求尽快解决朝鲜核问题,但在应对"大国竞争"逻辑指引下,特朗普政府在短暂停止在南海"航行自由行动"约 3 个月后,很快便在南海问题上重新保持相当的政策关注力,以此试图向中国持续施压。2017 年 6 月,美时任国防部长詹姆斯·马蒂斯(James Mattis)的讲话为美军接下来的军事行动提供了解释:"尊重航行自由,维护国际规范,对印太地区的和平和经济增长至关重要","美国将会继续在国际法允许的任何地区进行飞越、航行与行动,并通过在南海及其他地区的持续性行动以表明决心"。[2] 当年 12 月美国《国家安全战略》报告的发布,更为特朗普政府行动提供了系统的理论和逻辑指引。该报告称,在"印太"(Indo-Pacific)区域内存在所谓"自由"世界秩序观与"压迫"

---

[1] 葛汉文:《"拒绝衰落"与美国"要塞化":特朗普的大战略》,《国际安全研究》2018 年第 3 期,第 92—93 页。

[2] James Mattis, "First Plenary Session: The United States and Asia-Pacific Security", 3 Jun. 2017, https://www.iiss.org/events/shangri-la-dialogue/shangri-la-dialogue - 2017.

世界秩序观的地缘政治竞争："中国对前哨（南沙岛礁）的建设和使之军事化,威胁了贸易的自由流通、威胁其他国家的主权、破坏了地区稳定。"①在南海问题被提升至中美两国地区竞争,甚至是全球秩序竞争的逻辑下,美国宣称将在军事上"保持前沿部署,慑止及（如需要的话）击败任何敌手";外交上"将扩大与印度的防务合作,重振与菲律宾、泰国的同盟关系,强化与新加坡、越南、印尼、马来西亚等国的伙伴关系及海上合作"。②

在此指导下,2017 年 5 月美国恢复其在南海的所谓"航行自由行动",驱逐舰"杜威"号擅自进入我美济礁邻近海域 12 海里;7 月"斯坦塞姆"号导弹驱逐舰进入中国西沙群岛领海;8 月美"麦凯恩"号导弹驱逐舰进入美济礁邻近海域 12 海里;10 月美"查菲"号驱逐舰在西沙群岛海域巡航。2018 年,美海军于 1 月（"霍珀"号导弹驱逐舰）、3 月（"马斯丁"号导弹驱逐舰）、5 月（"希金斯"导弹驱逐舰和"安提塔姆"导弹巡洋舰）、7 月（"斯坦塞姆"号）、9 月（"迪凯特"号导弹驱逐舰）不断派遣主战舰只进入我中沙群岛黄岩岛、南沙群岛美济礁、南薰礁、赤瓜礁、西沙群岛邻近海域进行所谓"航行自由"。进入 2019 年后,美军此类行动频次继续提升:1 月 7 日"麦坎贝尔"号导弹驱逐舰擅自进入我西沙岛礁 12 海里内巡航;2 月 11 日"斯普鲁恩斯"号、"普雷贝尔"号进入我南沙美济礁 12 海里内巡航。③ 特别是 2018 年 9 月 30 日,美舰"迪凯特"号在执行此类行动时,于南薰礁附近与我维权舰只险些发生碰撞事故,大幅加剧了双方冲突风险。④

---

① The White House, *National Security Strategy of United States of America*（2017）, Washington D.C.: The White House, 2017, p.46.
② The White House, *National Security Strategy of United States of America*（2017）, p.47.
③ Ryan Browne, "US Warships Again Challenge Beijing's Claims in South China Sea", 11 Feb. 2019, https://edition.cnn.com/2019/02/10/politics/us-ships-south-china-sea/index.htm.
④ Luis Martinez, "Chinese Warship Came within 45 yards of USS Decatur in South China Sea: US", 1 Oct. 2018, https://abcnews.go.com/Politics/chinese-warship-45-yards-uss-decatur-south-china/story? id=58210760.

在外交领域，至少在南海议题上，特朗普政府一改在其他场合和议题上对多边外交的消极态势，反而开始积极致力于在该区域构建更广范围和更高层次的政治、军事合作机制，以期借南海议题对我形成群体性压力。尤其以推进"印太"战略为牵引，特朗普政府以中国在南海"填岛、建设前哨基地、将争议海上地物军事化"为所谓"依据"，与日本、澳大利亚、印度等域外国家不断强化军事安全联系，甚至有组建将中国排除在外、以中国为主要对手的地区军事安全框架之势。在美国要求下，包括日本、澳大利亚、印度、英国、法国等西太、印太，甚至更远地域的南海争端非当事方不断就中国南海所谓"航行自由"和"军事平衡"等问题指责我国，部分国家甚至直接参加美军"航行自由行动"，以反对中国的"过度"领土主张、确保南海的"航行自由权"。①

值得关注的是，与奥巴马政府相比，特朗普政府现在开始更多地将中国在南海问题上的合法主张和维权行动视为对美国区域军事存在的直接挑战，甚至视为崛起中的中国对美国主导下的全球秩序乃至其"全球领导地位"的破坏，是当前"大国战略竞争"的重要组成部分，而非一个特定的、孤立的、对美国利益影响有限的国际争端，这与之前美各届政府的判断明显有别。2018年10月，美副总统彭斯在其发表的著名演讲中就公然声称，虽然中国领导人在2015年访美时表示中国"无意使南海军事化"，但中国"当前已经在人工岛礁上部署先进的反舰和防空导弹，使之成为军事基地"，中国正在"以前所未有"的方式使用其权力。为此，美国"将继续根据国际法允许和国家利益要求的任何地方继续飞越、航行和行动。我们不会被吓倒，我们不会屈服！"②正是在此类说辞的渲染和指导下，美军近两年来在南海针对我方的军事活动数量规模大幅上升，

---

① "France, UK Announce South China Sea Freedom of Navigation Operations", 6 Jun. 2018, https://navaltoday.com/2018/06/06/france-uk-announce-south-china-sea-freedom-of-navigation-operations/.

② "Remarks by Vice President Pence on the Administration's Policy toward China", 4 Oct. 2018, https://www.whitehouse.gov/briefings-statements/remarks-vice-president-pence-administrations-policy-toward-china/.

行动方式日渐顽固、露骨，对我国家和周边安全施压力度不断加大。

但是应当看到的是，当前美国的南海政策实际上与特朗普的大战略存在逻辑上的内在紧张。一方面，特朗普大战略调整的关键在于在极力强化自身实力的同时，慎重使用武力、注意节省资源，而非在地球的遥远一端（如阿富汗、伊拉克及叙利亚）"虚耗"国力。这种思路，显然与当前美国在南海愈发激进的军事冒险存在明显的逻辑冲突。与此同时，特朗普大战略调整的又一重点，则是在"美国优先"口号下放弃奥巴马时代格外推崇的多边外交努力，削减长期以来对国际机制的战略性投入，尤其强调再度审视其早先显然过于宽泛的海外安全承诺，这又与当前部分美国高官（特别是前国务卿雷克斯·蒂勒森）所力推的，构筑主要针对中国南海问题的"印太"战略同盟存在精神上的矛盾。因此，特朗普政府一方面宣称要尽力减轻海外安全负担，另一方面却在全球范围内（尤其是南海）继续显示和运用美国超大规模的武力；一方面希望摆脱多边机制约束及压力，另一方面却又重回构筑同盟、继续扩大其安全承诺的传统思路。此类看似矛盾的现象，可能印证了这样一个事实，即：特朗普政府对外政策的基轴，已从奥巴马时代范围异常广泛的海外利益关切转向了集中"应对大国竞争"，特别是与中国的大国竞争。美国在努力强化自身经济与军事实力同时，撤出（或努力撤出）其在中东、欧洲等地区的防务义务和军事负担，根本目的就是将注意力进一步转向东亚，采取多种手段，以争取在应对中国上取得较以往更加显著的战略与军事优势。

三、美国的南海战略：困境与选择

近年来，随着南海争议各方利益博弈日趋明显，域外大国在南海问题上的态度和行动愈发具有挑衅性，连同由此引发的地区安全形势空前紧张，美国战略学界围绕南海问题的讨论日益激烈，对 2011 年以来美国在南海问题上的政策表达出相当程度的不满和批评。部分美国学者指责，进入 21 世纪以来，中国正在用"切香肠"（salami slicing）战略以求强化在南海的地缘政治地位,"不断侵蚀美国长期以来保卫的国际规范和国家利益";①尤其是 2013 年开始在南沙群岛的岛礁建设,使得中国在南海这个极其关键性的战略要道已逐步占据压倒性优势。与之相比,尽管奥巴马、特朗普两届政府不断努力试图采取"有效"的回应,但美国在南海问题上的政策应对大体上是失败的:奥巴马政府在中国进行岛礁建设之初(2013 年到 2015 年)反应迟缓甚至坐视不理,后期(2015 年到 2016年底)则举止失措以至收效甚微;②特朗普执政之初(2017 年 1 月到 5 月)对南海问题选择性遗忘,之后(2017 年 5 月至今)政策又骤然激进。这些学者由此认为:近十年以来,美国实际上并没有一项全面的、连贯的、有效的南海战略,其仓促的应对,效果极其可疑,实质于事无补。而美国政策的数次摇摆和重心转移,使其不仅已经并将继续经受长时间的"战略透支",更在南海遭受了反复的政策失败。③

为此,当前不少美国战略学者认为,随着中国的"前进"和美国动机空间的"减少",南海形势正处在一个极为关键的阶段。他们建议,美国的南海战略,必须在"推回""遏制""抵消"与"接纳"等四种路径之间做出明确选择,以改善美国面对的愈演愈烈的战略困局。④

1. "推回"(Rollback)战略。该战略主张,美国政府应立即采取"强制行动"迫使中国放弃其在南海的既有所得,包括放弃对南沙人工岛屿、

---

① Hal Brands and Zack Cooper, "Getting Serious about Strategy in the South China Sea", *Naval War College Review*, Vol. 71, No. 1, 2018, p.13.

② 很多美国学者批评道:奥巴马政府的南海政策实际上就是其著名的对朝"战略耐心" (strategic patience)政策的延续。但这个政策不仅无法解决朝鲜问题,类似的思路也导致美国在南海问题上无所作为,最终成了"战略静默"(strategic silence):"既没有阻止中国填岛,之后又没有阻止中国将之军事化','航行自由行动'开始地既迟缓,数量亦有限,美国政府的重视程度也不够。"Donald K. Emmerson, "South China Sea: US Bargaining Chip or Key Interest?" YaleGlobal Online, 1 Jun. 2017, https://yaleglobal.yale.edu/content/south-china-sea-us-bargaining-chip-or-key-interest.

③ Hal Brands and Zack Cooper, "Getting Serious about Strategy in the South China Sea", *Naval War College Review*, Vol. 71, No. 1, 2018, p.13.

④ Hal Brands and Zack Cooper, "Getting Serious about Strategy in the South China Sea", *Naval War College Review*, Vol. 71, No. 1, 2018, p.14.

西沙群岛的控制，甚至迫使中国放弃"九段线"要求，最少也是放弃在南沙岛礁上增设的军事设施，恢复 2013 年前的状态。这个最野心勃勃的选项，要求美国不仅是"简单阻止中国的冒险"，而是要将局势扭转，为此不惜接受军事冲突的损失。这种战略的"好处"，在于能够最快地消除中国在该区域对美国利益的"威胁"，恢复美国的"可信度"，采取最激进的手段会取得最佳效果；缺陷是危险性极大，美国必须准备战争（包括军事袭击和军事封锁），准备承担相当严重的报复和损失以及战争升级的风险。同时，地区国家由于担心被卷入会强烈反对。①

2．"遏制"（Containment）战略。其要义，在于接受中国在南海的当前所得，但强调美国必须立即"划出红线"，防止中国再次"得寸进尺"。这种战略比"推回"风险要小，执行难度也稍低，但是同样严重依赖军事手段，包括威胁使用武力。这个战略的好处，是主要靠军事威慑来"阻止"中国在南海采取进一步行动，但由于不是让中国"屈辱地吐出所得"，因此相对会引发较小的反弹。该战略执行，必然是长期性的，花费高昂，同时困难重重，存在爆发军事冲突的风险。与"推回"战略一样，"遏制"战略成功的关键在于美国必须有在南海同中国开战的决心，"这个决心是该战略不需打仗并取得成功的关键"。② 然而，该战略同样存在巨大风险：随着中国实力和信心的不断增强，美国在南海的军事行动会面临更大的困难，会付出更高的代价，甚至必然将导致军事摩擦。同时，该战略在外交上困难重重，美国盟国和伙伴国看似不大可能冒公开得罪中国的

① 特朗普政府前任国务卿雷克斯·蒂勒森（Rex Tillerson）就表达出这种倾向，他曾要求美国不仅需要阻止中国进一步的岛屿建设和将其"军事化"，甚至还要使用美军将这些已建岛礁进行"隔离"或"封锁"，以防止中国"接近这些岛屿"并将之逼退。见 Nicholas Borroz, "How Trump Can Avoid War with China", *Asia & the Pacific Policy Studies*, Vol. 4, No. 3, 2017, p.614.
② Hal Brands and Zack Cooper, "Getting Serious about Strategy in the South China Sea", *Naval War College Review*, Vol. 71, No. 1, 2018, p.21.

风险而支持美国。①

3. "抵消"(Offset)战略。同奥巴马的南海政策存在精神上的共通之处,该战略不寻求阻止中国在南海的进一步"进攻性举动",但强调采取其他措施(如外交、经济和其他手段)对中国行动进行"惩罚",使中国遭受损失并抵消其在南海空间扩张所导致的影响,以强化美国在地区的总体态势。这个战略的所谓"益处",在于不用同中国直接军事对抗,而在使用其他手段以包围、孤立中国。这种战略相信,中美两国在南海乃至亚太,甚至"印太"区域的斗争,最终胜利不在于谁控制南海的若干岛屿,而在于谁能通过更好地争取、编织和强化地区的同盟国和伙伴国网络从而最终赢得区域主导权。然而,美国学者同时认为,这种"战术悲观"但"战略乐观"的战略,总体上是被动的,对现状于事无补:既无法阻止中国巩固既得成果,甚至继续造岛或夺岛,还会因其效力难以及时彰显而动摇地区国家对美国的"信心"。另外,采取外交、经济等手段能否取得预想成果,把握不大,战略执行难度极大。这种战略实际要求美国"必须学会走钢丝":"它必须足够强硬使地区国家相信美国没有放弃南海,但也须避免过于强硬从而吓倒那些不想被直接卷入中美冲突的地区盟国和其他国家。"②

4. "接纳"(Accommodation)。与以上三种路径不同,这种战略承认美国在"中国后院"与中国竞争之花费高昂、旷日持久并存在巨大危险,因此美国应避免用军事、外交和法律手段挑战中国,承认中国对南海甚至亚太地区的实际主导地位,当下则是力争确保中美之间能够"相对平稳地"交接对该地区的主导权。这种战略的益处在于:美国不会与中国产生冲突,花费较少,能够保持盟国和伙伴的大体安全(不包括它们对争

---

① 地区很多国家均在担心这种前景,即在南海发生局部武装冲突时被迫要在其最大经济伙伴(中国)与长期的军事盟友(美国)之间"选边站"。见 William T. Tow, "President Trump and the Implications for the Australia-US Alliance and Australia's Role in Southeast Asia", *Contemporary Southeast Asia*, Vol. 39, No. 1, 2017, pp.50 - 51.

② Hal Brands and Zack Cooper, "Getting Serious about Strategy in the South China Sea", *Naval War College Review*, Vol. 71, No. 1, 2018, pp.22 - 25.

议岛屿的主张）。美国还可借此同中国进行利益交换，从而能够让美国将战略重心放在其他关键性区域或领域，如朝鲜、伊朗、俄罗斯，恐怖主义、跨国犯罪和大规模杀伤性武器扩散等。但是，该战略的代价是会使盟国和伙伴国对美国"信心破产"、地区同盟体系解体以及美国在这一关键地区整体利益的"大挫败"。另外，该战略虽在短期内会减少军事对抗风险，但美国的"退缩"及其在效果上对中国的"鼓励"和"纵容"，会在未来更长的时段内实际加大同中国发生"终极决战"的可能性。[1]

在不少美国学者看来，当前特朗普的南海政策实际上是排除了两个最为极端的战略选项（"推回"和"接纳"），而将"遏制"与"抵消"列入可选范围。或者说，采取了一种混合式战略，即以"遏制"手段对抗美国战略学界最为担心的"夺岛"（如 2014 年仁爱礁）、进一步"建岛"（如 2013 年后的岛礁建设）和划设防空识别区（类似东海）；而以"抵消"战略对抗中国不那么"激进的"行动（如非军事力量活动）。当然，很多美国学者也承认：这种混合战略不一定确保成功，因为并不会削弱中国已经取得的"军事-地缘政治成果"，也无法消除中国未来可能的"施压"和"进攻"。同时，这种战略说易行难，难以精确执行，无法避免危机爆发和消除安全两难，并且随着中国力量的进一步增长，实际效果将被进一步削弱。但考虑到美国在南海问题上长期没有一项清晰连贯的战略，特朗普当前所采取的此类混合战略，即以更大的力度继续"软硬兼施"，可能是在诸多利弊皆有的战略类型中的一个次优的选择。[2]

四、风险、挑战与应对

进入 21 世纪第二个十年之后，中国的地缘政治环境总体上已出现显著变化：综合国力的发展，使得中国国家发展利益拓展，中国对外战略

---

[1] Hal Brands and Zack Cooper, "Getting Serious about Strategy in the South China Sea", *Naval War College Review*, pp.25 - 26.

[2] Hal Brands and Zack Cooper, "Getting Serious about Strategy in the South China Sea", *Naval War College Review*, pp.28 - 29.

的关注点随之在地理空间上大大前移，不论是在陆地抑或海洋，均是如此。尤其在海洋方向，在国家实力高速发展的驱动下，中国国家利益（岛礁主权归属）、发展利益（海洋贸易、渔业生产和资源开发）、安全利益（确保海上军事安全）等面临的现状甚至窘境，均严重落后于中国现实意义上和心理意义上的整体需求。与此同时，域外霸权国家、地区部分利益攸关国家和南海沿岸既得利益国家，出于维持对其有利（尽管远非公正、合法、合理）之现状目的，对中国的海洋权益主张存在近乎天然的敌意。上述两种情势相结合，使得南海方向的海洋权益之争和部分国家眼中的地区主导权之争，在当下及未来一个较长历史阶段内存在进一步激化趋势，南海问题的复杂性、重要性及对地区安全的影响程度均显著提升。

作为域外国家，美国以军事和外交手段长期介入这一具有"非凡"地缘政治价值的空间区域，甚至在部分时段实际主导了该区域的军事-安全架构。然而，随着近年来诸多事件、事实或趋势的急速发展，在实力相对衰落的情势或预期下，美国在地区权势结构体系中的绝对优势地位，显然已非二战结束与冷战结束之初那般牢固。尽管如此，我国不可低估所谓"霸主诱惑"（hegemon's temptation）对美国政策的显著影响。同时必须看到，虽然特朗普政府政策与奥巴马执政后期的南海政策在精神逻辑乃至路径选择上实际差别有限（均注重以军事和外交两手以反对中国的权益主张及维权行动），但特朗普极端现实主义的政策思路、求变求快乃至存在极大"不确定性"的决策风格、力图一改奥巴马时期"无所作为"的勃勃雄心、对应对"大国战略博弈"的极强看重，以及由此而来的对南海问题重视程度的上升及对美国军事干预时机、力度和方式的不断试探，均导致美国在南海采取进一步军事冒险的可能性有所增强。几乎可以肯定，美军在南海的"航行自由行动"短期不会停止，甚至还将更加频繁；我国在未来几年里采取进一步维权行动时，将不得不面对美国愈发加大的军事压力，甚至是直接的军事干涉。

尤其需要注意的是，随着中美两国国家实力对比的发展变化，有关"中美之间必有一战"的观点在美国战略学界甚至特朗普执政团队当中已然成为热门话题。① 而作为两国间重要的博弈议题之一,奥巴马在 2015 年便正确提醒道:"南海的紧张局势提醒人们注意升级的风险。"② 正如上文所述,如果美国战略学界乃至决策界放任这种自冷战结束以来便已初显端倪、当下已经异常凸显的危险情势(特别是有关美国应在南海准备战争、准备承担严重损失、准备将中国"推回"的热烈讨论)继续发展的话,那么几乎可以肯定:中美之间的"修昔底德陷阱"爆发于海上,尤其是南海的可能性无疑将大幅增加。而一场当前世界最大的海洋霸主国家同新兴的海上强国之间的较大规模武装冲突,其后果必然对自 20 世纪下半叶以来延续至今的地区安全架构、国际秩序与全球权势格局造成颠覆性的影响。

面对美国南海政策调整的逐步深入,在南海问题上必须要有危机意识。长期以来贯穿美国决策界的两大精神思路(即"国际自由主义"与"国际政治现实主义"),均可在南海问题上觅得发难的理由:"国际自由主义"指责我在南海的正常维权是对美国主导下的国际秩序"规则""原则"和"价值"的破坏,甚至是对现行国际政治经济体系与国际安全架构的颠覆;而所谓"国际政治现实主义",则将我对南海的权益主张视为是"主导南海、进而东亚乃至整个亚太区域",进而将美国影响逐出这一地区的先声,而对这一地区的控制长期以来被认为构成了美国全球地缘战略的两大柱石之一。③ 因此,在中国"加快"南海维权活动预期下,那种认为美国在南海"让步"便意味着美国开始放弃其对外政策"核心与原则",

---

① 中美贸易摩擦的主导者之一、特朗普选定的国家贸易委员会(NTC)主席彼得·纳瓦罗(Peter Navarro)早在 2006 年《即将到来的中国战争》一书中便警告称:"美国必须在不那么晚之前,更为积极地和全面地处理中国问题。"特朗普前首席顾问、普遍被认为是其政治谋主的斯蒂夫·班农(Steve Bannon)在 2016 年亦预言:未来十年美中之间必有一战。Nicholas Borroz, "How Trump Can Avoid War with China", *Asia & the Pacific Policy Studies*, Vol. 4, No. 3, 2017, p.613.

② The White House, *National Security Strategy*(2015), Washington D.C.: The White House, 2015, p.10.

③ 美国著名地缘政治学家兹比格纽·布热津斯基于 1997 年就表达过这种忧虑。见[美]兹比格纽·布热津斯基:《大棋局:美国的首要地位及其地缘战略》,中国国际问题研究所译,上海:上海人民出版社 2007 年版,第 45 页。

意味着美国主导下国际秩序崩坏,甚至"美国治下和平"就此终结的看法,在部分美国决策界和战略学界精英当中已经存在一定程度的共识。南海问题也不再被认为仅仅事关"世界另一端的几块无人礁石"[①],而是被视作了地区主导权之争、国际秩序之争甚至是世界霸权之争。

但同时,我们要更加具备战略信心:在国家权势相对衰落的背景下,尤其是考虑到当前美国战略重点在空间和议题上的广泛性与异常复杂性,特朗普政府实质已经无力在所有议题上全面开战,唯冀集中力量一个接一个解决,这从 2017 年初特朗普就任之后美国政策重点(朝鲜、中东、伊朗、俄罗斯、经贸摩擦、移民、边界安全)的不断转移(甚至不断受挫)中便可以得到极为明显的体现。即使是在亚太地区,美国面对的地缘政治难题,范围广泛、严重牵涉战略精力且短期内显然无法解决。[②] 中国则不同:改革开放以来,中国经济的高速发展以及由之而来的国家软、硬权势的大幅跃升,为中国在与美国的战略博弈,尤其是在南海的战略博弈提供了更为坚实的基础。特别受益于地缘距离的邻近、巨量的可用资源、求合促和的政策诉求,使中国已经开始实质性改变所在地区安全形势的整体面目。[③]

21 世纪进入第二个十年以来,由于在议题、范围上内生和衍生的极

---

① 美国参联会主席约瑟夫·邓福德(Joseph F. Dunford)语。据《纽约时报》报道,2016 年在美国国会听证会上,邓福德询问时任太平洋总部司令哈利·哈里斯(Harry Harris):"你是否会为世界另一端的几块无人礁石(指中国黄岩岛)而战?"转引自瓦西里·卡申:《中国南海领土争端》,俄罗斯卫星通讯社,2016 年 4 月 6 日,http://sputniknews.cn/opinion/201604061018738992/。

② Thitinan Pongsudhirak, "Southeast Asia and the Trump Administration: Between a Rock and a Hard Place", *Contemporary Southeast Asia*, Vol. 16, No. 1, 2017, p.9.

③ 根据新加坡东南亚研究院一份调查,在东南亚地区 300 多名有影响力的官员、商人、学者和传媒人士当中,虽有 70%受访者表示在美国的介入下东南亚将更为稳定和安全,但有 56%受访者认为美国未来在东南亚的介入将会减少,52%认为特朗普政府对该地区不甚关注,或认为该地区无关紧要。在被问及哪个国家或组织在该地区影响力最大时,74%受访者认为中国,18%认为是东盟,仅 4%受访者认为是美国。另外,有 80%的受访者认为美国愈发漠视该地区,几乎同样比例的受访者预测中国将会填补这一"战略真空"。见 Donald K. Emmerson, "South China Sea: US Bargaining Chip or Key Interest?"1 Jun. 2017,https://yaleglobal.yale.edu/content/south-china-sea-us-bargaining-chip-or-key-interest。

端复杂性与广泛关联性，在当前国际形势显著变动背景下，南海问题对我国国家安全、地区形势发展乃至全球地缘政治演进的关键性意义进一步凸显。[①] 特别是 2013 年以来，中国在南海的维权斗争所取得的阶段性重大成果，一举改善了中国在该地区总体的地缘政治态势。[②] 但是，面对美国特朗普政府南海政策的调整，我国接下来的应对策略应在巩固现有成果基础上，重点与相关各方一道，加快推进真正适合东亚国家安全利益的区域安全机制建构。[③] 在此过程中，我们必须充分注意和利用地区各国之间在既定问题上关注点及政策实质的不同、分歧和摇摆，充分运用我国在地区愈发增长的软、硬和巧实力，抵制域外霸权国家试图借南海问题构筑反华、遏华战略同盟，进而全面阻断我和平发展的企图，全力防止美国南海政策变为"遏制"为主甚至升级为"推回"，在坚定维护在南海的主权和相关权利基础上，塑造南海安全形势的总体战略稳定。

---

① 不少美国学者判断：随着中美两国发展速度的差距，2030 年可能是双方力量平衡的"破界点"。而在此时间点之前，中国南海甚至可能演变成为"21 世纪的西柏林"。见 Hal Brands and Zack Cooper, "Getting Serious about Strategy in the South China Sea", *Naval War College Review*, Vol. 71, No. 1, 2018, p.22.

② 美国国防部 2015 年 8 月认为，虽然越南、菲律宾、中国台湾等南海权益相关方也正在或已经进行填岛作业，但均无法与中国岛礁建设规模相提并论：中国填岛面积达 2900 英亩，越南为 80 英亩，马来西亚 70 英亩，菲律宾 14 英亩，中国台湾 8 英亩。见 Richard Q. Turcsányi, *Chinese Assertiveness in the South China Sea: Power Sources, Domestic Politics, and Reactive Foreign Policy*, Cham: Springer International Publishing, 2018, p.51.

③ 见苏浩：《中国是维护南中国海和平稳定的负责大国》，《太平洋学报》2016 年第 7 期，第 46 页。

美国的战争方式：演进、逻辑与下一场战争*

  作为独立建国已历两百余年、掌控世界霸权长达 70 余年的超级强国，美国在其萌生、壮大乃至称霸的成长历程当中，显然已经惯常于在国际政治发展中借助战争手段实现本国的战略目的，不断发动、卷入到国际、地区甚至特定国家内部的武装冲突当中。尽管由于自身力量、作战对手、战争目标之差异化存在，加之国际形势发展与战争形态演进，在不同时段美国的战争方式亦存在历史演进过程甚至表现出较为显著的阶段性差异；但格外得益于政治、文化、社会乃至集体心态的不断发展，美国决策-战略精英在对战争性质、战争目的、作战样式以及得胜路径等方面的思考，亦逐步形成了独具特色的、一以贯之但同时利弊皆有的战略传统，为历史上美国从事的历次战争提供了强有力的内在逻辑指导。尤其是在从独处国际政治一隅向世界性权势的上升和巩固过程中，美国的战争方式不仅直接影响到其从事的若干场重大战事（这些战事包括两次世界大战、朝鲜战争、越南战争、海湾战争、阿富汗战争与伊拉克战争）的成败，还特别显著地主导了国际安全形势的发展与国际权势格局的演进。21 世纪第二个十年形将结束之际，尤其是在国际政治经济形势与国际权势对比出现剧烈变动、新兴技术快速发展、传统战争形态革新加速

---

 * 原文发表于《情报与安全》2022 年第 1 期。

的宏观历史背景下,美国的战争方式作为美国大战略塑造极其重要的组成部分和执行手段,亦历经一个新的发展变化阶段,呈现延续与革新相并存的矛盾形态,其演进与调整不仅对未来战争形态本身,同时亦肯定对美国自身的发展路径、特定地区安全形势和国际权势格局的演进产生重要影响乃至直接冲击。

一、从模仿到独创:美国战争方式的演进与成型

美国战争方式的形成,最早甚至可以追溯至殖民地时期。来自欧洲的武装移民以及由移民组建的殖民军队,均发现其面临一种与同时期欧洲迥然不同的战争。无论是与印第安人原住部落之间几乎永无休止的冲突,或是17、18世纪爆发于欧洲,但却极深波及北美的国际性战事[1],皆因战略目标的无节制(往往以彻底消灭敌人为目标)、战事的血腥程度(对无武装平民的杀伤、屠杀乃至虐杀的普遍存在)、作战对象的模糊(战争双方往往并非国家,参与者亦主要为平民而非职业军队),导致其在战争主体、战争暴烈性、战事参与程度以及战争的道义准则等方面出现了具有鲜明北美风格的诸多特征,这与同一个时期欧洲各"文明国家"所发生的战争截然不同。[2]

然而,作为欧洲文明分支,处于初创时期的美国战略思想,依然主要以模仿欧洲为其精神主轴。因此,美国的战争方式只是欧洲战争方式的分支,美国的战略思想亦不过是欧洲战略思想的支流。[3] 作为最典型的例证,独立战争当中,大陆军依然主要运用欧洲诸国的战法与来自欧洲

---

[1] 此类战争包括大同盟战争或奥格斯堡同盟战争(1688—1697年)、西班牙王位继承战争(1702—1713)、奥地利王位继承战争(1740—1748)和七年战争(1756—1763)。上述战事均漫延至北美,但在北美,却有着不同于欧洲本土的名称,如"威廉王战争""安妮女王战争""乔治王战争""法国人与印第安人战争"等。

[2] 卡罗尔·帕金、克里斯托弗·米勒等:《美国史》(上册),葛腾飞、张金兰译,上海:东方出版中心2013年版,第199页。

[3] 拉塞尔·F.韦格利:《从开国之初至第一次世界大战结束的美国战略》,载[美]彼得·帕雷特主编:《现代战略的缔造者——从马基雅维利到核时代》,时殷弘等译,北京:世界知识出版社2006年版,第393页。

的英军作战。主要以大陆军总司令华盛顿为代表,那些提倡将欧洲战争方式移植到北美的开国时代领导者,强调北美殖民地争取独立的仰仗应是按欧洲标准建立的一支职业军队(而非自由公民组成的民兵),并遵循18世纪经典的欧洲方式而非革命的方式打仗:"用文明人的方式打一场文明的战争。"在华盛顿看来,这是未来独立的美国跻身于"文明国家"之列的前提,尽管依照这种思路,北美大陆军往往难以抵御实力占优的敌人。华盛顿尤其排斥用非常规的,特别是全民皆兵、"打了就跑"的游击战方式对付前来镇压的英国陆军,而这种战略较华盛顿的正规战思路在实际战场上往往有效得多。①

　　这种沿袭和模仿欧洲模式的思路,成为其后美国军事战略思维演进中发挥持续影响的精神主轴之一。例如,以温菲尔德·斯科特(Winfield Scott)将军为代表,19世纪上半叶大多数美军高级指挥官的思想,仍为18世纪欧洲的军事战略所主导:那就是以一支经过严格训练的职业军队打一场有限目标的有限战争,特别是打一场七年战争当中普鲁士腓特烈大帝(Friedrich the Great)式的战争,即主要通过机动、迂回、挫败敌方攻势和领土占领迫使对手承认失败,而非将敌手"毫不留情地予以歼灭"。② 这种固守欧洲传统的战略思路,在1812年美英战争及1846—1848年的美墨战争当中,均得到了鲜明的体现。

　　但是,这并不意味着美国军事战略思维始终处于停滞状态。相反,独立后的美国尽管自身及战场对手(英国远征军、墨西哥)军事实力均相

---

① 因此,在独立战争后期,大陆军领导者实际开始更多地寄希望于战争之外的外交努力以争取战争的胜利,华盛顿本人则尽可能地避免大陆军与英军的战略决战,他实际上更多地采取伟大的军事史学家汉斯·德尔布吕克所言的"消耗战"(Ermattungsstrategie)或"费边战略"(Fabian Strategy),以求最终消磨英军的战斗意志,最终迫使对手放弃战争。见拉塞尔·F.韦格利:《从开国之初至第一次世界大战结束的美国战略》,载[美]彼得·帕雷特主编:《现代战略的缔造者——从马基雅维利到核时代》,第397页。以及 Donald Stoker and Michael W. Jones, "Colonial Military Strategy", in Donald Stoker, Kenneth J. Hagan and Michael T. McMaster, eds., *Strategy in the American War of Independence: A Global Approach*, London and New York: Routledge, 2010, p.13.

② Russell F. Weigley, *The American Way of War: A History of United States Military Strategy and Policy*, New York: Macmillan Publishing Co., Inc., 1973, p.66.

对不强、实际打响的战争规模亦相对有限,但欧洲战争形态与战略思想的发展,总是能够得到美国战略家敏感且热情的响应。尤其是法国大革命以来欧洲战争规模的不断扩大、战争技术的持续革新以及特别重要的、战争方式的急剧演进,更为美国军事战略发展提供了新的灵感。这方面最出名的理论鼓吹者,当属时任西点军校教授的丹尼斯·马汉(Dannis Mahan)。作为"十足的拿破仑信徒",马汉极其崇拜法国皇帝所取得的一系列辉煌胜利,主张美国军队主要应以极具魄力的积极进攻作为战略指引,打一场如奥斯特利茨或耶拿-奥尔斯塔特战役那种进攻型的歼灭战而非防御战(更不用说消极防御),以赢得未来战争的胜利:"为获取大胜,应有战场上的勃勃生气,连同追击败军之迅猛快速。"①

然而,考虑到地缘态势、安全环境、自身实力与作战敌手的显著差别,单纯鼓吹模仿欧洲流行的军事战略方式(无论是 18 世纪的战争方式或是 19 世纪初的拿破仑战争)去打一场爆发于北美的战争,显然脱离美国的实际。因此,在这种思路之外,如何打一场适应美国情势的战争或者说塑造一种"美国风格"战争方式,逐步成为美国战略学界探索的中心课题。事实上,早在独立战争当中,面对当时世界头号强国——英国的强大武力,不少大陆军将领便认识到,以列克星敦和康科德民兵武力反抗为发端的独立战争,从一开始便以其革命的性质完全有异于同时代里欧洲爆发的所有战争。② 而仅凭极其有限资源的大陆军要在这一场性质独特的战争中取胜,当然亦需要一种不同于欧洲的军事战略。③ 纳撒尼尔·格林(Nathaniel Greene)和查尔斯·李(Charles Lee)便相信:作为弱势一方,大陆军取胜的关键就是在对己有利的战场态势(如丛林、村

---

① 拉塞尔·F.韦格利:《从开国之初至第一次世界大战结束的美国战争》,载[美]彼得·帕雷特主编:《现代战略的缔造者——从马基雅维利到核时代》,第 400—401 页。

② Russell F. Weigley, *The American Way of War: A History of United States Military Strategy and Policy*, p.19.

③ Donald Stoker and Michael W. Jones, "Colonial Military Strategy", in Donald Stoker, Kenneth J. Hagan and Michael T. McMaster, eds., *Strategy in the American War of Independence: A Global Approach*, London and New York: Routledge, 2010, p.5.

镇、河流)通过骚扰、突袭、设伏、"打了就走"等游击战(这在与印第安人的长期作战当中已经汲取了丰富经验)方式作战,诱使力量处于绝对优势的英军被迫分散、无法集中,不断削弱对方直至最终赢得战争的胜利。[①]

真正有助于美国风格战争方式塑造成形的,是美国内战。美国南北两军的残酷交锋及引发的巨大伤亡、参战部队因意识形态鼓动起来的蓬勃士气、双方经济和社会资源的巨额投入及对平民和社会生活的强大冲击,均使得这场战争展现出令欧洲军事观察者惊叹不已的战争面貌。随着战事的推进,年迈且固守成规的斯科特将军为联邦制订的,被形象称为"水蟒计划"(Anaconda Plan)的军事战略,虽事实上行之有效,但却对那些渴望取得对"傲慢南方人"彻底胜利、具有战争狂热的北方而言过于消极,成效也过于缓慢。[②] 在此背景下,战争后期取得联邦军指挥权的尤里西斯·格兰特(Ulysses Grant),以尽快取得战争全面胜利为目标,强调依靠北方占有压倒性优势的人力物力资源,通过不间断的正面进攻,大幅消耗敌人的有生力量进而最终摧毁敌方一切资源,为此不惜承受巨大的伤亡。[③] 为此,格兰特及其下属(特别有名的当属威廉·谢尔曼)向南军甚至南方城市及乡村发动了一系列消耗巨大、伤亡重大的战役。格兰特显然希望通过这些被南军称为"莫名其妙和难以置信的大屠杀"的行动,以"世上从未有过的殊死战斗","尽可能对南方的战争资源施以尽可能最大的破坏","让(南方)民众,无论老幼、贫富,连同他们的军队一样,均饱受战争之苦"(谢尔曼语),以尽可能快的速度取得战争的彻底

---

① Russell F. Weigley, *The American Way of War: A History of United States Military Strategy and Policy*, p.36.

② 卡罗尔·帕金、克里斯托弗·米勒等:《美国史》(中册),第 65 页。

③ 在 1864 年 5 月夏斯洛斯维尔的遭遇战当中,格兰特向南军发动的一系列攻击,被一位南方人描述为"莫名其妙和难以置信的大屠杀"。此役当中,格兰特共损失总数达 6 万人,超过了南军的全部军队数量。见卡罗尔·帕金、克里斯托弗·米勒等:《美国史》(中册),第 104 页。

胜利。①

格兰特的战法,实际上就是一战时德国总参谋长埃里希·冯·鲁登道夫所极力鼓吹的"总体战"。格兰特明确意识到工业化和大众政治时代中战争形态的革命性演进:工业化时代导致武器杀伤力的大幅增强和装备生产规模的急剧扩大,而大众政治则可在短时期里极大增加兵员数量,同时大幅激发出士兵参与战争的士气与平民承受战争的毅力。因此,这个时期的战争胜负已经不再取决于一两场拿破仑式的决定性会战的胜利,而是成了国家(联盟)之间总体资源、实力比拼的结果,这在一定程度上削减了实施"谋略"的空间:"声东击西、机动迂回和其他妙招或许能偶然得手,但真正赢得战争还要靠残酷无情的勇武之力。"②而格兰特的对策就是将己方优势的可用资源迅速转化成为作战实力,通过主动发起进攻与敌手拼消耗、拼资源,哪怕付出暂时的巨大代价,这才是尽可能快地赢得工业化时代战争总体胜利的基本途径。内战结束之后,在美国经济快速发展、国力急剧膨胀的背景下,格兰特的经验成了刚刚步入全球政治舞台的美国应对未来大规模战争的当然选项。

格兰特传统的创设,反映出美国战略精英对时代发展和战争样式演进极其敏锐的洞察力,而两次世界大战进程,更为格兰特战略"不可避免性和威力"提供了相当的验证。③ 用美国军事学家布利斯的话说,"第一次世界大战实际上标志着战略家时代的结束和一个新型战争时代的到来。战争成了一种纯机械性检验,看敌对的联盟各自有多大能力产出军队和物资"④。而美军在两次世界大战(尤其是二战)中的军事战略及重

---

① Russell F. Weigley, *The American Way of War: A History of United States Military Strategy and Policy*, p.149.
② [英]劳伦斯·弗里德曼:《战略:一部历史》,王坚等译,北京:社会科学文献出版社2016年版,第145—146页。
③ 拉塞尔·F.韦格利:《从开国之初至第一次世界大战结束的美国战略》,载[美]彼得·帕雷特主编:《现代战略的缔造者——从马基雅维利到核时代》,第426页。
④ 转引自拉塞尔·F.韦格利:《从开国之初至第一次世界大战结束的美国战略》,载[美]彼得·帕雷特主编:《现代战略的缔造者——从马基雅维利到核时代》,第426页。

大战役(如"霸王行动"),就是格兰特战法在半个多世纪后的再现。但公允地讲,这种战争方式实质上就是一种存在严重简单化倾向的"直接路线",战争指挥官的任务就是研究如何将己方压倒性的资源投入战争、用最直接的正面进攻决定性地粉碎敌手而已。因此,严格上讲,这不是战略,至少是严重忽视了谋略的作用。根据这种思路,自 19 世纪晚期以来工业产值便已执世界牛耳、领土资源和人口数量均存在相当规模的美国,在工业化时代的战争里自认为是无敌的,"美国有能力打一场富人的战争"①。美国将领基本上勿需殚精竭虑,只需如乔治·巴顿(George Patton)那样,将优势的资源进行有效组织并投入战场,然后以压倒性的兵员、机械和火力"一刻不停地进攻"而已。从这个角度看,与英、德、法等老牌军事强国相比,美国这种主要依靠挥霍物资的战争方式极其简单甚至幼稚,展示出对历史经验和战争本质的严重无知,完全无视于克劳塞维茨有关战争仍是"原始的暴力和仇恨;机会和可能性;及理性的三位一体"本质的警告。② 而其后果,当然就是要在 20 世纪接下来的时间里"自遭灾祸"。

二、从朝鲜战争到越南战争:美国战争方式的延续与失败

包括机关枪、坦克、轰炸机、导弹、核武器在内,诸多新式武器的出现及其在两次世界大战当中的广泛应用,连同其可怖杀伤力所导致的重大伤亡,迅速且革命性地改变了战争形态。在美国战略学界看来,此类新型武器与战争技术的发展已经完全主导了未来战争进程,而美国正是受益于其远强于敌国的工业、科技及人力资源,以及作为后果——较其敌国对新式武器和技术更为迅速地开发、更大规模地装备与应用,使之在

---

① 科林·S.格雷:《核时代的美国战略(1945 至 1991 年)》,载[美]威廉森·默里、[英]麦格雷戈·诺克斯、[美]阿尔文·伯恩斯坦编:《缔造战略:统治者、国家与战争》,时殷弘等译,北京:世界知识出版社 2004 年版,第 620 页。

② Carl Von Clausewitz, *On War*, trans., by Michael Howard and Peter Paret, New York: Oxford University Press, 2007, p.30.

两次世界大战当中取得了空前的大胜。这无疑进一步印证了很多美国战略学者自内战以来便不断加深的认识，即：战争胜负已经完全为资源所决定，美国仅需充分发挥其在技术和规模上具有显著优势的军事力量便足以克服战争诸多不确实性、概然性和偶然性，足以赢得战争。而战略——尤其是强调以决策者或指挥官的精神创造力、凭借策略等非常规措施以尽力削弱敌人优势的办法，"已经过时了"。这实际上更加剧了美国战略学界轻视战略，尤其是轻视历史经验和人在战争中的创造性思考的倾向。其后果，就是导致在二战结束后半个多世纪的历史当中，美国的战略研究，至少在方法论层面上已经演变成一系列"非历史、非政治的计算方法"，被转化成了对轰炸机航程、导弹射程、核弹头毁伤力、步兵师数量的数据统计、方程式运算和数理逻辑推导。美国的战略学者大多寄希望以这种"精确且简明易判的方式"对于对遏制、军力平衡、核打击、威慑等关键性的军事战略问题，甚至是对未来战争的所有细节，做出尽可能"科学"的解答。①

战后初期，美国对于未来战争的设想便建立在这一理解之上。鉴于美国整体国家实力及军事力量依旧显著的优势，自二战结束至 50 年代中期，美国军方的战略思路仍建立于最大规模地发挥实力优势，尤其是核武器优势基础之上。尽管杜鲁门总统对于核武器用于实战的前景感到不安，但它们还是被列入到下一场世界大战的军事计划当中，尤其是北约针对苏联的作战方案。② 而艾森豪威尔政府时期出台的"大规模报复战略"，要旨就是发挥其相较其他国家远为优越的军事力量（尤其是核力量），以美国"自己选择的手段和地点，迅即予以报复的巨大能力"来"遏阻共产主义侵略"。③ 直到苏联核力量发展突飞猛进、美苏核均衡已

① 科林·S.格雷：《核时代的美国战略（1945 至 1991 年）》，载［美］威廉森·默里、［英］麦格雷戈·诺克斯、［美］阿尔文·伯恩斯坦编：《缔造战略：统治者、国家与战争》，第 616—617 页。
② 劳伦斯·弗里德曼：《头两代核战略家》，载［美］彼得·帕雷特主编：《现代战略的缔造者——从马基雅利到核时代》，第 718—719 页。
③ 劳伦斯·弗里德曼：《头两代核战略家》，载［美］彼得·帕雷特主编：《现代战略的缔造者——从马基雅利到核时代》，第 721 页。

大致实现、核大战已在事实上被美国决策界排除出考虑范围之外的情况下,美国依然对凭借其在技术和规模上较敌方远为优越的常规军事力量直接且决定性地击垮除苏联之外的敌手充满自信,尽管这种此类肇始于内战,并在两次世界大战当中不断奏效的传统思路,已经无法理解冷战时期战争愈发复杂的性质,已然很难再次帮助美国赢得战争,尤其是"有限战争"的胜利。

突出例证之一便是1950年开始的朝鲜战争。随着中国人民志愿军入朝参战,"联合国军"总司令道格拉斯·麦克阿瑟(Douglas MacArthur)对于对美国政府不让空军及海军航空兵轰炸鸭绿江对岸中国目标、封锁中国大陆甚至直接使用核武器极为不满。[1] 在信奉"战争的真正目标就是胜利"[2]的麦克阿瑟那里,正是政治家的"干扰",导致美军根本无法如二战那样发挥其固有优势进而尽可能迅速地赢得战争胜利,并使得美军接下来在"如此陈旧的战争形态——胶着堑壕战中伤亡惨重"。[3] 麦克阿瑟的战略判断,鲜明反映出其时诸多美国军事决策者对于战争性质传统的、同时亦是简单化的理解。他们并没有察觉到:在冷战的总体背景下,特别是在美国将首先使用核武器直接攻击苏联可能性基本排除在外的情况下,美国已经无法以其熟悉的、以追求绝对军事胜利为目标的方式,在中东、远东等并不直接与苏联军事对抗的地域,赢得一场并不以彻底摧毁敌人为目的,而是维系美国的"战略可信性"或者"击退共产主义扩张"等目标相对"有限"的较大规模常规战争。

特别是随着国际形势的急剧演进,自20世纪60年代以来,在民族解放战争、革命战争、国家内部冲突已经成为当时极具代表性的战争类型时,美国传统战争方式对于克劳塞维茨有关战争性质的论断,特别是

[1] Russell F. Weigley, *The American Way of War: A History of United States Military Strategy and Policy*, p.390.

[2] Russell F. Weigley, *The American Way of War: A History of United States Military Strategy and Policy*, p.391.

[3] 迈克尔·卡弗:《核时代的常规战争》,载[美]彼得·帕雷特主编:《现代战略的缔造者——从马基雅维利到核时代》,第780页。

其著名的"军事乃是政治另一种形式的延续"论断的一无所知，使得此时依然主动或被动不断参与战争的美国，实际上已经"没有一种制胜理论可供参照，更没有清晰的目的来指导"[1]。因此，尽管美国不断提出所谓"反叛乱""特种战争"等概念，但越来越多美国战略决策者和研究者极其失望地发现，以越南战争为代表，美军的狂轰滥炸及其导致的巨大破坏，反而"加剧了那些推动越南和其他地方革命战争的基本政治、社会和经济条件，实质上助长了而非削弱了敌对力量的蓬勃发展"。拥有强大机动性、火力和作战决心但依旧恪守早先信条的美军高级指挥官不得不承认：以美国传统方式赢得此类战争的"唯一可能"，在于运用其武装力量"直接毁灭越南及其人口"[2]。

越南战争的失败，对美国军事决策者造成的最大触动，不在于意识到其传统的、追求决战速胜的战争方式存在缺陷，而是认识到其优势被抵消，或不那么有优势。在只能运用常规武器的情况下，美国的军事优势受到越共游击战战略的有力挑战：美军的优势火力打击，要么寻找不到目标，要么演变成了针对平民的大屠杀；其兵员数量和部队士气也远不及被广泛发动起来、为民族解放目标而异常坚忍不拔、自愿牺牲的越共战士；资源优势也因地缘距离远近和越共接受的高额外来军援而被极大抵消。因此，在历经了耗时漫长、伤亡惨重的战争灾难之后，习惯于以压倒性实力决胜速胜的美国被迫发现，在"危机四伏"的越南丛林中，它实际上无法将其优势（尽管已被严重削弱）转化成为战争的胜利，美国已经证明它并不善于为有限的政治目的使用其武装力量。

与此同时，战争期间美国民众广泛的抗议活动亦表明：在美国这样一个性质独特的社会中，如果即将到来的战争并不直接关乎美国的"生死存亡"的话，公众不会容忍一场除了大量牺牲但却迟迟胜负不决的战

---

① 科林·S.格雷：《核时代的美国战略（1945 至 1991 年）》，载［美］威廉森·默里、［英］麦格雷戈·诺克斯、［美］阿尔文·伯恩斯坦编：《缔造战争：统治者、国家与战争》，第 626 页。

② 约翰·夏伊、托马斯·W.科利尔：《革命战略》，载［美］彼得·帕雷特主编：《现代战略的缔造者——从马基雅维利到核时代》，第 832 页。

争。只有那些目标足够"正义"、进程短促、结果成功和伤亡很少的军事行动，或者说，"压倒性及迅速的"胜利，才有望获得公众支持。这实际上仍是美国追求决战速胜的传统思路之大体延续。[①] 正是在传统方式效用不足、但公众思维方式却依旧延续以往思路的矛盾情势下，在整个冷战后期，鉴于主要核大国之间爆发核战争不可想象，而类似朝鲜、越南的战争变得"太痛苦或者太危险"以至无法继续，染上"越南综合征"（Vietnam Syndrome)的美国实际上开始有意回避参与此类战争。

三、"新战争方式"：军事革命与反恐战争

直至冷战临近尾声时，随着 1991 年海湾战争的打响，美国传统的战争方式在新的包装下方得以重生。此时美国的军事战略，实际上在传统的、强调最大程度发挥美国资源优势的基础上，开始突出强调运用其高技术优势，通过攻击敌手的关键性环节，以确保实现战争的速战速胜。1992 年，时任美国参谋长联席会议主席的科林·鲍威尔（Colin Powell）在总结历史经验与当下形势后提出：美国如果一旦决定使用武力，就必须以最具优势、最能显著压倒敌手的武力和技术，以各种手段，在尽可能短的时间里、以尽可能小的伤亡迅速取得压倒性的军事胜利，唯此方能避免再次遭受越战的失败。[②] 具体地说，就是在战争准备上，应确保投入行动的是美国最先进的装备和最具优势的兵员；在行动方式上，采取奇袭、瘫痪、欺骗等各类手段；在行动过程中，发挥精确打击、大规模轰炸、夜战等已方所长。总之，"一旦决定使用武力，就不能模棱两可、迟疑不决，而是必须确保决定性地赢得战争"[③]。

---

① 科林·S.格雷：《核时代的美国战略（1945 至 1991 年）》，载［美］威廉森·默里、［英］麦格雷戈·诺克斯、［美］阿尔文·伯恩斯坦编：《缔造战略：统治者、国家与战争》，第 626—627 页。

② Joint Chiefs of Staff, *National Military Strategy of the United States*, Washington D.C.: JCS, 1992, p.10.

③ 见 Glenn J. Antizzo, *U.S. Military Intervention in the Post-Cold War Era: How to Win America's Wars in the Twenty-First Century*, Baton Rouge: Louisiana State University Press, 2010, p.26.

美国在巴拿马和海湾的军事胜利，有力证实了"鲍威尔主义"在冷战后时代的有效性。尤其是海湾战争，被认为是美国式战争的分水岭，向世界展示了其时的美国在技术和组织上的"绝对军事优势"，影响甚至"决定"了现代战争的性质。部分美国指挥官甚至将海湾战争比作 19 世纪里的殖民战争：数量不多但有纪律的、训练良好的、装备来复枪的西方军队，与一大群装备盾牌长矛的部落武装之间的战争。[①] 此役过后，美国国防部顾问、著名战略学者安德鲁·马歇尔（Andrew Marshall）认为，主要依靠信息技术发展及其衍生的原则和组织变化已经在军事领域引发了一场革命，而在这场被称为"军事事务革命"（RMA）当中，美国已将任何潜在敌对者远远甩在身后，较其潜在对手取得了更为明显的优势。美国的战争实践已经证明：将新技术应用于军事系统之中，与创新的作战理念和部队适应力相结合，可使部队的作战潜力和军事效能成倍地提升，进而根本性地改变冲突的性质。在此过程中，计算机和卫星较士兵更为关键，至少是同等关键。[②] 1996 年，美国参联会在正式文件中宣称，依靠高技术，特别是信息优势，美军能够实现"对敌人力量进行必要的摧毁和压制"，因此美国的战争方式应当是"在决定性的时间和地点集中部署必要的作战力量"从而赢得战争的胜利，但"动用部队的规模将比以往要少得多"。[③]

这种"新战争方式"，据称与早先的美国战略传统存在不同。2003 年，美国国防部长唐纳德·拉姆斯菲尔德（Donald Rumsfeld）就将"伊拉克自由行动"描述为对"新战争方式"的"试验"。其基本手段，是凭借其技术优势实现对战场空间的主宰，通过运用较小规模的联合部队，依靠"奇袭、高强度、杀伤力、斩首、超视界、大规模"等方式，对敌人的中枢、资源、设施、武装、人口发动更为经济、有效的直接攻击，使敌方体系出现

---

① Wayne K. Maybard, "Spears vs. Rifles: The New Equation of Military Power," *Parameters*, Vol. 23, No.1, 1993, pp.49 - 58.
② 劳伦斯·弗里德曼：《战略：一部历史》，第 284 页。
③ Joint Chiefs of Staff, *Joint Vision 2010*, Washington, D.C.: DOD, https://apps.dtic.mil/dtic/tr/fulltext/u2/a398695.pdf.

"战略瘫痪"进而取得战争的胜利。在拉姆斯菲尔德看来，与传统的、通常表现为美国动员其压倒性的优势以彻底摧毁敌手的战略不同，新的战争方式表现为美国凭借其信息革命中出现的新兴军事技术以"精确且足够"的方式进行战争。通过这种方式，美国有望迅速且伤亡代价极小地取得战争胜利，而敌国社会除了军事力量之外其他部分可以丝毫无犯。[①]由于美国的军事技术优势的存在，这种新的战争方式，既可以保证美国能够根据其需要对敌手随心所欲地发动攻击，同时亦可避免出现任何"过于昂贵"的物质与政治代价。

　　新的战争方式，不仅作用于军事行动本身，亦引发了冷战后美国"战略与政治的全面转型"。[②] 在意识形态对抗终结、美国一超独强的时代里，拥有世界历史上首屈一指的全球性军事力量、在 21 个国家部署有超过 700 个军事基地和设施的美国，其新战争方式的形成及其若干次成功验证，显然帮助其战略决策界较冷战后期更敢于主动挑起战争。[③] 尤其是在克林顿政府任期，甚至仅在 1993 至 1995 两年间，美国便运用武装力量进行了不少于 25 次的海外军事干涉。与之相比，乔治·布什任内为 14 次，而在里根两个任期整 8 年内这一数字不过为 17 次。[④] 尽管有着摩加迪沙的挫败，但是随着美军绝大多数海外军事行动的胜利，1997 年前参联会高级助理詹姆斯·布兰克（James R. Blacker）颇为自负地声称，"美国的军事革命拉大了它同其对手的军事不平衡，美国也将因此能够几乎毫无风险地高效运用其军事力量"[⑤]。"9·11"事件之后，随着 2001 年美军攻陷喀布尔及 2003 年席卷伊拉克，美国在全球反恐战争中的"辉

---

① Benjamin Buley, *The New American Way of War: Military Culture and the Political Utility of Force*, New York: Routledge, 2008, p.1.

② Benjamin Buley, *The New American Way of War: Military Culture and the Political Utility of Force*, New York: Routledge, 2008, p.135.

③ Matthew Carr, *Sherman's Ghosts: Soldiers, Civilians, and the American Way of War*, New York & London: The New Press, 2015, p.224.

④ Harvey Sicherman, "The Revenge of Geopolitics", *Orbis*, Vol.41, No.1, 1997, p.7.

⑤ Thomas G. Mahnken, *Technology and the American Way of War*, New York: Columbia University Press, 2008, p.121.

煌"军事胜利,使得美国决策界对这种新型战争方式的推崇已经达到了极致。

美国"新战争方式"的关键便是尽力仰仗和运用其"技术优势"以控制战争的整个进程。这种观念相信:信息技术革命及其在指挥、控制、侦察、监视、情报和火力打击系统中的广泛运用,可使美军"以史无前例的精确性、全面性、实时性、全地域"观察和掌控战局的发展。[①] 但实质上,此类据说足以消弭克劳塞维茨反复警告的"战争迷雾"和各种形式"摩擦"(friction)的新战争方式,其对美国军事技术优势的崇拜,与早先传统的军事战略并无太大区别,至少在精神上存在共通之处:早先对"压倒性"的部队规模和军事物资乃至"决定性的"战略兵器的突出强调,现在转移到对高科技军事技术的依赖;之前凭借远超对手的火力、资源和规模优势以瓦解敌手战斗意志的方式,现在成为利用高技术手段集中全力进行精准打击、制造混乱以使敌人陷入瘫痪乃至"震慑与敬畏"从而放弃抵抗。[②] 新的战争方式被认为极适用于美国,因为可以充分发挥美国的战略优势,胜利几乎唾手可得,同时还避免了敌我双方(尤其是美军)的过度伤亡。对新战争方式的崇拜已经成为新的历史时期中美国战略信心的主要来源。而实现这一目标的关键,与之前一样,依然在于其巨额的经费投入、超大规模的战争机器以及作为其物质支撑的——远超出一般水平的综合国力。

作为结果,传统军事战略内在的弊病,新的战争方式同样无法避免。[③] 美国著名军事史学家拉塞尔·韦格雷(Russell Weigley)对于传统美国战争方式的尖锐批评(即"美国的战争方式很少关注其引发的非军事后果")[④],在新的战争方式中同样得到体现,甚至还愈发严重。在

---

① 前美国参联会副主席威廉·欧文斯上将(Admiral William A. Owens)语。Thomas G. Mahnken, *Technology and the American Way of War*, New York: Columbia University Press, 2008, p.1.

② 劳伦斯·弗里德曼:《战略:一部历史》,第 286 页。

③ Benjamin Buley, *The New American Way of War: Military Culture and the Political Utility of Force*, p.136.

④ Russell F. Weigley, *The American Way of War: A History of United States Military Strategy and Policy*, p.xviii.

2001 年的阿富汗和 2003 年的伊拉克，美军在迅速战胜敌对的正规军事武装、取得战场胜利之后，却发现其虽可以确保"完美摧毁"（Immaculate Destruction），但却根本无法赢得"战争之后的战争"，在所谓的"稳定行动"或"非战争军事行动"当中陷入旷日持久、花费高昂、伤亡惨重的困局中去。两场反恐战争如同越南战争一样再次证明：战场胜利并不等于战争胜利，同样，军事胜利与政治胜利也并非一致。那种有关"技术因素可以完全掌控战争进程"的观念，虽然并不是历史上第一次出现（机关枪、电报、坦克、战略轰炸机、核武器的出现与运用均产生了类似的观点），但却是美国军事战略家对于战争性质"自负与无知"的最新一个例证。

当然，导致美国新战争方式失效的另一个原因，在于战争形态的变化。随着国际形势的发展，冷战后的战争越来越多地表现为冲突，尤其是多发生于所谓的"失败国家"（failed state）、"虚弱国家"（weak state）或"碎片国家"（fragile state）内部的冲突，这与传统的、国家间爆发的常规战争，或所谓的"克劳塞维茨式战争"（clausewitzean warfare），存在明显的不同。① 在此类被称作"低强度冲突"或"新型战争"当中，参与对象日趋模糊化，武装人员与非武装人员的界限含混不清，战场几乎无处不在，这当然对追求迅速、精确打击并决定性击败敌方正规武装力量的美军（特别是直接参与战斗的地面部队）造成巨大困扰。即使是拥有高性能军事技术优势，1993 年美军在索马里的军事行动便已表现出严重的"不适"，而在阿富汗和伊拉克，这种"不适"随着美军参战规模和行动目标的不断扩大而被成倍放大，最终导致了美军继越南战争之后最大伤亡的出现。②

---

① Helen Dexter, "New War, Good War and the War on Terror: Explaining, Excusing and Creating Western Neo-interventionism", *Development and Change*, Vol.38, No.6, 2007, p.1058.

② 在伊拉克，美国的战略目标不仅包括消灭伊拉克正规武装、颠覆伊政府，甚至还包括所谓的"改造国家"乃至"重塑社会"。用时任美国国防部负责政策的副部长道格拉斯·费斯（Douglas J. Feith）的话说就是：致力于将伊拉克改造成为"一个现代化的、温和的、民主和繁荣的国家的典范"。见 Benjamin Buley, *The New American Way of War: Military Culture and the Political Utility of Force*, p.4.

在此情况下，自奥巴马执政时期以来，美国实际上在严格控制甚至力图撤出阿富汗和伊拉克美军的同时，始终避免动用地面部队参与新的战争。即使是在依旧进行的战事或新开辟的战场当中，美国也多依靠精确打击以求在不直接接触敌方的情况下实现作战目的。在巴基斯坦、索马里和也门等战场，可同时执行侦察与打击任务的无人机以及装备高技术装备的、执行"斩首"等特种任务的小型联合部队成为美国发动军事打击的优先选择。[①] 此类方式有些是传统思路在高新技术条件下的延续（如无人机打击），有些则是带有全新精神的，如在反恐行动中，非常规方式的广泛运用。后者据信在大幅减少美国大规模地面部队卷入风险、进而有力减少了部队伤亡与战争花费的同时，亦有助于三类目标的实现，即："战略性地击败基地组织及其下属组织"，"遏制局部冲突以免滋生新的敌人"以及"维护美国人民的安全"，尽管此类战术行动所导致的战略后果，特别是政治层面的后果，很少得到严肃的评估。[②]

四、评估与预测：下一场战争

在西方战略思想的发展历史当中，美国长期处于后进和边缘的地位。诚如爱德华·艾里（Edward M. Earle）所云："我们不会产生一位克劳塞维茨或范邦，阿尔弗莱德·马汉是我们惟一能享誉全球的军事理论家。"[③]尽管如此，美国对于战争与和平问题依然有长久的探索与思考。早在建国之始，美国早期的决策-知识精英便就战争的源起、本质提出了若干具有根本性意义的判断。这些冷静甚至稍显悲观的判断包括：国家间的战争乃是常态，无关政体异同；国家每当预料战争有利可图（领土、商业利益甚至领袖的好恶）时，总是要制造战争；尤其是相邻国家，彼此

① 见葛汉文：《超越战术：无人机打击的战略运用、效应及其悖论》，《世界经济与政治论坛》2020 年第 3 期，第 1—15 页。
② Audrey Kurth Cronin, "Why Drones Fail: When Tactics Drive Strategy", *Foreign Affairs*, Vol.92, No.4, 2013, p.44.
③ Edward M. Earle, "Introduction", in Edward M. Earle, ed., *Makers of Modern Strategy: Military Thought from Machiavelli to Hitler*, Princeton University Press, 1952, p.ix.

相处的方式一般会表现为相互征伐:"周围或接近的国家是天然的敌人。"①正是在如此险恶的环境当中,作为"例外"、身负"天定命运"的美国虽并不主动寻求战争,但在其发展壮大的过程当中,它还是不得不仰仗武力去击败任何现实与潜在的敌手,以确保其"自由、价值及使命"。非如此,则是对"人类自由事业的背叛"。②

但在美国这样一个如此独特的社会中,长期习惯于安全、富足环境的普通美国民众对于遥远海外战场的参与热情总是有限的,因此美国决策者不得不努力将战事描述成为追求"正义目标"而必须进行的"恶",同时还必须确保在尽可能短的时间内迅速取得战争的胜利,以使美国大军尽快回家安享"荣耀"与"太平"。诚如谢尔曼所言,"战争是地狱","早一点结束战争,残酷性便减轻一分"。③ 为此,历代美国决策界与战略学界的对策就是极力发挥美国的优势,尤其是其军事力量在规模和火力上的优势,打一场大量挥霍物资的战争,决定性地击败敌人,以求尽可能快地达成其战争目标。简单地说,就是力图迅速歼灭敌人武装力量,有时甚至连同敌方的民众。因此,美国对待和平与战争的方式与其他国家存在很大的差别——美国几乎没有为有限目标打有限战争的概念,一旦决定投入战争,美国大多会以动员其所有资源、以最高可能的强度发动进攻。

这种战争方式存在的最为首要的问题,当属缺少政治思考。与欧洲传统存在巨大差别,美国的军事传统尤其反对政治考虑的渗入。美国战略界和美国社会从来都没有接受克劳塞维茨有关"战争是政策通过另一种手段的继续"的说法。尤其是美国军方,一向将政治置于考虑之外,同

---

① [美]汉密尔顿、杰伊、麦迪逊:《联邦党人文集》,程逢如等译,北京:商务印书馆 2015 年版,第 33 页。

② 彼得·马斯洛夫斯基:《向强国边缘迈进:美国(1783 年—1865 年)》,载[美]威廉森·默里、[英]麦格雷戈·诺克斯、[美]阿尔文·伯恩斯坦编:《缔造战略:统治者、国家与战争》,第 242 页。

③ Matthew Carr, *Sherman's Ghosts: Soldiers, Civilians, and the American Way of War*, p.156.

时反对政治家对其战争行为施加任何限制。在他们那里，打仗就是以消灭敌方的武装力量、迫其无条件投降为目的，而非将军事手段的运用作为政治讨价还价的工具，即忽略为何要进行战斗或战争。[①] 因此，在美国决策界计划和进行战争过程当中，军事行动与政治思考，往往是以异常清晰的方式彼此分开。[②] 作为结果，一旦决定诉诸战争手段，政治考虑就要"靠边站"，军队指挥官的任务就是尽力取胜、从速结束战争。美国军事战略家将政治与军事切割的传统，与克劳塞维茨对战争的理解存在根本性的分歧，严重忽视了战争的复杂本质，最根本的就是"基本很少考虑战争的非军事因素及影响"。[③] 战争乃至冲突，根源来自人类政治集群之意识和观念分歧，而单纯追求军事胜利、罔顾战争冲突背后的政治与历史成因，这往往便是美国历史上遭受的若干次战争（如朝鲜战争、越南战争以及阿富汗战争与伊拉克战争）失败（或者更确切地说——无法将战场上的胜利转化为战争的胜利）的原因之一。

　　与此同时，美国战争方式的又一大根本特色，在于其根深蒂固的简单化倾向。美国战略家一向有将战争和战略简化为狭义的军事努力的精神传统，而这种军事努力往往又集中体现于所谓的"歼灭战狂热"。在两个多世纪的历史发展当中，美国军事决策者在制订乃至实践军事行动时，更强调敌方军队是战争中的主要目标，大多否认包括迂回、机动、领土占领等方式对赢得战争的重要意义，"战争从来就不是靠迂回来打赢"。只有格兰特那般"硬碰硬的战斗"才能最终歼灭敌军，"历史表明，摧毁一国战斗精神的最可靠方式，就是打败其主力军队。所有其他被算计来使敌人屈膝投降的手段，都是为了促成那现在是，过去也一直是的

① Benjamin Buley，*The New American Way of War: Military Culture and the Political Utility of Force*，p.2，p.5.
② Benjamin Buley，*The New American Way of War: Military Culture and the Political Utility of Force*，p.140.
③ Russell F. Weigley，*The American Way of War: A History of United States Military Strategy and Policy*，pp.xviii - xix.

主题,即打败其主力部队"①。因此,打一场诸如"亚特兰大进军""霸王行动""伊拉克自由行动"此类直指敌手主力、以绝对优势兵力和火力压倒和粉碎之的战争,一向是美国战争传统最典型的体现。这当然为那些军事实力虽远小于美国,但在历史中却曾击败过美国的对手提供了大量可资利用的空间,要诀就是以各种方式削弱、分散美国的军事优势,或者简单地说,就是一定不能按照美国人的方式与美国作战。

美国战争方式另一个主要问题,在于严重的物质依赖倾向。无论是内战和两次世界大战当中对兵员数量、兵器火力或战争物资的极端强调,冷战开始之初对核武器战争效应的推崇,还是冷战后对军事高新科技的倚重,美国战略家长期以来极其重视物质力量对战争胜负的主导和决定性作用,并将极力发挥美国在物质力量上已经延续了一个多世纪的优势作为赢得战争胜利的基本保障,而对发挥人的精神力量,特别是"谋略"的力量关注甚少,对战争当中必然出现的偶然性和概然性因素观察不足。20世纪下半叶以来,美国在物质力量占据压倒性优势下反而遭受到若干次挫败甚至大失败,均是这种物质决定论所无法解释的,更勿论随着形势的发展,美国的物质绝对优势地位正在、已经并将持续被大幅侵蚀甚至抵消。② 单就这个层面而言,尽管作为当今国际秩序的霸权国家及超级军事强国已历数十年之久,但美国的战争方式依然相对幼稚。美国战略家们可能从来也没有真正领悟伟大的军事史学家汉斯·德尔布吕克教诲的深刻含义:"一旦战略思维僵硬刻板或妄自尊大,即使最辉煌的战术成功也可能导致政治灾难。"③

当21世纪第二个十年行将结束之际,美国战略学界极其"忧虑"地

---

① 拉塞尔·F.韦格利:《从开国之初至第一次世界大战结束的美国战略》,载[美]彼得·帕雷特主编:《现代战略的缔造者——从马基雅维利到核时代》,第427页。

② 安德鲁·马歇尔早就不无"担忧"地指出:"军事事务革命"可能引发双重效应,为其他国家侵蚀美国的技术优势提供了机会,因此"美国的优势地位恐怕仅是暂时的"。Matthew Carr, *Sherman's Ghosts: Soldiers, Civilians, and the American Way of War*, p.239.

③ 戈登·A.克雷格:《德尔布吕克:军事史学家》,载[美]彼得·帕雷特主编:《现代战略的缔造者——从马基雅维利到核时代》,第312页。

发现：冷战结束以来的几代美国人早已适应了美国的世界超强地位，将美国的军事优势视为理所当然。与此同时，鉴于同其他主要强国的武装冲突看似不大可能发生以及美国主要集中精力对付恐怖主义组织等非传统敌手，大多数美国人已经忘记了战争，特别是类似 1991 年和 2003 年美国在伊拉克发动的较大规模常规战争。但是近 20 年来，随着世界政治经济形势的革命性演进和国际权势对比的急剧变动，以中国和俄罗斯为代表，诸多美国的战略竞争者"一直在研究美国的战争方式，不断发展其战略、新型作战概念和武器装备，并力图通过时间和地理以抵消美国的优势，寻求在未来的战争中击败美国"。[1] 随着此类事态的发展，美国同一个或者两个几乎同等体量的强国爆发大规模战争的可能性在不断上升。而美国虽依旧维持一支耗费巨大的庞大武装力量，但是由于它并没有意识到它今后的主要作战对手将不再是伊拉克或前南联盟这样有限的威胁来源，而是不断升级的、完全可能与美国匹敌的先进军事力量，因此美国在下一次主要战争中遭受远较反恐战争惨烈的战争损失，甚至直接被击败的可能性是真实存在的，这将是冷战结束后美国第一次面临如此的挑战。[2]

作为上述思路的直接表现，2018 年《美国国防战略》报告便极力强调美国军事力量优势所面临的诸多"挑战"，声称其在力量优势受到削弱的情况下，其作战思想和随之而来的部队设计面临日益突出的困难，为此难以确保在东亚和欧洲等关键地区实现良好的"力量平衡"；难以在非冲突情况下对抗中国和俄罗斯的"胁迫"；难以阻止中国和俄罗斯对盟友和主要伙伴的攻击；如果威慑失败，难以击败中国和俄罗斯的"侵略"等一系列目标。总而言之，美国军队尽管当下依然是世界上最强大的力量，但是可能并不继续享有绝对性优势的美国，正在冒着"输掉与中国或俄罗斯未来战争"的危险。[1] 正是在此类警告或预言的铺垫下，古罗马韦格蒂乌斯的名言"如果希望和平，那么准备战争"在当下的美国战略学界又有流行之势，尤其是对美国军事力量在大国战略竞争中可能发挥的作用的探讨，不仅成为当下美国战略学界乃至决策界的中心议题之一，更是长久以来美国战略学界有关"何为战争、为何进行战争以及如何赢得战争"学理论争的最新一次延续。

长期以来，美国战争方式的基础均建立在"异常的"国家间实力失衡（特别是美国相较其他敌手压倒性的国家实力）基础上，建立在其在每一个作战领域均不受置疑的和主导性的军事优势基础上。而当下美国决策界有关下一场战争的思考，实质上仍是传统思路的再一次延续，即同样强调美国军事优势（技术优势、规模优势和火力优势）对于美国未来赢得下一场战争甚至是大国间战争的决定性作用。作为结果，2017年唐纳德·特朗普就任总统后，美国政府以所谓"重建军队"为指导，连续三年大幅增加军事预算、追加军事装备采购、有意识地调整部队编组，试图以此挽救其在关键地区和关键领域军事优势的"下降趋势"，以"重新拥有"常规战争能力从而应对所谓"长时段的战略性竞争的重起"。[2] 然而，当21世纪第二个十年行将结束之际，在国际权势对比出现显著变动、美国相对其他主要竞争对手的实力优势已经不如之前如此明显，美军在各作战领域（海、陆、空、太空和网络空间）的传统优势亦遭受"大幅侵蚀"的情况下，美国重回传统战争方式的最新努力，是否能够实现其预期效果，是否能够适合其与几乎同样拥有强大军事和非军事力量的大国进行长期

[1] Chris Dougherty, "Why America Needs a New Way of War", 12 Jun. 2019，https://www.cnas.org/publications/reports/anawow.

[2] Department of Defense, *Summary of the 2018 National Defense Strategy: Sharpening the American Military's Competitive Edge*, Washington D. C.：DOD, 2018, https://dod.defense.gov/Portals/1/Documents/pubs/2018-National-Defense-Strategy-Summary.pdf. 另参见葛汉文：《"拒绝衰落"与美国"要塞化"：特朗普的大战略》，《国际安全研究》2018年第3期，第90页。

竞争的需要，是否能够真正赢得下一场战争（甚至可能是大国间的战争），均存在颇多不确定性。尤其是在美国战争方式内在的诸多根本缺陷依然没有得到明显缓解的情况下，美国近年来以应对大国竞争（甚至准备大国战争）为号召、再度强化军力诸多政策的实际功用，当然亦值得进一步观察和评估。

第二部分　兴起国家的战略经验

大战略：演进、机理及其中国意义 *

　　"大战略"（grand strategy）概念的出现，主要源自对国家命运的历史性忧虑。当然，早自现代国家出现以来，如何采取恰当的方式确保国家在一个基本为无政府状态所支配的环境中生存、延续乃至兴起，一直是历史上诸多国务家，尤其是那些面对特殊历史时刻和复杂安全环境、亟需做出重大战略决策的国务家思考的头等问题。然而，主要有感于现代战争规模的急剧扩大、破坏力的大幅提高及其所导致的对国内社会（特别是国家决策）冲击力的空前增大，20 世纪以来的诸多政治或军事天才不得不在承认战争仍是，同时也必定是国家确保生存的关键方式的同时，开始考虑改变近现代以来军事战略时常干扰、改变甚至主导国家总体政策的有害倾向，使政策决策（特别是考虑武力的使用或威胁使用）回归到克劳塞维茨的正确论断，构建一种具有明确和长时效的政策目标，以军事、经济、外交等各类手段相互协调的国家战略，以求在愈发紧张危险、前途难卜的国际形势中维系国家的生存。

　　正是出于这种考虑，尽管自 19 世纪初以来相当丰富的大战略思想和理论线索便已开始萌生，但主要受两次世界大战的冲击，现代大战略

＊　原文发表于《国际展望》2018 年第 5 期。

概念之提出及较为系统的理论建构方宣告出现。① 冷战期间，随着美苏两大超级强国间核均衡态势的大致达成，自 20 世纪 70 年代开始，大战略学术体系构建速度陡然加快。很多国外学者开始对除直接发动战争之外的方式达成国家的总体战略目标产生了愈发深厚的兴趣，有关大战略的学理论说也因此大量涌现。冷战结束后，伴随着国际政治经济发展不确定性的突出增长，大战略研究基于其宏大的格局视野和突出的政策实用性得到国际学术界和各国战略决策界的充分关注，并且在诸多国家，尤其是当今国际体系中大国、强国的政策实践中得到了极为明显的运用。进入 21 世纪后，随着中国和平发展效应的不断积聚、国家实力和国际影响力的大幅提升，大战略研究在中国学术界亦引发了空前的重视。在当前国际权势体系即将或正在发生的历史性变动面前，中国学界围绕如何借鉴西方大战略研究的学理成果与历史经验、如何吸取中国大战略的精神传统、如何看待中国所处的战略环境及应有对策等议题上展开愈益激烈的讨论。随着这场理论与现实意义均堪称非凡的学理激辩的深入，一个适应中国国情、体现中国智慧、提供中国方案的中国特色大战略理论体系也在加速构建当中。

一、大战略理论的萌发及其历史演进

在拜占庭帝国皇帝莫里斯一世（Maurice I）和"智者"利奥六世（Leo VI）有关战略的著述时隔千年后重新被西方世界发现和使用后不久，便有部分西方学者、军人和政治人物开始着手将"战略"——这一直接服务于军事作战行动的概念进行更为精细的讨论。在 19 世纪初，主要是受到大革命后的法国在欧陆取得一连串空前大胜的触动，不少来自其最主要的敌国——英国的政治/军事精英显然认识到身兼统帅、国务家和战场指挥官为一身的拿破仑在战略谋划和实践上的巨大优势，他们尤为赞

---

① Lukas Milevski, *The Evolution of Modern Grand Strategic Thought*, Oxford: Oxford University Press, 2016, pp.15 - 16.

叹后者在实现法国总体政策目标上组合运用军事、经济、外交等手段的统一性和空前灵活,进而提出战略不应当仅仅局限于战争和战场,相反应将之区别为"统帅的战略"或"大战略"(la grande Strategie)和"战场指挥官的战略"等两个层面。尤其对国家而言,在安全挑战日趋多样化、决策日趋复杂化的困难境况下,国务家为实现国家的总体目标显然必须重视宏观规划的设计与推行,开大战略理论研究之先河。[①]

20 世纪初两次世界大战的接连爆发,更使得西方战略学界充分认识到构建大战略学理体系,进而为国家决策提供理论指导的重要意义。一战结束后,考虑到英国在战争中基本上放弃了 18 世纪以来长期坚持的、主要依靠海上封锁、财政资助和外围作战的所谓"英国作战方式",相反代之以向陆上主战场派遣大规模远征军履行所谓"欧陆义务"的战略决策,该世纪首屈一指的军事理论家和战略学家利德•哈特(Liddell Hart)力主在国家的宏观政策统筹中构建一个节省的、适度的、有节制的和有弹性的大战略的重要意义。他强调国家在运用作战力量投入战争的同时,必须考虑并应用财政压力、外交压力、商业压力以及同样重要的伦理压力以削弱对手的意志,必须注意估算国家的总体资源(包括经济、军事等现实资源,以及士气、道义等精神资源)。而一个国家如果缺乏此类的大战略,如两次世界大战后的英国,"即使取得战争的胜利,也将因为代价太过巨大而使得这个国家及其人民在胜利中的境况并不优于先前"。[②]

几乎与此同时,美国著名军事思想家、战略史家爱德华•厄尔(Edward Mead Earle)也提出了构建大战略之于一个国家(尤其是那些具有大国雄心的国家)的重要作用。世界大战中所突出显现的战争复杂性之巨幅增长、战争高昂成本的大幅外溢及其对国家社会生活的全面冲

[①] 19 世纪初,有英国学者指出,战略或者是指挥军队的知识,可以分为两个层级:一个是较高层级的、事关统帅的领域;另一个则是较低层级的,涉及具体战争指挥的领域。见 Lukas Milevski, *The Evolution of Modern Grand Strategic Thought*, Oxford: Oxford University Press, 2016, p.15.

[②] [美]保罗•肯尼迪主编:《战争与和平的大战略》,时殷弘等译,北京:世界知识出版社 2005 年版,第 2—3 页。

击,促使厄尔尤其坚持战略务必超越以往的"军事中心"倾向:"战略"已经不能再被简单理解为"军人的专利"和限于战时的对策,相反它应是"治国之术"(statecraft)的重要组成部分,是一个贯穿平时与战时、连续的和长时段的过程,涉及国家生活的各个方面。因此,战略的目的不再仅限于赢得战争而是为国家提供安全,手段也不再限于动用武力,更不能以武力的逻辑思考国家总体的政策设计。[①] 当代战略学家的任务,就是弥补传统军事战略在全面性上之不足,以国家总体目标和意志为依托,构建出一个能够统筹衡量战争与和平,将政治、经济、文化等诸项变量均纳入考察框架的总体战略理论体系,从而为那些具有地区性甚至世界性影响的强国维持生存、巩固安全乃至最终胜出提供理论帮助。

然而,主要由于核武器的出现及其对未来战争性质的急剧改变,以及由此引发的美苏等主要核国家对前者战略意义的高度推崇,至少与核战略相比,大战略概念在冷战初期各国学术界和战略决策界是不受重视的。直到 20 世纪 70 年代之后,部分归结于美苏两国核均衡的大体出现、两国全面战争(尤其是核战争)可能性已被美苏决策层基本排除的情况下,西方战略学界对于大战略理论的研究和探讨才重新进入一个显著的高潮期。主要受益于保罗·肯尼迪(Paul Kennedy)、柯林·格雷(Colin S. Gray)、约翰·加迪斯(John L. Gaddis)等人的学术贡献,大战略的概念随着冷战新高潮的到来而日益流行,受到了国际学术界的高度关注。尤其是在美国,面对领域日渐宽泛、性质日趋复杂且程度各异的挑战,美国的大战略缔造问题,也即美国应当秉持何种大战略以求在与苏联的全面对抗中取胜,成为美国战略学界深入探讨的中心问题,美国也因此成为战后大战略研究最主要的学术中心。

正是在理论研究高潮的铺垫下,美国国会于 1986 年通过《戈德华特-尼科尔斯国防部改组法》,规定美国总统须定期向国会提交国家安全战

---

①   Edward M. Earle, "Introduction", in Edward M. Earle, ed., *Makers of Modern Strategy: Military Thought from Machiavelli to Hitler*, New York: Atheneum, 1966, p. viii.

略报告,后者应当包括"美国在世界范围内的利益和目标","外交政策、全球承诺、国防能力评估","提出凭借政治、经济、军事及其他手段以维护促进上述目标任务的短期和长期规划","检讨维护国家安全的各项能力手段的水平并确保各手段间的平衡"等内容。[①] 这无疑使得美国国家安全战略具备了"大战略"意味。[②] 自 1987 年起,美国政府先后出台的 17 份《美国国家安全战略》报告,涉及各时间阶段美国政府对于国家战略目标的设定、对国际形势的判断和对本国战略手段的检讨及优先发展事项,更为分析冷战后期以来美国大战略设计的内容、实质进而预判其未来走向提供了文本依据。

冷战结束后,在国际政治经济体系孕育革命性变动背景下,大战略研究愈益兴盛,学理研究与政策转化之间的联系也愈发紧密。尤其是在传统的学术中心美国,随着主要敌手的消失,冷战后尤其是 21 世纪的美国应当奉行何种替代性大战略,已经成为当前美国学术界乃至政策决策界关注最为集中同时分歧亦为严重的议题,演绎出多种在战略目标、实施手段与资源动员等方面均存在显著差距的大战略类型,主要包括:(1) 首要性(Primacy,也即霸权);(2) 选择性介入(Selective Engagement);(3) 合作安全(Cooperative Strategy);以及(4) 新孤立主义(Neo-Isolationism)等。[③] 更有学者归纳出 8 种大战略供 21 世纪的美国进行选

---

① 99th Congress, *Goldwater-Nichols Department of Defense Reorganization Act of 1986*, 1 Oct. 1986, http://history.defense.gov/Portals/70/Documents/dod_reforms/Goldwater-NicholsDoDReordAct1986.pdf.

② 美国政府文件中将"国家安全战略"直接等同于"大战略"。美国国防部在《军事术语及相关概念汇编》中,将国家安全战略定义为"发展、运用和协调国家力量各组成部分,以达到巩固国家安全的目标"。而"大战略"的条目则注明:"参见国家安全战略"。见 Department of Defense, *Department of Defense Dictionary of Military and Associated Terms (JP1-02)*, Washington, D.C.: DOD, 2008, p.230, p.369.

③ Barry R. Posen and Andrew L. Ross, "Competing Visions for U.S. Grand Strategy," *International Security*, Vol.21, No.3, 1997, p.4.

择。① 在学理论争的部分影响下,主要开始于奥巴马任内,特别是特朗普执政以来,美国大战略出现相应调整(甚至可能是大幅调整)的迹象也渐趋显现,并且已经开始对国际政治经济演进,甚至是战后国际秩序产生重大影响。② 这种现象的出现,既充分体现出美国战略学界对美国面临的复杂挑战及未来不确定性突出增长的极大忧虑,同时亦有效证明大战略研究具有的旺盛理论活力及其对特定国家政策决策,进而对国际形势发展存在的显著塑造作用。

二、大战略的概念、问题与机理

至少自 20 世纪 70 年代以来,大战略便成为战略研究和国际关系(IR)领域中至关重要的研究议题,甚至被认为直接关乎一个国家的"路径、手段和目标"(ways, means and ends)。③ 但不幸的是,作为一个时下相当流行的概念,大战略实际上是在没有被准确定义的情况下被广泛使用的,其学理体系甚至基本概念依然是不明晰或含糊不清的,甚至在该领域当前最具权威和代表性的几位顶尖学者那里,目前也没有一个关于大战略概念、方法和领域的准确共识。

在对大战略概念的不同理解中,狭义的定义主要关注的问题在于:武力的运用或威胁运用如何与国家总体政治目标相协调。考虑到早先的战略研究几乎完全忽视了战争的非军事方面,因此大战略概念的提出者和最主要的阐释者之一利德·哈特将大战略定义为"协调和指导所有一切国家资源(或若干国家的资源)以达到战争的政治目的"④。与他对

---

① 即:霸权战略、全球集体安全战略、地区集体安全战略、合作安全战略、遏制战略、孤立主义战略、离岸平衡战略和选择性干预战略。见〔美〕罗伯特·阿特:《美国大战略》,郭树勇译,北京:北京大学出版社 2014 年版,第 10 页。
② 参见葛汉文:《"拒绝衰落"与"美国要塞化":特朗普的大战略》,《国际安全研究》2018 年第 3 期,第 82—100 页。
③ Peter Dombrowski and Simon Reich, "Does Donald Trump Have a Grand Strategy?" *International Affairs*, Vol.93, No.5, 2017, p.1016.
④ B. H. Liddell Hart, *Strategy*, New York: Frederick A. Praeger, 1967, p.335.

战略的定义（"分配和使用军事手段以实现其政策目标的艺术"）相比，利德·哈特对大战略的理解，显然是修正原先战略研究过于关注军事手段以争取战争胜利的单纯军事取向，以及在 20 世纪初数次大战中屡屡出现的军事战略干扰甚至绑架国家总体政策的情况。作为传统战略理论的延伸，狭义的大战略概念主张：国家必须运用包括军事在内的一切手段（尤其是外交、经济等），以争取战争的胜利。甚至单就运用军事手段而言，国家也必须对军事力量运用或威胁运用的方式和限度加以尽可能精细的规划，尤其是对战争发动时机的选择、对战争的投入以及可能最重要的——对战局的控制，否则战争就成了一种"没有政治目标的愚蠢暴行"。在利德·哈特看来，大战略"应当计算和发展国家经济资源和人力，以支持战斗兵力。同时还有精神资源，因为培养人民的战斗精神与保有具体力量同样重要。军事仅为大战略工具中之一种，大战略必须考虑和使用财政压力、外交压力、商业压力以及道义压力，以削弱对方的意志"，争取战争目标的全面达到。① 而这一点正是克劳塞维茨有关"战争是政策通过另一种手段的继续"要义的真正体现！

从这一定义可以看出，大战略理论早期开拓者的努力主要集中于将大战略与战略概念（此时的战略概念就是纯粹的军事战略！）进行明确划分并将其与后者脱离开来。就主体而言，大战略应当关注国家，而战略则主要关注军队；就目标而言，大战略致力于确保国家的总体胜利，而战略关心战争的输赢；就原则而言，大战略的实现在于国家在战争中有效地运用武力、外交结盟或瓦解对方同盟、发动商业贸易制裁、鼓动国民士气等模式或模式组合；而战略则依然遵守伟大的军事历史学家汉斯·德尔布吕克（Hans Delbrück）归纳的"歼灭"（annihilation）与"消耗"（exhaustion）等两种基本类型。② 正是通过这种区分，战略理论的层次性

---

① B. H. Liddell Hart, *Strategy*, New York: Frederick A. Praeger, 1967, p.336.

② Gordon A. Craig, "Delbrück: The Military Historian," in Peter Paret, ed., *Makers of Modern Strategy: From Machiavelli to the Nuclear Age*, Princeton: Princeton University Press, 1986, p.341.

和复杂性得到了显著的增长,大战略概念也随之同一场"特定的会战或战役、纯粹作战性的'战略'非常坚决地区分开来"①。

与狭义概念相比,以大战略理论的另一位主要开创者厄尔为代表,包括爱德华·勒特沃克(Edward N. Luttwak)、巴里·波森(Barry R. Posen)在内的很多战略学家显然希望赋予大战略一个范围远为宽泛的定义。在他们看来,虽然利德·哈特开创性地提出了大战略概念,但哈特的定义实际上仍无法摆脱浓重的军事战略色彩,其范围仍主要限于战争,创新仅在于国家在战争中必须关注非军事手段而已,运用仍只限于战时而非应用于平时。因此,厄尔提出了一个范围远为宽泛的概念,即:大战略是"控制和使用一个国家(或国家联盟)包括其武装力量在内的各种资源的艺术,以求针对其实在、潜在或纯粹假想的敌人来有效地促进和确保其至关紧要的利益"②。厄尔的概念实际上是主张,无论是战时或是平时,国家均应在既定战略目标的指引下,将政治、军事、经济、技术、外交、思想文化和精神等各类资源和手段纳入规划范围内,并使之相互补充、协调与配合,以争取国家范围广泛的利益的实现,而非仅仅赢得战争。在厄尔的努力下,大战略开始与军事战略有了更为明确的区分,大战略也因此(至少在概念上)成了位于最终层级的战略。既然大战略涉及如此宽泛的考察领域、涵盖了国家"治国之术"(statecraft)各个方面,因此大战略的制订与运作显然不仅包括战时,当然也包括平时(甚至平时更为重要),涉及国家几乎所有的"日常政策行为"。与传统的、集中关注战争的传统战略概念相比,大战略不仅仍然需要关注战争,同样需要,甚至更多地需要关注和平。③

学界在概念界定上的显著分歧,仅仅是大战略研究框架构建和理论发展严重滞后的具体表象之一。至少就学理而言,大战略研究肯定需要

---

① 保罗·肯尼迪主编:《战争与和平的大战略》,第3页。
② 保罗·肯尼迪主编:《战争与和平的大战略》,第1页。
③ Edward N. Luttwak, *Strategy: The Logic of War and Peace*, Cambridge, MA: Belknap Press of Harvard UP, 2001, p.207.

回答如下问题:(1) 大战略缔造须考虑何种因素?(这包括如何判断国家的安全环境和认定面临的威胁;如何制订大战略的目标和实现此类目标需要秉持的方式和原则;如何选择战略手段、运用方式以及把控目标与手段间的大致平衡;怎样估计资源的动员及初步的成本-收益核算等。)(2) 大战略实施中须注意哪些环节?(这包括确定政策转化的方式及优先次序;执行效果评估的时间节点和途径;以及极其关键的,根据效果评估结果决定对大战略进行调整等。)(3) 大战略缔造和实施机制何为最佳?(包括确定最高决策者、决策咨询团队、政府各部门之间的彼此关系,以及在战略实施过程中的管理和控制机制构建等。)与上述问题密切相关的还有:这个国家的核心利益是什么?怎样判断这个国家的内外部环境及其所面临的安全威胁及其严重程度?以及最后也是非常关键的,如何判定这个国家的敌手与伙伴?[1] 一项大体成功的大战略必须对以上问题给出明确的回答。总的看来,尽管当前战略学界在上述问题的单个方面或多个方面已经有了明显的学理进展,但距构建一个系统、精细、有明确量化指标且具备可操作意义的大战略理论框架,显然还存在不小的差距。

导致大战略研究非精细化倾向的最主要原因,可能正在于大战略乃至战略自身的独特性质使然。包括保罗·肯尼迪在内,很多当代最具权威的战略学家从来不认为战略(当然也包括大战略)存在一个可量化的、可以得到反复验证的应用框架。克劳塞维茨早在对战争性质的描述中,便对决策者或战争统帅能够事先制订并采取一个足以克服任何战场突变进而克敌制胜的战略抱有极大的怀疑。他非常失望地看到,在充斥有数个行为、意图和目标各不相同的行为体(而这些行为体对他者行为、意图和目标也不甚了然)的世界当中,即使最精明的决策者也将大伤脑筋,以使得自己在一个偶然性、不确性和含糊性占优势的世界当中了解和适

---

① William C. Martel, *Grand Strategy in Theory and Practice: the Need for an Effective American Foreign Policy*, New York: Cambridge University Press, 2015, p.1.

应不断变动中的条件、环境和对手,并尽可能地实现自己的意图。因此,战略的"原则、规则甚至其体系"必定总是不足的,受到无休止的复杂性的破坏。它没有任何现成的公式,可依靠的模型和规范也远非精细。① 甚至,考虑到战争乃至国际斗争的主观本质,根本不可能为战略构造出一套简明的模型,以使指挥官在任何时候都可以仰仗这一框架。② 用19世纪最伟大和最成功的军事战略家之一老毛奇的著名表述就是,"没有任何计划在与敌人遭遇后还能继续",因此指望事先制订一个面面俱到的、足以克服一切偶然性的战略实属外行的妄想,战略应当是一种"自由、实用和富有艺术性的活动"。③

经典军事战略学家对战略的悲观看法,无疑同样(甚至尤甚)影响了大战略学家对于构建理论框架的态度。与军事战略相比,大战略研究覆盖范围更广,持续时间更长,涉及的因素更多,几乎关系到国家政治生活的各个方面。保罗·肯尼迪早就指出,大战略的制订和实施实际上极为困难:在国家决策者维持和增进国家平时的和战时的最佳利益而将军事和非军事的所有要素融为一体的努力当中,充满了不可估算之事和无法预测的"摩擦"(friction)。出于这种原因,大战略同军事战略一样,它根本不是契合约米尼传统的一项科学,而是如克劳塞维茨所言的一种"艺术",并且是一种难以把握的艺术,因为它在政治、战略、作战和战术这几个不同层次上动作,彼此互相作用,推进(或阻碍)主要目的的实现。④ 甚至有学者极度悲观地指出,在为高度复杂性与不确定性所定义的国际政治中,一个国家如能做出理性的决策选择、能正确估算不同决策所导致的损失或收益并有能力严格依据其战略选择实施行动的话,大战略无疑

---

① Williamson Murray, "Introduction: On Strategy," in Williamson Murray, MacGregor Knox, and Alvin Bernstein, eds., *The Making of Strategy: Rulers, States, and War*, New York: Cambridge University Press, 1994, p.1.

② Carl Von Clausewitz, *On War*, trans., by Michael Howard and Peter Paret, New York: Oxford University Press, 2007, p.89.

③ 转引自 Lawrence Freedman, *Strategy: A History*, New York: Oxford University Press, 2013, p.104.

④ 保罗·肯尼迪主编:《战争与和平的大战略》,第5页。

是有益的——然而，历史与逻辑均已否定了这种可能性："大战略仅是一个错觉而已。"[1]

既然寻求一个全面的、可操作和可验证的大战略理论和分析模型几不可能，学界很快便将注意力置于从历史经验中寻找往昔大国、强国盛衰起伏的案例，希望从中发现作为一门"艺术"而非"科学"的大战略之内在机理和共通之处。在当代战略学家的努力之下，包括伯罗奔尼撒战争中伯利克里的大战略设计；1到3世纪罗马帝国时期的大战略；14到17世纪明代中国的大战略缔造；哈布斯堡西班牙试图主导欧洲的大战略及其失败；路易十三至路易十四时代的法国大战略；大英帝国的大战略（伊利莎白一世时期、维多利亚时期直至两次世界大战）；俄罗斯帝国-苏联的大战略实践；美国自内战到冷战的大战略设计均作为经典案例得到了较为细致的梳理和总结。在此过程中，尽管学界在大战略概念、可用资源的界定、原则手段与战略目标之间关系等诸多元理论问题上的分歧依然没有得到明显缓解甚至还在不断加剧；但总的来看，大战略的要义和精髓，或者致力于回答的中心问题，目前已经取得广泛的学术共识，即：国家如何本着生存乃至壮大之目的，较为平衡地运用战争与和平的手段，调节和指导本国（甚至连同其盟国）所有的军事、政治、经济和精神资源，以达成一个明确的、适度的和总体可行的宏大战略目标。

也正是在对历史案例的分析当中，有关大战略的基本特质及其缔造过程中须倍加注意的诸多原则或规律也已逐渐明确化。其一，就作用时段而言，大战略肯定不同于一般的政策，而应当具有长期效应。大战略既非止于战争结束，亦非始于战争爆发，它应当是一个贯穿平时和战时的日常政治行为，因此必须秉持一种长远的眼光而非仅是对日常的事件做出简单的应对。[2] 而一个国家的大战略一旦成型，将会同时也必须有

---

[1] David M. Edelstein and Ronald R. Krebs, "Delusions of Grand Strategy: The Problem With Washington's Planning Obsession," *Foreign Affairs*, Vol.94, No.6, 2015, p.110.

[2] Williamson Murray, "Thoughts on Grand Strategy," in Williamson Murray, Richard Hart Sinnreich, and James Lacey, eds., *The Shaping of Grand Strategy: Policy, Diplomacy, and War*, New York: Cambridge University Press, 2011, p.2.

其惯性即足够的运行周期,方能确保其效果的逐步体现。保罗·肯尼迪甚至强调,大战略应当作用于几十年甚至几百年的政策演化和整合。[1]

其二,大战略较其他战略类型,尤其应当重视其目标与手段之间的平衡。作为政治与军事、手段与目标之间的纽带,大战略的精髓在于国家根据既有的情势和手头的实力,做出可行的且必须是适度的目标规划。战略的艺术不仅在于找到实现既定目标的手段,还在于确定其目标是现实的和有价值的,大战略尤是如此。因此,国务家仅考虑如何达到战略目标远远不够,他还必须考虑到国家为之可能付出的代价。利德·哈特早就指出,如果潜在成本与可能的收益完全不成比例,那么整个计划的价值就应当受到质疑。在历史上,有多少次大规模的、使国家蒙受重大损失的战争是因一点无足轻重的利益而引起。大战略必须以此为戒,关注如何凭借尽可能小的损失来制服敌人。[2]

其三,大战略特别关注传统军事战略范畴之外的因素。如外交:在平时和战时,使用外交手段以获取盟国、赢得中立国支持、减少敌国或潜在敌国的数目以改善本国的处境,均巨幅增大了国家取得总体胜利的前景。关于此点,丘吉尔曾有过非常著名的论断:“将盟友拖入战场的策略,其作用堪比打赢一场大仗。若能用安抚或威慑手段使某个危险国家保持中立,其价值高于抢占一个战略要点。”[3]如经济:在利德·哈特提出的大战略必须仰仗的五种战略手段当中,至少有两种(商业和财政压力)与经济直接相关。还有如国民士气和政治文化:在战争中民众支持战争目的和承受战争负担的意愿将直接决定战局的走向,和平时期民众承受建设庞大国防力量代价的意愿也同样将决定大战略的最终成败。人民的精神力往往同拥有较有形的力量形态一样重要。[4]

---

① 保罗·肯尼迪主编:《战争与和平的大战略》,第 3 页。

② 转引自 Lawrence Freedman, *Strategy: A History*, New York: Oxford University Press, 2013, pp.136 - 137.

③ Lawrence Freedman, *Strategy: A History*, New York: Oxford University Press, 2013, p.139.

④ 保罗·肯尼迪主编:《战争与和平的大战略》,第 4 页。

其四,审慎的态度必须在大战略缔造过程中贯彻始终。从古代的帝国到现代民族国家,那些成功地在一个时间阶段曾经发挥过区域甚至世界性影响的大国、强国,它们大战略缔造所共有的成功经验,往往就是审慎。诚如保罗·肯尼迪所言,考虑到诸多独立且不时彼此关联的诸多变量,国家必须殚思竭虑,以最适度和最节省的方式,"以使自己能够在一个来回振荡于战争与和平之间,变化不绝,往往是威胁性的无政府国际秩序下生存下去,兴旺昌盛"。在此过程当中,大战略缔造"必须依靠对政治实体目的和手段做不断的和明智的再审视,依靠克劳塞维茨和利德·哈特最尊重的两样无形的东西——智慧和判断力。"①

三、大战略的中国意义

大战略向来是大国、强国的专利,并显然能够对大国的命运产生重大甚至决定性的影响,相反,小国或者中等规模的国家根本谈不上能够缔造和执行一项大战略。② 深究历史,公元 1 至 2 世纪的罗马帝国、17 和 18 世纪的大英帝国乃至二战结束以来的美国,其在当时国际体系中优越权势的大彰显、主导地位的牢固确立甚至所谓"霸权治下和平"的创建,均与上述各强国在既定时期内存在一种明智的、灵活的、连贯的、眼光长远同时切实可行的大战略设计不无关系。而雅典帝国的终结、腓力二世西班牙和路易十四的法国主导欧洲企图的总体失败、拿破仑与希特勒梦想的大破灭、20 世纪末期苏联及其阵营的崩溃瓦解,尽管各有各的原因,但肯定与国家缺乏大战略设计或者说大战略缔造和执行中存在致命缺陷直接相关。在中国和平发展步伐不断加快、国际影响力不断攀升、实现伟大民族复兴正处于关键历史阶段的当下,加强对中国大战略缔造问题的讨论,理论与实践意义尤为突出,这也正是"中国话题"在当前国际

---

① 保罗·肯尼迪主编:《战争与和平的大战略》,第 5 页。

② Williamson Murray, "Thoughts on Grand Strategy," in Williamson Murray, Richard Hart Sinnreich, and James Lacey, eds., *The Shaping of Grand Strategy: Policy, Diplomacy, and War*, New York: Cambridge University Press, 2011, p.1.

大战略学界愈益成为一门显学的主要原因。

必须承认，作为世界历史上最为悠长的不间断文明，中国一向有着大战略思维与大战略缔造的深厚根基。孙子阐发于公元前 6 世纪的光辉论述一向是当代西方大战略理论的重要思想来源。利德·哈特很多思想就是直接源自孙子，其名著《战略：间接路线》的卷首 13 次引用孙子的名言。除直接与军事战略相关的 11 条外，孙子有关"夫兵久而国利者，未之有也。故不尽知用兵之害者，则不能尽知用兵之利也"以及"不战而屈人之兵，善之善者也。故上兵伐谋，其次伐交，其次伐兵，其下攻城"的训诫，直接启发了利德·哈特的大战略思想。[1] 当代著名战略理论家约翰·加迪斯同样高度评价孙子思想的大战略内涵。在他看来，孙子有关"兵者，国之大事，死生之地，存亡之道，不可不察也"的警告，显示出国家大战略缔造，尤其是决定动用武力时必须依据的审慎原则，而"计利以听，乃为之势，以佐其外。势者，因利而制权也"等论断实际上指明了大战略缔造的最高境界，即："一个国家如何在不拖垮自己的情况下赢得胜利。"[2]

中国历史上还有着不可胜数的成功大战略实践：从公元前 11 世纪周人的翦商、革命及之后"天下"秩序的塑造，公元前 7 世纪齐桓公的"尊王攘夷、一匡天下"实现春秋霸业，公元前 7 世纪至前 3 世纪秦国延续数代、持之以恒的大战略运用终致其"席卷天下、一统六合"，直到公元 14 世纪明太祖建政、巩固及北伐当中所体现的大战略，无一不是在明确、平衡和连贯的总体目标指引下，极其完美地结合暴力与道义原则，极其顺畅地协调了武力讨伐、外交结盟、政治安排、经济设计与大众心理塑造等战略手段的运用，在创造中国历史乃至世界历史当中可观的经典案例同时，亦为后世的大战略设计留下了颇多极其深刻的战略遗训。而 20 世纪里以毛泽东为代表的中国共产党人在中国革命中的大战略缔造，更是

---

[1] 见［英］李德·哈特：《战略论：间接路线》，钮先钟译，上海：上海人民出版社 2010 年版，第 1 页。
[2] John L. Gaddis, *On Grand Strategy*, New York: Penguin Press, 2018, p.59.

高超地弥补了观念与实践的鸿沟,实现了目标与手段之间的平衡和各项手段运用的统一性和高度灵活性,以及最重要的——政治目的中心地位在大战略缔造和实施过程中的牢固确立。

当前国内大战略理论研究主要兴起于新、旧世纪之交。伴随着中国国家实力高速且持续的发展以及与之伴随的、参与国际事务责任感与自信精神的显著提升,21世纪国内学术界对于大战略理论研究的兴趣得以急剧增长。基于吸取借鉴西方大战略学理成就之目的,在这一时期,包括利德·哈特、保罗·肯尼迪、爱德华·勒特沃克、巴里·波森、约翰·加迪斯、威廉森·默里(Williamson Murray)等当代著名战略学者的代表性著作开始陆续被引入中国。① 21世纪初中国台湾学者钮先钟先生系列著述的引进和出版,因其从东方视角出发对战略(包括大战略)的西方思想演进与中国的历史经验进行的卓有成效的研讨和颇具启发的比较,引发了当代中国战略学界的极大关注。② 在此基础上,有不少中国学者开始在介绍评判西方学界相关成果、总结中国大战略思想与实践基础上致力于构建中国的大战略理论体系。③

---

① 进入21世纪第一个十年后,主要在中国人民大学时殷弘教授的推动下,世界知识出版社和商务印书馆集中出版了一系列当代西方大战略研究名著,包括:《缔造战略:统治者、国家与战争》([美]威廉森·默里等编,时殷弘等译,北京:世界知识出版社2004年版);《战争与和平的大战略》([美]保罗·肯尼迪编,时殷弘等译,北京:世界知识出版社2005年版);《遏制战略:战后美国国家安全政策评析》([美]约翰·加迪斯著,时殷弘等译,北京:世界知识出版社2005年版);《现代战略的缔造者:从马基雅维利到核时代》([美]彼得·帕雷特主编,时殷弘等译,北京:世界知识出版社2006年版);以及《罗马帝国的大战略》([美]爱德华·勒特克著,时殷弘等译,北京:商务印书馆2008年版);《腓力二世的大战略》([英]杰弗里·帕克著,时殷弘、周桂银译,北京:商务印书馆2010年版);《战争的原因》([澳]布莱内著,时殷弘译,北京:商务印书馆2011年版)。

② 见钮先钟:《战略研究》,桂林:广西师范大学出版社2003年版;钮先钟:《战略与历史》,桂林:广西师范大学出版社2003年版;钮先钟:《西方战略思想史》,桂林:广西师范大学出版社2003年版;以及钮先钟:《中国战略思想史》,台北:黎明文化事业股份有限公司1992年版。

③ 这方面比较有代表性的著作包括:吴春秋:《大战略》,北京:军事科学出版社1998年版;时殷弘:《战略问题三十篇——中国对外战略思考》,北京:中国人民大学出版社2008年版;门洪华:《构建中国大战略的框架:国家实力、战略观念与国际制度》,北京:北京大学出版社2005年版。

　　然而,与当下西方战略学界异常活跃的局面相比,当下中国学术界在大战略理论研究方面仍具有较大的提升空间,考虑到中国宏大的国家志向、它在世界历史上一向扮演的重要角色及其对国际政治经济的深远影响更是如此。尤其是当下,在经济实力、科技实力、国防实力、综合国力正急速地进入世界顶尖国家之际,中国正前所未有地靠近世界舞台中心、正前所未有地接近实现民族伟大复兴目标。[①] 这一在当代甚至在世界历史发展中亦属少见的伟大成就之取得,当然体现出中国决策者极为高超的大战略素养和在过去 40 年里中国大战略缔造总体上的大成功;但另一方面,作为其后果,如此规模和快速的大国兴起肯定已经且仍将对现有国际政治经济体系(至少是对国际权势结构)造成一种持续的、非线性的、复杂叠加的深刻影响。鉴于当前国际政治经济体系为西方国家(欧洲及其文明旁支)所构建、规范和主导已历几个世纪之久的事实,因此未来中国的发展完全可能不止一次地遭遇到克劳塞维茨所反复强调的"敌对情感和敌对意志"(hostile feelings and hostile intentions)! 可以预料:当前及未来一段时间里,正处于发展关键阶段的中国所面临的内外部安全挑战在规模、范围和复杂程度上均将与早先呈现显著的不同。

　　中国的大战略理论研究尤为需要关注四个问题:第一,冷战结束以来诸多新技术、新精神、新事实的显著发展,是否将推动当前乃至未来一段时期国际政治经济的格局、规范和特质出现或孕育出现某些具有革命性意义的全新转型;抑或,它将依然是历史宿命(即 16 世纪以来主要由欧美国家所支配的霸权争夺和霸权更替)的当代延续? 第二,中国的大战略目标是什么? 也即应当如何定义它身处其中的世界与时代? 并且应当怎样定义自身的现实与未来? 第三,支持中国实现以上目标的国内、区域乃至世界范围内的物质、技术和精神资源是否足够? 以及更重要的,应当如何有规划和有优先等级、节省、平衡和智慧地运用这些资

[①]　习近平:《决胜全面建成小康社会夺取新时代中国特色社会主义伟大胜利——在中国共产党第十九次全国代表大会上的报告》,2017 年 10 月 28 日,http://politics.people.com.cn/n1/2017/1028/c1001 - 29613514.html。

源?第四,中国实现其大战略目标将会遭遇哪种或哪几种敌对力量和敌对意图,如何组合运用武力和非武力手段,有重点的、分阶段、多手段地对抗、化解和规避诸多性质、程度、来源不一的内外部威胁?

必须关注的是,自党的十八大以来,中国的大战略缔造实际上已经取得了极具历史意义的重大进展:中央国家安全委员会的成立标志着中国大战略的筹划实施有了更加坚实的机制保障;"总体国家安全观"的提出准确规划出中国国家大战略所应涵盖的问题领域;"一带一路"倡议和"人类命运共同体"观念的提出,实质上描画出中国对于未来世界应有样式和演进路径的认知与规范;而十九大报告更是兼具全局性、战略性和前瞻性地提出了新的历史时代里中国大战略的目标、方略、手段和基本路径,为国内大战略理论研究提供了明确依据与动力牵引。总的来看,当下中国的大战略研究,理应重点解决如下问题。

一是聚集当下情势。作为"世界工厂"、经济总量世界第二、经济全球化和全球治理最主要的推动者、当前国际秩序重要的维护者同时兼具世界最大的社会主义国家与最大的发展中国家诸多特质于一身的中国,它当前所面临的总体战略环境肯定与四十年前甚至刚刚步入21世纪时存在显著的不同。这种变动既包括国内战略环境,亦包括国际战略环境;既包括物质意义上的变动(如国际权势结构、国家权势对比的调整),同时也包括社会心理意义上的变化(如国内社会对于中国和世界认识的大发展,世界其他国家政府对华政策调整、政党民众对华观感的变动等);既包括中国自身可用资源手段在规模、性质上的实质性变动;也包括前者的衍生和外溢效应,即这种变动对外部世界的影响以及外部世界因此的反应和反馈。在这一异常复杂、微妙且可塑造的过程当中,中国的大战略研究必须对各个专业领域(军事的、外交的、经济的和政治的)的当下情势,以及中国大战略持续推进引发的国内国际效应(后者尤其重要!)进行实时的、连续的、尽可能量化的且兼具预测性的评估,以期能够较早地和较准确地对中国大战略实施中所必然出现的内外部"摩擦"进行预警和预研。

二是检讨历史经验。西方战略学研究的理论前提之一，在于坚持"斗争"是国际政治经济演进的主要驱动力，并从根本上定义了国家战略环境的基本属性。作为敌对意志之间的较量，国家大战略的缔造和实施必须"料敌从宽"进而"有备无患"。因此，尽可能深刻地理解历史当中大国兴衰的一般性规律，对于制定任何明智的大战略、进而从"战争迷雾"中寻找胜利之途径至关紧要。尽管旧传统和旧观念远非万能，随着时代的发展，新技术、新问题、新趋势亦层出不穷，但正如修昔底德早就预言过的那样：人性使然，人心不变，过去的事件肯定"会在这个或那个时候，以很大程度相同的方式重演于未来"①。因此，当前大战略研究必须提高理论研究的历史眼光和"历史境界"②，必须注意对特殊历史时期大国、强国的大战略缔造成功或是失败的案例进行深入的再梳理和再评价，从新的历史视野下探其成败得失，从中汲取大战略缔造的一般性规律，通古今之变，更好地服务于当前中国的大战略实践。

三是发掘中国智慧。战略（当然也包括大战略）本来就是一种思想方法，一种被认为可以大致克服"茫茫黑暗"的"微光"。③而中国古代历史乃至当代革命家的思想遗训，完全可以为当前中国大战略的缔造和实施提供极其可观的裨益。自武王革命以来，中国历史上大战略成功者对于天、人、敌、我、时、势的洞察当然可兹吸取，而失败者的经验亦足有借鉴之处。尤其是，中国古代思想家"效法天地""顺天应时"观念暗示出战略环境判断与战略目标设定的基本原则；"守静""无为"之说，强调大战略设计必须遵守的审慎和平衡原则；"居善地、心善渊、与善仁、言善信、正善治、事善能、动善时"的告诫实质上已经全然阐明了国家大战略缔造理应坚持的所有信条；而极具智慧的"利万物"与"不争"哲学，则完全可

---

① Thucydides, *History of the Peloponnesian War*, Trans. by Rex Warner, London: Penguin Books, 1974, p.31.
② 钮先钟语，见钮先钟：《战略研究》，桂林：广西师范大学出版社 2003 年版，第 292 页。
③ 克劳塞维茨语。见 Carl Von Clausewitz, *On War*, trans., by Michael Howard and Peter Paret, New York: Oxford University Press, 2007, p.47.这种"茫茫黑暗"，在军事战略即为"战争迷雾"；在大战略中，当属国际斗争的诸多突发、偶然因素所构成的极大不确定性。

以有效化解西方战略学界长期坚持的"丛林"前提与斗争哲学,完全有望为近代以来霸权的兴替、暴力的妄兴及其导致的无进步的历史循环提供全新替代方案。

诚如诸多战略学家正确指出的那样,观念上的大战略设计与现实当中的大战略实施肯定存在不小的甚至悬殊的鸿沟,加之诸多不确定性和或然性的干扰,在国际现实或潜在冲突的背景下,一个十全十美的大战略难以真正存在。但也正因为大战略对于国家命运的极端重要性,当下处于关键历史阶段的中国尤其应当关注大战略的缔造和实施问题,而这个极其复杂同时极难把握的问题肯定与 21 世纪里中国、地区乃至世界的命运息息相关。在这个过程当中,克劳塞维茨关于"人的理性必须要尽可能地克服人性中所固有的暴烈和极端"的教诲,利德·哈德有关"必须仰仗智慧和劳苦以求以有限的代价以争取胜利"的主张,孙子"夫未战而庙算胜者,得算多也;未战而庙算不胜者,得算少也。多算胜,少算不胜,而况于无算乎"的原则,均可以为中国大战略研究的进一步深入提供可观的教益。

心脏地带、帝国威望与意识形态：中国的地缘战略传统*

　　地缘战略的逻辑源于这样一个基本假定，即国际政治很大程度上由国家所处的全部地表自然环境所规定。在这个主要以地理定义的大背景下，各类不同的国际政治行为体的内外属性、行为方式以及它们之间基本的政治关系和互动，很大程度上是由被称作"国际关系物质基座"的地缘秉性或地缘动能限定的。因此，地缘战略就是在特定的地缘政治环境中维持、巩固乃至扩展其国际政治权势的国家大战略。它所涉及的是经久的地缘空间关系对国际权势关系和权势重心的影响，是地理环境的作用和与之关联的技术、社会政治组织及人口状况的变化趋势对国家间权势对比和权势使用的内在含义。①"空间"（space）与"权势"（power）是地缘战略最基本的概念，而权势在特定空间方向上的积聚、收缩或扩展是其致力于回答的根本问题。②

　　与国际学术界的通常看法不同，中国有着异常丰富的地缘战略思想

＊　原文发表于《国际展望》2017 年第 1 期。

① 　时殷弘：《序：地缘政治思想的斑斓图景和统一格调》，葛汉文：《国际政治的地理基础：当代地缘政治思想的发展、特色及国际政治意义》，北京：时事出版社 2016 年版，第 2 页。

② 　Martin Jones, Rhys Jones, and Michael Woods, *Introduction to Political Geography: Space, Place and Politics*, London and New York: Routledge, 2004, pp.2 - 3.

142

与实践传统。①从公元前 8 世纪的春秋时期到公元 19 世纪的清王朝时期，中国的战略学者和国务家在大战略的筹划与实践过程中一直有意识地将地理知识运用于政治、军事与对外政策领域。一方面，在地理研究中，往往蕴含着丰富的政治和军事隐喻。②另一方面，中国古代战略家们在其政论和兵法中相当重视地理因素的制约效应，"地利"成为战略筹划所必须加以考虑的若干制胜机理之一。在这一点上，中西战略学界可谓有着渊源不同但精神相通的"地缘战略偏好"。③尽管地缘战略的内在逻辑实际上一直影响着中国历史上几乎所有雄才大略的君主、军阀与谋士的思维习惯，不间断地作用于中国历史上各个时期的政治和军事实践，构成了极富特色、异常牢固、毫不逊色甚至远胜同时期其他国家一筹的战略传统，但由于中国学者尚未对此进行较为细致的学术梳理和体系建构，因而尤其值得加以深究。

一、中国的"心脏地带"：争霸天下的地缘战略

作为具有深厚历史积淀的战略思维习惯，中国的地缘战略是一种以维持、巩固乃至扩张特定政权、国家或帝国的总体权势为目标，通过对特定空间地理区域之位置、形态、地形、资源、人口等地缘政治要素的通盘

---

① 一般认为，现代地缘政治理论主要起源于 20 世纪初的德国，现代地缘战略理论最早则由美国战略学家弗里德里希·舒曼（Frederick Schuman）于 20 世纪 40 年代提出。参见 Jean-François Gagné, *Geopolitics in a Post-Cold War Context: From Geo-Strategic to Geo-Economic Considerations?* Québec: Raoul-Dandurand Chair of Strategic and Diplomatic Studies, 2007, pp.5 - 6.

② 最为典型的例证当如《水经注》。在这部完成于公元 5 世纪末期的地理学巨著中，郦道元在地理描述与历史归纳的基础上，着力论证了地理对政治进程尤其是战争结局的重要影响。

③ 当代法国最著名的地缘政治学者伊夫·拉考斯特（Yves Lacoste）在回溯现代地缘政治理论思想渊源时认为，将地理知识应用于军事、政治领域并非仅源自 20 世纪的马汉、麦金德和豪斯霍弗，最早可以追溯到古希腊时期的希罗多德。自那时起，运用于军事政治领域中的地理知识就成为军事、政治、殖民和商业战略的重要组成部分。Leslie W. Hepple, "Géopolitiques de Gauche: Yves Lacoste, Hérodote and French Radical Geopolitics," in Klaus Dodds and David Atkinson, eds., *Geopolitical Traditions: A Century of Geopolitical Thought*, London and New York: Routledge, 2000, pp.273 - 274.

考虑,得出对特定强权综合实力和可用资源的大致评估和特征分析,并循此推算出该政治行为体在处置与地理空间上相接近的其他强权之关系时应当遵循的恰当路径。这种战略特别集中地反映在中国历史上各王朝中央权威崩溃后,各种类型的军事-政治集团在相互攻伐和蚕食、鲸吞过程中,对如何成功实现区域霸权乃至席卷天下战略的筹划及实施中。

其中最为典型的案例出现在公元前约 300 年到公元前 200 年间的战国时期。以司马错、苏秦、张仪为代表的古代中国战略天才在分析地缘政治形态的基础上,致力于为秦国谋划其实现霸权乃至争取天下的地缘战略。尽管他们在具体建议上存在明显分歧,但他们的战略主张至少在精神逻辑和战略分析基础上是完全一致的,即寻找一方能够足以支撑强秦席卷天下的战略总基地。在这些战略天才眼中,这个基地就是"关中"。①

在冷兵器时代,这一由黄河、秦岭、崤山等地理天险以及一系列军事要塞(函谷关、武关、萧关)所环绕的区域,在战略防御上具有无与伦比的优势。与此同时,公元前 3 世纪左右的关中平原在自然资源、人口数量、可耕种土地面积和粮食产出等方面显然也足以支持盘踞于此的强权以"耕""战"向东争取中原,从而确立对全中国的统治。中国的历史也一再证明,由于地形对军事行动的巨大阻滞作用,关中地区在面对由东向西的军事进攻时,几乎是无法被攻破的。少数的成功案例只有汉代的刘邦,但刘邦偶然性的成功是建立在秦帝国境内此起彼伏的农民起义,全国统治几近崩溃,军事主力(章邯军)被项羽所牵制的情况下,不具有普遍意义。从这一点来讲,至少在公元 10 世纪初唐室倾覆之前,关中平原

---

① 战国时期著名的纵横家苏秦在一次并不成功的游说中曾以典型的地缘政治话语论述了关中地区的战略意义:"苏秦始将连横,说秦惠王曰:'大王之国,西有巴、蜀、汉中之利,北有胡貉、代马之用,南有巫山、黔中之限,东有肴、函之固。田肥美,民殷富,战车万乘,奋击百万,沃野千里,蓄积饶多,地势形便,此所谓天府,天下之雄国也。以大王之贤,士民之众,车骑之用,兵法之教,可以并诸侯,吞天下,称帝而治。'"见《战国策·秦策一》。

之于整体中国的战略意义，正如英国学者哈尔福德·麦金德（Halford J. Mackinder）所揭示的"心脏地带"（heart land）之于世界权势的意义。[①]关中就是中国的心脏地带！

正在基于上述分析，这一时期的许多战略家几乎已经得出了类似麦金德的预言："谁统治了关中，就控制了中国的心脏地带；谁统治了心脏地带，就控制了中原（关东）；谁统治了中原，就控制了天下。"[②]基于此，战国时期的战略天才们为秦国所谋划的地缘战略无一例外是固守并开发这一心脏地带的战略资源，充分发挥其优势，稳步且坚定地扩大势力范围，并选择一个战略方向，先是南方（蜀地和汉中，司马错的主张），最重要的是东方的中原（关东诸国，张仪的主张），发动具有决定意义的进攻，最终席卷天下。自秦孝公尤其是秦惠文王开始，除少数时期外，秦国始终在一以贯之地执行这个战略，并最终于公元前221年取得了众所周知的大成功。

大约在半个世纪之后，汉代首屈一指的政治学家和战略家贾谊在从意识形态角度（国家战略的成败在于是否施行"仁义"而非单纯地依赖地缘政治）根本否定秦国政治经验的同时，也不得不对秦国所占据的有利地理位置和正确的地缘战略表达出足够的敬意（尤其是秦国在战略防御上因其"形"最终获得的"势"上的巨大优势）。[③]东汉的学者和诗人张衡也对秦汉时期的关中平原在地形地貌、可用资源、人口密度方面得天独厚的优势及其对秦国兼并其他诸侯的巨大助力有过极为精彩

---

① Halford J. Mackinder，"The Geographical Pivot of History，"*The Geographical Journal*，Vol.170，No.4，2004，p.342.

② 麦金德的原话是："谁统治了东欧谁便控制了'心脏地带'；谁统治了'心脏地带'谁便控制了'世界岛'；谁统治了'世界岛'谁便控制了世界。"参见［英］麦金德：《民主的理想与现实》，武原译，商务印书馆1965年版，第134页。

③ "秦地被山带河以为固，四塞之国也。自缪公以来至於秦王二十馀君，常为诸侯雄。岂世世贤哉？其势居然也。且天下尝同心并力而攻秦矣，当此之世，贤智并列，良将行其师，贤相通其谋，然困于阻险而不能进，秦乃延入战而为之开关，百万之徒逃北而遂坏。岂勇力智慧不足哉？形不利，势不便也。"《过秦论》（下篇）。

的总结。①

值得注意的是,在中国历史上,关中平原并非中国心脏地带的唯一候选者,稍晚甚至更为有名的对中国心脏地带的论述,当属后世战略学家对四川盆地地缘政治优势的论述。尽管在公元前300年前后,四川盆地还被认为是一个没有得到充分开发、主要为蛮夷所占据的落后地区,但有眼光的战略家们此时已经充分认识到这一地区潜在的地缘政治价值。最早是司马错。②正是在他的建议下,秦国展开了对四川盆地的远征并发动了对楚国的战争,极大地扩展了其地理空间范围和综合实力,为后续攻伐山东诸国提供了更为有利的物质基础,"蜀既属秦,秦以益疆,富厚,轻诸侯"③。

而最深入阐释四川盆地优越的地缘政治价值的,当属公元3世纪初的战略天才诸葛亮。东汉末年,在群雄逐鹿的混乱局面下,作为同时存在的近20个军阀之一的刘备的首席顾问,诸葛亮曾力图为刘备集团谋划一种夺取天下的宏观战略。他特别重视长江以南地区(益州、荆州、扬州)之于整个中国的地缘政治意义,强调中国地缘政治重心有由关中和中原向长江以南地区转移的趋势。尤其在关中平原被连绵不断的军阀混战所摧残之际,长江以南地区在地理、人口、资源等方面之于整个中国

---

① "左有崤函重险、桃林之塞,缀以二华,巨灵赑屃,高掌远跖,以流河曲,厥迹犹存。右有陇坻之隘,隔阂华戎,岐梁汧雍,陈宝鸣鸡在焉。于前终南太一,隆崛崔萃,隐辚郁律,连冈乎蟠冢,抱杜含户,欲沣吐镐,爰有蓝田珍玉,是之自出。于后则高陵平原,据渭踞泾,澶漫靡迤,作镇于近。其远则九嵕甘泉,涸阴沍寒,日北至而含冻,此焉清暑。尔乃广衍沃野,厥田上上,实为地之奥区神皋。昔者,大帝说秦穆公而觐之,飨以钧天广乐。帝有醉焉,乃为金策,锡用此土,而翦诸鹑首。是时也,并为强国者有六,然而四海同宅西秦,岂不诡哉!……地沃野丰,百物殷阜;岩险周固,衿带易守。得之者强,据之者久。流长则难竭,柢深则难朽。"《西京赋》。
② 在被秦惠文王咨询关于攻伐蜀地的必要性时,司马错以典型的地缘政治逻辑指出:"臣闻之,欲富国者,务广其地;欲强兵者,务富其民;欲王者,务博其德。三资者备,而王随之矣。今王地小民贫,故臣原先从事于易。夫蜀,西僻之国也,而戎翟之长也,有桀纣之乱。以秦攻之,譬如使豺狼逐群羊。取其地足以广国;得其财足以富民;缮兵而不伤众,而彼以服矣。故拔一国而天下不以为暴;利尽西海诸侯不以为贪,是我一举而名实附也。"参见《战国策·秦策一》。
③ 《史记·张仪列传》。

的地缘政治重要性愈发凸显。

其中四川的战略优势尤为明显，这既体现在由秦岭、岷山和三峡等构成的一系列利于战略防御的地理天险上，亦体现在四川盆地内部大面积的、主要由先进的水利系统灌溉的土地以及稳步上升的人口数量上。因此在诸葛亮看来，四川是中国的另一个心脏地带，它已经足以取代关中在中国地缘政治格局中的重心地位，"益州险塞，沃野千里，天府之土，高祖因之以成帝业"[1]。在此基础上，诸葛亮极力建议刘备夺取并有效开发这一区域，同时在与另一个占据长江流域的军阀孙权结盟的基础上，对抗北方政权并最终攻取天下。[2]

尽管诸葛亮前瞻性地意识到中国的地缘政治重心出现了由关中地区及黄河中下游地区向长江以南地区转移的趋势，但他显然过早预言了这一趋势的到来。至少在他生活的时代，这一趋势还不足以动摇北方在中国地缘政治上所占据的压倒性优势。[3]从这个意义上讲，诸葛亮的地缘战略是建立在趋势预测而非现实地缘政治分析的基础上的。其结果是导致战略目标与可用资源之间严重不匹配。而这种目标（不要守成，而要进取；不要总体防御，而要战略进攻；不要割据，而要夺取天下）与可用资源（人口、兵力、资源）间存在的严重脱节的情形，在持续的战略进攻背景下不断恶化，导致诸葛亮所主政的蜀汉政权在财政和资源上几乎被拖垮，并最终被北方政权征服。

在历代旧王朝崩溃的大混乱中，中国军阀或霸主所关心的问题一般都集中在如何采取一种恰当的战略以获得战争的胜利，从而夺取政权并重新建立起大一统的帝国。而通过对中国内部地理的细致考察，发现、

---

① 《三国志·蜀书》。
② "将军若跨有荆、益，天下有变，则命一上将将荆州之军以向宛、洛，将军身率益州之众出于秦川，百姓孰敢不箪食壶浆以迎将军者乎？"参见《三国志·蜀书》。
③ 根据钱穆统计，公元 3 世纪（三国晚期），在经过汉末战乱导致的人口急剧下降之后，约有440 万人居住在中原地区或传统意义上的北方，孙吴政权管辖的地区约有 230 万人，而蜀汉政权管辖的地区人口总数仅有约 90 万，吴、蜀两国的人口总和亦不及曹魏一国。参见钱穆：《国史大纲》，北京：商务印书馆 1996 年版，第 337 页。

占领和开发一方在地理上相对完整的,有利于战略进攻和防御,并且可以提供足够资源的领土区域,对于个别竞争者实现帝国统一的目标大有裨益。相反,不恰当的分析或预测,往往会造成灾难性的后果。而中国历史上的周期性的王朝更替,也为历代雄心勃勃的争霸者进行地缘战略实践提供了机会,因此对中国心脏地带的定位以及围绕对心脏地带的争夺、控制和开发所进行的战略设计,也构成了中国地缘战略的永恒主题之一。从这个意义上讲,这不同于中国历史上诸多政治-知识精英以"修齐治平"为目标、理想主义色彩浓重的意识形态主张,中国地缘战略传统从不低估"形""势"乃至人性的险恶,而是一种以称霸为终极目标,以积蓄和投射军事力量的方式完成控制具体地域空间为特点,异常冷静(有时甚至稍显残酷)且具有严重物质主义倾向的政治现实主义。

二、消除威胁与巩固威望:中国的周边战略传统

长久以来,中国的周边区域尽管在文明程度和社会财富积累上远逊于中国,但却时常能对中国的繁荣甚至生存构成非同一般的影响。尤其是在中国的北方,游牧民族往往凭借麦金德所说的"优势机动性"发动持续的军事进攻,对中原的生存构成严重的甚至是致命的威胁。[1]这一点从公元前8世纪晚期游牧民族犬戎攻破西周首都镐京,4世纪匈奴攻破洛阳,13世纪蒙古占领中原,到17世纪另一支半游牧民族女真占领并统治中国,均得到了证实。

基于这种军事威胁的现实存在,两千余年以来,中国几乎所有的战略家都已充分意识到位于中国北方群山(贺兰山、阴山、燕山)及黄河河套以北的地理区域在地形地貌上与中国其他区域的差异及其所代表的地缘政治意义。而这种地理差异,诚如美国当代地理学家欧文·拉铁摩尔(Owen Lattimore)所总结的那样:"长城以南,从西藏到大海,所有河

---

[1] Halford J. Mackinder, "The Geographical Pivot of History," *The Geographical Journal*, p.310.

流最终均流入大海；除边缘部分的极少数例外，长城以北的河流多为内陆河和季节河，均不流入海。长城内侧，气候主要受东南亚季风影响；而在蒙古及中亚内部则是一个'独立的'、不属于中国或西伯利亚的气候系统；……长城内侧有发达的农业和众多人口，长城以外则人口稀疏，虽有个别依托绿洲的农业耕地，但绿洲之间被沙漠或干旱的草地割裂，在几千英里的范围内根本没有农业。"①正是在这种地理现实的塑造下，长城以外的异族在生活方式、文明形态、军事战略和军事技术上，均与以农耕为主的内陆地区迥然不同。②

正是基于以上事实，中国古代的战略家多将这片位于黄河与蒙古戈壁沙漠之间的地理区域视为游牧民族南下掠夺的前进基地和战争的策源地。因此，只要在国力允许的情况下，为了确保帝国的安全，中原统治者的战略就是致力于派遣大军北出草原地区进行周期性的、目标明确的军事远征，以期彻底摧毁该地区的战争潜力。这种军事远征多发生在中原王朝始创、武力振作和国力伸张之时。而从对游牧民族社会经济的破坏程度看，个别案例甚至可以被视为是中国的"亚特兰大进军"（Atlantic March）③。其中最著名的当属汉初对匈奴的讨伐。④

一般而言，这种预防性军事远征至少在一定时期内有利于维护帝国边境的和平。例如，公元前3世纪秦帝国统一中国后，便开始实施对北

---

① Owen Lattimore，*Inner Asian Frontiers of China*，New York：American Geographical Society，1940，pp.22 - 23.
② 据《汉书》记载，"（匈奴）居于北边，随草畜牧而转移。其畜之所多则马、牛、羊，其奇畜则橐佗、驴、骡、駃騠、驹騄騟䮗。逐水草迁徙，无城郭常居耕田之业，然亦各有分地。无文书，以言语为约束。儿能骑羊，引弓射鸟鼠，少长则射狐兔，肉食。士力能弯弓，尽为甲骑。其俗，宽则随畜田猎禽兽为生业，急则人习战攻以侵伐，其天性也。其长兵则弓矢，短兵则刀铤。利则进，不利则退，不羞遁走。"《汉书・匈奴传》。
③ 哈德・哈特在其名著《战略论：间接路线》中，对美国南北战争中谢尔曼所发起的"亚特兰大进军"对南军战争潜力乃至精神意志的破坏有过独到的论述。参见［英］李德・哈特：《战略论：间接路线》，钮先钟译，上海人民出版社2010年版，第115—116页。
④ 据《汉书》记载："骠骑之出代二千馀里，与左王接战，汉兵得胡首虏凡七万馀人，左王将皆遁走。骠骑封于狼居胥山，禅姑衍，临翰海而还。是后匈奴远遁，而幕南无王庭。汉度河自朔方以西至令居，往往通渠置田官，吏卒五六万人，稍蚕食，地接匈奴以北。"《汉书・匈奴传》。

方游牧民族匈奴的军事攻势；公元前 2 世纪，在汉武帝刘彻统治时期，汉朝对匈奴展开了一系列军事打击；公元 6 世纪，隋帝国及后来的唐帝国对突厥的军事讨伐和政治攻势使其先是分裂为东、西两部，之后被完全驱逐出中国的边境；公元 15 世纪初，明帝国对退回到草原的蒙古实施的连续且猛烈的军事打击，至少在 1449 年"土木堡之变"前确保了帝国北部边境的总体安全。

但是客观地讲，中国历史上这种军事远征的效果只是短期的、暂时的。历史无数次地证明：游牧民族可以在某些时候被逐出中原王朝的边境，但永远无法被彻底消灭。生来便为优秀战士的游牧民族在机动性、后勤、组织、动员等方面享有的独特优势，加之对地理条件的灵活利用，使其在对抗中原王朝武装力量时往往能够轻易地占据上风。关于这一点，中国历史上最伟大的军事家和战略家之一晁错有过精辟的论述："今匈奴地形技艺与中国异。上下山阪，出入溪涧，中国之马弗与也；险道倾仄，且驰且射，中国之骑弗与也；风雨罢劳，饥渴不困，中国之人弗与也：此匈奴之长技也。"①典型的例证是，元狩四年（公元前 119 年）卫青、霍去病对匈奴的军事远征取得重大胜利仅仅十余年后，太初二年（公元前 103 年）匈奴便再次向汉帝国发动进攻。在汉帝国最主要的机动兵力浞野侯赵破奴部约二万骑兵全军覆没后，汉帝国边境再次面临匈奴全面入侵的严重威胁。②

面对北方游牧民族在军事技术、战略战术方面的优势，中国的政治-知识精英逐渐认识到对其发动军事进攻是得不偿失的。因此利用自身的地理优势（即中国北方的群山、黄河以及军事要塞）进行总体防御，将发达的农业地区与草原牧区进行空间隔离，这成为次佳的战略选择。最具代表性的是，公元前 3 世纪秦始皇在对匈奴采取军事进攻后不久便意识到利用地理优势来防御匈奴，于是开始修建长城以实现这一目的。汉

---

① 《汉书·爰盎晁错传》。
② 《汉书·匈奴传》。

哀帝时期的文学家和战略家扬雄曾评论道，"以秦始皇之强，蒙恬之威，带甲四十馀万，然不敢窥西河，乃筑长城以界之"①。

中国周边地缘战略另一个，甚至更有影响力的传统是在中国周边地理区域内构筑朝贡体系的努力。朝贡制度源于中国周朝的分封制度。这个制度是在承认中国皇帝最高统治权力的前提下，将"天下"划分为以皇帝（天子）为核心，向外依次为中央王朝（天子直接统治）、朝贡国（天子间接统治）以及化外之地的一系列同心圆。在日本学者滨下武志看来，这是一个"以中国为中心，几乎覆盖亚洲全境的朝贡制度（即朝贡贸易体系），这是亚洲历史上的独特体系"②。

在这种典型的"中国中心"的世界观中，中国借助其强大的力量和文明，居于朝贡体系的核心和顶层。③周边国家必须承认中国的统辖权和至高无上的地位，除非其自外于华夏声教，甘心沦为夷狄。这样一个等级化的、在地理上涵盖中国周边甚至整个东亚的、本质上不平等的国际关系体系，在东亚历史上长期存在，尤其是在中国中原王朝始创、国力强盛的时期。除了与北方游牧民族长期处于敌对或战争状态外，朝贡关系是中国处理与西域诸国、朝鲜、中南半岛和东南亚邻国关系的一般模式。

对中国的政治-知识精英而言，在朝贡体系中，周边国家同中国的政治关系是统辖者和被统辖者之间、具有明显尊卑和不平等特点的等级关系。周边国家须定期或不定期地向中国朝贡称臣，奉天朝正朔（以中国皇帝年号纪年），中国对周边国家则进行敕封（即中国皇帝对藩邦的国王、王妃和世子的册封）。在经济上，朝贡体系主要表现为藩邦向中国皇帝贡献方物，与之相应，中国皇帝对番邦进行赏赐，同时伴随着数量和价值更大的双边贸易往来。

---

① 《汉书·匈奴传》。
② ［日］滨下武志：《近代中国的国际契机朝贡贸易体系与近代亚洲贸易圈》，朱荫贵、欧阳菲译，北京：中国社会科学出版社 1999 年版，第 35 页。
③ Seo-Hyun Park, "Changing Definitions of Sovereignty in Nineteenth-Century East Asia: Japan and Korea between China and the West," *Journal of East Asian Studies*, Vol.13, No.2, 2013, p.282.

值得注意的是,作为朝贡体系中的宗主国和核心,中国并不直接插手朝贡体系中其他政治行为体的国内治理,也一般不要求进行任何的领土调整,但要求周边国家必须在军事、政治上发挥"篱"的屏障作用,并向中国皇帝称藩,表达象征性的臣服,否则将面临中国的政治经济压力甚至直接军事打击。例如,中国隋、唐两代对高句丽的讨伐,明、清时期对越南的讨伐,其根本目标大多不在于扩张领土,而在于展示兵威、要求臣服、扶植友好政权和维持势力范围。这与因安全目的而对北方游牧民族发起的军事打击在战略目标上存在巨大差别。例如,唐朝在武力征伐百济后,依然使其保有政权和领土。[1]

公元 14 世纪,当明朝第一位皇帝朱元璋成功推翻蒙古统治,恢复中原王朝统治后,宣布永不征伐朝鲜、日本、大小琉球、安南、真腊、暹罗、占城、苏门答腊、爪哇、三佛齐、渤泥国、溢亨、白花国、西洋国等周边藩属国家,"共享太平之福"。[2]作为中国历史上重要的君主之一,朱元璋以其审慎的和有所为有所不为的战略手段来经营周边,集中反映出中国政治-知识精英长久以来对朝贡体系性质的基本认识。

虽然周边国家对这种以中国皇帝为核心的朝贡体制有着"从自身文化出发、特殊的理解甚至利用的情形"[3],朝贡体系的建立也往往是中国周边国家慑于中原王朝强大武力的结果,但在多数历史时期周边国家一

---

[1] 《新唐书》记载了唐朝在击败百济之后,对其采取的政策,"往百济先王,罔顾逆顺,不敦邻,不睦亲,与高丽、倭共侵削新罗,破邑屠城。天子怜百姓无辜,命行人修好,先王负队恃遐,侮慢弗恭。皇赫斯怒,是伐之夷。但兴亡继绝,王者通制,故立前太子隆为熊津都督,守其祭祀,附仗新罗,长为与国,结好除怨,恭天子命,永为藩服"。参见《新唐书·列传第一百四十五东夷》。

[2] 明太祖在诏书中称:"海外蛮夷之国,有为患中国者,不可不讨;不为中国患者,不可辄自兴兵。古人有言,地广非久安之计,民劳乃易乱之源。如隋炀帝妄兴师旅,征讨琉球,杀害夷人,焚其宫室,俘虏男女数千人。得其地不足以供给,得其民不足以使令,徒慕虚名,自弊中土。载诸史册,为后世讥。朕以海外诸蛮夷小国,阻山越海,僻在一隅,彼不为中国患者,朕决不伐之。惟西北胡戎,世为中国患,不可不谨备之耳。"参见《太祖宝训·卷六》。

[3] David C. Kang and Amitav Acharya, "Beyond 'China without Neighbors': Conceptualizing East Asian Historical International Relations," Paper Presented at the Conference "Was There a Historical East Asian International System?" Los Angeles: Korea Studies Institute of University of Southern California, 2011, p.3.

般出于经济（极为有利可图的朝贡贸易）、政治（希望凭借中国皇帝的承认以压制国内的反对势力）、安全（希望与邻国发生纠纷时能够得到中国的支持）等目的，能够主动遵从这种政治安排。在朝贡体系中最为典型的国家是14世纪后的朝鲜，特别是16世纪末明神宗时期明军援助朝鲜击退日本侵略后，朝鲜成为朝贡体系当中最重要的成员。①

正是通过推动建立以中国为核心的朝贡体系，中国成功在周边营造了一个在地理上环绕中国的势力范围和缓冲地带。这个区域基本覆盖了今天的整个东亚，并确立了延续千年的地区国际秩序。尽管这种体系在当代常因"等级化色彩强烈""否定国家间平等权利"等遭到指责，但它与更晚出现的、以领土占有和经济掠夺为主要目的，以冷酷逐利和血腥压迫为特点的西方殖民体系相比，至少在很长的历史时期维护了东亚地区的和平与秩序，确保了相对公正的国际关系，并在维持区域国家内部稳定方面仍然具有不容忽视的积极意义。而朝贡体系强调统治的正统性与国家间秩序，以及基本不以武力或武力威胁行领土空间扩张的作法，对于塑造当今世界更为公正、合理的国际政治经济新秩序具有相当的积极意义。

三、道义至上与以华变夷："反地缘政治"的战略传统

值得注意的是，在数千年的历史演进中，中国历代政治-知识精英在谋划大战略时，同样关注文化、信仰、道义等因素的作用，这是一种根深蒂固的"反地缘政治"的战略传统。这种战略传统最根本的主张就是反对滥用武力、反对领土扩张，尤其反对向地理上遥远的国家运用武力。这种战略传统不是策略性的（尽管还有不少案例是策略性的，是在国力

---

① 公元16世纪末，朝鲜在一份公文中称："国家（中国）谓朝鲜为外藩，二百年来威德远畅，而朝鲜亦世守臣节，为礼义忠顺之邦。比缘倭奴匪茹，吞并海外诸岛，盘据釜山巢穴，蹂躏封疆。皇上赫然震怒，大张挞伐之威，兴师十万，转饷数千里，所以剪鲸鲵而拯属国者，不遗馀力。遂使关酋夺魄，群丑沦没，区宇还之朝鲜，兴灭继绝，功高千古矣。天朝再造之恩不为不厚，朝鲜图报之意不敢不诚。"参见《朝鲜王朝实录·宣祖昭敬大王实录十九》。

不及时对被迫实施防御甚至收缩态势的道德美化），而是被真诚信仰的。例如，早在中国周王朝时期，当周穆王准备对西北的犬戎进行军事打击时，大臣祭公谋父的对答就集中体现出这种"道义至上"战略最主要的精神要旨。①

在中国历史上，除了以实现正义为目标（推翻暴政、建立秩序、巩固和平）发动的战争外，其余那些以领土扩张为目的发动的战争，一般被认为是道德可鄙的，对于维护国家安全的作用也是不确定的，相反大多是为了满足皇帝本人的好大喜功甚至个人贪欲，其结果是导致国内经济社会失序，严重损害国计民生，必须坚决反对。正是出于这种原因，在汉武帝数度用兵匈奴和西域并在新征服的领土范围设置新的郡县，显著扩大了汉帝国的领土疆界之后，却遭到国内政治-知识阶层的强烈指责。②

这种战略实际上主张，即使有一些周边国家表示不臣服，拒绝履行朝贡义务甚至直接挑衅中国，中国的正确决策也绝非武力讨伐，而是应从自身文化、道德水准、国内治政等各方面进行真诚的检讨，以赢得周边国家的信任和再度依附。孔子就指出，"故远人不服，则修文德以来之"③。只有当这些方法皆不奏效的情况下，中国才可以进行相应的战争准备，以使中国皇帝"威德遍于四海"。

除了审慎使用武力、拒斥扩张的战略克制传统之外，中国"反地缘政治"战略传统另一种更为激进的倾向，还体现为一种"进攻性"的、以"以华变夷"为主要代表的意识形态输出战略。实际上，早在春秋末期，在中

---

① "周穆王将征犬戎，祭公谋父谏曰：不可。先王耀德不观兵。夫兵，戢而时动，动则威；观则玩，玩则无震。是故周文公之颂曰：载戢干戈，载櫜弓矢；我求懿德，肆于时夏。允王保之。先王之于民也，茂正其德，而厚其性；阜其财求，而利其器用；明利害之乡，以文修之，使务利而避害，怀德而畏威，故能保世以滋大。"参见《国语·周语上》。

② 在汉初的盐铁会议上，文学贤良指出，"秦之用兵，可谓极矣，蒙恬斥境，可谓远矣。今逾蒙恬之塞，立郡县寇房之地，地弥远而民滋劳。朔方以西，长安以北，新郡之功，外城之费，不可胜计。非徒是也。司马、唐蒙凿西南夷之涂，巴、蜀弊于邛、筰；横海征南夷，楼船戍东越，荆、楚罢于瓯、骆；左将伐朝鲜，开临屯，燕、齐困于秽、貉；张骞通殊远，纳无用，府库之藏流于外国。"参见《盐铁论·地广》。

③ 《论语·季氏第十六》。

国周边非华夏部落不断入侵中原的大混乱中，孔子最早也最为权威地将"华夷之辩"作为界定"中华-他者"的主要标准和依据。根据对中国周边地区政治地理的一般性理解，环绕在中央王朝和周边诸朝贡附庸国之外的化外之地，分别是北方的狄、东方的夷、西方的戎和南方的蛮。这些族群的文明程度较低，言行被认为是不可信的，他们被作为先进的华夏文明的反面而存在，在绝大多数情况下与中国相互敌对。[1]

正是这种对"中华-四夷"的政治地理定义，构建起中国政治-知识精英对国际空间和政治认同的地缘政治想象（geopolitical imagination）。[2]如上所述，在面对作为华夏文明反面的他者时，中国对其军事打击和领土占领是异常困难的和不可持续的，但倘若中国加大对先进的华夏文明的推广力度，更多地凭借软实力而非代价高昂且效果可疑的军事手段，对于实现"天下大同"梦想能够发挥决定性的作用。正是依据这种判断，中国政治-知识精英长期以来坚信，在先进的华夏文明的吸引和感召下，中国周边的蛮族终将放弃其原始的、落后的生活方式，接受中国的道德文字、衣冠礼仪和政治制度，从而成为中国的一部分，这个过程就是"以华变夷"。[3]

"以华变夷"作为一种洋溢着强烈意识形态色彩和文化优越感的战略主张，其核心是对华夏文明超脱空间地理限制的普世主义信仰，体现出数千年来中国政治-知识精英对这一战略正义性和必然性的笃信。孟子曾言，"吾闻用夏变夷者，未闻变于夷者也"[4]。而"以华变夷"所强调的

---

[1] 《汉书》中对匈奴的描述，更为鲜明地体现出这种倾向："夷狄之人贪而好利，被发左衽，人面兽心，其与中国殊章服，异习俗，饮食不同，言语不通。隔以山谷，雍以沙幕，天地所以绝外内地。来则惩而御之，去则备而守之，盖圣王制御蛮夷之常道也。"参见《汉书·匈奴传》。

[2] John Agnew, *Geopolitics: Re-visioning World Politics*, London and New York: Routledge, 1998, p.5.

[3] 在这一点上，唐代程晏的观点最为典型："四夷之民长有重译而至，慕中华之仁义忠信，虽身出异域，能驰心中华，吾不谓之夷矣。中国之民长有倔强王化，忘弃仁义忠信，虽身出于华，反窜心于夷，吾不谓之华矣。岂止华其名谓之华，夷其名谓之夷邪？华其名有夷其心者，夷其名有华其心者，是知弃仁义忠信于中国者，既为中国之夷矣。"参见《全唐文·内夷檄》。

[4] 《孟子》。

战略路径,即主要以文化力量而非武力实现华夏文明的一统天下,以文化、礼仪和制度而非领土作为这种"反地缘政治"战略成功与否的基本标志:"诸侯用夷礼则夷之,进于中国则中国之。"①

在中国历史上,意识形态因素(对于非暴力、道德至上原则的坚守以及对于循此路径有望达成的"天下大同"目标的信仰)始终是中国制定对外战略重要的,有时甚至是决定性的因素。即使在中原王朝致力于消除北方游牧民族对中国边界的安全压力而展开军事远征的情况下,其战略意图亦被归之为"消除罪恶""惩罚不道德"等意识形态原因而非简单地宣称追求帝国的安全。②

四、地缘战略与中国兴起的历史经验

作为一种有着深厚思想渊源的战略传统,地缘战略在中国历史上持续发挥着关键性的作用。总体来看,中国的地缘战略体现为一整套的、由多层次战略目标与多种战略路径及可用手段构成的国家大战略传统。在中国传统权威崩溃、王朝更替的过程中,地缘战略始终作用于诸多权力竞争者的军事和政治博弈中;在实现国家统一、新兴王朝实力呈现上升趋势时,地缘战略开始在中国的周边或区域国际关系中发挥重要影响;而"反地缘政治"战略传统的长期存在,在强化了中国的"软实力"基础和道义感召力的同时,亦使中国在对外战略的选择上更具多样化和可替换性,极大丰富了对外战略的路径手段。而地缘战略理论与实践在中国历史中的几度兴衰沉浮,也再度证明了荷兰当代地缘政治学者海尔曼·乌斯滕(Herman Wusten)的观点,"一般说来,如果地缘战略在一个国家社会生活与日常政治辩论中的作用开始大幅增强,表明其国内社会已经充分意识到这个国家的权力地位或者正在面临极大危险,或者正处

---

① 《原道》。
② 汉武帝在解释对匈奴发动军事打击的原因时指出,"匈奴逆天理,乱人伦,暴长虐老,以盗窃为务,行诈诸蛮夷,造谋籍兵,数为边害。故兴师遣将,以征厥罪"。参见《史记·卫将军骠骑列传》。

于急剧变动中"①。

应当看到,在中国的地缘战略传统中,尤其是在营造周边安全环境和国际秩序的过程中,无论是发动军事远征,还是依据地形进行战略防御以寻求周边安全,或是谋求扩大势力范围和塑造地区秩序,都与特定历史时期中国的实力基础密不可分。总体来看,中国地缘战略运用最为集中、成效最为显著之时,一般都是中原王朝初创、国力强盛、国势上升之时,国家的强盛无疑是中国成功推进地缘战略,有效经营周边的前提和基础。与此同时,中国历史反复证明,地缘战略的成功运用,不仅有利于营造一个安全、友善的周边安全环境,而且有利于进一步提升国家的国势气运。由是观之,国力国势的大勃兴与地缘战略的大成功可谓相辅相成。总体来看,中国的地缘战略传统大致呈现以下几个基本特点,这对当前及今后一段时间中国的国家大战略设计具有一定的启示意义。

首先,国内秩序应是中国大战略制定中最重要的战略关注点。从历史上看,中国地缘战略理论实践的几大高潮期往往出现在原有政治秩序崩溃、社会秩序混乱、各种权力竞争者争夺中原控制权的过程中。这也从另一个角度证明中国传统的政治-知识精英一贯的认知——中国就是"天下",中国内部的政治秩序(而非那些处于中国传统统治范围以外、并无多少实际价值的化外之地),才是历代战略家关注的重点。事实也确实如此,除少数几次面对北方少数民族的全面入侵外,中国只要能够维持国内良好的政治秩序、经济局面和社会稳定,实现国力国势的大复兴绝非难事。因此,在世界政治经济和安全形势急剧变化的今天,除了直接关乎中华民族兴衰存亡的大事件和大趋势,我们仍然应该保持战略定力,稳住阵脚,统筹协调好国内、国际两个大局,切勿顾此失彼。从这个意义上讲,邓小平提出的"韬光养晦"政策不应仅仅被视为一种战略手段和国力未逮时的卧薪尝胆,而应被理解为一种具有广阔历史视野、深刻

---

① Herman Van Der Wusten and Gertjan Dijkink, "German, British, and French Geopolitics: The Enduring Differences," *Geopolitics*, Vol.7, No.3, 2002, p.21.

洞察力且必须长期坚持的国家大战略。

其次，中国的地缘战略传统并不存在对领土扩张的物质崇拜。无论是出于军事安全或意识形态的考虑，历史上中国同其他国家一样确实存在营造周边安全环境甚至维持势力范围的现实冲动。但这与西方经典地缘战略过于强调以军事实力谋求领土扩张不同，中国地缘战略传统更多地体现出相对保守、不过于注重空间扩张的精神特质。这尤其体现在，即使是在中国国力最为强盛的时期，中国也一般不谋求极大突破既有的边界范围，也不将占有领土、扩张领土视为国家生存和民族发展的必要手段。即使是针对北方游牧民族的军事远征，其主要目的也多在于破坏对方的战争能力和消除现实军事威胁，并非占领或扩张领土。从这个意义上讲，中国地缘战略传统的精神内核是寻求安全特别是确保帝国边界的安全，而非领土空间的无限度扩张，这有效避免了对领土的物质主义崇拜和对滥用武力的迷信。由此可见，中国的地缘战略传统与西方经典地缘战略有显著区别，后者将空间与权势相联系甚至互为因果理论逻辑，体现出的异常悲观的、冷酷的、宿命论的精神情调，及其在现代世界历史中引发的灾难性的后果（如催生了法西斯主义和军国主义大规模的武装侵略），与中国的地缘战略传统形成了鲜明对照。

再次，中国地缘战略传统极为关注周边秩序的塑造和区域中心地位的获得。历史经验已经充分证明，长期作为东亚的文明核心和权势重心，中国对周边安全环境乃至"天下"应有的政治秩序有着自身独特的理解。在这一秩序中，周边国家必须承认其与中国在实力、文明上的差距悬殊，并至少在口头上对中国表示顺从和臣服，同时承担藩篱义务，相应获得由此带来的经济利益和安全利益。相反，如果对该区域性政治安排公开表示不服从，或者对中国的中心地位和帝国威望进行挑战，肯定将面对中国的不快甚至部分时段的军事打击。在世界进入21世纪第二个十年后，随着亚太地区在全球政治经济中重要地位的确立，以海洋权益纠纷、领土边界争端、军备竞赛、核扩散为代表的地区传统安全问题日益激化，这些问题已经成为影响地区稳定和中国周边安全的关键因素。在此背景下,中国周边的个别国家在屡屡上演"以小欺大"闹剧时必须重视这样一个事实:历史上中国进行的对外军事讨伐尤其是针对除北方游牧民族之外的军事讨伐,起因多不在于中国与周边国家的领土争端,而在于个别邻国对中国威望的持续挑战。

最后,"反地缘政治"的战略传统是对中国大战略的有益补充。在中国历史上,中国政治-知识精英极为推崇文化、道德等"软实力"在实现国家战略目标中的重要作用,并始终存在着将先进的、优越的中国模式进行空间推广的冲动。这种战略传统使得中国对外政策在很长时间里超越了地缘战略的范畴,而体现为一种文化传播战略。从实际效果看,鼓吹道义至上而非迷信暴力,推进文化交融和精神传播而非依赖占有空间和控制领土,这样一种战略传统在构筑东亚文明共同体进而确立中国在东亚区域的核心地位中发挥决定性作用。然而自19世纪中期以来,随着西方列强对东亚的军事入侵,加之中国的积贫积弱,导致了中国地区影响力的急剧下滑和地区核心地位的全然丧失。但一个多世纪后,在当今中国和平发展效应的不断聚积下,中国由于能够为世界提供一种不同于传统西方国家历史演进,同时又被证明为大成功的社会发展道路,可以也必将在中国的对外战略当中发挥重要作用。因此,中国提出推动构建有着鲜明中国传统文化理念印记的"和谐世界",正是这种"反地缘政治"战略传统在当前中国对外战略中的体现,而这种战略传统效应的不断持续,也必然会助力中国国家大战略的有效推进,并为世界和平发展贡献中国方案。

中国的"反地缘政治"传统及其特殊含义 *

一般认为,地缘政治(geopolitics)的出现和发展主要源起于西方社会自身的历史经验及独特的政治、经济和技术背景,其思想渊源甚至可以追溯到公元前5世纪古希腊希罗多德时期。自那个时候起,在其后两千多年的时间里,西方诸多国务家和战略学者便有意识地将地理运用在军事-政治考察当中,地理知识也因此成为特定西方国家军事、政治、殖民和商业战略的重要组成部分。① 尤其是在20世纪里,地缘政治以其宏大的思维模式、鲜明的政策倾向以及对现实国际问题颇为直观的理论解释力,在意识和实践两个层面上极大地影响了世界历史的总体进程:两次世界大战乃至冷战的爆发均被认为与地缘政治的理论演绎和政策转化存在紧密的联系。但二战结束,特别是20世纪70、80年代以来,伴随着国际形势的逐步缓和、世界经济联系的日益加深、国家间相互依存程度的不断提高,地缘政治因其在本体论和方法论等方面存在的明显缺陷,加之在国家对外战略实践中所发挥的明显负面效应,已经愈发为国际学术界所深刻认识,"反地缘政治"(anti-geopolitics)的出现即为最典

---

* 原文发表于《孙子兵法研究》2023年第4期。

① Leslie W. Hepple, "Géopolitiques de Gauche: Yves Lacoste, Hérodote and French Radical Geopolitics", in Klaus Dodds and David Atkinson, eds., *Geopolitical Traditions: A Century of Geopolitical Thought*, London and New York: Routledge, 2000, pp.273 – 274.

型的案例。

与之相比照,中国古代①亦拥有在演进时长上丝毫不逊、在思想深度上尤为过之的地缘政治思想与战略实践传统,"合纵连横""近睦远交""隆中对"皆为不同时期中国本土地缘政治表述的典型代表。②尤其需要关注的是,与西方当代学术界对地缘政治显然过晚的批判性理解不同,中国古代诸多国务家和政论家受道义与理性的双重驱动,对于地缘政治在本体论、方法论与思维倾向方面具有的可能缺陷早已具备深刻洞察和系统性批判。在反复论说之下,早已构筑起了一整套体现中国情怀、彰显中国气派且历久弥兴的"反地缘政治"传统,体现出中国对于"天下"应有秩序的规范性理解。在历史进入 21 世纪第三个十年之际,随着国际政治经济的发展演进和国际权势结构的加速调整,国际紧张局势有所加剧,大国战略竞争存在进一步激化之势。在此背景下,探究中国"反地缘政治"传统,明悉其机理精神,通古今之变,镜鉴于当下,当有望为国际社会破除"地缘政治宿命""大国政治悲剧"和兴衰历史循环提供相当的理论裨益。

一、地缘政治与"反地缘政治"

地缘政治的根本逻辑源于这样一个基本假定,即国际政治很大程度上由国家所处的全部地表自然环境所规定。在这个主要以地理定义的大背景下,各类不同的国际政治行为体,其内外属性、行为方式以及它们之间基本的政治关系和互动,很大程度上是由被称作"国际关系物质基座"的地缘秉性或地缘动能限定的。因此,地缘政治研究所关注的就是所谓经久的地缘空间关系对国际权力关系和权力重心的影响,是地理环境的作用和与之关联的技术、社会政治组织及人口状况变化趋势对国家

---

① 根据一般理解,中国古代时间范围大致自原始社会开始直至 1840 年为止。参见十院校《中国古代史》编写组编:《中国古代史》,福州:福建人民出版社 1985 年版,前言第 1 页。

② 参见葛汉文:《心脏地带、国家威望与意识形态:中国地缘战略传统及其效应》,《国际展望》2017 年第 1 期,第 1—17 页。

间权力对比和权力使用的内在含义。①

地缘政治一向与现实国际政治存在紧密关联，而绝大多数地缘政治学家学理探索之目的，也在于力图发现影响（甚至主导）国家兴衰起伏的地理依据甚至"自然法则"，从而对特定国家对外行为甚至历史命运提供所谓的"行动指南"。本着这种逻辑，以"心脏地带""海权""边缘地带""泛区"等诸多概念、命题或推理的出现和政策转化为代表，地缘政治极其深入地参与到 20 世纪上半叶特定国家的大战略缔造过程中，成了英、德、美、意等西方主要强国国务家"治国之术"（statecraft）的重要组成部分，对世界历史和国际关系演进发挥了尤其显著的影响。特别是以豪斯霍弗为主要代表的"德国地缘政治学"（geopolitik），已被广泛认定为纳粹侵略政策的"帮凶"和一剂彻头彻尾的"知识毒药"。

正是出于这个原因，自第二次世界大战结束以来，作为一门学科的地缘政治受到学界的广泛抵制，"地缘政治"一词在学术研究领域中也几乎完全销声匿迹。不仅如此，自 20 世纪 70 年代以来，在其时世界诸多物质和精神领域的事态、潮流和趋势的促动下，部分学者开始从本体论、方法论等"元"理论角度入手，对地缘政治的概念、逻辑和主要观点展开了具有近乎颠覆性意义的批判，"反地缘政治"应运而生。② 而 80、90 年代"批判地缘政治"（critical geopolitics）的出现及流行，更使得经典地缘政治在学理逻辑、思维模式及历史影响方面的弊病进一步为世人所认识。在全球化和非领土化潮流愈发显现、帝国主义和强权政治饱受指责的后冷战时代里，"反地缘政治"已然成了一种以"反对战争、反对霸权、

---

① 时殷弘：《序：地缘政治思想的斑斓图景和统一格调》，葛汉文：《国际政治的地理基础：当代地缘政治思想的发展、特色及国际政治意义》，北京：时事出版社 2016 年版，第 2 页。
② 尤其是以伊夫·拉考斯特（Yves Lacoste）、保罗·克拉瓦尔（Paul Claval）、克劳德·拉费斯汀（Claude Raffestin）为代表的一批法国学者，自 20 世纪 70 年代开始，致力于从本体论和认识论角度强烈批判西方经典地缘政治思想，揭露后者在理论建构与精神气质中存在的根本缺陷，剖析它与近现代世界政治中冲突、暴力、压迫现象间存在的紧密联系，力求与传统地缘政治进行理论上的彻底决裂。相关论说可参见葛汉文：《批判与继承：二战后法国的地缘政治思想》，《世界经济与政治》2011 年第 2 期，第 40—54 页。

反对领土扩张和领土吞并"为号召,具有广泛社会影响的知识-社会和政治意识形态的混合体。①

"反地缘政治"主要是作为经典地缘政治的反面而出现的。在部分学者那里,"反地缘政治"是具有多重形式的集合体,它囊括了所有致力于批判和反思经典地缘政治思想实践的思考和话语。② "反地缘政治"的学理贡献,主要集中于三个领域:首先是对经典地缘政治物质主义本体论的反思。"反地缘政治"认为,地缘政治的研究对象并非单纯的、物质的地理现象,而是地理环境与人类政治行为之间的相互关系,因此应当是"一种社会的、文化的和政治的实践,而非一种明晰可辩的世界政治现实"③。在所谓"客观性"和"中立性"表述的背后,经典地缘政治实质上依旧是一种意识形态,一种具有强烈政策取向、具有预设前提的话语体系。④ 从这个意义上讲,经典地缘政治将研究重点几乎完全放在对物质领土、空间地域状况和世界政治地图上的考察是错误的,必须重视人类的主观因素(如文化差异、政治认同、民族性、价值取向、伦理判断等)对地缘政治话语建构的重要作用及其引发的政治后果。

其次是对经典地缘政治认识论的批判。在反思本体论的基础上,"反地缘政治"认为,经典地缘政治绝非"对自然法则的再现",相反却是政治-知识精英从自身利益出发对世界的认识方式。⑤ 以"心脏地带""边缘地带"等为代表,诸多历史上有名的地缘政治推论,不过是一种"想象的地理"(imaginative geographies)或"虚幻的现实"(fictional realities),即所谓的"地缘政治想象",时常同特定的政治倾向和意识形态纠缠在一

---

① Paul Routledge , "Anti-Geopolitics", in Agnew, J., Mitchell, K., Ó Tuathail, G., eds., *A Companion to Political Geography*, Oxford: Blackwell, 2003, p.237.

② 参见 Ulrich Oslender, "Antigeopolitics", *International Encyclopedia of Human Geography*, Vol. 1, 2000, p.159.

③ Klaus Dodds, *Geopolitics in a Changing World*, Harlow: Longman, 2000, pp.2 - 3.

④ Petr Drulák, "Between Geopolitics and Anti-Geopolitics: Czech Political Thought", *Geopolitics*, Vol.11, No.3, 2006, pp.423 - 424.

⑤ Paul Routledge , "Anti-Geopolitics", in Agnew, J., Mitchell, K., Ó Tuathail, G., eds., *A Companion to Political Geography*, Oxford: Blackwell, 2003, p.237.

起,并最终发展成为一种"权力-知识复合体"或一种"社会和历史话语",被用来以"特定的方式"(或者说,更有利于己的方式)描述和反映这个世界。①

再次是对经典地缘政治历史功用的反对。"反地缘政治"发现,将地理知识应用于军事、政治领域具有悠久的历史传统。尤其是自 20 世纪初以来,运用于军事、政治领域中的地理知识(即"地缘政治")就成为军事、政治、殖民和商业战略的一个重要组成部分,脱离了学术研究的范围,最终沦为"国家、商业与官僚权力的侍女"。② 尤其需要警惕的是,经典地缘政治由于过分夸大了领土、资源对国家生存发展的价值,因此自其诞生以来,便成了侵略扩张和战争政策的鼓吹手,成了帝国主义和强权政治的"婢女"(handmaiden)。③ 因此,"反地缘政治"的使命,就是通过纠正经典地缘政治创立的诸多"概念、命题和推论",坚定反对其所一贯蕴含的强权政治和帝国主义取向,揭露其在世界历史发展中发挥的恶劣作用,积极反对政治-知识精英对于世界的固有认识,积极致力于改变国际和国内的权力结构。

最后是对经典地缘政治西方中心倾向的揭露。"反地缘政治"认为,作为西方学者对人类政治实践活动与地理环境关系的一种反映和理解,经典地缘政治的形成与发展"均根植于长久以来西方各国对其相互关系及其对外部世界的理解基础上"。④ 基于这种原因,经典地缘政治洋溢着浓厚的西方中心主义色彩。尤其是在对世界空间的区域划分过程中,西方地缘政治家、学术精英和国务家往往从强烈的利己动机和浓厚的道德自负出发,将世界所有空间区域统统贴上了"重要-不重要""文明-野蛮"

---

① Gearoid O. Tuathail and John Agnew, "Geopolitics and Discourse: Practical Reasoning in American Foreign Policy", *Political Geography*, Vol.11, No.2, 1992, p.198.

② Leslie W. Hepple, "Géopolitiques de Gauche: Yves Lacoste, Hérodote and French Radical Geopolitics," in Klaus Dodds and David Atkinson, eds., *Geopolitical Traditions: A Century of Geopolitical Thought*, London and New York: Routledge, 2000, pp.273 - 274.

③ Terrence W. Haverluk, Kevin M. Beauchemin, and BrandonA. Mueller, "The Three Critical Flaws of Critical Geopolitics: Towards a Neo-Classical geopolitics", *Geopolitics*, Vol. 19, No. 1, 2014, p.20.

④ John Agnew, *Geopolitics: Re-visioning World Politics*, London and New York: Routledge, 1998, p.5.

"自由-专制""进步-落后"的标签。① 正是在这个逻辑指导下,经典地缘政治的很多结论成为西方国家利己思维的理论工具,而近现代西方国家的地缘战略实践也往往均将维持或扩张西方社会(或西方特定国家)在全球权势体系中的优越地位作为其战略缔造的终极目标。

总的来看,"反地缘政治"并非一个特别严谨清晰的概念:它不仅致力于挑战经典地缘政治有关国家权力的物质主义判断,反对以经济、军事、空间等物质指标定义地缘政治权力;同时亦反对国家的政治精英从统治角度出发对世界空间的反映方式、话语模式和政策实践。尽管存在若干结构性缺憾,但"反地缘政治"的兴起与发展,尤其是其对经典地缘政治若干根本假定的批判性解构,较为集中地揭露了经典地缘政治所蕴含的西方中心主义、强权政治倾向和领土崇拜,在一定意义上打破了经典地缘政治对国家内外政策行为长期的"主导局面"。

二、中国的"反地缘政治"传统

中国具有悠长的地缘政治思想传统。中国古代的国务家和政论家早就认识到地理因素对于国家(或者某个政权)生存乃至发展的重大意义,尤其是空间(space)与权力(power)之间的逻辑联系,并将之作为"治国之术"的当然组成部分。自公元前 11 世纪的西周时期到 19 世纪的清王朝晚期,在农业经济主导的时代里,中国相当数量的国务家和政论家极力强调领土的多寡及附着其上的资源对于国家(或者某个政权)的重要价值。特别是易于开发、适于耕作且具有足够防御优势的领土,通常被认为是"众民""强兵""广地"进而实现"富国"的逻辑前提,是特定的政权(或政治势力)实现总体战略胜利的头号基础。② 尽管缺乏系统的学理

---

① John Agnew, *Geopolitics: Re-visioning World Politics*, p.2.
② 在这方面,春秋时期最伟大的国务家管仲的论说可谓最为典型:"民事农则田垦,田垦则粟多,粟多则国富。国富者兵强,兵强者战胜,战胜者地广。是以先王知众民、强兵、广地、富国之必生于粟也,故禁末作,止奇巧,而利农事。"《管子·治国》。约 400 年后,秦惠文王的重要助手战略家司马错也以同样的方式提出,"欲富国者,务广其地;欲强兵者,务富其民"。《战国策·秦策一》。

建构,但他们在几个千年的时间内实质上一直在鼓吹:包括位置、距离、资源、地形在内的领土空间形态,当国者不可不察,必须将争取和扩大具有显著战略优势的领土作为国家(或某个政治势力)大战略缔造最主要的依据之一。在这一点上,中西战略界可谓有着渊源不同但精神相通的"地缘政治偏好"。

不仅如此,中国的地缘政治传统还尤以显著的政策转化倾向而见长,主要体现为一整套由多层次战略目标与多种战略路径及可用手段所构成的国家大战略传统。在旧王朝崩溃的大混乱当中,中国的地缘战略传统体现为权力竞争者寻找、占领和开发一片具有地缘政治优势的领土空间以实现争霸天下目标的一系列实践案例;为应对外来军事挑战,中国地缘战略传统有进攻战略(以领土控制为目的的军事远征)、防御战略(利用地理实施总体防御)之分;而在王朝定鼎进而展开周边安全环境塑造过程中,中国地缘战略则主要体现为以政治、军事和经济手段营造势力范围及建构区域安全秩序的长期实践。[1]

与地缘政治思想和实践传统相比,在中国政治思想演进当中,更存在论说更为丰富、机理更为深邃并且影响更为深远的"反地缘政治"传统。与西方学界的当代发现相比,早在千年之前,中国学者便在概念、机理和观点层面卓有成效地批判和扬弃了地缘政治逻辑,同时更在宏观层面上提供了一整套历久弥兴的政治哲学,构筑起较西方学界远为宏大、精妙且更具人文关怀的"反地缘政治"传统。其关键之处有三。

一是以"天下"取代"国家中心"。从现代地缘政治学的主要奠基人弗里德里希·拉采尔(Friedrich Ratzel)那个时候开始,几乎所有的西方地缘政治学家都将人类世界视为一幅由现代民族-国家所构成的色彩斑斓的政治地图。在国际体系当中,民族-国家的领土边界成了确定无疑的空间界限,成为区别"国内-国外"社会的自然地理标志和国家权力的

---

[1] 见葛汉文:《心脏地带、帝国威望与意识形态——中国地缘战略传统及其效应》,《国际展望》2017年第1期,第1—3页。

物质标尺。① 在这种思想主导下,一系列有关民族国家空间形态的思考,如"怎样使国家成长壮大"(阿尔弗莱德·马汉)、"国家与领土之间的关系何为最佳?"(弗里德里希·拉采尔)、"帝国如何强大?"(哈尔福德·麦金德)等,也因此成了西方地缘政治思想研讨的关键内容,构成了其理论发展演进的主要轨迹。②

中国的政治思想,与经典地缘政治乃至现代国际政治的"国家中心"视角存在巨大的区别。自中国古代最伟大的政治思想家和成功的国务家周公旦以降,国家(更确切地说,地方割据)从来都不是中国古代哲学家、政论家和政治精英论说的核心议题。相反,除极少数先秦时代政治思想家(如老、庄)外,在绝大多数中国学者眼中,只有"天下"③才是最高级的、最重要的和最值得研究的政治分析单位——古人所谓"溥天之下,莫非王土,率土之滨,莫非王臣"④者,最能表达此意。在规模和范围远超过国家(或地方割据)的"普天之下"(当然有关"天下"的具体地理范围存在众多不同理解,但应当至少是中原王朝的中心地区)创建政治秩序和巩固政治秩序,"一匡天下"⑤、"平治天下"⑥乃至"澄清天下"⑦才是他们考虑和关注的头号问题。因此,中国的政治传统一般将某个或者多个割据政权的存在视为不正常的状态,或者是大一统进程当中的过渡阶段。他们所有政治论说的出发点均在于争取和实现"天下一统",只有在由谁主导统一以及如何实现统一这两方面存在各不相同的理解。

正是在这种思路的影响下,尽管中国历史上存在不少对特定地域的

---

① 葛汉文:《历史视野下的西方地缘政治思想》,北京:军事谊文出版社 2011 年版,第 24 页。
② Gearóid Ó Tuathail and Simon Dalby, "Introduction: Rethinking Geopolitics, Towards A Critical Geopolitics", in Gearóid Ó Tuathail and Simon Dalby, eds., *Rethinking Geopolitics*, London and New York: Routledge, 1998, p.6.
③ 萧公权指出,"天下"其理想之范围,至为广大,略近于欧洲中世纪初期之世界帝国。见萧公权:《中国政治思想史》,沈阳:辽宁教育出版社 1998 年版,第 12 页。
④ 《诗·小雅·北山》。
⑤ "管仲相桓公,霸诸侯,一匡天下。"《论语·宪问》。
⑥ "如欲平治天下,当今之世,舍我其谁也?"《孟子·公孙丑下》。
⑦ "陈仲举言为士则,行为世范,登车揽辔,有澄清天下之志。"《世说新语·德行》。

地缘政治形态的考察,但目的往往并不在于分析其领土形态对该地域自身政治发展的制约或促进作用,而往往在于评估其对于某个权力竞争者夺取"天下"的有利有弊之处,其实质都是将地缘政治用作某个权力竞争者"扫平天下"的工具。同样的,中国古代地缘战略实践最为兴盛之时,也大多为旧的权威中心大崩溃所导致的混乱局面当中,总体目标也一般均为重新混同天下。汉末诸葛亮对荆、益两州地缘政治价值极为有名的论断(前者"利尽南海,东连吴会,西通巴蜀";后者"沃野千里,天府之土"),目的在于利用上述地域"成就霸业"和"兴复汉室"。[①] 而这些一旦实现了上述目标,即大致完成了中原王朝核心地区的一统,地缘政治便大体丧失了基本工具价值,相反,如何在"天下"范围内建立良好的政治秩序("行仁政、至大同"[②])便成为关键,地理论述也因此多转向"天下"各组成区域之区划、地形、人口、资源的地志考察,目的在于便于日常行政治理,正所谓取天下与治天下,术有不同也。

二是以"民本"取代"领土崇拜"。物质崇拜(或者更具体地说,领土崇拜)构成了西方经典地缘政治理论逻辑的核心。在绝大多数地缘政治学家那里,领土的特征、性质及其区位,直接决定了一个国家的权力大小,甚至决定了其可能取得的成就。尤其是在早期学者那里,国家甚至被认定是一个由领土状况所定义的"空间有机体"。在这种判断下,"空间"(space)与"权力"(power)的关系,尤其是权力在特定空间方向上的积聚、收缩或扩展,特定领土(territory)对于国家政治、经济和文化权力构建的影响,一向构成地缘政治研究的经久课题。[③]

但中国的政治思想则完全与之不同。以周公旦和孔子为最重要的代表,中国的主流政治理论均将"人和"的重要价值完全置于"天时""地利"之前,民众的支持和民心的向背,体现天命之归属,即所谓"民之所

---

① 《三国志·蜀书·诸葛亮传》。
② "大道之行也,加之以德,施之以惠,天下为公"。《礼记·礼运》。
③ Martin Jones, Rhys Jones, and Michael Woods, *Introduction to Political Geography: Space, Place and Politics*, London and New York: Routledge, 2004, pp.2-3.

欲,天必从之"。① 为此,争取天下乃至巩固天下的要务在于"仁政",在于"养民",而领土大小、资源多寡绝非政治成功的必然因素。在历史上,"汤、武以百里昌,桀、纣以天下亡"。② 虽然商汤、周武管辖地域有限,但因为施行仁政,自然"仁者无敌",天下悦服,朝诸侯而有天下,"地方百里而可以王"③。相反,夏桀、商纣等历代失国者即使占有可观的领土及丰沛的资源,但由于其在施政、礼制乃至主政者个人品行上的总体失败,失去民众的支持,进而被上天抛弃:"桀纣之失天下也,失其民也"。④

在这方面,中国古代学者已经取得了跨学派的广泛共识。法家韩非同样认为,国家领土空间形态与国家之兴衰并无太多直接关系:"荆庄王并国二十六,开地三千里;……齐桓公并国三十,启地三千里",但两位强主之后,齐、楚却接连乱弱,因此国家兴盛的关键在"法"——"奉法者强,则国强;奉法者弱,则国弱"。⑤ 相反,如果顽固追求领土扩张,则是"贪愎",而"贪愎好利,则灭国杀身之本也",这也是诸多"地广人众"之国最后以灭亡告终的原因之一。⑥ 当魏武侯为本国占据的地缘政治优势而感到由衷自豪时,兵家吴起却根据三苗、夏桀、殷纣的历史经验,提醒武侯国运长久与否决非取决于领土形态等地理因素,而是"在德不在险"。⑦ 贾谊更是提出,秦国尽管拥有利于防御的地缘形态和极具优势的领土规模,为秦争取天下提供了巨大的战略便利;⑧但面对陈涉的叛乱,却"阻险

---

① 《周书·泰誓上》。
② 《战国策·楚策四》。
③ 《孟子·梁惠王章句上》。
④ 《孟子·离娄章句上》。
⑤ 《韩非子·有度》。
⑥ 《韩非子·十过》。
⑦ 武侯浮西河而下,中流,顾而谓吴起曰:"美哉乎山河之固,此魏国之宝也!"起对曰:"在德不在险。昔三苗氏左洞庭,右彭蠡,德义不修,禹灭之。夏桀之居,左河济,右泰华,伊阙在其南,羊肠在其北,修政不仁,汤放之。殷纣之国,左孟门,右太行,常山在其北,大河经其南,修政不德,武王杀之。由此观之,在德不在险。若君不修德,舟中之人尽为敌国也。武侯曰:善。"《史记·孙子吴起列传》。
⑧ "秦地被山带河以为固,四塞之国也。自缪公以来,至于秦王,二十余君,常为诸侯雄。此岂世贤哉? 其势居然也。"《过秦论下》。

不守,关梁不闭",最终却"一夫作难而七庙隳,身死人手",同样的地理优势但却导致不同的战略结局,真正原因正在于"仁义不施"的结果。[①] 诚如古人所言,"地广非久安之计,民劳乃易乱之源"[②]。

三是以"寝兵"取代"空间斗争"。作为国际政治现实主义的典型代表之一,经典地缘政治认定,国际政治演进的原生动力乃至世界历史发展的"自然法则",在于国家彼此间的"空间斗争"。当然,一个"生机勃勃"的国家获得空间的方式多样(包括外交结盟),但"武力"依然是这个国家实现领土扩张、发展壮大、最终实现"具有地理意义的大国"的必然工具。[③]

然而,在中国传统政治思想当中,武力从来都不认为是实现天下大同的必经之路:为兵之本在于仁义,所以必须对武力的使用持有慎重态度,尤其是为领土扩张目的而进行的战争。孟子之言,沉痛峻厉:"争地以战,杀人盈野。争城以战,杀人盈城。此所谓率土地而食人肉,罪不容于死。"[④]因此,"古者,贵以德而贱用兵"。[⑤] 实际上,孔子早年的告诫便奠定了此类主张的基本格调:"故远人不服,则修文德以来之。既来之,则安之。"[⑥]最典型案例就是,"桓公九合诸侯,不以兵车"[⑦]。甚至在"天命"更迭、新旧王朝交替、无法回避武力的关键历史节点,以他为代表的一大批知识精英仍致力于消除或尽量缩小在"革命"过程中的暴力。[⑧] 受此影响,在中国历史上,除以实现正义为目标(推翻暴政、建立秩序、巩固和平)发动的战争外,其余的战争(尤其是那些以领土扩张为目的的战争),

---

① 《过秦论上》。
② 《太祖宝训·卷六》。
③ 卡尔·豪斯浩弗语,见[英]杰弗里·帕克:《二十世纪的西方地理政治思想》,李亦鸣等译,北京:解放军出版社1992年版,第63页。
④ 《孟子·离娄章句上》。
⑤ 《盐铁论·本议第一》。
⑥ 《论语·季氏》。
⑦ 《论语·宪问》。
⑧ [美]本杰明·史华兹:《古代中国的思想世界》,程钢译,南京:江苏人民出版社2014年版,第148页。

一般被认为是道德可鄙的,对于维护国家安全的作用也是不确定的,大多是为了满足统治者本人的好大喜功甚至个人贪欲,其结果是导致国内经济社会失序,严重损害国计民生,必须坚决加以反对。[1]

即使在面临外夷强大的军事压力之时,中国古代学者依然以最为冷静的态度对待战争。尽管四夷不时与中国为敌,甚至侵占中原,僭窃神器,但论治夷政策者,仍"多袭四海一家、安内柔远之思想"[2]。在他们看来,包括扩张战争在内,很多武力的使用不过是"逞一朝之忿,以求横行天下也"。而这些战争往往在付出"暴骨万里"的巨大战略成本之外,战略效应也存在巨大的疑问:"故虽百战百胜而国愈不安,敌愈不服也。"[3]因此,"兵有所必用,有所不必用"。忘战、恶兵固然丧权辱国,但"乐战""穷兵"亦可导致败亡之祸,因此,"有以用而危,亦有不用而殆"。[4] 即使为正义目标必须采取战争手段之时,最善者,当属"不战而屈人之兵",即依靠伐谋、伐交,主要采取"间接路线"(indirect approach)以制服对手;即使利用地理优势展开防御,依旧不是最佳的对策:"深沟高垒以自守者,下也。"[5]

三、战略教益与当下意义

在数千年的历史演进中,中国历代的政治-知识精英在大战略谋划当中,除地理因素之外,他们大多更为关注文化、信仰、价值等因素的力量,大多更相信人在面对自然环境困境时所能够发挥的能动作用。他们反复告诫为政者,决定政治秩序之稳定乃至战争之胜败,关键在人,而非地理:"地之险易,因人而险,因人而易;无险、无不险,无易、无不易,存亡

---

[1] 葛汉文:《心脏地带、国家威望与意识形态:中国地缘战略传统及其效应》,《国际展望》2017年第1期,第12页。

[2] 萧公权:《中国政治思想史》,第13页。

[3] [宋]李觏撰:《盱江集》,《强兵策·第一》。

[4] [宋]何去非撰:《何博士备论·汉武帝》。

[5] 《唐太宗李卫公问对·卷下》。

在于德,战守在于地。惟圣主智将能守之,地奚有险易哉!"①千年之后,现代地缘政治理论的主要阐释者麦金德在描述"心脏地带"的战略影响时也同样强调说:虽然"自然在很大程度上对世界历史占支配作用",但"起主动作用的是人而不是自然"。② 从这个意义上讲,在论及地理与政治之间的互动反馈关系时,中西方更具成就的战略学家往往能够不约而同地采取一种更为平衡和审慎的态度,这与拉采尔等人稍显粗陋的物质决定论存在显著的不同,而这种态度当然也为所谓"反地缘政治"的萌生和演进提供了坚实的认识论依据。

勿需讳言,"反地缘政治"传统在中国数千年政治演进当中始终能够得以兴盛巩固的原因之一,也多出自理性的战略算计和利益-成本权衡。一方面,在传统的农本思想支配下,耕稼为唯一富源。因此,一旦中原适合耕作的土地实现了政治上的大体一统,中原王朝一般在对外夺取领土问题上持显著的审慎态度。在多数政论家看来,远方四夷土地由于无法力耕蓄谷,珍异之物亦无救饥寒,"不食之地,何足以烦虑"③,因此得之无益,君子所取。另一方面,夷狄民众也与华夏迥异,难以治理,更难以教化。在这方面,《汉书》对于匈奴的描述最具代表性意义。④ 因此,"不居之地,不牧之民,不足以烦中国"⑤。不仅如此,领土过度扩张将带来治理成本过高等问题:"得其地不足为广,有其众不足为强。"⑥例如,汉武帝北退匈奴、深入漠北、祭于姑衍、登临瀚海后,企图在夺取的土地移民实边并设置郡县、变夷为夏,但在付出巨大物力财力代价后力有不逮,最终亦不得不放弃。与此同时,对中原核心区之外的区域用兵,劳师袭远,缺乏必胜的把握,更无一战而定、彻底解决边患的可能。新莽时期首屈一

---

① 《太白阴经·人谋上》。

② [英]哈·麦金德:《历史的地理枢纽》,林尔蔚等译,北京:商务印书馆1985年版,第45页。

③ 《盐铁论·忧边第十二》。

④ "夷狄之人贪而好利,被发左衽,人而兽心,其与中国殊章服,异习俗,饮食不同,言语不通。"《汉书·匈奴传》。

⑤ 《汉书·严助传》。

⑥ 《汉书·韩安国传》。

指的战略家严尤便指出中原政权在征讨边疆四夷时在军事上面临的巨大困难。① 与此同时，以领土控制为目标的军事远征由于其必然引发的高昂物质与非物质成本，一般均会对国内治理乃至政治稳定带来严重的甚至是难以抵御的巨大冲击。汉武帝时期对匈奴的军事远征、隋炀帝对高句丽的三次讨伐，尽管均有其现实的战略需要，但大多皆导致"边境之士饥寒于外，百姓劳苦于内"②，甚至可能引发国内统治的全然崩溃，因此实质上已经被其时和其后政论家视作典型的负面案例。

考虑到以上诸多方面问题，除少数例外，中原王朝在长期对外实践中大体接纳了"反地缘政治"传统的基本精神，即一方面强调天子在已知地理空间(即"天下")范围内的普遍性权威和最高等级的权力地位，并强调在现实管制范围内以人为本、实行善治良政的必要，以彰显正统之所在；另一方面，在处置与四夷关系时，则应尽量避免以领土征服目的的主动攻伐："不就攻伐，攻之则劳师而招寇"；甚至避免与其展开正式的官方接触："不与约誓，约之则费赂而见欺。"总之，"来则惩而御之，去则备而守之。盖圣王制御蛮夷之常道也"③。因此，中国的"反地缘政治"传统最为突出的实践特征是反对过度领土扩张、反对滥用武力，尤其反对向地理相距遥远的其他政治行为体动用武力，这种洋溢着"和平主义"和"人道主义"光辉的精神传统本身就值得赞许称道，更何况在很多政治思想家那里，这种精神传统也并非完全是策略性的，而是被真诚信仰的，是与中国"天下一家"的政治理想紧密结合的。

① "发三十万众，具三百日粮，东援海代，南取江淮，然后乃备。计其道里，一年尚未集合，兵先至者聚居暴露，师老械弊，势不可用，此一难也。边既空虚，不能奉军粮，内调郡国，不相及属，此二难也。计一人三百日食，用糒十八斛，非牛力不能胜；牛又当自赍食，加二十斛，重矣。胡地沙卤，多乏水草，以往事揆之，军出未满百日，牛必物故且尽，余粮尚多，人不能负，此三难也。胡地秋冬甚寒，春夏甚风，多赍釜鍑薪炭，重不可胜，食糒饮水，以历四时，师有疾疫之忧，是故前世伐胡，不过百日，非不欲久，势力不能，此四难也。辎重自随，则轻锐者少，不得疾行，虏徐遁逃，势不能及，幸而逢虏，又累辎重，如遇险阻，衔尾相随，虏要遮前后，危殆不测，此五难也。大用民力，功不可必立，臣伏忧之。"《汉书·匈奴传》。
② 《盐铁论·本议第一》。
③ 《汉书·匈奴传》。

正是在"反地缘政治"传统的感召下,即使是在王朝初兴、武力最盛之时,有关对外用兵,尤其是对"不为中国患者"、以领土扩张为目的的用兵,决策者始终存在道德上的顾虑,并且始终面临激烈的反对意见。这一点,从祭公谋父劝谏周穆王对犬戎的征伐,①到明太祖在《皇明祖训》中有关"不征之国"的政策宣言,②均可以得到集中的体现。当然远不止此,中国政治思想历来胸怀兼济天下之崇高理想,但通过征伐吞并以实现"天下一家",远不在以孔子为代表的中国主流思想家的选择范围之内;相反,在这些以理想主义著称的思想家看来,夷狄越是不服王化,当政者越要以德行与道义为准则检讨自身的施政成败,对夷狄"加之以德,施之以惠"③,自然可以"近无不听,远无不服",而治世也必将从"内其国而外诸夏",到"内诸夏而外夷狄",最终发展到"世治致太平,则天下远近大小若一,夷狄进至于爵",进而达到天下大同。④

因此,与西方现代学术界的类似表述相比,中国的"反地缘政治"传统以"天下"为背景,思想视野显然更为开阔;以"人和"为核心,对物质决定论的批判更为彻底;以"仁政"为依托,学理逻辑显然更为完整;以"弭兵"为主要政策主张,更为合乎人道主义与和平主义诉求,正所谓"域民不以封疆之界,固国不以山溪之险,威天下不以兵革之利"⑤是也。从这个意义上讲,与西方现代批判学者长于解构、拙于建构、长于学术研讨、拙于政策转化的理论路径存在显著的不同,中国的"反地缘政治"以其体系完整且逻辑完备的学理框架,提供了一套迥异于且足以替代经典地缘

① "周穆王将征犬戎,祭公谋父谏曰:不可。先王耀德不观兵。夫兵,戢而时动,动则威;观则玩,玩则无震。先王之于民也,茂正其德,而厚其性;阜其财求,而利其器用;明利害之乡,以文修之,使务利而避害,怀德而畏威,故能保世以滋大。"《国语·周语上》。
② "海外蛮夷之国,有为患中国者,不可不讨;不为中国患者,不可辄自兴兵。古人有言,地广非久安之计,民劳乃易乱之源。如隋炀帝妄兴师旅,征讨琉球,杀害夷人,焚其宫室,俘虏男女数千人。得其地不足以供给,得其民不足以使令,徒慕虚名,自弊中土。载诸史册,为后世讥。朕以海外诸蛮夷小国,阻山越海,僻在一隅,彼不为中国患者,朕决不伐之。惟西北胡戎,世为中国患,不可不谨备之耳。"《太祖宝训·卷六》。
③ 《盐铁论·忧边第十二》。
④ 梁启超:《春秋中国夷狄辩序》,载《饮冰室合集》(二),北京:中华书局1989年版,第48页。
⑤ 《孟子·公孙丑章句下》。

政治的"治国之术"思路,在中国历代政治思想乃至政策转化中产生了极其深刻且从不间断的影响,对中国乃至东亚地区安全形势乃至总体历史演进发挥了显著的规范性作用。

冷战结束后,尤其是进入 21 世纪以来,在全球化进程日趋加速、和平与发展潮流稳固向前之时,世界各组成区域发展不平衡加剧、跨国危害日渐突出、全球治理难以突破、霸权主义与强权政治远未消弭。面对此类直接关乎人类生存和发展的重大现实问题,经典地缘政治不仅无法提供有效的解决方案,甚至这个主要源起于西方历史经验、体现西方社会思维逻辑、以权力冲突与空间争夺为精髓的理论,其自身就是加剧上述世界性危害的主要祸首之一。在此情况下,中国的"反地缘政治"传统因其迥异于西方传统政治哲学和政治论说的思维逻辑,势必有其时代适切性,存在对 21 世纪世界政治继续发挥有益推动之可能。

一是以"天下观天下"①。随着国际社会思想意识的不断进步,已经有越来越多的学者发现,自 1648 年以来便不断加速巩固的民族-国家中心视角,以及由此必然导致的国家利己主义,实质上是当今诸多世界性难题难以消弭,不良后果持续恶化的结构性原因之一。与之相比,中国的古代学者早就呼吁必须以"天下观天下",避免以一家、一隅、一国、一地区作为政治理论的核心和归宿。其核心,就是呼吁将世界(天下)视作人类的公共政治空间和共同资源,以世界为尺度去思考属于世界范围内的政治及其他问题。② 这或许正是解决世界政治总体无序、冲突对立延绵不绝的替代解决方案之一。当然,在当下国际社会主权规范牢固确立、民族-国家意识依然强大且已深入人心的情况下,这种"以天下观天下"的思路更应当被视作一种"四海一家"和人类命运共同体的意识和呼吁,根本诉求在于推动国际社会以超越国家中心视角(尤其是个别发达国家和大国强国视角)去审视并解决严重危及人类生存乃至人类命运的

---

① 《老子·五十四章》。

② 赵汀阳:《天下体系:世界制度哲学导论》,南京:江苏教育出版社 2005 年版,第 17 页,第 36 页。

世界性问题,因此,这显然绝非某些西方学者所片面理解的——推动世界秩序发生革命性变动的努力。①

二是"观乎人文,以化成天下"②。尽管领土、地形等自然地理因素对国家的生存发展确有客观的物质作用,但"民惟邦本"③,政治的本质在于善治、在于养民,而纯粹以空间竞争和空间争夺作为国家战略目的,显然舍本逐末。当人类历史进入 21 世纪第三个十年之际,尽管伴随着经济全球化的强劲发展、国际规范的牢固确立、国际关系民主化进程的不断加快以及科技进步的巨大加速,诞生和发展于帝国主义争霸时代的经典地缘政治显然早已落后于时代发展,但依然应当看到,以地理决定论为精髓的传统地缘政治思维依旧主导着部分西方国务家的决策思路,依旧在部分大国战略政策实践中发挥着显著作用。其结果,不仅严重毒化了世界政治的总体氛围,直接加剧了部分地区安全形势的紧张,其功用成效本身也存在巨大疑问:2017 年后美国全球战略的所谓"转型"便是鲜明例证。在此情况下,中国的"反地缘政治"传统以其突出的"人道"和"民本"色彩,有望进一步推动国际社会(尤其是部分西方国家)集体意识的演进和提升,从根本上克制上述充斥着危险气息、以悲观宿命论而著称的陈词滥调,以期实现人类社会总体的历史性进步。

三是"天之道,不争而善胜"④。综观历史,经典地缘政治的"空间斗争"逻辑,使其已然成了一种进行空间控制和领土争夺的思维方式,"基本上服务于统治者、战争和政治控制"⑤。尤其以德、意、日法西斯所发动

---

① 当代部分中国学者有关"天下"概念当下价值及应用前景的论说,亦引发了国内外学界诸多讨论和置疑。部分有关"天下秩序"的构想,甚至被部分外国学者视为"中国试图颠覆当前国际秩序"的典型证据。Also see William A. Callanhan, "Chinese Visions of World Order: Post-hegemonic or a New Hegemony," *International Studies Review*, Vol. 10, No.4, 2008, pp.755 - 758.

② 《易经》。

③ 《尚书·五子之歌》。

④ 《老子·七十三章》。

⑤ [英]杰弗里·帕克:《地缘政治学:过去、现在和未来》,刘从德译,北京:新华出版社 2003 年版,第 75 页。

的疯狂侵略为代表,在近现代世界历史中,经典地缘政治几乎已经成为"导致战争的首要因素"①。作为其反面,中国古代政治思想(尤其以老、庄为代表)强调"为无为,则无不治",又曰"以道佐人主者,不以兵强天下"②。相反,若执着于战争手段以求治天下,穷兵黩武,非徒无益,而又害之:"天下无道,戎马生于郊"③,不仅将造成惨重之成本代价("师之所处,荆棘生焉"),同时亦未必能实现战略目的:"大军之后,必有凶年。"④此类主张,当然并非意欲全然毁弃兵备,而是强调当国者必须于兵事上采取审慎、节制及克制之精神。历史经验已经充分证明,秦以军国主义席卷天下,然不十余年而亡;汉与民休息,遂成四百年之治。"国虽大,好战必亡。"⑤殷鉴不远,不可不察也。

冷战结束至今已逾 30 年,世界政治发展目前正进入一个关键时期。诸多早自 20 世纪 80、90 年代便开始孕育并逐步显现的事实或趋势(如政治多极化和经济一体化的蓬勃发展、国际安全形势的总体缓和及国家间相互依存程度的上升),近年来似乎正面临来自不同来源、力度罕见且共时并生的反向冲击和严峻挑战。尤其是在部分事件(这些事件包括大国竞争的全面出现、跨国威胁的急剧上升、部分地区安全形势的显著恶化)的干扰或促动下,早先蓬勃发展且成就非凡的全球化似乎正在面对愈发增长的质疑乃至遭受明显挫败,而有关世界主要大国"重返地缘政治竞争""重返冷战",甚至"爆发热战"的预言亦被认为存在部分应验的可能。面对"百年未有之大变局",人类历史是否有足够的能力设法摆脱往昔的"霸权更替"循环与"治-乱"历史困局,当然有赖人为,有赖国际社

---

① Leslie W. Hepple, "Géopolitiques de Gauche: Yves Lacoste, Hérodote and French Radical Geopolitics," in Klaus Dodds and David Atkinson, eds., *Geopolitical Traditions: A Century of Geopolitical Thought*, London and New York: Routledge, 2000, p.268.

② 《老子·四十六章》。

③ 《老子·四十六章》。

④ 《老子·三十章》。

⑤ 《司马法·仁本第一》。

会共同体对上述直接关系人类历史命运的重大问题认识意识的提高。而中国的"反地缘政治"传统，以其极具智慧、极具人文关怀的逻辑思路，完全可以有效化解西方战略学界长期坚持的"丛林"前提与斗争哲学，完全有望为近代以来权力争夺、暴力妄兴及其导致的无进步的历史循环提供全新替代方案。

武力与道义：周人谋取天下的大战略 *

　　十余年来，有关"天下体系"概念、实质与其在现今国际政治中可操作性的论争已然成为当下国际关系理论研究中的热点问题之一。主要在中国社会科学院赵汀阳研究员的阐释下，"天下"理论因其能够提供一套筑基于中国古代政治理想与历史经验、关于未来国际政治应然形态的理解框架，引发了国内和国际学术界的极大关注。值得注意的是，在该理论体系建构过程中，周朝（确切地讲是西周）从来都被赵汀阳研究员视作"天下体系"历史实践的最优版本，是"天下体系"所谓"配天""关系理性""兼容普遍主义"等关键政治原则最为集中的体现。[1] 他认为，周人在这一过程中体现出的"以天下为天下"的思维方式和行为准则，依然具有足够的时代适切性。[2] 而这一洋溢着浓厚理想主义色彩、古老但同时亦是崭新的政治理想，足以消弭当今世界（甚至自威斯特伐利亚体系形成以来的世界）在结构上存在的若干天然弊病（如国际社会的无政府状态、

---

*　原文发表于《国际政治研究》2019 年第 4 期，《社会科学文摘》2019 年第 10 期转载。

① 　赵汀阳称："周朝无疑是天下体系的一种实践，因此不能说天下只存在于文本。由于历史条件所限，周朝的实践未能完全实现天下概念，然而周朝的制度'立意'表明了天下之意图。"见赵汀阳：《天下究竟是什么？——兼回应塞尔瓦托·巴博纳斯的"美式天下"》，《西南民族大学学报（人文社会科学版）》2018 年第 1 期，第 36 页。

② 　赵汀阳：《以天下重新定义政治概念：问题、条件和方法》，《世界经济与政治》2015 年第 2期，第 5 页。

民族国家的安全两难),以及由此所导致的国际政治运行中不可避免的大敌对、大冲突乃至大灾难。或者,用他的话说,提供了一种"能够使政治摆脱敌对斗争的技术而变成共在的艺术"①。

然而,事实可能与赵汀阳研究员的历史判断存在巨大反差。诸多证据证明:在周人勃兴、打垮殷商、巩固统治和拓展权势的过程中,历代具有极高战略素养的周人领袖(尤其是文王、武王、周公旦、成王和康王)本着"谋取天下"这个异常明确的大战略目标,颇为巧妙地统筹了时间与空间、敌手与盟友、武力与道义、实力与人心、征伐与合作、进取与妥协等诸多复杂矛盾,为周人翦商乃至塑造天下,提供了一以贯之且被证明是大成功的战略指导。尤其是周人历代战略决策者的勃勃雄心、处心积虑、冷静审慎,在无一不为大战略理论提供了极佳历史案例的同时,亦集中体现出其战略思维与实践路径的国际政治现实主义(Realism)实质。而周人对"天命"概念的积极鼓吹和对"天下"意识形态的不懈塑造也始终服务于其几乎永不停歇的战略扩张,始终服务于其长期坚持的"谋取天下"这一异常明确的大战略目标,这当然与赵汀阳研究员对西周"天下体系"的国际政治理想主义认定存在显著的不同。

一、翦商:战略大包围和决定性进攻

大战略(grand strategy)是国家克服国际政治经济演进之纷乱无常、由强大成长为伟大的关键。作为战略概念的重要衍生理论,出现于 20 世纪中叶的大战略理论致力于回答如下问题:国家应当如何较为平衡地运用战争与和平的手段,调节和指导本国(甚至连同其盟国)所有的军事、政治、经济和精神资源,以达成一个明确的、适度的和总体可行的宏大战略目标。②

---

① 见赵汀阳:《天下体系的未来可能性——对当前一些质疑的回应》,《探索与争鸣》2016 年第 5 期,第 52 页。

② 根据大战略理论的主要提出者之一、英国军事理论家和战略学家利德尔·哈特(Liddell Hart)的定义,大战略是一种最高层次的战略,其功用在于调节和指导一个国家或连同其盟国的所有的军事、政治、经济和精神资源,以达到由其基本政策所规定的战争之政治目标。见 B. H. Liddell Hart, *Strategy*, New York: Frederick A. Praeger, 1967, p.335.

根据当代最杰出的历史学家、战略学家和地缘政治学家之一杰弗里·帕克(Geoffrey Parker)的定义,大战略是既定国家有关其总体安全的决策,即其设想的威胁、它对付威胁的方式以及它为了使目的与手段相匹配而采取的步骤,它"涉及整合国家在平时和战时总的政治、经济和军事目的,以维护长期利益,包括目的和手段的管理操作、外交以及军政两大领域内的国民士气和政治文化"①。大战略的要义和精髓正在于"如何运用军事力量以实现对外政策的总体目标"②。

作为地处渭北平原的蕞尔小邦,周人在国土、人口、资源、经济力、军事力、正统性等方面与传承 17 世、31 王的殷商相比,显然存在悬殊的差距。③ 然而,周人自迁居岐下周原后仅历四代(太王、王季、文王昌、武王发)便能成功地打倒殷商以至夺取天下,其胜利显然只能用大战略运用得当来解释。④ 尤其是周人的养晦、蓄势、进击从而掌控天下,相当集中地体现出周人大战略之合理性、明确性、集中性、有限性与内在平衡性,以及其战略目标、策略与手段之间的高度协调。⑤ 因此,周人早在学理意义上的大战略概念出现三千年前,便已经出色证实了大战略诸项原则的正确含义,为大战略理论与实践提供了绝佳的案例。

早在太王古公亶父(文王祖)率领周人从豳迁移至渭河流域岐山以南的周原后,周人便已萌发出权势扩张的勃勃雄心。⑥ 关中自属形胜之

---

① [英]杰弗里·帕克:《腓力二世的大战略》,时殷弘等译,北京:商务印书馆 2007 年版,第 1 页。
② Robert J. Art, *A Grand Strategy for America*, Ithaca: Cornell University Press, 2003, p.1.
③ 殷商辖地包有中原:东到海,北到河北藁城,南到湖北盘龙城,地广人众。周人起先不过占据泾渭流域的狭窄谷地,人口也不会多,其生产、技术能力,至多处于与商人的同一水平上,并没有突破性的发展。许倬云:《西周史》,北京:三联书店 2012 年版,第 92—93 页。
④ 许倬云:《西周史》,第 114 页。
⑤ 时殷弘认为,"国家根本目标的应有素质,特别是战略性素质,概括地说就是合理、明确、集中、有限、内在平衡和充足;集中和内在平衡是关键"。见时殷弘:《国家大战略理论论纲》,《国际展望》2007 年第 5 期,第 17 页。
⑥ 周人始祖后稷,经九世传至古公亶父时,周人迁居岐下之周原,约在商王武丁前后已然发展成为西部的重要方国。周原之迁应被视为周人图谋天下的开端,周人自太王开始便有了翦商之志。作为周人直系后裔的鲁人在赞颂其先祖太王古公亶父的功绩时称,"后稷之孙,实维大王,居岐之阳,实始翦商"。见《诗经·鲁颂·閟》。

地,周、秦、汉均据此地向东争取天下。① 然而与秦汉初兴时关东之大分裂情势不同,周人所面对的殷商,其时仍为天下共主且实力强大。为此,周人一方面战略隐忍,或曰韬光养晦,即在实力不济时对殷商采取臣服政策,极力避免与之发生直接对抗;另一方面则是采取积极主义的战略进取,选择抵抗力最小而又与殷商无甚关系的边缘地区着手经营。② 在此期间,周人用频繁的对外征讨、武装殖民乃至外交结盟以厚积国力,并等待在时机有利时对殷商发动决定性的进攻。尤其是周王季历(文王父)时期,周人为殷商征伐西落鬼戎、燕京之戎、余无之戎、始呼、翳徒之戎,商王太丁亲赐"牧师"封号。③ 文王继位后,更是延续此路径,在"事殷"的旗号下不断向东、西、北等各战略方向征伐戎狄、结交与国,自身实力和势力范围持续扩大,并最终形成对地处中原的殷商的战略大包围。④

周人扩张的方向,一是向南方。周人自渭水出发开始经营江汉流域,最早源自太王古公长子太伯、次子虞仲让位于王季、南奔荆蛮之时。⑤ 有学者认为,泰伯、仲雍南征的目标最先是江汉流域,但因楚国兴起进而由江汉向东迁至吴地,标志着太王翦商战略的发端。⑥ 再是向西北,以稳固战略后方。文王脱羑里之囚的第二年,周伐犬戎;明年,伐密须。西方

---

① 有关关中地区地缘战略地位的论述,可参见葛汉文:《心脏地带、帝国威望与意识形态:中国地缘战略传统及其效应》,《国际展望》2017 年第 1 期,第 3—7 页。

② 许倬云:《西周史》,第 104 页。

③ "周古公逾梁山而避于岐下。及子季历,遂伐西落鬼戎。太丁之时,季历复伐燕京之戎,戎人大败周师。后二年,周人克余无之戎,于是太丁命季历为牧师。自是之后,更伐始呼、翳徒之戎,皆克之。"见《后汉书·西羌传》。但很快,季历为商王文丁拘执处死。有学者认为,季历的大功不赏乃至被诛,大约是因为其野心已经显露,引发商人的警惕和敌视,后者遂采取先发制人的手段以消除威胁。见许倬云:《西周史》,第 103 页。

④ "乃文王为西伯,西有昆夷之患,北有猃狁之难,遂攘戎狄而戍之,莫不宾服。乃率西戎,征殷之叛国以事纣。"《后汉书·西羌传》。

⑤ "古公有长子曰太伯,次曰虞仲。太姜生少子季历,季历娶太任,皆贤妇人,生昌,有圣瑞。古公曰:我世当有兴者,其在昌乎? 长子太伯、虞仲知古公欲立季历以传昌,乃二人亡如荆蛮,文身断发,以让季历。"见《史记·周本纪》。

⑥ 许倬云:《西周史》,第 104 页。

这些被征服的部落，最终均参加了武王克商的牧野之役。[①] 最终则是向东方。文王先是以和平手段成功调停虞、芮的边境争端、赢得两国归服。[②] 然后以武力打击的方式灭密须，败耆国，伐黎，伐邘。[③] 在成功伐崇之后，文王作丰邑，自岐下而徙都丰，向东直逼殷商。[④] 至次年文王去世时，周人中路克崇之后已入中原；在北方已得晋南，俯视商人王畿；南路一线，江汉已为周人疆土。[⑤]"三分天下有其二。"[⑥]武王即位后，周人即率诸侯会于孟津，这表明殷商于西、南、北三个方向的附属和同盟势力几乎已被蚕食殆尽，周人的战略企图几乎已经宣告成功。

在赢得巨大战略优势后，周人却又展现出令人惊叹的战略审慎。在武王率军东进、与八百叛商诸侯会合于孟津、诸侯皆曰"纣可伐矣"时，武王却依然率师西还。[⑦] 此中原因，恐并未全如武王所称的"未知天命，未可也"，而在于武王充分意识到：在殷商统治正统性依旧存在，殷商的军事优势依旧显著的情况下，周人积累世代的武力加之新争取的盟军仍然难以占到主导性优势，周人仍无把握打赢一场胜负毫无悬念的战略决战。[⑧]

---

① 这些部落大抵均为羌人之先民，《后汉书》中记记述了上述部落参与牧野之战一事："武王伐商，羌、髳率师会于牧野。"《后汉书·西羌传》。

② 据许倬云考证，黎在山西上党，地属晋东；邘，即盂，地在今河南沁阳，在黎南方，居黄河北岸。许倬云：《西周史》，第105页。

③ "西伯阴行善，诸侯皆来决平。於是虞、芮之人有狱不能决，乃如周。入界，耕者皆让畔，民俗皆让长。虞、芮之人未见西伯，皆惭，相谓曰：吾所争，周人所耻，何往为，祗取辱耳。遂还，俱让而去。诸侯闻之，曰：西伯盖受命之君。"见《史记·周本纪》。

④ "（文王）而作丰邑，自岐下而徙都丰。"见《史记·周本纪》。

⑤ 许倬云：《西周史》，第108页。

⑥ 《论语·泰伯》。

⑦ "九年，武王上祭于毕。东观兵，至于盟津。为文王木主，载以车，中军。武王自称太子发，言奉文王以伐，不敢自专。乃告司马、司徒、司空、诸节：齐栗，信哉！予无知，以先祖有德臣，小子受先功，毕立赏罚，以定其功。遂兴师。师尚父号曰：总尔众庶，与尔舟楫，後至者斩。武王渡河，中流，白鱼跃入王舟中，武王俯取以祭。既渡，有火自上复于下，至于王屋，流为乌，其色赤，其声魄云。是时，诸侯不期而会盟津者八百诸侯。诸侯皆曰：纣可伐矣。武王曰：女未知天命，未可也。乃还师归。"《史记·周本纪》。

⑧ 有学者考据，直到后来的牧野之战时，周人兵力及同盟军只有西土八国，孟津之会八百国之说大为可疑。见许倬云：《西周史》，第108页。

直到两年后,在殷商内乱征兆已现,①并且殷商军事主力深陷于东方与东夷的战斗时,周人方决定率同其盟军对殷商发动决定性进攻,并一举成功。②

周人翦商、克商的整个过程当中,体现出浓重的谋略意味。最令人印象深刻的,首先是周人几乎贯穿全程的战略欺骗(如季历功高被杀后,周人仍表现出对殷商的臣服态度;如文王因意图暴露而被殷商囚于羑里,采取贿赂甚至主动向殷商割让领地以打消后者的疑虑;③如文王被释放回归周原后的"阴行善";④甚至在占据显著地缘政治优势时,犹"以服事殷"⑤);再则是基于理性审慎基础上的战略试探(如向东对殷商统治边缘区的不断蚕食,如"会盟孟津"试探殷商反应);还有就是周人军事行动与政治目标的高度协调及战略内在的平衡性(如武王对于向殷商发动牧野之战的时机选择),即运用最为可行的手段、沿袭最为现实的成功路径。更为重要的,则是领先于时代的战略筹划(如早在太王时期太伯等人便奔荆蛮以图从南翼威胁殷商,以及季历、文王从边缘入手扫除殷商附庸势力)。

因此,早在公元前 11 世纪,太王、王季、文王、武王等周人统帅便完全符合当代英国著名战略学家柯林·格雷(Colin S. Gray)对于优秀战略家的评判,即"能够统揽全局,能够充分顾及各种事物间的复杂相互依存关系,充分顾及诸多影响因素,进而能够找出最为有利的努力方向"⑥。

---

① "居二年,闻纣昏乱暴虐滋甚,杀王子比干,囚箕子。太师疵、少师彊抱其乐器而奔周。"《史记·周本纪》。

② "周武王于是遂率诸侯伐纣。纣亦发兵距之牧野。甲子日,纣兵败。纣走入,登鹿台,衣其宝玉衣,赴火而死。……于是周武王为天子。其后世贬帝号,号为王。"《史记·殷本纪》。

③ "帝纣乃囚西伯于羑里。闳夭之徒患之。乃求有莘氏美女,骊戎之文马,有熊九驷,他奇怪物,因殷嬖臣费仲而献之纣。纣大说,曰:此一物足以释西伯,况其多乎! 乃赦西伯,赐之弓矢斧钺,使西伯得征伐。曰:谮西伯者,崇侯虎也。西伯乃献洛西之地,以请纣去炮格之刑。纣许之。"《史记·周本纪》。

④ 见《史记·周本纪》。

⑤ 《论语·泰伯》。

⑥ Colin S. Gray, *Modern Strategy*, Oxford: Oxford University Press, 1999, p.23-43.

而周人在短短几十年中的迅速崛起乃至并吞天下，其战略筹划与手段运用，也集中体现出"战略"（strategemata）一词的发明人、古罗马元老院议员塞克斯图斯·尤利乌斯·弗龙蒂努斯（Sextus Iulius Frontinus）所极力推崇的"深谋远虑、发挥优势、积极进取和行事果决"[1]。

二、封建：武装拓殖与融合华夏

周人在实力规模及文化水平均远逊殷商的情况下，能够从容翦商而建立新的政权，这一意料不到的大胜利对周人战略决策者心理上的冲击，应当并不逊于对殷商统治者的冲击。[2] 而武王"自夜不寐"的原因，在于周人克商后面临的战略环境，依旧危机四伏，甚至较"兴兵盟津"时有所恶化。周人以小克大的直接后果，则是其急剧扩大的势力范围内部，安全形势却由于大批心怀旧朝的殷人残余势力的存在而有所恶化。诚如钱穆所言，商人自盘庚至纣延续二百余年，王朝系统相承，其政治成绩必有可观之处，因此武王克商之后，商人残余势力依旧强大韧固，仓促间难以彻底铲除。[3] 殷亡之后，纣子禄父依然有足够实力一次一次地反抗周人。[4] 而周人武力占领地区的外部安全，则由于大量存在潜在甚至现实敌意的非周部族的存在，同样不容乐观。

为巩固其统治，周人的对策，一是大力扫荡殷商附庸势力。武王在攻取朝歌后，携大胜之势迅速攻伐殷商的附属国及边缘势力。[5] 二是开

---

① 转引自 Lawrence Freedman，*Strategy: A History*，New York：Oxford University Press，2013，p.43.

② "武王至于周，自夜不寐。周公旦即王所，曰：曷为不寐？王曰：告女：维天不飨殷，自发未生於今六十年，麋鹿在牧，蜚鸿满野。天不享殷，乃今有成。维天建殷，其登名民三百六十夫，不显亦不宾灭，以至今。我未定天保，何暇寐！"《史记·周本纪》。

③ 见钱穆：《国史大纲》，北京：商务印书馆1996年版，第39页。《孟子·公孙丑上》亦云，"由汤至于武丁，贤圣之君六七作，天下归殷久矣，久则难变也。……尺地莫非其有也，一民莫非其臣也"。可见殷商统治之根深蒂固。

④ 见傅斯年：《周东封与殷遗民》，《中央研究院历史语言研究所集刊》1932年第3期，第285页。

⑤ "武王遂征四方，凡憝国九十有九国，馘磨亿有十万七千七百七十有九，俘人三亿万有二百三十，凡服国六百五十有二。"《逸周书·世俘解》。

始营造成周洛邑,将帝国之重心由渭河转向黄河中游地区,以便加强对东方的控制。成王继位后虽仍旧都镐(宗周),但命周公旦、召公奭于洛邑建造成周东都,并驻有周王直辖的八师,以镇慑东方,军事实力甚至比驻镐的六师更为庞大。[①] 三是迁移商人以分散其力量。武王克商后的一项重要措施是将大量殷人遗民成族迁至周人直接控制的关中或者洛邑,强干弱枝,使东土人材能够为周所用。[②]而周人最具长远眼光的战略,则是封建。周人骤得天下后迅速封建诸国的本意,可能在当时亦属无奈之举:由于建立王朝之前的周邦地处西北,应该还没有发展出如殷商传承日久,并且肯定是相对复杂的行政技能,因此在当时的技术和通信的原始条件下,几乎不可能将有效的控制施加于这样广大的地域。[③] 因此,将急剧扩大的领土(很多实际上仅仅是名义上的领土,并没有得到有效的控制)进行一种分层级的、集权与分权相结合的政治权力分配,以迅速巩固其军事占领,尤为关键。

周人封建初衷之一,当是安置殷商遗民。周人既然无法将商人遗民势力完全拔除,因此不得不容忍商人残余势力继续存在,标志则是将纣子禄父(武庚)封于殷商旧地,令其继续殷商传承。[④] 在武庚谋同三叔(管叔、霍叔、蔡叔)发动"三监之乱"后,周人仍封商人于宋(商微子之后治下)、卫(周康叔治下)两国,继续对商人进行怀柔。周封建的用意之二,在于设立武装据点以对殷商遗民势力进行战略威慑。周公旦在武庚之国周边设立三监(管叔、霍叔、蔡叔),以就近监督武庚。其他如鲁、燕、齐诸国,始封之地皆在成周之南,更对武庚形成战略包围。[⑤] 周封建用意之三,则是向外扩张。尤其是周公两度东征、"三监之乱"平息后,在商人残

---

① 何尊铭文:"唯王初壅,宅于成周。"

② 许倬云:《西周史》,第 134 页。

③ [美]本杰明·史华兹:《古代中国的思想世界》,程钢译,南京:江苏人民出版社 2014 年版,第 55 页。

④ "武王克殷,乃立王子禄父(武庚),俾守商祀。"《逸周书·作雒解》。

⑤ 很多学者均同意,鲁始封之地在应在河南鲁山县;燕本作"郾",始封之地当在河南郾县;齐与许、申、吕俱为周王室外戚,则后三国皆在今河南境内,则齐之初封,亦应与三国不远。见钱穆:《国史大纲》,第 40 页。

余势力已不足为患情况下，周人重定封国：鲁、齐、滕、杞、莒、向皆伸展向东，燕、晋诸国向北，申、吕、聃、蔡、邓向南，在仍对宋等殷商旧势力形成包围同时，展示出向各战略方向离心扩张之势，为周室建立新的藩屏。[1]

与罗马帝国崩溃后欧洲延续千年之久的政治封建（federal）形态不同，周人封建是一种有着明确政治目的和政策考量、深谋远虑的战略设计。周人封建主要开始自武王克商之后，尤其是成王"三监之乱"前后，说明周人封建之源起在于以西北一隅而骤掌天下的强烈不安全感，以及在现实当中占领并统治殷商旧地面临的巨大困难，因此不得不派遣亲族以控御四方。因此，周人封建受国者基本以姬、姜两姓为主，除极少数例外，全为周王室成员或外戚。[2] 历代周王不断敦促受封诸国勤修武备，采取积极措施以强化自身实力，从而为周王室提供有力支援，即所谓"大启尔宇，为周室辅"[3]。而这种支援，亦主要集中在武力支援上："修尔车马，弓矢戎兵，用戒戎作，用遏蛮方。"[4]因此，就其实质而言，封建诸国乃是周人本着并吞天下目的而采用的一种具有侵略性的武装移民与军事占领。[5] 而大封诸国亦展现出周人在政治组织构建方面的气魄与雄心。

封建诸国体现出强烈的地缘战略企图，特别是利用诸侯国作为殖民要点以便向外扩张。许倬云指出，成、康之世，周人的封建，大约只在中原，亦即殷商旧地，加上在东方与北方开拓的疆土，如齐、燕诸国，往南则不过及于淮、汉一带（所谓"汉上诸姬"）。[6] 在殷商旧地等中原核心区内，周人移民与殷商后裔相互融合；而在核心区外，周王室和分封诸侯则通过封建不断向各战略方向的关键据点安插势力和武装移民，对各大战略要冲实施分区占领。其结果，则导致各诸侯国不可避免地与世居本地的古老族群发生冲突。在此情况下，各诸侯国内部以周人与殷商遗民及东

① 许倬云：《西周史》，第171页。
② "（周公）兼制天下，立七十一国，姬姓独居五十三人。"《荀子·儒效篇》。
③ 《诗经·鲁颂·閟宫》。
④ 《诗经·大雅·抑》。
⑤ 钱穆：《国史大纲》，第45页。
⑥ 许倬云：《西周史》，第160页。

方旧族相结合为基本原则,将周人的政治和文化制度与所谓的"夏政""商政""戎索"进行调和。① 而对于周、殷以外的土著,则一般采取军事打击、掠夺人口甚至并吞土地等方式以求消除威胁和扩充实力。

大致说来,周人的武力扩张对西北方向不算成功。周人在与戎狄之间的长期冲突当中,即使是在周人武力勃兴之时尚很难取得决定性的胜利,国力稍衰时更频受外患之侵扰。② 但周人在东北、西北方向的诸侯国,如燕、晋以及后来的秦,虽不时为戎狄所袭扰但尚能维持生存。直到春秋、战国时期,燕、三晋、秦诸国努力开边,华夏势力方能够向外继续推进。③ 周人对南方的积极攻势则效果颇佳,周人通过军事打击(如昭王南巡、宣王南征)陆续降服淮夷、徐戎,使之成为周的属邦。④ 最成功的当属东方,周人自东都成周洛邑,沿黄河一线不断向东延伸,从东北、东南张其两长臂抱殷宋于肘腋间。⑤ 但在长江中游及四川一带,则西周攻势未必十分显著,遂使四川的巴蜀及长江中游的楚能有发展为独立势力的机会。⑥

封建是周人谋取天下大战略的重要组成部分,是一个精心设计且被证明极其有效的政治设计,其中蕴含的宏大空间和时间视野尤为令人叹服。西周的封建,在强调天下为一个整体、天子及其行政机构能够在它

---

① 许倬云:《西周史》,第158页。《左传》中提到,周人诸侯国在统治殷商遗族和当地土著时采取有所区别的治理手段,在一定程度上尊重其习俗惯例:"聃季授土,陶叔授民,命以《康诰》,而封于殷虚。皆启以商政,疆以周索。分唐叔以大路,密须之鼓,阙巩,沽洗,怀姓九宗,职官五正。命以《唐诰》,而封于夏虚,启以夏政,疆以戎索。"见《左传·定公》。

② 西周国力强盛时,周穆王伐犬戎,但仅获得四白狼、四白鹿而归,戎狄从此不朝。见《史记·周本纪》;到周懿王时,"王室遂衰,戎狄交侵,暴虐中国,中国被其苦。"《汉书·匈奴传》。

③ 许倬云:《西周史》,第216页。

④ 昭王十九年南征,死于溺江。"昭王南巡狩不返,卒於江上。"《史记·周本记》。钱穆认为,昭王南征不复,是周人势力扩张在第二线(即由陕西武关,向江、汉,经营南阳、南郡一带,以及淮域)上之挫折。见钱穆:《国史大纲》,第46页。但也有学者认为,在六师俱丧前,昭王做到了慑服南方的工作,周人对南方用兵的结果,使淮夷臣服,成为向成周纳贡的属邦。见许倬云:《西周史》,第200页。

⑤ 钱穆:《国史大纲》,第42页。

⑥ 许倬云:《西周史》,第216页。

直接控制下的地区建立起一定程度行政治理前提下,主要依靠封建诸侯,将周王室的权威扩展到不能直接控制的地区。这种战略以诸侯国拥戴周天子为中心,尊周室为共主,定天下于一统。① 而成周的营造及姬、姜诸侯在朝歌周边就国,不仅掌握了中原腹地进而迅速取代殷商统治,更占据了关键的战略要冲,推动周人进一步向外征伐异族、扩张势力。在统治范围不断扩大的情况下,周人的封建事业亦不断随之推进,各诸侯国的封地也开始向更远的东方、北方和南方迁移:很多封国如鲁、齐、燕均由始封的中原地区向外远迁数百里甚至上千里。② 在姬、姜诸侯的带领下,占领更东、更北或更南的新领土,不断同化和融合当地部族,在为周室建立新的藩屏同时,亦使得"华夏"或"诸夏"概念由此产生,空间上推动华夏文明和政治秩序的不断拓展。

三、"天命"与"天下":意识形态塑造

周人的翦商乃至封建,紧密围绕"谋取天下"这个明确的大战略目的,始终展现出强烈的战略企图与国际政治现实主义逻辑。然而必须承认,一项成功的大战略,为完全达成其合理的和有限的目标,各种战略手段的协调和相互配合必不可少,尤其是实力(power)与道义(ethics)之间的调和。当然,单纯强调国际行为的道义规范不免沦为夸夸其谈;但如果单纯追求实力的扩张而忽略道义,或者说,忽略意识形态方面的塑造和政治秩序的构建,无疑将只能削弱甚至直接破坏其有效追求战略目标的能力。③ 周人同样意识到此点,因此早自文王时期便将对道义原则的鼓吹和坚守置于政策行为的关键位置,而道义原则与周人翦商、封建过程中的现实主义图谋相配合,并为之提供了合法性基础,共同构成了周

---

① 钱穆:《周公与中国文化》,载钱穆:《中国学术思想史论丛》,北京:三联书店 2009 年版,第 95 页。

② 许倬云:《西周史》,第 171 页。

③ Michael Howard, "Ethics and Power in International Policy," *International Affairs*, Vol. 53, No.3, 1977, p.374.

人大战略的基础。

　　尤其是克商之后,周人以一地处中原之外的边缘小国,在实力远逊殷商的情况下,居然成功取代殷商而执掌天下。如此颠覆性的革命,不得不刺激周人对于这一出乎意料的历史进展寻求一种历史性和形而上的宏观解释。肯定是在结合周人自身经历与吸取商人已萌生的若干新观念的基础上,加之巩固自身统治、验证代商成立的合法性需要,周人得以合而发展为一套天命靡常、惟德是亲的历史观及政治观。[①] 而这一套新哲学,既及时安定了当时的政治和社会秩序,同时亦为周人的军事攻伐和权势扩张提供了一种道德伦理意义上的,且具有足够正义性的解释。不仅如此,周人"天命"概念的创立,亦是中国政治文化演变中一个极重要的事件,不仅安定了当时,并且开启了中国人文精神及道德主义的政治传统,开后世儒家政治哲学之先河,为中国政治权威设下了民意人心的规制与约束。[②]

　　在几乎所有的历史文献当中,周人均有意识地将如此成就的获得归于天命所归,而非单纯的大战略运用得当和武力竞争的结果。周人以夏遗民自居,认为自有膺受天命的资格,"周虽旧邦,其命维新"[③]。殷商失国的根本原因,被认为是其道义、礼制乃至个人品行上的总体失败,因而被上天抛弃。而周人(尤其是文王)的勤修德政,成为天命的中选者,这才是周人成功革命、掌握天下的意识形态根源。[④] 因此,文王的后代应百世昌盛,商人的子孙也应该接受天命已改的事实,臣服周邦。[⑤] 然而,"天

---

① 傅斯年:《傅孟真先生集》(卷3),台北:台湾大学出版社1952年版,第191—110页。转引自许倬云:《西周史》,第114页。

② 许倬云:《西周史》,第125页。

③ 《诗经·大雅·大明》。

④ 《诗经·大雅·皇矣》便写出周人自以为受命的过程:"皇矣上帝,临下有赫;监观四方,求民之莫。维此二国,其政不获;维彼四国,爰究爰度。上帝耆之,憎其式廓。乃眷西顾,此维与宅。"《诗经·大雅·皇矣》。

⑤ "文王孙子,本支百世,凡周之士,不显亦世,……商之孙子,其丽不亿,上帝既命,侯于周服。"《诗经·大雅·文王》。

命靡常"①。天自有其运行的规律，天对待君王的态度也并非依赖血缘宗族的关系，而是建立在客观性、普遍性的、以道义作为衡量标尺的准则之上。夏代失德因而失去天命，殷商失国的原因也在于不以夏代为鉴。②殷鉴不远，周人必须时刻牢记：创业不易，守成亦是艰难。周人唯有牢记文王的教诲、遵循文王的德行，以期顺应天命，"自求多福"。③

在承认"天命"存在且有其循环规律的基础上，周人亦提出了其对于"天下"应有政治秩序之设想和规范。与以往限于个别地域且不具有普遍意义的夏商两代政治精神相比，周人（主要是周公旦）提出的这种政治秩序严格基于家庭伦理和血亲传承，并推而广之确立起整体的社会伦理，即宗法制度。通过宗法制度，周人由社会伦理之确立，进而得以构建出一套以周天子为核心，其次姬姜诸侯，再次卿大夫，最次庶人的等级化政治结构。这种等级结构既有固定之处，即"大宗（周王室）百世不迁"，确保周王室的超然地位；同时也兼具一定的流动性："小宗五世而迁"，以求适应形势发展，甚至有意鼓励中下等级的优胜劣汰。④ 而宗法制度之成形并上升至国家政治秩序，则保障周代政治组织形式虽有封建、分权之形，周人在政治结构和法理上依然能够达成一统，从而实现天下一家、中国一人。"一言以蔽之，在于其尊一统也。"⑤因此，宗法与封建实为互为表里，精神一体，共同构成周代"天下"政治秩序的基石。

"天命"意识形态之塑造与"天下"政治秩序之成形，标志着中国历史进入一个崭新的阶段。在西周王朝的多数时间里，周天子作为天下共主，一般能够遵守礼制等政治/社会行为规范，在远超出一般水平的军事力量的同时，也拥有较强的政治权威与足够的统治合法性，因此从道义

---

① 《诗经·大雅·文王》。
② 《诗经·大雅·荡》列举了殷商政治诸多的失德之处，将殷商的灭亡归之于为天命所弃，并警告周人"殷鉴不远，在夏后之世。"《诗经·大雅·荡》。
③ "无念尔祖，聿修厥德，永言配命，自求多福。"《诗经·大雅·文王》。
④ 《礼记·大传》。
⑤ 钱穆：《周公与中国文化》，载钱穆：《中国学术思想史论丛》，北京：三联书店 2009 年版，第 96—97 页。

和现实方面均足以威慑不臣；而与周王室有血亲或婚姻关系的各诸侯国（他们一般彼此也有血亲或婚姻关系）由于形势使然也一般集中关注其内部和外部（主要是针对除殷、周之外的异质文明）安全问题，周人统治阶层作为一个整体将其利益与这一制度相认同。在周王武力和道义同时占据优势（尤其是与所谓的"戎狄"和"蛮夷"相比）、诸侯对此政治安排基本不持异议的情况下，西周在其统治核心区域内部得以创造出相对的和平与安宁：在这一朝代开创差不多两个世纪的时间内，各诸侯国之间基本没有爆发战争。甚至在西周的最后一个世纪，诸夏之间也仅发生了三次战争，整个西周时期的许多军事讨伐均是针对所谓的"戎狄"和"蛮夷"的。在相当长的一段时期内，周人在一片广大的文明世界里创造了相对秩序和总体稳定，至少在华夏文明圈内部创造出一段相当漫长的"周统治下的和平"（*Pax Chouica*），为中国人太平大同的政治理想创造出一个现实典范。①

此种以周王为核心、诸夏相环绕、以道义宗法为规范、以封建为实质、具有足够武力保障、范围涵盖"天下"的华夏文明共同体，因其政策设计之巧妙，与社会伦理之紧密贴合加之对周人贵族（甚至个别殷商贵族）的群体性激励，影响力之深入，直到西周灭亡、平王东迁一个多世纪之后，管仲依然以"戎狄豺狼，不可厌也，诸夏亲昵，不可弃也"②作为齐国救援邢国、迎击北狄的当然理由。鉴于周人刚柔并济，以软、硬实力协调运用为突出特点的大战略缔造取得的巨大成功及其深刻影响，即使这一政治秩序在内外部压力作用下大体崩溃数百年后，伟大的政治哲学家孔子仍将周人的战略缔造（尤其是经他美化的政治制度设计、而非单纯的武力运用）作为最值得效仿的完美历史案例，"周监于二代，郁郁乎文哉，吾从周"③。

---

① "Pax Chouica"，系自"Pax Rmana"（罗马治下的和平）和"Pax Britannica"（不列颠治下的和平）转用而来。本杰明·史华兹：《古代中国的思想世界》，第 55 页。
② 《左传·闵公》。
③ 《论语·八佾》。

四、"天下秩序":现实与理想的冲突

长久以来,周人谋取天下的大战略,尤其是其克商之后的意识形态塑造和政治秩序建构,因其对周代乃至整个中国历史发展的巨大影响,一向是学术界关注的重点之一。特别是进入 21 世纪以来,中国学界对于"天下"概念理论的关注和讨论尤为热烈。[①] 这无疑反映出,在当下这个传统矛盾尚未消弭、新生挑战急剧增长的时代当中,日益自信的中国学者开始重视向中国本生的历史哲学和政治哲学寻求某些明显不同于西方范式且具有相当时代适切性的概念、定理和理论体系,尝试用中国的历史经验去理解、解释甚至规范当下乃至未来世界政治的矛盾、问题与演进趋势。与此同时,此类具有浓郁中国气息的概念、定理和体系在国际学术界引发的持续回应也表明:随着中国和平发展效应的不断累积和日益走向世界舞台的中央,国际学术界正在以前所未有的热情关注中国未来可能的战略选择与战略路径。当下西方学界对赵汀阳研究员"天下体系"理论的讨论即为其中一例。[②]

赵汀阳研究员将"天下"视为一个多重的概念,或概念体系。在他那里,"天下"一是指地理学意义上的"天底下的所有土地",相当于人类可以居住的整个世界;二是指所有土地上生活的所有人的心思,即"民心",他认为"得天下",主要是获得大多数人的民心。三则是一种世界一家的理想或乌托邦(所谓"四海一家"),这一伦理/政治理想的突出意义在于它想像着并且试图追求某种"世界制度"以及由世界制度所保证的"世界政府"。[③] 因此,"天下"至少是地理、心理和社会制度三者合一的世界,……"天下"根本上不是个国家,尤其不是民族/国家,而是一种政治/

---

① 根据知网(CNKI)搜索结果,在中文社会科学引文索引(CSSCI)来源期刊中,历年发表的学术论文关键词包含"天下"计 1450 篇。上网时间 2018 年 8 月 19 日 10:45。

② 根据 EBSCO 数据库搜索结果,2000 至 2018 年西文公开发表论文及书评中,出现"tianxia"一词的有 132 篇,出现"all under heaven"一词文献有 178 篇。上网时间 2018 年 8 月 19 日 10:50。

③ 赵汀阳:《天下体系:世界制度哲学导论》,南京:江苏教育出版社 2005 年版,第 42 页。

文化制度,或者说是一个世界社会。①

　　值得注意的是,为反驳部分学者认为其理论仅为一个脱离历史的幻想,赵汀阳研究员一直将西周作为"天下体系"的最典型案例或实验版本。② 正是在总结西周的政治精神和相关实践基础上,他提出了作为未来世界制度的"天下体系"的三个基本原则,即:(1) 天下体系是一个利益普遍共享体系,其基本信念是"天下是天下人的天下",因此"天下无外";(2) 天下体系制度能够保证各国都获得足够大的权力和利益,以至于各国加入天下体系的好处明显大于独立在外的好处,从而使各国都愿意承认并且加入天下体系;(3) 天下体系能够形成各国利益互相依存的互惠关系,如互相救难、互通有无,从而保证和谐共存关系,这是世界共荣与世界和平的条件。③ 此外,他还归纳出:(1) 天下一家的理想影响下中国的意识里不存在"异端意识";(2) 天下公有而为一家意识抑制了天下/帝国作为军事化帝国的发展趋势;(3) 天下/帝国是一种共享的世界制度;(4) 重视制度的可持久性、生活方式的稳定性和社会和谐的最大化;(5) 礼是处理人际和国际等一切"际间"关系的普遍原则等在内的"天下体系"的内在实质及外在表现。④

　　赵汀阳研究员的一些看法具有相当的合理成分与深刻意义,例如他将"天下"与现代民族-国家体系所进行的比较研究,再如他对后者在历史演进当中,尤其是当下的全球治理结构性矛盾及其引发的不良后果的深入分析等,当然有利于国际社会对包括国家利己主义、宗教和种族极端主义、霸权主义和强权政治等在内的,诸多严重阻滞国际持久和平和普遍繁荣进程的思维模式及国际政治实践的批判性反思,而赵汀阳对"天下"兼具地理、心理与社会制度含义的理解以及天下体系应当具有的诸多特质和规范性原则的描述,也为国际社会思考国际政治演进的历

---

① 赵汀阳:《天下体系:世界制度哲学导论》,第 42 页、44 页。
② 《天下体系与未来世界秩序 第一单元 自由讨论》,《探索与争鸣》2016 年第 5 期,第 61 页。
③ 赵汀阳:《天下体系的一个简要表述》,《世界经济与政治》2008 年第 10 期,第 61 页。
④ 见赵汀阳:《天下体系:世界制度哲学导论》,第 76—80 页。

史、现状与趋势提供了又一条思路。①

　　然而，"天下秩序"是一种理想，更是一种实践。在"天下秩序"的历史起点和最为典型的案例——西周那里，其"天下秩序"塑造的大成功无疑是高超的战略算计加之军事力、经济力、价值观、可信度、感召力等诸多战略手段组合运用的结果，绝非仅凭意识形态鼓吹和政治伦理规范可以完成。在真实历史进程中，天下秩序的创立和运行，除以天命解释朝代兴替、以道义约束天子、以宗法约束诸夏、以礼教规范庶人外，武力的运用或威胁运用至为关键：周天子便拥重兵以威慑不臣，更勿论征伐戎狄以维护帝国的安全、向外扩张扩大天子权威及华夏文明范围等方面。而在西周"天下秩序"扩张的过程当中，武力的运用更是频繁激烈：虽然西周在华夏文明圈内部诸夏之间大致确保了秩序与和平，但华夏文明圈与异族异势力交界之处，以及文明圈内部诸侯与混居其内的非华夏族群之间的战争和冲突几乎从不间断：周王及各诸侯国频繁对"戎、狄、蛮、夷"用兵，竭力扩大统治范围与文明边界，与异族不断袭扰、入侵西周诸夏甚至周王直辖地区，均是历史事实。② 因此，西周时期的秩序与和平实际上仅是华夏文明圈内大体上的秩序与和平，而绝非整个周人已知世界的秩序与和平。

　　因此，"天下秩序"或者更确切地说，是"处于周天子权威下的有秩序的天下"，从来就不是一个在地理上涵盖整个周人已知世界的秩序，而仅是一种在范围上涵盖"周王室故地＋殷商旧地＋诸夏开拓领地"之和，服从周天子在政治上和宗法上的无上权威、在政治制度和礼仪文化上认同华夏，且为周人政治主流所认可和接受的同质文明圈内的秩序。因此，这种"四家一家"理想的另一方面是"中国一人"的观念。"天下秩序"根本就是"化家为国"、存在严格等级的秩序，是尊卑礼法、君君臣臣的秩序，强调下对上的责任，当然也强调上对下的宽容。因此，西周的天下

---

① June Teufel Dreyer, "The 'Tianxia Trope': Will China Change the International System?" *Journal of Contemporary China*, Vol. 24, No. 96, 2015, p.1015.

② 西周的灭亡，甚至就直接源自一次异族（犬戎）的军事入侵。见《史记·周本纪》。

观，是强调天下一人，即周王的普世统治权利。所谓的"无外"（all-inclu-sive）原则也仅存于华夏文明圈之内、周天子与其具有血亲关系的诸夏之间。

但对于那些位处"天下"地理空间范围之内，却不服王化的异质/"低等"文明或公开反叛的诸侯，这一战略设计则远非和平主义的：周王强化自身实力并不断敦促诸侯勤修武备的目的，正在于应对周天子、诸侯与化外之族群之间的频繁战争。而这些战争，部分是正义的，如周人抵制异族的袭扰或掳掠；部分则显然是非正义的或者理由牵强的，最为典型的当属周穆王对犬戎的讨伐，这场战争甚至引发了周人内部的异议和谴责。[1] 不仅如此，"天下秩序"更是一个洋溢着强烈的华夏文明优越感的政治规范。在与周边各非华夏部落的斗争过程中，环绕（甚至镶嵌）在周王直辖及周边诸侯国之外的化外之地，其居民从来都被认为是不文明的，在道德上是卑下的，言行均是不可被信任的，其作为先进的华夏文明的反面存在，在绝大多数时间里与中国的关系一般都体现为相互敌对，这也正是华夏的"天下秩序"与之不断发生冲突的根源所在。[2] 就以上诸方面而言，赵汀阳研究员反复强调的"天下体系并不包含帝国的征服性、霸权性特别是敌对性"，至少在西周天下秩序的建立、巩固并不断地理扩张过程当中无法得到证实。

赵汀阳对"天下秩序"的强调，在于看到西周制度某些优势的重要价值，包括天子与诸侯之间的道义约束、彼此明确的权利义务关系、具有血缘联系的诸夏之间的大致和平，以及文明圈内整体政治与安全形势的秩序与稳定等。此中体现出的政治秩序之和谐和各行为体之间的亲善等

---

[1] "周穆王将征犬戎，祭公谋父谏曰：不可。先王耀德不观兵。夫兵，戢而时动，动则威；观则玩，玩则无震。是故周文公之颂曰：载戢干戈，载櫜弓矢；我求懿德，肆于时夏。允王保之。先王之于民也，茂正其德，而厚其性；阜其财求，而利其器用；明利害之乡，以文修之，使务利而避害，怀德而畏威，故能保世以滋大。"参见《国语·周语上》。

[2] 西周灭亡约700年后，《汉书》当中对匈奴的描述，依然鲜明地体现出这种倾向："夷狄之人贪而好利，被发左衽，人面兽心，其与中国殊章服，异习俗，饮食不同，言语不通。隔以山谷，雍以沙幕，天地所以绝外内地。来则惩而御之，去则备而守之，盖圣王制御蛮夷之常道也。"见《汉书·匈奴传》。

制度优势，在他看来，足以调和现代国际政治体系的主权国家单元结构以及由此导致的无政府状态现实，从而缓解长久以来持续激化的国际政治竞争、国家间冲突及由此导致的混乱与无序。但必须看到的是，在当下国际社会当中主权规范牢固确立、民族-国家意识依然强大且已深入人心的情况下，具有中国古典政治文明鲜明印记、曾确保两个多世纪部分和平但最终也因其内部压力而"礼崩乐坏"的"天下秩序"，是否具有普遍性意义和现代意义，是否能够被当今国际社会当中的多数国家接受并按其理想状态运行，均存在很大的疑问。特别是，赵汀阳研究员对于天下秩序中非正义战争、华夏文明优越论、各行为体实质上不平等关系的真实存在的讳言，为其理论受到不少学者批评质疑提供了关键证据。这一点，甚至也是"天下"理论被外国部分学者视为"试图颠覆当前国际秩序""中国文明优越论"，甚至成为"中国主导世界图谋"代名词的重要原因。①

　　尽管如此，周人塑造天下秩序的战略进程，是中国历史乃至世界历史当中霸权挑战国成功取代体系主导国的一个极为典型的案例。周人的兴起、革命乃至巩固，以扩张权势为手段，以建立尊一统的以周天子为核心的天下秩序为目标，战略现实主义贯穿其间，各种战略手段交替运用。在战略谋划和实施当中，有隐忍，有妥协，有欺骗，有权力的规划分

---

① 例如，美国学者威廉·卡拉汉（William A. Callanhan）便认为"天下"理论对中国历史采取了一种非常狭隘的理解，他列举了中国在历史中与其邻国或其他政治行为体之间发生的诸多战争和冲突，以驳斥"天下秩序"必然产生地区关系和谐的推论。他更是由此点入手，认为该理论并非是一种"后霸权"的世界秩序理论，相反，仅仅是将中国帝国时代等级秩序的 21 世纪翻版，体现出了一种新型的和中国式的霸权观念。见 William A. Callanhan, "Chinese Visions of World Order: Post-hegemonic or a New Hegemony," *International Studies Review*, Vol.10, No.4, 2008, pp.755 - 758. 对赵汀阳"天下"理论的质疑，与中国和平发展步伐不断加快的事实一起，成为当前很多西方学者论证"修正主义的中国（revisionist China）挑战国际秩序现状、试图恢复东亚朝贡体系"断言的理论与现实证据。可参见 Allen Cralson, "Moving Beyond Sovereignty? A Brief Consideration of Recent Changes in China's Approach to International Order and the Emergence of the Tianxia Concept," *Journal of Contemporary China*, Vol.20, No.68, 2011, p.89. 当然，此类看法亦受到作者自身知识结构和价值取向的强烈影响。

配和利益的评估取舍，为后世提供了诸多的战略遗训，依然有相当可观之处值得参考借鉴。这些遗训大致应当包括：战略目标设定上，既要胸怀天下，亦要着手当前问题；既要审慎评估总体形势，亦要精细算计敌我实力；实力不济时的战略隐忍和战略欺骗必不可少，总体胜利后的战略审慎和战略宽容亦为必需。同时，大战略之筹划和实施还必须伴之理念之力量，一种合乎自然、人理、道义的地方；在战略精神上，在不断关注大势同时，亦要时时体察人心，克敌制胜亦须具备能够被普遍接受的道义伦理基础。总之，"有天下不尽仗于武烈也"[1]。从这个意义上讲，周人勃兴过程当中武力与道义的刚柔相济及取得的绝大成功，足以为三千年后的崛起大国鉴。

---

[1]　钱穆语，见钱穆：《周公与中国文化》，载钱穆：《中国学术思想史论丛》，第99页。

"熊通困境":身份政治与安全两难 *

近年来,归因于国际权势对比出现的较大幅度变动,国际政治演进的不确定性急剧增长,主要大国间关系亦随之出现剧烈震荡。尤其是2018年以来,美国以应对"大国竞争"为口号,以击败"'修正主义国家'(revisionist countries)变更国际秩序企图"为目标,在极力强化本国军事、经济等"硬实力"同时,在经贸、科技、军事等领域连续向中国施压,严重激化国际紧张形势。①美国决策界及部分学者论证中国因实力增长而构成的愈发严重的"威胁"时,中国与美国等西方国家在意识形态、文化传统、历史传承方面的差异,或者说,中国"独特"的国际政治"身份"(identity),亦成为他们论说中国力图"颠覆"现行的、事实上为美国所主导的国际秩序的"天然证据",甚至成为"文明冲突"的最新一项例证。②正是在此类想象、话语、事态的共同作用下,近年来中国国家安全环境中挑战性和复杂性因素迅速增加,而有关中美两国是否以此为序幕步入敌

---

* 原文发表于《国际安全研究》2020年第6期。

① 葛汉文:《"拒绝衰落"与美国"要塞化":特朗普的大战略》,《国际安全研究》2018年第3期,第97页。

② 2019年4月29日,美国国务院政策规划司主任奇诺·斯金纳(Kiron Skinner)称,美国面临的是一场"前所未遇的""与完全不同的文明和意识形态国家的斗争"。See Daniel Larison, "An Awful 'Strategy' For China," The American Conservative, 1 May 2019, https://www.theamericanconservative.com/larison/an-awful-strategy-for-china/.

199

对、对抗直至落入"修昔底德陷阱"(Thucydides' Trap)的讨论已成为当前国际关系与战略学界异常热络的议题。[1]

值得注意的是,在世界历史演进当中,崛起国家因实力的相对增长,加之不同于霸权国家及其附庸集团的国际政治"身份",进而面临以霸权国家为主导的国际体系的强烈敌意与权势压制的双重难题之现象,并非罕见,其中尤以中国周代的楚国,特别是楚君熊通执政时期最为典型。历史经验亦一再表明,这种困境,即所谓的"熊通困境",在没有爆发霸权战争、国际体系没有发生颠覆性变更的情况下,并不能随崛起国实力的持续增长、国际权势对比的较大幅度变动而得到大体缓解;相反,"异质身份"国家的实力增长反而会激发起体系内愈发强大的群体性权势压制。崛起国家突破"熊通困境"以争取生存、寻求被公平对待乃至争取应有国际威望(prestige)的路径,可能唯有寄希望于两种逻辑和效应皆有所不同的方式:一是主要运用武力强制,力求颠覆现有的霸权国际体系——这意味着紧张局势的加剧,乃至最终可能爆发大国间战争;二是致力于推动现有国际体系身份共识的瓦解——这意味着长期的、连贯的、灵活的、坚定的非军事与军事手段的战略组合运用。

一、霸权国际体系中的"熊通困境"

长久以来,身份政治始终是显著影响国家间关系的关键性因素之一。尤其在霸权国际体系中,考虑到国际身份政治共识为霸权国家所塑造和主导,因此那些在身份政治上与霸权国家及其附庸集团大不相同的国家,受国际体系敌视和压制的状态,具有长期的国际政治效应。

在国际关系(IR)研究领域,有关国家"身份"的概念及其对国家间关系演进的影响,一直存在巨大争议。这些争议尤其集中在对如下问题的解释上:什么是国际政治当中的"身份"? 衡量"身份"异同,也即确定"己方-他者(self-other)"的标准是什么? 在国际体系缺乏合法权威的条件

---

[1] 参见[美]格雷厄姆·艾利森:《注定一战:中美能避免修昔底德陷阱吗?》,陈定定等译,上海:上海人民出版社2017年版,第7—11页。

下,谁能够或有权确认、决定及评价"他者"? "己方"与"他者"间关系呈现的式样及其本质是什么? 是否存在一个允许"他者"融入现有同类身份群体的国际环境?[①]在上述问题并没有达成明确共识的情况下,学界一般同意:国际政治中的"身份"是一个"动态的(fluid)、建构的(constructed)、多样的(multiple)和相关联的(relational)"概念,直接关乎国际体系当中国家行为体之间相互认识-反馈的方式。而从历史实践看,确立国际政治身份的标准,通常包括文明、种族、区域、历史、文化和政治意识形态。[②]尤其是政治意识形态,自第二次世界大战结束以来,已经成为判定特定国家"身份"及其对外政策行为属性最为重要的衡量要素之一。

尽管"国际无政府状态"(international anarchy)通常被认为是现代国际体系的本质特征,即国际体系中缺乏一个单一的和首要的政治权威,且缺乏约束各主权国家的法律体系,[③]但这并不妨碍自现代国际体系产生以来,一种事实上的等级制度,尤其是以霸权(hegemony)为核心的国际体系实际支配国际关系的现象的长期存在。在该体系当中,存在一个(而非几个)拥有压倒性实力优势的超强国家,并通过强制与非强制手段,对其时的国际体系发挥塑造和主导作用。[④]体系中的其他国家尽管可

[①] Patricia M. Goff and Kevin C. Dunn, "Conclusion: Revisiting the Four Dimensions of Identity," in Patricia M. Goff and Kevin C. Dunn, eds., *Identity and Global Politics: Empirical and Theoretical Elaborations*, New York: Palgrave Macmillan, 2004, p.237.

[②] Patricia M. Goff and Kevin C. Dunn, "Introduction: In Defense of Identity," in Patricia M. Goff and Kevin C. Dunn, eds., *Identity and Global Politics: Empirical and Theoretical Elaborations*, New York: Palgrave Macmillan, 2004, p.3.

[③] Kenneth N. Waltz, *Man, the State and War: A Theoretical Analysis*, New York: Columbia University Press, 2001, p.159.

[④] 进攻性现实主义代表人物约翰·米尔斯海默指出,霸权是指一个非常强大的国家统治体系内所有其他国家。……在国际体系当中,霸权是体系中的唯一大国,意味着对体系的控制。见[美]约翰·米尔斯海默:《大国政治的悲剧》,王义桅等译,上海:上海人民出版社2003年版,第55页。在罗伯特·吉尔平看来,国际体系在历史演进中共存在三种形式或结构,一是帝国主义或霸权主义结构,即一个单一的强大国家控制或统治该体系内部比较弱小的国家。这一结构最为普遍,至少延续到近代;第二是二元结构,即两个势力强大的国家控制和调节各自势力范围内及其相互之间的互动关系;第三为均势结构,即三个或更多的国家通过施展外交手段、更换盟友以及挑起公开冲突以控制相互的行为。最典型的案例当属"欧洲均势"。见[美]罗伯特·吉尔平:《世界政治中的战争与变革》,武军等译,北京:中国人民公安大学出版社1994年版,第29—30页。

以继续保有其领土与生存,但却不得不屈从于霸权国家的影响、制约、威胁和强制,并按前者的要求或规范改变自身及彼此间的国际政治行为,乃至成为霸权国家事实上的附庸。[1]在特定国家得以实现霸权的几大前提当中,除国家实力(尤其是经济、军事实力)的压倒性优势外,拥有霸权的国家亦必须有一套观念、价值和意识形态为其提供"软性"的支撑,以确保其他国家和公众对其在国际体系中主导地位的"大体赞同"。[2]或者说,霸权秩序的确立,高度有赖于特定的大国能否建构起一整套"身份"或"认同",并得到国际体系大多数成员的接受或被迫接受。[3]罗伯特·考克斯(Robert Cox)甚至提出,所谓霸权就是"一种由主导性强国建立的特殊的统治地位",这个主导性强国建立起一种基于自身文化、观念和意识形态的世界秩序,并能够将其强加于其他大国和次要国家。[4]

所有的国家均处在同样的环境当中,并不得不在相同的条件下共处和互相影响。[5]霸权国家在国际体系"身份共识"塑造过程中发挥的主导性作用,极大影响了国际体系中所有国家彼此交往的行为方式。因此,对于那些在国际体系内具有大不相同的文化、宗教或政治意识形态的国家而言,因其"异质"的身份而受到以霸权为核心的国际体系敌视、排斥的状况,具有长期的国际政治效应。而这种效应,并不会随着该国实力的持续增长及其导致的国际权势对比的较大幅度变动而得到大体缓解;相反,"异质身份"的崛起国家往往因其实力增长反而激发起现有体系内

[1] David A. Lake, *Hierarchy in International Relations*, Ithca and London: Cornell University Press, 2009, p.17.

[2] Robert Cox, *Production, Power, and World Order: Social Forces in the Making of History*, New York: Columbia University Press, 1987. p. 7. Also see Owen Worth, *Rethinking Hegemony*, New York: Palgrave, 2015, p.1.

[3] Bentley B. Allan, Srdjan Vucetic, and Ted Hopf, "The Distribution of Identity and the Future of International Order: China's Hegemonic Prospects," *International Organization*, Vol. 72, No. 4, 2018, p.2.

[4] Robert Cox, *Production, Power, and World Order: Social Forces in the Making of History*, New York: Columbia University Press, 1987, p.7.

[5] [美]威廉·奥尔森、戴维·麦克莱伦、弗雷德·桑德曼编:《国际关系的理论与实践》,王沿等译,北京:中国社会科学出版社1987年版,第28页。

愈发强大甚至远超常规的敌对性反应。这种困境，即崛起国家因所谓"异质身份"而面临国际体系强烈敌意；因实力相对增长而受到霸权国家及其附庸集团权势压制的双重难题，即所谓"熊通困境"问题，在世界历史当中并非罕见，尤以中国周代的楚国，特别是楚君熊通执政时期最为典型。

在中国古代历史中，周人天下（西周与春秋时期），当然与以民族-国家为主要单元、法理上主权平等的现代国家体系存在诸多显著差别。然而，与世界历史中若干为霸权国家所主导的国际体系相比，仍有若干相似之处可以比照：其一，其时体系中皆存在一个政治权威（political authority），在实力（尤其是军事实力）和身份政治两方面拥有压倒性优势；[1]其二，这个政治权威拥有诸多附庸者（国），在以其为核心的同盟中拥有主导性地位；其三，除大体服从权威或霸权外，这个国际体系中的其他成员在内外事务中有相当程度的自主与自治地位；其四，国际体系中仍有不少异数存在，不服从这个权威，个别强大者甚至拥有接近这个政治权威的实力并不时显露出挑战这个权威中心的企图。

公元前 11 世纪，周武革命后形成的是一个以周王室为核心，姬姜诸侯相环绕，以道义与宗法为规范的、等级化的国际体系（或者更确切地说，天下秩序）。在西周王朝的多数时间里，周天子作为法理上的天下共主及实质上有明确治理范围的国际行为体之一，在拥有远超出一般水平的军事力量的同时，也拥有足够的政治权威与统治合法性，从道义和现实方面均足以威慑不臣；而与周王室有血亲或婚姻关系的各诸侯国（他们一般彼此间也存在血亲或婚姻关系）由于形势使然也一般服从周王室

---

[1] 就中国周代而言，这个政治权威，西周时期当然为周天子；平王东迁后，国际体系内霸权发生转移：春秋早期为齐，后当属晋；战国时期显然演化成为"多极"国际体系。而在春秋霸权体系当中，"霸政创造于齐，赞助于宋，而完成于晋"。践土之盟后，"自是霸业常在晋"。见钱穆：《国史大纲》，北京：商务印书馆 1996 年版，第 60 页。当然，作为一般性规律，霸权对国际体系的控制应被理解为"相对控制"，"从未有过一个国家完全控制过一种国际体系"（罗伯特·吉尔平语）。西周乃至春秋时期的霸权，包括西周天子以及其后的齐、晋，对其时国际体系的控制显然也符合这一论断。见罗伯特·吉尔平《世界政治中的战争与变革》，第 28 页。

的权威,遵从既定政治安排,成为这一具有鲜明等级制色彩国际秩序的坚定维护者。①尤其是,主要归功于周公旦的贡献,周人成功革命后构建出一套"天命靡常、惟德是亲"的历史观与政治观,不仅成为巩固自身统治、验证代商成立的合法性需要的工具,更为"周统治下的和平"(*Pax Chouica*)之稳定和延续提供了意识形态支撑;不仅安定了当时,而且开启了中国人文精神及道德主义的政治传统,为中国政治权威设下了民意人心的规制与约束。②

在以周王室为主导的等级化国际体系当中,楚是作为异类而存在的。周封建诸国,主要以姬、姜两姓为主,以及前朝余孽。③不在上述之列的楚,地位不仅远不及虞、夏、殷后裔,④亦不及同时被封的鲁、晋诸侯。虽然楚先祖鬻熊为周文王之师、⑤鬻熊后裔熊绎为周成王臣属,终以效力文王、武王的功绩受封于楚蛮,⑥但与熊绎同时受封的鲁公伯禽、卫康叔子牟、晋侯燮与齐太公子吕伋皆称"公""侯",而楚君仅称"子",反映出楚君爵位之低。且齐、晋、鲁、卫君皆受赐宝器,独熊绎却因功不赏。⑦尽管早期楚国按时朝贡,献包茅,在军事方面亦听从周王指挥调遣,配合其讨伐不臣,⑧但这个显然不平等且暗含贬斥色彩的封爵,在楚实力显著增长

---

① 葛汉文:《武力与道义:周人谋取天下的大战略——兼与赵汀阳研究员商榷》,《国际政治研究》2019 年第 4 期,第 123 页。
② 许倬云:《西周史》,北京:三联书店 2012 年版,第 125 页。
③ "周公兼制天下,立七十一国,姬姓独居五十三"。见[清]王先谦撰:《荀子集解·儒效篇第八》,北京:中华书局 1988 年版,第 114 页。
④ 虞、夏、殷后裔受封于陈、杞、宋,均为公爵。
⑤ "三十七年,楚熊通怒曰:吾先鬻熊,文王之师也,蚤终。"见《史记·楚世家》。
⑥ "熊绎当周成王之时,举文、武勤劳之後嗣,而封熊绎於楚蛮,封以子男之田,姓芈氏,居丹阳。楚子熊绎与鲁公伯禽、卫康叔子牟、晋侯燮、齐太公子吕伋俱事成王。"见《史记·楚世家》。
⑦ 数百年后,楚灵王依然对此怨念颇重:"齐、晋、鲁、卫,其封皆受宝器,我独不。"大夫析父向之说明原因:"昔我先王熊绎辟在荆山,筚路蓝缕。以处草莽,跋涉山林以事天子,唯是桃弧棘矢以共王事。齐,王舅也;晋及鲁、卫,王母弟也;楚是以无分而彼皆有。"见《史记·楚世家》。
⑧ "(周穆王)十四年,王帅楚子伐徐戎,克之。"[清]王国维撰:《今本竹书纪年疏证》,宋志英辑:《〈竹书纪年〉研究文献辑刊(第十册)》,北京:国家图书馆出版社 2010 年版,第 555 页。

背景下却长期得不到纠正，最终成为楚对现状（status quo）极度不满的重要缘由。

更为严重的是，在西周直至春秋近六个世纪的漫长历史时期内，楚并不被认可为华夏文明共同体的合格成员。楚位于"荆蛮之地"，与当地土著相混同，因此在主要以"礼法"为标准的华夏文明共同体当中，楚长期被视为"蛮夷"，不在诸夏之列：在周天子主持会盟时，楚子被视为与鲜卑（东夷）地位大致等同的"蛮夷"，仅从事劳役工作，不得参与正式的祭典。[①]即使是在幽王见杀、平王东迁、周王室影响衰微、国际权势对比出现重大变动之后，楚国仍不被主要为诸夏诸侯所组成的国际体系所认同。以"尊王攘夷"为政治号召的齐桓公，也将楚与北狄、西戎等一起视为诸夏的异类、叛逆和齐国称霸的主要障碍，因此以明显牵强的理由，会同宋、鲁、陈、卫、许、邢、曹等诸侯国一同征伐楚国。[②]这些现象均表明：楚作为异质文明的身份定位，以及因此为国际体系所长期排斥和孤立的状况，已成为常态。

正是出于以上原因，除不长的时期外，楚与既有的、以周王室为核心的国际体系的关系是全然紧张的。周王室早期对楚采取"对冲"战略，即以"接触＋制衡"方式：在将熊绎封至荆蛮土地后，周王室亦不断在楚周边安插随、郧、唐、申等姬姓诸侯（即所谓"汉阳诸姬"），以就近对楚加以监督。同时，周王室亦通过不断向包括荆蛮在内的南方用兵，以求消除威胁并对潜在敌手进行威慑。[③]周王对南方的军事打击，部分取得成功

---

① "昔成王盟诸侯于岐阳，楚为荆蛮，置茅蕝，设望表，与鲜卑守燎，故不与盟。"见《国语集解·晋语八》。

② "四年春，齐侯以诸侯之师侵蔡，蔡溃，遂伐楚。楚子使与师言曰：君处北海，寡人处南海，唯是风马牛不相及也。不虞君之涉吾地也，何故？管仲对曰：昔召康公命我先君太公曰：五侯九伯，女实征之，以夹辅周室。赐我先君履：东至于海，西至于河，南至于穆陵，北至于无棣。尔贡包茅不入，王祭不共，无以缩酒，寡人是征；昭王南征而不复，寡人是问。对曰：贡之不入，寡君之罪也，敢不共给？昭王之不复，君其问诸水滨。"见《春秋左传注·僖公四年》。

③ "周成王四年，工师伐淮夷；康王十六年，王南巡狩至九江庐山；昭王十六年，伐楚涉汉遇大兕；昭王十九年，祭公、辛伯从王伐楚；宣王五年，方叔帅师伐荆蛮。"见王国维撰《古本竹书纪年疏证》，第546—564页。

（如降服淮夷、徐戎，使之成为新的属邦），同时亦有屡次受挫的历史，甚至有昭王六师皆没的记载。①在此过程中，楚与周王室及其他姬姓诸侯的关系，已历经从早期的有限合作逐步恶化为直接敌对的过程。尤其是昭王南征不返，被认为与楚国存在极其微妙的联系。②

随着历史的演进，楚与其时国际体系的核心——周王室及其附庸集团的实力对比开始出现显著变化：平王东迁、王室衰微、"中国不绝若线"，周王室在国际体系中的霸权地位已出现严重动摇甚至崩塌迹象；与之相比，积累世代的楚国显然已超越融合土著、生聚巩固阶段，并以"帝国主义兼并政策"，国势向外极力伸张。但是，国际权势对比的剧烈变动，非但没有逐步消弭，反而更加激化了楚与国际体系间的身份冲突。楚为外姓，当然宗法无从更改；但在其时极端强调天命、君臣、礼法、大义的国际体系当中，楚国国君乃至出使他国的大臣仍时常以"蛮夷"自称，在体现出楚人对现有国际秩序怀有长久怨恨的同时，亦表明其拒不遵守以周礼为核心的国际身份共识的强烈讯号。③不仅如此，楚君熊通以征伐随国要挟周王室提升己方在国际体系内的地位，以求补偿自身长期受到的不公平待遇；而在此要求被拒绝后，遂自立为王（楚武王）。④同时，楚还要求其周边小国依照周王室体例向楚朝贡，否则就面临被征伐的命运，试图建立以楚为实力中心和正统政治权威来源的核心-附庸体制。周定王时，楚更进军成周雒邑附近，以"观中国之政"，甚至"问鼎小大轻重"，

---

① "周昭王十六年，伐楚荆，涉汉，遇大兕。周昭王十九年，天大曀，雉兔皆震，丧六师于汉。"见《古本竹书纪年辑证》。昭王南巡且兵败，肯定与楚有内在的联系。

② 若干年后，齐桓公便以"昭王南征而不复"作为理由，率诸侯联军讨伐楚国。《春秋左传注·僖公四年》。

③ 周夷王时，楚子熊渠便以"我蛮夷也，不与中国之号谥"为由，将其三子称王。春秋时期，楚君熊通以"我蛮夷也"作为进攻随国的天然理由。见《史记·楚世家》。楚国使臣王孙圉在反驳晋国大夫赵简子时亦表示："若夫哗嚣之美，楚虽蛮夷，不能宝也。"《国语集解·楚语第十八》。

④ "三十五年，楚伐随。随曰：我无罪。楚曰：我蛮夷也。今诸侯皆为叛相侵，或相杀。我有敝甲，欲以观中国之政，请王室尊吾号。随人为之周，请尊楚，王室不听，还报楚。三十七年，楚熊通怒曰：吾先鬻熊，文王之师也，蚤终。成王举我先公，乃以子男田令居楚，蛮夷皆率服，而王不加位，我自尊耳。乃自立为武王，与随人盟而去。"《史记·楚世家》。

体现出全然颠覆现有国际体系的强烈意愿。[①]与之互为因果,现有体系内其他霸权候选者(如早期的齐及后来的晋),正是通过延续并强化将楚定义为国际体系的"身份异类"和主要威胁,通过频繁的同盟构建,不断推动反楚势力形成以己为核心的大集结,趁机实现与周王室之间霸权转换之目标,相继成为其时国际体系中事实上的霸权。[②]

二、"熊通困境"与崛起国的安全两难

在经典现实主义看来,国家发展速度之不同及其引发的国际体系内相对权势(以军事-经济力为主要表现)的变化,无从避免。其后果,则导致现有霸权国"统治"国际体系内其他国家的能力受到削弱,进而出现国际体系霸权向下一个军事-经济强国转移的趋势,唯一的问题在于霸权的交接是通过和平方式或是通过战争。[③]然而,多数历史案例均已表明:主要由霸权国家根据本国国内政治建构出的国际体系的"身份"认同(包括相同或类似的文化、宗教、观念及政治意识形态),不仅随着霸权的确立而逐步取得国际体系内多数组成单元(国家)的共识,进而对体系内部各单元间的相互交往模式(即国际秩序)产生明显的规范和塑造作用,甚至自身也构成了霸权的重要组成部分。[④]因此,对那些处于"熊通困境"中的崛起国家而言,由于其异质身份、不容于体系现有的身份共识,而长期被霸权国家及其附庸集团所防范、压制和排斥,几乎不可能在既有国

---

① "八年,伐陆浑戎,遂至洛,观兵于周郊。周定王使王孙满劳楚王。楚王问鼎小大轻重,对曰:在德不在鼎。……周德虽衰,天命未改。鼎之轻重,未可问也。楚王乃归。"《史记·楚世家》。

② 钱穆认为,春秋霸者标义,大别有四:一曰尊王;二曰攘夷;三曰禁抑篡弑;四曰裁制兼并。其时的霸权国家,不仅在物质实力上明显具有优势,在体系身份政治共识构建上,显然是以此四项标义为依托。见钱穆:《国史大纲》,第 59 页。

③ 参见 Robert Gilpin, *War and Change in World Politics*, New York: Cambridge University Press, 1981, p.186.以及[美]约翰·米尔斯海默:《大国政治的悲剧》,王义桅等译,上海:上海人民出版社 2008 年版,第 42 页。

④ Robert Gilpin, *War and Change in World Politics*, p.85.

际体系内争取到与自身不断增长实力所相称的国际地位。① 由此导致的显著受挫感,加之随着自身实力增强以及由此带来的变革体系、保证自身利益成本的相对减少,使得其变更现有国际体系的意愿较一般国家而言显然更为强烈。②

"熊通困境"的应对途径一般有二:一是坚持强化物质权力(尤其是武力)并在对外行为中持续展示和运用之,直至发动霸权战争,以求实质性颠覆霸权、创建为己主导的国际体系;其二是用相对和平的手段推动现行国际体系内身份共识的解体,进而摆脱因己方身份而受国际体系排斥的困境。而诸多历史案例证明,途径一,即寻求使用武力等强制性方式颠覆(而非主要依靠非武力手段以渐进方式变革)现有国际秩序,是处于"熊通困境"的崛起国家最倾向于选择的方式。

在历史当中,楚国即主要依靠武力胁迫和侵略路线,以求争取得到国际承认(特别是权威的承认),扩大国际威望,甚至谋求继周王室后建立以己为核心的霸权体系。楚国初创时实力甚为微弱,甚至在楚立国三个多世纪后,至楚君若敖、蚡冒时,楚仍是直属领土"不过同"(也即不过百里)的蕞尔小邦。③ 但到熊通称王时,通过对外异常频繁的武力运用及兼并政策,楚国实力不断强盛,"楚亦始大";到成王时,已经发展为"地千里"的强国;庄王时期,楚更"并国二十六,开地三千里"。④ 在第二次"弭兵之会"(周灵王二十六年,公元前546年)上,国力大兴的楚,至少在形式上成为与晋相并列的国际体系两强之一。⑤

---

① Bentley B. Allan, Srdjan Vucetic, and Ted Hopf, "The Distribution of Identity and the Future of International Order: China's Hegemonic Prospects," *International Organization*, Vol. 72, No.4, 2018, p.16.

② Robert Gilpin, *War and Change in World Politics*, p.187.

③ 后世楚大臣回忆道:楚国"若敖、邠冒,至于武、文,土不过同。"见《春秋左传注·昭公二十三年》。

④ 《韩非子集解·卷第二·有度第六》。

⑤ "(弭兵会盟)晋、楚争先。晋人曰:晋固为诸侯盟主,未有先晋者也。楚人曰:子言晋、楚匹也,若晋常先,是楚弱也。且晋、楚狎主诸侯之盟也久矣!岂专在晋? 叔向谓赵孟曰:诸侯归晋之德只,非归其尸盟也。子务德,无争先! 且诸侯盟,小国固必有尸盟者也。楚为晋细,不亦可乎? 乃先楚人。书先晋,晋有信也。"《春秋左传注·襄公二十七年》。

然而,历史经验更一再表明,如果无法通过重大战争击败霸权国家、一举颠覆现有体系并成功组建出以己为核心的新国际体系,遵循第二种战略路径,逐步地、坚决地进而有效地瓦解现有国际体系中的身份共识,构建并推广一个替代性的国际政治身份,对于崛起国家争取到足够充分的外部支持,将其不断增长中的物质权势成功转化为全面优势,进而在大国竞争中最终胜出,至为关键。作为反例:在历史上,自武王熊通、成王恽直至庄王侣,楚虽对外不断取得重大战术胜利,然而构建以楚为核心的霸权国际体系的努力,总体上却是失败的。根本原因之一便在于,与齐桓(姜姓)、晋文(姬姓)借"尊王攘夷"口号争取到体系内其他成员足够支持,进而在召陵之盟(公元前 656 年)与践土之盟(公元前 632 年)相继建立起事实上的霸权形成鲜明对比,楚在宗法关系显然无从改变的情况下,非但没有寻求构建出一套足以动摇周人礼法的身份政治替代品,却一贯自视为蛮夷、坦白主兼并,拒绝其时国际体系中被广泛接受的礼法和信义等行为标准,动辄以"宁我薄人,无人薄我"①为口号,到底因此失诸夏同情,不能心服。②加之其武力侵略政策、所征伐的诸侯国"皆县之",更被视作以剥夺其他行为体自主为目标的帝国创建之路线,由此更激发起国际体系其他成员(除少部分直接处于楚兵锋胁迫下的国家外)的普遍不信任与抵抗。

其结果是:楚之势力不断北扩,虽能够得到周边小国的慑服(最终下场几乎尽数被楚兼并③),周王室也被迫承认楚的大国地位,④但在无法一举颠覆现有国际秩序且始终被作为"异端"或诸夏反面而存在的情况下,"熊通困境"并没有因楚实力增长、影响范围扩大和持续不断的武力攻伐而得到大体缓解,相反激发诸夏此起彼伏的反抗,不断推动反对势力集

---

① 楚庄王时令尹孙叔敖语。见《春秋左传注·宣公十二年》。
② 钱穆:《国史大纲》,第 52 页。
③ 早期向楚朝贡的诸侯国,如随、黄等江汉淮泗流域小国,下场均是为其兼并:"周之子孙封于江汉之间者,楚尽灭之"。见《史记·楚世家》。
④ "成王恽元年,初即位,布德施惠,结旧好於诸侯。使人献天子,天子赐胙,曰:镇尔南方夷越之乱,无侵中国。"《史记·楚世家》。

结于齐、晋等其他霸权候选者旗帜下,对楚形成了事实上的持续压制,终使楚难以完成变革体系的目标。因此,尽管在"弭兵之会"上,作为霸权挑战者的楚,其等同于其时霸权——晋的强国地位得到其他诸侯国的普遍承认,楚甚至"先晋歃",严重削弱了晋自文公以来的体系主导性地位,但楚终究没能代替晋成为其时国际体系中唯一的霸权国家;甚至,在"弭兵之会"后不过半个世纪,周敬王十四年(公元前 506 年)举行的、几乎所有中原诸侯与盟的召陵之盟,便全然否定楚在"弭兵之会"上取得的国际地位,并再次重申晋在国际体系中唯一与合法的霸主地位;同年,在晋的支持下,吴、蔡、唐联军即攻破楚都郢,楚在几近亡国的同时,终从国际体系新核心的重要候选者沦为其时诸强中较大的一支。①

当然,楚国尝试突破"熊通困境"长达数个世纪的努力,仍有可观之处。一是积极进取同时,审慎评估威胁,时刻关注形势之变化。楚国颠覆现有国际体系的意图,早在西周夷王之时便已显露——在王室衰微、诸侯不朝背景下,楚君熊渠分别立其三子为王,体现出与周天下秩序决裂之决心;然而待周厉王时,熊渠恐厉王"暴虐"进而讨伐楚国,主动去除王号以自保。② 在周王室基础仍在,以周为核心的天下秩序依旧发挥功能情况下,楚不得不有意示弱,避免成为众矢之的。而待"周室东迁、诸侯如网解纽、内(篡弑)外(兼并掠夺)多事,呶呶不可终日"③后,楚君熊通方决意借国际权势对比出现较大变动之机,自封武王。二是战略执行中不乏刚柔相济。例如,楚君熊通以伐随为机,胁迫随国向周王室提出提升楚国际地位要求,以试探周王室及各诸侯反应。三是因循正确的地缘战略,取稳固周边,进而侧翼包抄,最终进逼枢纽之步骤。楚原封于荆蛮

---

① "三月,公会刘子、晋侯、宋公、蔡侯、卫侯、陈子、郑伯、许男、曹伯、莒子、邾子、顿子、胡子、滕子、薛伯、杞伯、小邾子、齐国夏于召陵,侵楚。……冬十有一月庚午,蔡侯以吴子及楚人战于柏举,楚师败绩。楚囊瓦出奔郑。庚辰,吴入郢。"《春秋左传注·定公四年》。

② "熊渠生子三年。当周夷王之时,王室微,诸侯或不朝,相伐。熊渠甚得江汉间民和,乃兴兵伐庸、杨粤,至于鄂。熊渠曰:我蛮夷也,不与中国之号谥。乃立其长子康为句亶王,中子红为鄂王,少子执疵为越章王,皆在江上楚蛮之地。及周厉王之时,暴虐,熊渠畏其伐楚,亦去其王。"《史记·楚世家》。

③ "及平王之末,而秦、晋、齐、楚代兴。"《国语集解·郑语第十六》。

丹阳,周边为土著所包围或镶嵌,更为汉阳诸姬姓诸侯就近监督。在融合楚蛮基础上,楚自熊通之后,着力在周边攻伐扫除微弱势力,自随、申、邓、黄、英,至江、六、蓼,再至舒、陈、郑、宋,由南至北,由小及大,由易及难,直至观兵于周郊,直趋国际体系之核心地带,震动天下。

然而,在没有爆发霸权战争,进而一举颠覆现有国际体系情况下,突破"熊通困境"的出路,可能唯有待现行国际体系身份共识被大体瓦解时方能实现。历史上,直至进入战国时期后,楚国面对的"熊通困境"问题才有所缓解。根本原因,在于以齐、晋两国之君统篡易为突出代表,早先体系内的霸权自内部崩溃,春秋时代以尊王、攘夷、禁抑篡弑及裁制兼并为标志的霸权秩序亦随之弛废崩坏,军国斗争和国际政治现实主义大趋其道:"上古竞于道德,中世逐于智谋,当今争于气力。"[1]战国时期国际体系具有的无政府与现实政治(Realpolitik)特征,各诸侯国普遍存在的安全焦虑及坚定奉行的自助(self-help)政策,各国间战争频率、规模及残酷程度的显著上升等,体现出与西周和春秋时期大不相同的气象,标志着早先强调血统、宗法和礼制的国际体系身份共识的彻底破产。在此情况下,楚已经不再是国际体系中的"异端",而成为若干个权力竞争者当中的普通一员。尤其是当另一个早先的戎狄——秦国勃兴并通过更大规模的武力兼并从而对国际体系其他成员构成愈发强大的威胁时,楚国基本不再面临体系内部的群体性压制而成为多极体系中实力较强、值得较弱国家争取的结盟对象,"熊通困境"也因此真正方得以消除。

追求权力,使其他行为体遵从自己意志是大国行为的主要动机。[2]在现行国际体系之中,"异质"身份的崛起国家相较其他国家而言面临霸权国及其主导的国际体系更大压力,其对现有国际体系的长久怨恨加之随实力增长对争取更高国际政治地位的冲动,往往倾向于以武力等强制方式同时亦是更为简单化的方式对霸权构成正面挑战,以期一举突破

---

[1] 《韩非子集解·卷十九·五蠹第四十九》。

[2] John J. Mearsheimer, *The Tragedy of Great Power Politics*, New York: W. W. Norton & Company, 2001, p.57.

"熊通困境"。然而,历史经验亦反复表明,现有霸权的最初挑战者往往都因受到体系的强大压力、打击乃至遭受失败,尤其是不容于国际体系身份共识的崛起国家。而最终能够成功实现霸权转换的,往往都是早先霸权国家的追随者和体系内身份共识的遵从者(如齐、晋),而非那些最早公开表明敌对态度的挑战者(如楚)。总结楚国的成败得失,对于身处"熊通困境"中的崛起国家而言,在无法通过决定性战争一举颠覆早先霸权体系的情况下,需要持续关注以下若干方面:一是刻意淡化而非激化身份问题,克制实力展示冲动和短期的威望诱惑,避免成为国际体系的众矢之的;二是演绎出符合(或类似)当前身份共识的话语叙事,以隐蔽和柔性的方式实现己方利益,并破坏现行国际体系的身份共识;三是尝试推动改变他国的意图和行为,鼓励国家间的现实主义政策取向,特别是鼓励第三国挑战霸权国,推动体系压力向第三国转移,进而缓解自身在国际体系内的安全困局。

三、突破"熊通困境":中国和平发展的大战略

进入 21 世纪以来,有关现行国际体系出现变更征兆、新兴国家即将取代美国霸权的讨论日趋流行。然而,此类讨论严重忽视了身份政治对中国和平发展构成的巨大挑战。2018 年以来美国显著加大对华战略压力、强化对华战略竞争的重要托词之一,便是对中国所谓"异质"身份的夸大和鼓吹。在此推动下,中国国际战略环境当中的复杂性、矛盾性因素近年来呈急剧上升趋势。

冷战结束后,主要归因于塞缪尔·亨廷顿(Samuel Huntington)将"文明"作为考察冷战后国际政治现实及发展趋势的著名推断,因文明、文化、政治意识形态不同所引发的国家之间身份"差异"(differences)问题,对于后冷战时代国家间关系和国际体系变迁的重要意义,开始引发学界的空前关注。[①] 尤其在"9·11"恐怖袭击后,身份差异对于国家间关

[①] Samuel Huntington, "The Clash of Civilizations?" *Foreign Affairs*, Vol. 72, No. 3, 1993, pp.22 - 49.

系的影响及其产生的国际安全效应已成为考察后冷战时代国际冲突最为重要的几大视角之一。对于国际体系中的崛起国家而言，国家的"身份"问题引发的战略后果尤其重大。尽管以罗伯特·吉尔平（Robert Gilpin）和约翰·米尔斯海默（John J. Mearsheimer）为代表，不少学者认为公共产品（public goods）的提供，与多数国家共通的"身份"认同（包括相同，至少是大体类似的文化、宗教及政治意识形态共识）等对于霸权的实现、巩固及延续的重要性，远不及一个国家拥有的主要以物质资源为标尺的压倒性权势及在霸权战争中获胜；①然而诸多历史案例已充分表明：一个快速崛起中的大国，其国际政治"身份"以及由此引发的后果——它是否能够对接、建构乃至普及一套能够被广泛接受的观念、价值和意识形态，是否能够在国际体系内建立起一种统治性和支配性的身份认同，对于这个国家能否争取到足够充分的外部支持，并将其不断增长中的物质权势成功转化为全面优势，进而在霸权交替中胜出，至为关键。

进入 21 世纪以来，主要归因于新兴国家发展速度的不断加快和相关国家实力（尤其是在经济和军事领域）的迅速增长，"霸权稳定"（hegemonic stability）与"霸权转移"（hegemonic transition）理论重新引发了国际关系与战略学界的广泛兴趣。也正是在这种逻辑指引下，现有的研究主要通过对当前世界主要国家经济-军事权势的比较，力图对冷战结束以来国际权势结构（尤其是主要大国与霸权国家间的权势对比）出现的变动及其战略意义进行相应评估，进而对当下美国霸权的牢固程度及变更可能性给出大体的预测。而中国之所以能够得到学界的广泛关注，亦在于中国自改革开放以来经济持续数十年的高速增长、国家实力的显著提升，以及由此导致的国际权势对比的巨大变动。主要以此为依据，有关中国权势增长对国际权势结构的既有平衡构成巨大冲击，已经引发当前

---

① Robert Gilpin, *War and Change in World Politics*, New York: Cambridge University Press, 1981, p.34. Also see John J. Mearsheimer, *The Tragedy of Great Power Politics*, p.55.

国际权势体系出现较大规模权势转移（power transition）的假定，开始愈发流行。[1] 不甚确定的问题主要集中在：冷战后美国的全球"领导地位"或霸权是否已经动摇甚至接近终结？ 新旧霸权的交替过程是否将继续沿袭过去几个世纪以来大国敌对、冲突甚至霸权战争的历史宿命？ 以及，霸权交替的结果，是否会出现一个以中国为核心的新国际秩序？ 等等。[2]

应当看到，上述讨论均严重忽视了现行国际体系内中国和平发展在观念、意识等方面所面临的巨大障碍。应当注意的是，自改革开放开始以来，坚持社会主义制度、具有悠长文明传统和独特历史记忆的中国，在现行国际体系内的所谓国际政治身份问题，不仅并未随着中国经济及国力的快速增长有所消弭，反而被西方政治-知识精英不断放大。尤其是近年来，那些关于中国具有独特政治制度、精神传统和国际政治诉求因而必然会随实力增长对当前这个主要由"现代性"（或"西方性"）所定义的现行国际体系形成"颠覆性冲击"的论调，开始愈发流行。进入 21 世纪第二个十年以来，在美国决策界逐步着手强化对华战略竞争背景下，中国几近被描述成为当前国际体系的"异端"和国际秩序的"首要破坏者"。2011 年，时任美国国务卿希拉里·克林顿（Hillary Clinton）便公开声称："我们早已建立起的，以'开放、自由、透明和公正'为特点并存在六七十年之久的'基于规则的秩序'（rules-based order），……开始受到中国的强有力挑战。"[3]特朗普政府执政以来，美国更公开以中国为战略"竞争者"，不仅指责中国系统地挑战美国的"实力、影响和利益"，更声称中国"意图塑造一个与美国价值观和利益背道而驰的世界"。[4] 而中国不同

---

[1] Yuen Foong Khong, "Primacy or World Order? The United States and China's Rise—A Review Essay," *International Security*, Vol. 38, No. 3, 2013/14, pp.153 – 175.

[2] Charles Glaser, "Will China's Rise Lead to War?" *Foreign Affairs*, Vol. 90, No. 2, 2011, pp.80 – 91.

[3] 转引自 Alastair Iain Johnston, "China in a World of Orders: Rethinking Compliance and Challenge in Beijing's International Relations," *International Security*, Vol. 44, No. 2, 2019, p.11.

[4] The White House, *National Security Strategy of the United States of America（2017）*, Washington, D.C.: The White House, 2017, pp.2 – 3.

于美国的“身份”，使之成为近年来美国大幅调整对华政策的主要理论依据之一。

在所谓“异质身份”无法有效缓解的背景下，中国近年来捍卫国家主权，争取合理、合法国家权益的努力，往往被异化为中国运用持续增长的实力以求“独断”推进国家权力，甚至颠覆现行地区安全架构乃至国际秩序的“强力试探”：中国在南海的正常维权行动，被视作是对包括“航行自由”“不以武力改变现状”等现行国际“规则”“原则”和“价值”的“直接破坏”；①中国以促进世界各国互联、互通、互惠与经济合作为目标的“一带一路”倡议，却被视作中国以“国家资本主义”推进“债务外交”（debt diplomacy），试图强迫接受贷款国家服从中国“不公正”经济贸易模式的“工具”；②而中国为促进世界各国人民相互理解的文化交流项目（如“孔子学院”）则被视为中国推进“意识形态扩张”的现实证据。③ 此类明显夸大和扭曲的对华指责，集中体现出美国等部分西方国家对中国作为与之对立的“他者”国际政治身份根深蒂固的不信任乃至显著敌意。

有学者指出，自“哥伦布时代”开启以来，现代国际体系的权力分配及其变动基本上均产自于欧洲及西方大国内部。现代历史当中，世界霸权无论兴衰，均不会将非西方国家推向权力的中心，“相反只会沦为掠夺、剥夺的对象”。④ 从这个意义上讲，中国作为非西方大国逐步迈入世界舞台中央，成为国际体系转型的主要推动者，这一事件本身即具有革命性的国际战略涵义。但也正是出于此类原因，考虑到当前国际体系为以美国等西方国家所确立和主导几个世纪之久，因此期望当前国际体系

① 见葛汉文：《美国特朗普政府的南海政策：路径、极限与对策思考》，《太平洋学报》2019 年第 5 期，第 80 页。
② "Remarks by Vice President Pence on the Administration's Policy Toward China"，4 Oct. 2018，https://www. whitehouse. gov/briefings-statements/remarks-vice-president-pence-administrations-policy-toward-china/.
③ Therese L. Lueck, Val S. Pipps, and Yang Lin, "China's Soft Power: A New York Times Introduction of the Confucius Institute," *Howard Journal of Communications*, Vol. 25, No. 3, 2014, p.344.
④ 张建新：《后西方国际体系与东方的兴起》，《世界经济与政治》2012 年第 5 期，第 5 页。

的霸权国家向一个与西方国际政治身份（文化、价值、政治制度和意识形态）大不相同的中国，以相对和平的方式移交世界领导权，绝不在西方社会想象范围之内，这一点毋庸讳言。曾预言"修昔底德陷阱"的美国当代国际关系学者格雷厄姆·艾利森（Graham Allison）指出：20世纪初英国之所以选择全力对抗挑战者德国而与另一挑战者美国妥协的原因，就在于英国和美国由于文化之间的共性（即相同或至少极度相似的"身份"）。① 但中国则不同。无论是艾利森还是塞缪尔·亨廷顿，绝大多数的西方政治-知识精英均不认为中国同以美国为首的西方集团在历史与现实中显著存在的"身份差异"有迅速消失的可能性。艾利森便坚称：虽然英国可以向美国和平转移霸权，但美国为一个价值观"迥异"的对手（中国）超越则与之不同。② 希拉里·克林顿更曾坦言："我不希望我的子孙生活在一个由中国统治的世界里。"③在美国为首的西方社会集体意识并没有出现明显转变的背景下，随着国际权势对比的进一步变化，未来若干年内，中国在国际环境当中遭遇的"敌对情感与敌对意图"（hostile feelings and hostile intentions）④出现持续激化态势的可能性不容低估。

　　然而，我们也应具有坚定的战略信心。第一，随着人类历史的加速演进，中国同美国及其附庸集团所谓"身份差异"问题，远没有部分西方学者所夸大的那样严重。与中国西周和春秋时期相比，冷战结束后，特别归功于经济、人员、文化、信息交流的突破性发展，当下国际社会的趋同性的现实及其趋势的发展，显然远远大于差异性的增生。中国在当下国际体系内40年的和平发展及取得的空前成功，这一事实本身就表明中国与现行国际体系诸多原则、精神的相关性和适切性，而非部分西方舆论所极力渲染的抵触性甚至敌对性。中国政府也多次正式宣示：中国

---

① ［美］格雷厄姆·艾利森：《注定一战：中美能避免修昔底德陷阱吗？》，第269—270页。

② ［美］格雷厄姆·艾利森：《注定一战：中美能避免修昔底德陷阱吗？》，第200页。

③ Michael Wong, "The USA VS. CHINA: 'A Clash of Civilizations'," 30 May 2020, https://popularresistance.org/the-usa-vs-china-a-clash-of-civilizations/.

④ 克劳塞维茨语，参见 Carl Von Clausewitz, *On War*, trans., by Michael Howard and Peter Paret, New York: Oxford University Press, 2007, p.14.

始终是国际秩序的维护者而非挑战者、建设者而非破坏者、贡献者而非"搭便车者"。①

第二，人类思想意识的总体进步，为当今国际社会超越身份政治困局提供了可能。最为典型的案例是：与亨廷顿"文明冲突论"流行同时伴随的，是近年来国际社会对于身份政治及其引发的国际政治恶果反思和批判的再深入。包括西方国家知识界在内，国际社会已经越来越多认识到，所谓"身份差异"问题，在后冷战时代已经成为国际乃至国内冲突的直接导火索。尤其是，在霸权国际体系当中，由于占据统治性地位的国际身份共识主要起源于霸权国家自身的政治经验和规范，强烈体现出霸权国家对于"自我-他者"的单方面认识、判断乃至无依据的想象，充斥自我中心主义及其伴随权势而生的傲慢与偏见，已经并将继续助长暴力乃至人道主义灾难的出现与升级。在这方面，中国所一贯提倡的求同存异、和而不同的主张，则为国际社会破除因所谓身份政治问题而引发的国际敌对与国家间冲突，提供了现实可行的纾解路径。

第三，作为当前国际体系中的霸权国家，美国近年来的政策行为，实质上正在埋葬其全球霸权的身份政治基石。特朗普政府极力鼓吹的所谓"美国优先"，作为"美国例外论"的最新变种，等于主动放弃其自二战以来极力构建，并在冷战结束之初几乎成功的所谓"普世自由主义身份"（cosmopolitan liberal identity）。② 而后者作为美国战后霸权的重要组成部分，为美国维持其全球同盟体系和基本为其所主导的国际体系的运转，在经济上推动开放的全球自由贸易以及在世界范围内拓展其意识形态，提供了观念与身份基础。但近年来"美国优先论"在美国国内政治中的广泛流行及其对美国当前对外政策实施的决定性影响，其后果则极大地彰显出美国与世界其他国家（甚至与其盟国）之间的身份差异。因此

---

① 王毅：《中国是国际秩序的维护者、建设者和贡献者》，新华网，2015 年 6 月 27 日，http://www.xinhua.com/world/2015-06/27/c_1115742829.htm。

② G. John Ikenberry, *Liberal Leviathan: The Origins, Crisis, and Transformation of the American World Order*, Princeton：Princeton University Press，2011，p.329.

有学者评论道,美国正从早先的"自由霸权"(liberal hegemony),转变为所谓的"非自由霸权"(illiberal hegemony)。[1] 这一情况的出现与部分固化,至少在观念和意识层面,无异于自行宣告美国全球霸权的历史性终结。

早在2013年,美国中国问题专家沈大伟(David Shambaugh)便指出,尽管中国提出的构建"新型大国关系"的愿望是美好的,但是鉴于中美之间日益增长的不信任和竞争性,"管控竞争"、实现"竞争性共处"是一个更加现实的选择。[2] 沈大伟此言,较为准确地看出在两国权势对比出现较大规模变动的情况下,两国间的"身份差异"问题(或人为建构的身份差异问题),对于两国关系尤其是安全关系的严重冲击。这一论断,随着2018年以来诸多事实、事态和趋势的发展,显然已经得到了较为充分的验证。对中国而言,在国际安全环境复杂性、矛盾性因素急剧凸现的当下,历史的经验可以提供重要借鉴:长期困扰楚国崛起的"熊通困境"问题,之所以在战国时期能够得到缓解的根本原因,在于国际体系内原先霸权国家的自行崩溃、身份政治共识的大体丧失和国际政治现实主义的大趋其道。因此,中国突破"熊通困境"的战略路径,可能在于寻求逐步瓦解现有国际体系身份共识的同时,逐步构建新的"身份共识"(如人类命运共同体)作为替代选项,并以改变他国(包括霸权国、霸权的附庸国及边缘国家)的意图和行为为目标,为此必须付出较长的时间、采取极其灵活的方式以及抱定锲而不舍的态度。

美国成为当前国际体系中的霸权,端倪至少于第二次世界大战当中便已经显现。与美国在大战当中显露出压倒性物质权势的同时,富兰克林·罗斯福有关"四大自由"、《大西洋宪章》的论说及在盟国间取得的广

---

[1] Barry R. Posen, "The Rise of Illiberal Hegemony: Trump's Surprising Grand Strategy," *Foreign Affairs*, Vol. 97, No. 2, 2018, pp.20 – 21.

[2] David Shambaugh, "Prospects for a 'New Type of Major Power Relationship'," 8 Mar. 2013, https://www.chinausfocus.com/foreign-policy/prospects-for-a-new-type-of-major-power-relationship.

泛共识，构筑起美国战后霸权的国际身份的政治基石。[①] 尽管二战结束后国际格局为美、苏两大敌对阵营的全球对抗所主导，但至少自 20 世纪 60 年代开始，便有西方学者声称两极格局与国际现实并不相符，美国的超强地位使得其时的国际体系更类似于历史上罗马帝国的模式，即核心（或主导权势）及与向其效忠的附庸国体系。[②]冷战结束后更不待言，苏联的解体与美国在国际体系中超强地位的极大巩固，使之声称已然建成起所谓的"新世界秩序"（New World Order），或者说，"美国治下的和平"（*Pax Americana*）。

然而，进入 21 世纪以来，随着国际政治经济的发展，以及随之而来的国际权势对比的较大幅度变动，美国的全球霸权地位确实"处于风险当中"。而特朗普政府执政以来美国在内外政策行为中出现的一系列新取向及其引发的复杂效应，显然加速而非延缓了这一趋势的发展。但必须注意的是，人类历史当中，世界权力的移交或者霸权的换手，稀少且危险。从雅典和斯巴达的战争到 20 世纪的两次世界大战无不如此。唯一的例外，是 20 世纪里英、美两国之间大体和平的霸权交接。究其原因：一是因为这种交接进程缓慢，在英美两国物质权势对比早已出现翻转势头之后，亦延续了超过一个世纪的时间；二是英、美两国"身份"的趋同倾向："美国成为一个帝国，而英国则愈发民主。"[③]三是国际体系中出现了更加咄咄逼人、持续向霸权国家发动挑战的"异质身份"崛起国家。但除此之外，尤其是对那些处于"熊通困境"中的国家而言，历史上更多的案例显示：在国际环境显著恶化的背景下，同时完成实力继续增长与化解霸权国敌意这两大任务，难度极大，失败的可能性极高。

对当前的中国而言，在经历了 40 余年的和平发展之后，包括经济实

---

① G. John Ikenberry, *Liberal Leviathan: The Origins, Crisis, and Transformation of the American World Order*, Princeton: Princeton University Press, pp.165 - 166.

② ［英］赫德利·布尔：《无政府社会：世界政治秩序研究》，张小明译，北京：世界知识出版社2003 年版，第 160 页。

③ Kori Schake, *Safe Passage: The Transition from British to American Hegemony*, Cambridge: Harvard University Press, 2017, p.2.

力、军事实力、科技实力等在内的综合国力急速跃升。至少就规模而言，中国实质上已经进入世界顶尖国家之列："中国正前所未有地靠近世界舞台中心、正前所未有地接近实现民族伟大复兴目标。"①与此同时，作为一种历史事实，如此规模和快速的大国兴起已经并将继续对现有国际政治经济体系（至少是对国际权势结构）造成一种持续的、非线性的、复杂叠加的深刻影响。②以此为背景，尤其是在霸权国家的直接推动下，近年来全球、地区与中国周边层面的地缘政治竞争均呈抬头之势，甚至在部分地域、领域出现较大幅度激化征兆。依据历史经验并结合当前趋势发展，当下中国亦有长期陷入甚至难以挣脱"熊通困境"这一战略-历史困局的可能。在这一格外敏感、复杂且关系重大的关键阶段，高超的目标和局面意识、坚忍不拔和审慎灵活的策略必不可少，对无从避免的偶然性因素的从容应对和总体管控亦为必要，而对历史经验与战略遗训的发掘、镜鉴和智慧运用可能显得尤其紧迫和重要。

---

① 习近平：《决胜全面建成小康社会夺取新时代中国特色社会主义伟大胜利——在中国共产党第十九次全国代表大会上的报告》，人民网，2017 年 10 月 28 日，http://politics.people.com.cn/n1/2017/1028/c1001 - 29613514.html。
② 葛汉文：《大战略：演进、机理及其中国意义》，《国际展望》2018 年第 5 期，第 14 页。

第三部分　中小国家的战略选择

海陆之间:英国的大战略传统 *

作为近现代世界历史上最具影响的国家之一和昔日的全球霸权,英国早自伊丽莎白一世以来,便在国际政治经济中扮演重要角色,成为推动国际权势体系演进的重要力量之一。尤其是进入 18 世纪后,在包括威廉·皮特父子、卡斯尔雷、迪斯累利、格莱斯顿、大卫·劳合-乔治、丘吉尔等历代卓有建树的国务家实际操持,以及朱利安·科贝特、哈尔福特·麦金德、李德·哈特等战略学者的理论鼓吹下,英国着眼不同历史时期的国际权势对比,较为平衡地运用战争与和平手段,其对外政策行为展现出精髓大体一致、内容较为连贯、效应显著突出的大战略主旨。尽管亦曾出现若干次重大失误,但总的看来,在近三个世纪的时间里,英国的大战略缔造为壮大自身权势、争取乃至维系霸权提供了极大的助益,对欧洲安全形势发展甚至世界历史的总体进程产生重要影响。其中呈现的若干经验、遗训,仍足以对 21 世纪国际政治演进,特别是大国的战略缔造提供弥足宝贵的借鉴之处。

一、介入大陆:确保安全的大战略

作为一个周围为大海所隔断、面积 9 万平方公里、距欧洲大陆最近

---

* 原文发表于《国家安全论坛》2022 年第 1 期。

处仅 34 公里的岛国,英国具有独特的地缘政治形态。在历史上,英吉利海峡既是一道防御不列颠岛的天然屏障,但更多时候也构成了一条外敌入侵的通途。尽管地理位置并非决定国家对外政策的全部因素,但对英国而言,至少在第二次世界大战结束之前,欧洲大陆在绝大多数时间里主要充当一个威胁的来源,而绝非安全上的机遇。尤其是每当欧洲大陆近乎为一个单独强国所主导时,由于这个强国完全可以动员整个大陆资源、建立起一支足以登陆英国的武装力量,英国将面临几乎难以抵御的庞大安全压力。[①] 在历史上,罗马人便是如此,诺曼人亦然,而 16 世纪的西班牙、18 世纪的波旁法国、19 世纪的拿破仑帝国乃至 20 世纪纳粹德国的快速兴起,均存在征服英国的类似动机。虽然这些后续的入侵企图均被危险难测的水域和实力强大的英国海军挫败,但欧陆强国所具备的人口和规模优势,以及将此类优势转化成为海上实力的可能前景,使英国长期处于(或者自认为处于)沉重的安全压力之下。即使是在英国海上霸权最为兴盛的时期,来自欧洲大陆的安全威胁也时常令英国惊恐不已。

基于以上原因,尽管英国在地理上是欧洲的一部分,但长期以来,英国大战略的根本目标之一便在于提防欧洲大陆,尤其是防范一个单一的庞大权势力量自欧洲的兴起。本此目的,英国除必须在北海及英吉利海峡维持一支有效海军力量外,还必须尽其所能不断介入欧洲大陆事务,积极扮演所谓"平衡者"(balancer)角色。具体地说,就是利用各种机会在欧洲大陆结交与国,煽动欧洲国家彼此对抗,极力持续大陆的分裂局面,或更准确地说——"均势"(balance of power),以阻止欧洲霸权的出现。本此目的,英国在过去几个世纪的时间里,主要通过外交支持、财政援助方式以支持欧洲某个较弱的国家或联盟,同时通过海上封锁或介入有限的地面部队之举以反对另一个较强的国家或联盟,为此不惜及时和灵活地转变同盟关系,以使欧洲始终无法产生一个有望独霸大陆的强

---

① ［美］基辛格:《大外交》,顾淑馨等译,海口:海南出版社 1998 年版,第 51 页。

国。这一点,诚如部分学者所正确指出的那样,"英国的大陆政策有如一个变幻无穷的万花筒,其多变的政策行为及其与欧洲国家多变的彼此关系,目的均旨在通过维持欧洲大陆的动乱以确保其国土安全"[1]。

英国的大陆战略涉及外交、军事、政治、经济等多重手段,以及国内不同政府机构、军队与商业界之间的相互配合。而较早成熟的政治组织体系、较为充裕的财政状况(海上贸易、殖民统治尤其是工业革命所积累的巨额财富)、发达的制造业(高过邻国一筹的钢铁、军工尤其是造舰能力)和较为精锐的军队(较欧洲其他国家明显占优的海军及一支相对较小但却精悍的陆军),为英国战略的实施提供了相对充裕的资源。这正是英国在七年战争和拿破仑战争当中,能够以军事、经济、外交等多重手段不断煽动欧洲强国原已有之的不安全感,引导(甚至主导)欧洲整体的安全形势的主要原因。在英国的有效干扰下,任何一个欧洲强国均不得不花费大量精力以时时提防彼此,从而无法对英国构成有效威胁。

尽管如此,英国的大陆战略当中同样存在诸多障碍或难题。在不断纷扰变幻的欧洲政治形势面前,英国历任决策者均亟需准确回答如下问题,即:如何判定欧洲均势行将遭到破坏,以及接下来必须回答的——英国须在何时、以谁为友邦、以何种程度展开介入欧洲事务。对上述问题的回答,严重依赖于决策者对时局的敏锐观察力和准确判断力,甚至还格外依赖天才的灵感。同时,在英国国内决策界和战略学界内部,那些主张英国应专注海外、不应过多介入欧洲大陆事务(尤其是以军事手段大规模介入欧陆战争)的想法也并非全无市场。例如,长期影响英国政治的辉格党(the Whigs)就主张,英国只有在欧洲均势的确受到威胁时方可介入,而一待此类威胁消除便应从欧洲事务中脱身。[2] 与之相比,托利党(the Torics)却主张英国应担负起主动塑造欧洲均势的重任,应主要通过为欧洲较弱国家提供长期安全保障的方式,阻止法国(以及后来

---

① George Friedman, "The Geopolitics of Britain", Indian Strategic Studies, 14 Mar. 2018, https://www.strategicstudyindia.com/2018/03/the-geopolitics-of-britain.html.

② 基辛格:《大外交》,第53页。

的德国)主导欧洲的企图,而非仅仅坐等均势遭到颠覆时才决定介入。英国决策界内部在这个问题上的长期争论,当然对其大陆战略的实施成效产生了严重的干扰作用。

正是存在诸多争议,因此自19世纪中晚期之后,英国在欧陆事务上的态度开始越来越含糊不清。时任英国首相的乔治·坎宁和帕默斯顿便不断以所谓"保持英国的行动自由""英国不会每当欧洲有状况出现便必须涉入纷扰之中"以及"英国没有永恒的朋友也没有永恒的敌人"等词藻为其"光荣孤立"政策辩护。① 在相信自身有足够实力独善其身的情况下,英国决策者对于何时和如何介入欧洲事务方面愈发畏手畏脚。正是在这种思路指导下,英国基于以法为敌的传统思路,实质上坐视了法国在普法战争中的失败。而此事的后果——统一的德意志于欧洲中央的崛起,实质上已经彻底摧破了欧洲的均势局面。而英国力图重新恢复欧洲均势的努力,由于技术、组织和战争形态的高速发展和自身实力的相对下降,成本已经变得过于高昂,收益也似乎愈发难以满足预期。

面对英国在第一次世界大战中向欧洲主战场派遣大批远征军以履行"欧陆义务"之举,20世纪首屈一指的军事理论家和战略学家李德·哈特批评到,英国的做法无异于是对其自18世纪以来主要以海上封锁、财政资助和外围作战为代表的"英国战争方式"的"背叛"。② 哈特此言,显然没有意识到英国此举亦属不得已而为之,非如此便无法重新恢复欧洲的均势。即使如此,第二次世界大战结束后,面对苏东集团席卷欧洲之势,英国必须以联合区域外强权(美国)的方式,方能大体实现其维持欧洲均势的目标,为此甚至不得不以向美国移交欧洲事务主导权作为其战

---

① 基辛格:《大外交》,第75页。

② [美]保罗·肯尼迪主编:《战争与和平的大战略》,时殷弘等译,北京:世界知识出版社2005年版,第2—3页。当然,李德·哈特的看法也并非毫无争议,事实证明,随着社会组织力和军事技术的急剧发展,在欧洲战事规模愈发宏大、战争破坏程度愈发严重,尤其是在相对权势下降的情况下,英国传统的战略模式在20世纪当中已经变得远不那么有效;因为无论是海上封锁还是外围作战,此时显然很难压制(更勿论打倒)极大受益于规模化和工业化的欧洲新兴强国(威廉德国、纳粹德国乃至其后的苏联)。

略代价。

二、控制海洋:争取霸权的大战略

英国对于海洋的理解,当与大陆民族存在极大不同。作为一个紧邻欧洲大陆的岛屿之国,英国地域狭小,自然资源相对匮乏,任何一名英国人的住地距海洋的距离均不会超过 75 英里。[①] 自中世纪结束之时开始,海洋便被认定为决定英国日常生活、国土安全乃至国家存亡的关键所在。英国对海洋的关注,一为生存与安全的需要。尤其是对英吉利海峡的掌握,防止敌国通过海上入侵英国,长期被认为是英国命运之所系。与此同时,随着 1846 年《谷物法》和 1849 年《航海条例》的废除以及进口关税的降低,英国此时开始以自由贸易的信仰者自居,确保对外贸易的水道和商路,成为英国维持财富和繁荣的应有之意。不仅如此,自 1583 年英国首次建立纽芬兰殖民地开始,到 18 世纪末叶时,英国的海外领地已经从加尔各答延伸到多伦多。尽管美国的独立给予英国殖民帝国以沉重打击,但大英帝国依然在优势武力的保障和经济利润的刺激下迅猛成长,而海洋则成为联系英国本土与其海外帝国的关键通路。

正是出于以上原因,除努力维持欧洲的均势和分裂之外,英国大战略的另一个传统目标就是保卫其海上安全、海外贸易以及海外帝国。[②]这一战略实施的关键,在于英国自 17 世纪中期之后日益强大的海军。尤其是在 18、19 世纪里,英国皇家海军作为当时世界上最为完备的海上武装力量,其训练、装备、战术在世界范围内皆难有与之比肩者,无论是早期的西班牙、荷兰,乃至其后的法国、俄国与德国。在几个世纪的时间里,英国凭借其在财政资源、工业基础和造舰技术上的优势,使其舰队规模和质量在初期能够足以与其他海上强国相匹敌,其后则能够完全确保

---

① [美]克莱顿·罗伯茨、戴维·罗伯茨、道格拉斯·R.比松:《英国史》(上册:史前—1714年),潘兴明等译,北京:商务印书馆 2016 年版,第 1 页。

② [美]克莱顿·罗伯茨、戴维·罗伯茨、道格拉斯·R.比松:《英国史》(下册:1688 年—现在),潘兴明等译,北京:商务印书馆 2016 年版,第 175—176 页。

优越性地位。与此同时,英国海军水兵之训练有素一向为人称道,而包括德雷克、乔治·安森、罗德尼、胡德、纳尔逊、约翰·费舍尔等海军将领的高超组织和指挥艺术,更使得英国海军在总体实力上完全能够压过同时期其他任何一支海上力量。这一点,被格拉沃利讷海战(Battle of Gravelines)、基伯龙湾海战(Battle of Quiberon Bey)、特拉法尔加海战(Battle of Trafalgar)、日德兰海战(Battle of Jutland)等多场著名海战所逐一印证。

正是在海军的护佑下,英国在克制向欧洲大陆扩张同时,对扩大海外殖民地有着"几乎永不知足的欲望"。自 17 世纪至 20 世纪初,英国主要通过战争的方式,成功地构建起一个庞大的海外帝国。到 1900 年时,臻于极盛的大英帝国,统治了世界四分之一的人口和将近世界四分之一的土地。[①] 其领地范围,从北极延伸到非洲,从喜马拉雅山口延伸到加勒比海,而印度洋则成了"不列颠海"。与此同时,英国成功实现了对世界几乎所有关键水道和海上贸易咽喉通路的控制。这些海路通道包括英吉利海峡、直布罗陀、苏伊士运河、好望角和马六甲海峡。同时,英国还通过设置在马耳他和塞浦路斯的基地,实现了对黑海海峡的部分控制。在武力保证下,英国的货物、人员、文化源源不断地流向世界各个角落。此时英国权势之兴盛,为自罗马帝国以来所仅见,"不列颠治下的和平"(*pax Britannica*)已经成为一项国际关系事实。[②]

然而,早在 19 世纪末、20 世纪初时,英国的全球霸主地位便开始受到诸多性质不一、来源不同的重大挑战。现代地缘政治学的主要奠基者、英国战略学家麦金德早就断言:随着技术之进步(特别是铁路和电报之发明及广泛应用),使得大陆国家的庞大人口及资源可以在现代化条件下得以更好地组织,因此,海权国家自 16 世纪以来的优势地位很可能

---

① [美]克莱顿·罗伯茨、戴维·罗伯茨、道格拉斯·R.比松:《英国史》(下册:1688 年—现在),第 313 页。

② Paul M. Kennedy, *The Rise and Fall of British Naval Mastery*, London: Allen Lane, 1976, p.149.

将面临倾覆的风险，而"海上人优势的时代"（即所谓"哥伦布时代"）行将终结。[①] 而在新的世纪里继之而起的，则是那些具有洲际规模的超级强国。最主要代表，就是美国与苏联。

英国霸权衰落最为鲜明的外在表象，当属英国海军的逐步没落及海外帝国的瓦解。尽管在第一次世界大战中，英国海军依然在封锁敌国、维持航线畅通和确保海外帝国安全方面表现不凡，但短短20年后，以英国海军在太平洋战争中的惨败为标志，英国海军对全球海洋的统治地位逐渐步入崩溃的边沿。与之相比，主要归因于战时巨额资源的投入，美国海军在作战舰只数量上完全压倒了英国，而在质量上亦毫不逊色。尤其是其在太平洋和大西洋战场取得的决定性胜利，美国在全球范围内已无可争议地取代英国的位置，成为新兴的海上霸主。二战结束后，尽管英国海军编队依然在朝鲜战争中展开作战和扫雷活动，并继续巡视大英帝国在非洲和苏伊士以东的残存疆域，但在1956年苏伊士运河危机，尤其在60年代的非殖民化大潮的冲击之下，随着英国实力与威望的同时下滑及帝国体系的土崩瓦解，英国霸权的全面衰落已经无可避免。1968年，受金融危机和政府开支压缩影响，英国政府宣布将从波斯湾、亚丁、马尔代夫、马来亚和新加坡等"苏伊士以东"地区撤出军事力量，英国作为世界大国的幻象也就此彻底破灭。

尽管如此，在冷战后期，英国还是致力于保持一支全球第三位的多用途海上力量，并有选择地在全球范围（如罗德西亚、香港、波斯湾、东地中海和拉美）展开活动，以显示英国仍然具有全球性影响，但在后殖民时代，已经没有帝国疆域需要海军巡视，也没有海外大型军事基地需要维持，英国政治家也大体无意派遣海军部署至远离本土之地以干预他国事务。冷战结束后，尽管英国仍追随美国，参与包括海湾战争、北约轰炸南联盟、干涉利比亚、入侵伊拉克等多项战事，但至多扮演辅助性作用，英国海军的衰退进程进一步加剧。1991年，英国海军尚有51艘驱逐舰和

① ［英］哈·麦金德：《历史的地理枢纽》，林尔蔚等译，北京：商务印书馆1985年版，第45页。

护卫舰,但 1997 年已下降至 35 艘,2012 年仅保留 19 艘。而到 2021 年时,英国海军几乎已经沦为了三流角色,仅有 4 艘前卫级战略导弹核潜艇和 1 艘伊丽莎白级轻型航空母舰尚能多少彰显出往昔的海上霸主所残存的些许雄风。

三、英国的大战略传统:机理、遗训及当代意义

　　1588 年英国海军挫败西班牙无敌舰队,预示了英国作为一个新兴强国的崛起。1713 年《乌德勒支和约》签订之后,统一的英国业已形成了一套特色鲜明的大战略,为其在接下来几个世纪时间里的对外政策行为提供了大体的战略性指导。[①] 英国大战略的精髓,在于设法维持欧洲均势同时,极力向海外扩张,从而争取世界性的权势地位。尽管这一战略不时面临诸多外部挑战,而英国国内也并非对此全无争议;但总的看来,至少在第二次世界大战爆发之前,英国的这一大战略还是得到了大体的遵循,并为英国在 19 世纪中的全盛地位提供了相当的助益。1890 年,美国最为杰出的地缘政治和战略学家阿尔弗雷德·马汉在全面审视了英国的历史性成功后指出,在过去 200 年的时间里,主要归功于大战略的成功,"英国事实上已经取得了对世界的支配性地位"[②]。

　　然而必须看到,英国的大战略一向存在内在的紧张关系。其中最大的难题,即在于如何在维持海洋霸权与承担欧洲义务(或者说海洋倾向与大陆倾向)这两大根本目标之间维持适当的平衡,以及更为重要的,如何将总额有限的国家资源在这两大不同目标之间进行大体合理的分配。总的来看,至少在维多利亚女王统治中期之前,主要归功于英国在工业革命中的先发地位及由此带来的——英国国家实力相对其他列强的压

---

① 威廉·S.迈尔特比:《全球战略的起源:英国(1558 至 1713 年)》,载[美]威廉森·默里、[英]麦格雷戈·诺克斯、[美]阿尔文·伯恩斯坦:《缔造战略:统治者、国家与战争》,时殷弘等译,北京:世界知识出版社 2004 年版,第 186 页。

② 转引自约翰·古奇:《疲惫的巨人:英国的战略和政策(1890 至 1918 年)》,载威廉森·默里、麦格雷戈·诺克斯、阿尔文·伯恩斯坦:《缔造战略:统治者、国家与战争》,第 294 页。

倒性优势，至少在19世纪晚期到来之前，英国大体上始终能够在这个固有矛盾面前左右逢源，海陆兼得，但这并不意味着这一根本难题能够伴随着历史演进而自动消失。

事实也是如此，自英国从19世纪60年代的实力巅峰滑落以及欧洲内部和外部的"新兴"强国实力愈发壮大之后，英国在列强中的实力优势地位受到快速侵蚀。[①] 在权势对比快速变动同时，英国决策者却依然在使用传统的战略思路以理解新的安全问题，依旧在坚守此时已然明显过高的战略目标，为此不得不设法投入和分配其已经明显不足的国家资源。在欧洲，德国（包括威廉德国及其后的纳粹德国）的快速崛起使得英国显然已经无力仅仅依靠支持较弱一方，运用较少资源便能够重新恢复欧洲的均势；在欧洲之外，包括俄国、美国、日本、德国、法国在内，诸多竞争者在亚洲、非洲、拉美和近东发起的挑战，迫使英国不得不为维系其海洋霸权及海外帝国疲于奔命。正是出于这种原因，甚至早在第一次世界大战爆发之前，英国的大战略便已经流露出彻底崩溃的迹象。

大战略是一个大国避免坠入国际政治经济之日常性纷扰，由强大成长为伟大的关键。[②] 在一个为无政府状态所主宰、部分时段甚至部分体现出"丛林状态"的国际关系现实中，如何采取某种足够明智、足够适切和足够有效的大战略，以求成功实现国家的生存、延续乃至兴起，一向是国务家不得不为之殚精竭虑的重大问题。然而，考虑大战略缔造所涉及因素之复杂、多样，以及诸多不可估算和无法预测的"摩擦"（friction）之存在与相互作用，因此它根本不是一项符合约米尼传统的"科学"，而是如克劳塞维茨所言的一种"艺术"，并且是一门极难把握的艺术。[③] 甚至有学者极度悲观地指出，在充满复杂性和不确定性的国际政治当中，一个国家正确估算不同决策所导致的损失或收益，并且能够循此作出理性

---

① 约翰·古奇：《疲惫的巨人：英国的战略和政策（1890至1918年）》，载威廉森·默里、麦格雷戈·诺克斯、阿尔文·伯恩斯坦著《缔造战略：统治者、国家与战争》，第294页。
② 葛汉文：《大战略的演进、机理及其中国意义》，《国际展望》2018年第5期，第1页。
③ Carl Von Clausewitz, *On War*, trans., by Michael Howard and Peter Paret, New York: Oxford University Press，2007，pp.99 - 100.

决策的可能性极低,因此,"大战略不过是一个错觉而已"①。

尽管如此,以周人篝商的大战略、伯罗奔尼撒战争中伯利克里的大战略、公元1—3世纪罗马帝国的大战略转型、14世纪明代中国的大战略缔造、哈布斯堡西班牙试图主导欧洲的大战略、路易十三和路易十四时代的法国大战略、俄罗斯帝国-苏联的大战略以及美国从内战到冷战的大战略为代表,诸多历史案例已经充分表明,大战略缔造已经并且仍将对大国和强国的兴衰起伏发挥不容忽视的重大作用。而从往昔的历史成败经验当中寻找相应的规律和遗训,当可为当下的大战略设计提供足够的理论和经验养分,而英国在过去几个世纪中的大战略经验便大体存在以下若干教训可兹镜鉴。

其一,大战略缔造必须严格遵循"平衡"(balance)原则,尤其是战略目标与可能资源之间的平衡。作为政治与军事、手段与目标之间的纽带,大战略的精髓在于国家根据既有的情势和现有的实力,做出可行的且必须是适度的目标规划。② 必须时刻牢记,国家的实力(包括物质实力与非物质实力)永远是大战略缔造的根本基础。而当国家实力基础(也即可用资源)与其大战略目标出现明显失衡时,这个国家的战略设计便很难逃脱失败的命运。英国在20世纪初的大战略受挫就是明显的例证:18和19世纪英国的实力优势为其在实现欧洲义务与确保海外霸权时提供了游刃有余的资源保证,而在洲际大国主导的时代里,英国相对实力的快速下降,正是其在世界范围内政策捉襟见肘、举止逡巡畏缩乃至最终蒙受战略失败的总根源。因此,大战略缔造必须时刻关注国家间权势对比之复杂变化,必须时刻估算战略投入与可能收益之间的动态平衡,必须时刻谨记以可以实际动用的资源去争取一个相对适中的目标。

其二,大战略缔造必须牢记"力量集中"(concentration)原则。大战略缔造是一个国家长期坚持的运行过程,是一个贯彻平时和战时的政策

① David M. Edelstein and Ronald R. Krebs, "Delusions of Grand Strategy: The Problem with Washington's Planning Obsession," *Foreign Affairs*, Vol. 94, No. 6, 2015, p.110.
② 葛汉文:《大战略的演进、机理及其中国意义》,《国际展望》2018年第5期,第11页。

行为规范。在这个长达几十年甚至几百年的缔造和演化过程中，大战略务必确保将一个国家全部至少是绝大部分战略资源，以其最有把握的方式主要用于一个而非两个甚至多个主要方向。在历史上，英国最具重点的资源投入和最为擅长的运用方式，是其在七年战争和拿破仑战争中取得罕见成功的保证；而其在 20 世纪里在海上和大陆同时（或被迫同时）投入巨量战略资源之举，却是英国在上述两个方向和两个战场均力不从心的重要原因之一。其结果，则导致在 20 世纪的大灾变面前，英国不仅严重透支了其总体资源，更使其最终丧失了早先长期拥有的有利和优势地位。

其三，战略评估与战略调整至为关键。正如当代美国首屈一指的战略学家保罗·肯尼迪所言，大战略缔造之目的，在于设法使本国在一个振荡于战争与和平之间、变化不断、充满危险的无政府国际秩序下生存下去，并且兴旺昌盛。[①] 在此过程中，国家大战略成功的又一关键，在于依靠对环境变化的敏锐洞察，对大战略过程与效应的审慎评估，以及循此对目标、手段、资源的永不间歇和明智的再审视。战后英国的政策经验就是这方面最为经典的当代案例。在连续遭受了两次世界大战的巨额损失后，尤其是在实力资源严重不济、环境形势严重不利的情况下，英国审时度势，全面更改了持续数个世纪之久的大战略目标，以霸权让渡和主动收缩为主要路径，从而尽可能稳妥地"管理"了自身的衰落，大体避免了因国家战略失衡而蒙受更多损失，大体成功地保留了当今世界主要强国之一的地位。

英国的兴起、全球霸权的确立及其最终隐退，确系近现代世界历史当中的重大事件。而在此过程中，尽管存在若干致命缺陷，但英国长达数个世纪的大战略缔造显然对英国的欧洲乃至全球地位的兴衰发挥了关键作用，并且将对国际战略演进构成重大影响。在一定意义上，冷战结束后的美国便宛如极盛时期的大英帝国。尽管以所谓"自由霸权"

---

① 保罗·肯尼迪主编：《战争与和平的大战略》，第 5 页。

(Liberal Hegemony)自居、不断渲染其大战略缔造的意识形态色彩,但美国的全球战略(即主宰海洋、保护贸易航线和关键水道;同时提防欧亚大陆,防止任何庞大权势力量主导欧洲大陆前景的出现),正是英国大战略的当代翻版。同样出于这个原因,当年困扰英国的问题(即如何平衡大陆倾向与海洋倾向、如何分配资源投入),事实上也一直在困扰着冷战后美国的历届决策者。在国际安全形势变幻不定的历史背景下,美国究竟是需要平时就投入关键性力量、深度参与大陆事务,还是仅需关注海洋,等待大陆均势即将倾覆之时才断然介入? 在可预见的未来,这个问题仍将长期占据美国战略辩论的中心地位。而英国大战略缔造的历史性成功及其历史性失败,当可为预测美国全球战略的未来走向及最终结局,甚至预测未来国际权势体系演进的基本面貌,提供弥足深刻的理论教益与历史经验。

"事大"与"平衡"：韩国的对外战略传统 *

朝鲜半岛一向是东北亚地缘政治竞争的主战场，半岛历史上曾先后存在的、基本涵盖半岛部分或全部的各政权（如统一新罗、高丽王朝、朝鲜王朝、大韩帝国以及当下的朝鲜和韩国）也时常在东北亚，甚至整个东亚国际政治秩序演变中扮演重要角色。然而在历史发展中，上述政权在作为一个独立权势不断得到巩固的同时，亦曾面临若干次来自半岛外部的、直接关乎国家存亡的大冲击、大挑战。在这个过程中，不同时期的半岛政治精英，采取包括臣服、平衡、抑制、抗击等在内的多种策略或策略组合，在大致维护国家生存同时，也发展出一条具有鲜明特色的对外战略传统，在半岛乃至东北亚的历史演进中发挥显著作用。进入 21 世纪第二个十年后，随着朝鲜半岛局势复杂性、联动性的深入发展，梳理发掘这一长期主导韩国对外战略的思维模式和精神传统，分析把握其影响及当下效应，无疑对正确分析当前韩国对外政策走向，进而有效预测东北亚战略格局演进具有重要意义。

一、"事大"：以臣服换自主

朝鲜半岛位处东亚大陆与西太平洋的连接处，战略地位极端重要，

---

* 原文发表于《和平与发展》2017 年第 5 期，中国人民大学复印报刊资料《国际政治》2018 年第 1 期全文转载。

长久充当着大陆亚洲与海洋亚洲的缓冲区。正如日本学者所归纳的那样："如同东欧是西欧与俄罗斯之间的缓冲地带一样,朝鲜半岛一向是大陆国家与海洋国家争夺的桥头堡。"①尽管在诸多战略大家那里,朝鲜半岛一向以极具地缘政治价值而闻名,但由于半岛自身在面积、资源、人口等权势潜力方面存在的诸多天然不足,也使其难以成为庞大权势力量的孵育器,相反却长时间处于大国(至少是地区性强国)权势力量的重重包围甚至威胁当中。即使是在其内部纷争大体平定、半岛基本一统、国力有所提升的部分历史时段(如公元 10 世纪后半叶、11 世纪初的高丽王朝与 14 世纪初的朝鲜王朝),半岛历史上出现的最强权势虽可在内部与其他力量的竞争中胜出、治权得以涵盖整个半岛,但一旦卷入与周边其他强权(如契丹、元朝、后金以及日本)的武装冲突中,则基本无法占据上风,大多几无抵御,甚至有灭国亡族之虞。这一点,从 1231—1270 年的元朝入侵、1592 年和 1597 年的日本入侵("壬辰倭乱"和"丁酉再乱")、1627 年和 1636 年的后金入侵("丁卯胡乱"和"丙子胡乱")、1894 年日本入侵直到 1898 年的"日韩合并",可以得到一再的印证。面对这一异常严酷、异常艰险的周边环境及其对半岛民族生存发展所造成的灾难性后果,后世的韩国政治-文化精英不禁哀叹:"韩民族长久在异族的侵略、压

① 松村劼语,见[日]松村劼「海洋国家·日本の军事戦略戦史に照らせば防衛政策の課題は自ずで見えてくる」,『Voice』、第 4 号、2006 年、96 頁。韩国战后重要领导人、军事独裁者和前总统朴正熙也指出,"从扶余时代到李朝,朝鲜半岛就不断遭到汉族的入侵。中国每当一个强大的朝代兴起的时候,它的势力就蔓延到整个朝鲜半岛。在满洲形成的、取得胜利的部落往往进入这个半岛。对于满洲人来说,向南入侵是自然的。金、清和蒙古的入侵也是由于同样的原因。虽然他们的主要目的不是统治小小的朝鲜,而是入侵中国大陆,然而朝鲜总是首当其冲。出于同样的原因,俄国人企图统治朝鲜的主要目的是想把朝鲜作为桥梁来征服整个东北亚和日本。日本一有扩张机会也要侵略朝鲜。从疆域和地形来说,日本既难以同满洲相比,也难以同大陆中国相比。同朝鲜半岛相比,日本显然享有较为有利的地理位置,是个孤岛,在强大和繁荣的时期,日本也企图寻找通向朝鲜的通道,最终目的也是统治满洲和大陆中国。"见[韩]朴正熙:《我们国家的道路》,陈琦伟译,北京:华夏出版社 1988 年版,第 96 页。大多数韩国学者也承认:"朝鲜半岛接壤大陆,而以日本列岛为其外栅或防波堤,所以保持与大陆的密切关系。"见[韩]李丙焘:《韩国史大观》,许宇成译,台北:正中书局 1961 年版,第 5 页。

制下,苦难自不待言"①;"我们民族的历史一直是一部苦难史,是一部国内贫困化和内外交困的历史,……是一部外国入侵的历史"②。

在强权环伺的国际政治背景下,为谋求自身安全和生存,韩国对外战略当中最重要的传统之一就是"事大"。这种战略承认半岛政权与周边强国在权势力量对比上存在无法弥补的悬殊差距,主张对地区最强国家采取一种总体上的臣服和合作态势,以宣布臣服、朝贡、岁贡、遣质、协同出兵等方式,大体满足强国在政治、财政甚至军事方面的要求,取得强国对其维持自治自主态势的容忍。一般认为,"事大"作为半岛历史各政权对外战略的基轴,开始于公元14世纪朝鲜王朝太祖李成桂执政时期。③ 但从该战略的设计意图和总体效果来看,"事大"战略实际上于1273年高丽王朝被迫成为元朝藩属国之时便已在实际上得到实施,而李氏朝鲜建立后,更将"事大主义"作为处置与中国明朝关系的战略基轴,在其后长达400年的时间里,基本与中国维持着这种相对友好但并非平等的双边关系。特别是在16世纪末明神宗时期明军援助朝鲜击退日本的侵略后,朝鲜的"事大"战略更是取得了现实和道义上的有力支撑。④ 朝鲜也因此成为中国主导的东亚朝贡体系中最重要的成员。⑤

"事大"战略的逻辑前提在于承认半岛政权与周边强权现实存在的极为悬殊,且无法弥补的实力差距。1388年当高丽王朝谋划北攻明朝新设置的铁岭卫时,大将李成桂便意识到高丽与中国明朝在实力上存在的

---

① [韩]李元淳等:《韩国史》,詹卓颖译,台北:幼狮文化事业公司1987年版,第2页。

② 朴正熙:《我们国家的道路》,第95页。

③ 李元淳等:《韩国史》,第166页。

④ 公元16世纪末,在被援助击败了来自日本的侵略后,朝鲜在一份呈送中国明朝的公文当中称:"国家(中国)谓朝鲜为外藩,二百年来威德远畅,而朝鲜亦世守臣节,为礼义忠顺之邦。比缘倭奴匪茹,吞并海外诸岛,盘据釜山巢穴,蹂躏封疆。皇上赫然震怒,大张挞伐之威,兴师十万,转饷数千里,所以剪鲸鲵而拯属国者,不遗余力。遂使关东夺魄,群丑沦没,区宇还之朝鲜,兴灭继绝,功高千古矣。天朝再造之恩不为不厚,朝鲜图报之意不敢不诚。"参见《朝鲜王朝实录·宣祖昭敬大王实录卷十九》。

⑤ 有关东亚朝贡体系特点与实质的分析,可参见葛汉文:《心脏地带、帝国威望与意识形态:中国的地缘战略传统及其效应》,《国际展望》2017年第1期,第10—12页。

严重失衡,主张半岛政权不可"以小逆大",而应"以小事大",明确反对向中国动用武力。① 朝鲜王朝太宗李芳远同样认识到半岛政权与中国在实力上的巨大差距:"吾东方土墝民贫,境连上国",因此"诚宜尽心事大,以保一区",否则"诚若小亏,衅必生矣,可不畏哉"。② 1636 年"丙子胡乱"后,朝鲜在被迫向后金或清称臣的诏书中极为典型地论述了这种战略选择的现实主义原因:"小邦以海外弱国,与中土绝远,唯强且大者是臣是服,丽朝之于辽、金、元是也。"③

除现实主义国际政治考虑外,这种以屈从换取自主与生存的战略,依然附带其他诸多显著利益,如经济(有利可图的朝贡贸易)、政治(希望凭借其正统性受大国承认进而压制国内的反对势力)、安全(避免成为大国攻击的目标,甚至希望与邻国发生纠纷甚至军事入侵时能够得到大国的军事援助)等。但总的来看,半岛政权对周边强国采取"事大"战略和臣服立场以免受其入侵、维持自身的生存乃是这种战略的根本目标。当代韩国学者也承认,在"事大"战略筹划实施的三大基本考虑当中,确保国家安全显然占据更为重要的位置,即"通过与地区霸权国家之间的政治联合确保国家安全和自主空间"④。

必须承认的是,与其他战略类型相比,"事大"战略仍有其独特之处,其中最为重要的就是对意识形态因素的看重。从历史上看,如果半岛政权与周边强权存在意识形态上的亲近感和归属感(如朝鲜王朝时期半岛政治-知识精英对于中华文化的全面认同),则半岛政权奉行这种战略的意图愈发牢固,效果也愈发明显。例如,在 16 世纪的朝鲜王朝,半岛的知识分子群体已将这一战略"用春秋大义名分加以合理化,认为这是天理,形成了'中华事大'的观念"。而朝鲜积极参与中华秩序的目的,"也

① 《朝鲜王朝实录·太祖实录卷第一》。
② 《朝鲜王朝实录·太宗实录》,转引自[韩]郑容和:《从周边视角来看朝贡关系:朝鲜王朝对进贡体系的认识和利用》,《国际政治研究》2006 年第 1 期,第 81 页。
③ 《朝鲜王朝实录·仁祖大王实录卷三十四》。
④ 郑容和:《从周边视角来看朝贡关系:朝鲜王朝对进贡体系的认识和利用》,《国际政治研究》,第 72 页。

不再仅仅出于国际政治的现实主义考虑,而是深化为谋求与中国同质化,乃至建立一个仅次于中原大中华的'小中华'"①。

但一旦意识形态认同感缺失,这种丧失了精神支柱的战略,在活力和效果方面显然开始面临诸多问题,其之所以能够延续则仅仅依靠对事大国远高于己的国家实力的现实承认而已。例如,高丽王朝在成为元朝属国以及朝鲜王朝在成为后金和后来清朝的藩属后,由于认为己方与事大国之间已经不存在意识形态的认同感,因此在不得不采取现实主义立场延续"事大"战略的同时,在精神层面上反而对事大对象国保持一种疏离甚至蔑视的态度。② 然而应当承认的是,意识形态因素对于"事大"战略的影响时常是脆弱和有限的:在重大生存危机面前,半岛政权仍可以背弃意识形态立场而向现实威胁屈服。例如,面对后金两次,尤其是第二次的决定性进攻,朝鲜很快就被迫背弃与中国明朝的藩属关系而向后金求和,通过更用后金年号、遣质、朝贡等方式,更替臣服、"事大"的对象。

二、"平衡"：夹缝中求生存

除"事大"战略之外,韩国另一大安全战略传统就是"平衡"。"平衡"战略通过利用、引发,甚至主动激化其周边诸强间潜在或现实的矛盾,以小谋大,力图在诸强之间发挥关键的"平衡者"(balancer)作用,使诸强达成权势的平衡和相互的制约,以求自保。韩国现代化的主要筹划人、长期的军事独裁者和前总统朴正熙就指出了奉行平衡战略以求自保图强的可能性:"尽管朝鲜的地理位置使它成为一个遭受苦难的地方,国际形势使它成为外国强权的战场",但"朝鲜并非必然和不可避免地成为外国侵略的牺牲品。……如果能够驾驭局势,它可以成为一个基地,成为对

---

① 郑容和:《从周边视角来看朝贡关系:朝鲜王朝对进贡体系的认识和利用》,《国际政治研究》,第75页。

② 很多韩国当代学者指出,"朝鲜王朝被迫向清臣服之后,对清的仇恨心理进一步加深,把清看作野蛮种族的意识也变得根深蒂固。…这种意识一直作为朝鲜社会的主流意识而存在"。[韩]高丽大学校韩国史研究室:《新编韩国史》,孙科志译,济南:山东大学出版社2010年版,第145页。

抗三大势力(中、日、俄)的堡垒"。①

半岛政权奉行平衡战略同样有久远的历史。公元 11 世纪,当统一的高丽王朝面临契丹(辽)强大的军事压力时,高丽一方面在组织武力抵抗后向契丹妥协臣服,另一方面又与宋保持联系以求对契丹有所牵制,并注意利用北方边境契丹、渤海、女真间的复杂关系及上述势力的消长兴替以图牟利。② 而半岛政权奉行平衡战略最为典型的案例,主要发生于中日甲午战争之后至"日韩合并"这一极为短暂的历史时期内。在此期间,取消中国宗主权、法理上取得独立的朝鲜为对抗日本几乎公开的侵略野心,开始谋求主动引入美、英、法、德等其他强国势力,尤其是俄国,以求外部势力在半岛达成一种大致的平衡,防止日本势力的独大,确保国家的生存。本此目的,自 1890 年至 1904 年间,朝鲜开始有意识地将铁路铺设、矿产采掘、海关管理、沿海捕鱼等一系列权利出让给美、俄、英、法、德等国,以求制约日本在半岛的主导性影响。特别是以 1896 年高宗李熙秘密出宫逃入俄国公使馆为标志,在俄国支持下,朝鲜亲俄内阁得以成立,政府部门内的日本顾问和日本军事教官被尽行遣散,朝鲜于 1897 年宣布成立"大韩帝国",平衡战略似乎已经非常接近于成功。③

然而就理论而言,一个国家奉行平衡战略取得成功有赖于同时满足两大条件:一是平衡者必须有能力阻止其平衡的两个或多个对象单独妥协,尤其是以牺牲己方利益为代价的妥协;二是在其平衡的对象之间爆发直接武装冲突,己方被迫公开选择立场的情况下,己方具有足够实力能够给予较弱一方以实质性的、足以决定结局的援助。而这两大条件,19 世纪末的大韩帝国一个也无法实现:由于自己实力的羸弱,它既无法阻止俄、日两国以损害自己利益条件下的相互妥协,又在俄、日两国武力决战的情况下被迫宣布"中立",寄希望于采取观望的立场以换取战胜国的怜悯。④ 其结

---

① 朴正熙:《我们国家的道路》,第 95 页,第 105—106 页。
② 李丙焘:《韩国史大观》,第 151 页。
③ [韩]李基白:《韩国史新论》,厉帆译,北京:国际文化出版公司 1994 年版,第 313—314 页。
④ 1898 年 4 月,俄、日两国达成谅解,实质上是将韩国置于两国共管之下。见李基白:《韩国史新论》,第 318—319 页。

局,则是在日俄战争爆发后韩国迅速遭日本的军事占领,进而成为后者的保护国并最终完全丧失独立,平衡战略宣告全然失败。

公允而论,无论是历史上的高丽王朝还是 19 世纪末期的大韩帝国,半岛政权奉行平衡战略难度极大。由于身处大陆亚洲与海洋亚洲之间的战略通道,一向被两个甚至数个彼此敌对的强国包围,半岛所存在的独立政权,实际上几无可能在周边强国(其中很多甚至是洲际规模的大国,如元朝、明帝国、清帝国、俄罗斯帝国)于东北亚的地缘政治竞争中取得主动地位。其根本原因就在于:与国际关系史上成功的权势平衡者(如 18 世纪的英国)不同,半岛政权由于其特殊的地理位置和屡弱的实力,根本无法站在一个相对超脱的地位,寻求与权势较弱者建立同盟从而防止强国独大局面的出现。简单地说,它本身就是周边强国扩张的首要目标和大国较量的主战场,犹如三十年战争时处于法国、瑞典、荷兰、英国、俄国重重包围之下的德意志。而打破这一战略困局的唯一方法,唯有效仿 1871 年后的德国,努力使自身成为地区地缘政治竞争中的主要角色之一。然而,19 世纪末半岛的地狭民贫加之现代化步伐的严重迟滞,则使其权势规模并无成长为 19 世纪末、20 世纪初德意志第二帝国水平的可能。因此,19 世纪末半岛政权实行的这种平衡战略,所引发的最好后果也仅是使自己成为大国竞争中的有分量筹码,而其失败则直接导致了半岛在历史上第一次完全丧失了独立自主地位。

三、"事大"战略的延续及其调整

第二次世界大战的结束、美苏对朝鲜半岛的军事进驻以及冷战的出现,使朝鲜半岛的政治格局发生革命性变化:半岛第一次并且也较长时期地分裂成相互对立的两个部分——朝鲜民主主义人民共和国与大韩民国。[①] 在整个冷战期间,朝韩两国长期敌对,实力各有所长但总体相

---

① 在历史上,朝鲜半岛出现分裂的时期主要在三韩时期、三国时期(新罗、百济、高丽)与后三国时期。但也有韩国学者将公元 8 世纪的统一新罗和主要位于中国境内的渤海国称为所谓的"南北朝"时期,参见高丽大学校韩国史研究室:《新编韩国史》,第 41 页;以及李丙焘著:《韩国史大观》,第 114 页。此观点在学术界存在巨大争论。

当，分别从属于不同的政治和军事联盟，受不同的外部强权（美国和苏联）支配：美国依靠对朝鲜半岛南部的军事占领以确保日本——这个所谓的"远东民主的防波堤"的"安全"，并阻止共产主义势力进入西太平洋；[1]苏联同样将保住朝鲜这个社会主义阵营的前哨基地视为必不可少，因为其可以"保卫苏联通向南满和黄海的通道"。[2] 受到这两大超级强国政策态度的直接影响，朝鲜半岛成为冷战于远东的最前线，朝韩两国的分裂、摩擦、冲突和战争也成为冷战在东北亚的主要标志。

总的来看，这一时期朝韩双方的政策依然是"事大"战略在当代的延续。尤其是韩国，在面对敌对的朝鲜及其背后的超级强国苏联时，在对外战略和国家安全上选择全然依赖美国以维持自身的生存。朴正熙就指出，韩国战后"被敌对的共产主义势力包围——北韩、苏联的沿海省份西伯利亚、大陆中国"，因此"不可能单独地抵抗来自各方面的侵略威胁"。"只要这种威胁继续存在，我们就必须发展同美国的永久性联系来维护自由和独立。"[3]在这种战略指引下，尤其是在被朝鲜战争加剧的紧张局势的持续影响下，整个冷战时期韩国对外战略的基轴就是确保外来的，主要是来自美国的军事、外交和物资援助。[4] 同历史上半岛政权所奉行的"事大"战略相类似，韩国不仅在政治和军事上努力与美国维持一种全然依附的关系（如主动要求美军在韩国长期驻军、韩国军队指挥权置于美韩联军司令部的掌控之下），甚至通过在其他地区全力支持美国的军事行动以求换取美国对其安全的承诺。例如，越南战争期间，韩国主动要求派军参战。1965—1973年，韩国派遣军是除美军之外最大规模的外国参战部队。[5]

---

① David Scott, "US Strategy in the Pacific-Geopolitical Positioning for the Twenty-First Century," *Geopolitics*, Vol.17, No.3, 2012, p.617.

② 朴正熙：《我们国家的道路》，第114—115页。

③ 朴正熙：《我们国家的道路》，第129页。

④ C. S. Burchill, "Book Review: The Foreign Policy of the Republic of Korea," *International Affairs*, Vol.61, No.4, 1985, p.727.

⑤ 冯东兴：《美韩越南军事合作析论》，《当代韩国》2013年第3期，第27—28页。

除国家安全外,战后韩国对美国的"事大"战略还可以确保韩国获取其他战略利益。最为显著的当属美国经济援助的持续获得。尽管自艾森豪威尔时期到肯尼迪执政时期美国对韩援助政策不时发生调整,但美国将援助韩国经济发展作为一项长期政策的确立及大额美元的持续注入,直接有助于韩国经济的起飞。[①] 而对 20 世纪 60 年代韩国经济实现所谓的"汉江奇迹"助益最大的,当属韩国融入美国主导的国际经济体系并在其中赢得巨利。尤其是自从 20 世纪 60 年代朴正熙政府实行"出口导向"发展战略后,加之受到越南战争对韩国制成品工业的刺激,韩国经济开始得到长足发展。1962—1976 年,韩国先后实行了三个经济开发五年计划,每个五年计划的经济年平均增长率分别为 7.8%、10.5% 和 11.2%,其中个别年份甚至增长更快,韩国也得以一跃进入新型工业化国家之列。[②]

与历史大多数时期相似,战后韩国对美国的"事大"战略同样具有其意识形态支柱,只是这种支柱从早先的"中华文明归属感"转换成了所谓的"民主、自由"。尽管朴正熙以"威胁全民族利益的自由将不能够被容忍"为名长期实行实质上的专制统治,但他依然将自己的军事政变及随后的独裁称作是"从社会混乱的无秩序状态中拯救了自由",并声称韩国所奉行的就是"现代自由民主制度"。[③] 而在韩国政治精英那里,对韩国国家生存构成最大威胁的不仅仅是朝鲜及其他社会主义盟国的武装力量,而是后者敌对的意识形态或者是所谓的"国际共产主义阴谋",韩国必须"在军事和政治上同自由世界结盟",唯此才是"保证韩国人民的自由、独立和最后的统一"的根本途径。[④] 通过这种方式,韩国得以与西方世界的冷战意识形态相合拍,不仅在政治和军事上,甚至也在精神层面

---

① 程晓燕、何西雷:《美国援助与韩国经济起飞:一项历史的考察》,《世界经济与政治论坛》2008 年第 1 期,第 70 页。
② 苏勇、国崎威宣、原口俊道:《论韩国经济起飞时期的成功战略》,《韩国研究论丛》1996 年第 1 期,第 81 页。
③ 见朴正熙:《我们国家的道路》,第 9 页,第 23—25 页。
④ 朴正熙:《我们国家的道路》,第 129 页。

上被纳入以美国为主导的西方资本主义阵营中去。

然而到20世纪80年代末、90年代初时,随着苏联的解体和冷战的结束,与韩国战略安全环境逐步好转相伴随的则是其同盟战略的较大松动。实际上在冷战结束之初,美国全球同盟体系中的很多国家在处理与美国的同盟关系时,均出现了较大程度的政策摇摆。在亚太地区,日本、澳大利亚、菲律宾等美国盟国,由于主要安全威胁的大体消失,均开始在大力推进自主外交同时,程度不同地着手弱化同美国的军事同盟关系。① 这种情况同样发生于韩国,有诸多证据表明,自冷战结束到21世纪头十年的20年时间里,韩国的结盟政策在延续性方面发生了较为突出的转变。而这个调整,则使得韩美两国维持半个多世纪之久的联盟关系开始出现了一定程度的紧张。② 尤其是在卢武铉任总统时期,尽管韩国依然强调韩美同盟的重要性、宣称要"继续以韩美同盟为外交轴心",但开始更多地强调韩国在对外战略方面的自主性,并且"努力使(韩美)同盟关系趋于平等"。③ 以此为指引,韩国虽依然注重维持与美国的双边关系,并在财政和军事上支持美国在阿富汗和伊拉克的军事行动;但另一方面,则在避免刺激朝鲜的考虑下,反对美国在东亚地区部署反导系统,并对美国将驻韩美军的军事使命延伸至朝鲜半岛之外持明显的保留态度。

与此同时,韩国积极着手在东北亚地区推行所谓的"平衡"外交,特别是发展与周边的中、日、俄等国的关系,以期推动形成地区国际关系的平衡。尤其是在韩国综合国力(特别是经济实力以及值得一提的军事实

---

① 有关冷战结束之初日本与澳大利亚战略摇摆原因及性质的介绍,参见葛汉文:《冷战后日本的地缘政治思想》,《和平与发展》2014年第4期,第44—60页;以及葛汉文:《冷战后澳大利亚的地缘政治思想》,《战略决策研究》2015年第4期,第74—91页。

② Hyon Joo Yoo, "The China Factor in the US‐South Korea Alliance: the Perceived Usefulness of China in the Korean Peninsula," *Australian Journal of International Affairs*, Vol.68, No.1, 2014, p.85.

③ Zhiqun Zhu, "Small Power, Big Ambition: South Korea's Role in Northeast Asian Security under President Roh Moo-hyun," *Asian Affairs: An American Review*, Vol.34, No.2, 2007, p.77.

力）大约已进入全球前十的情况下，从卢泰愚、金大中、金泳三执政时期开始，韩国就开始以建设"中等强国"为目标，力争使韩国"成为美、中、日、俄四大强国中间的平衡杠杆"。[①] 至卢武铉执政时期，更是明确地提出了韩国要在维护东北亚地区和平与繁荣方面发挥"平衡者"作用，主张将务实的"均衡"理念体现在韩国的对外战略当中，以期使韩国在地区事务层面以更有影响力的"中等国家"形象出现。[②]

冷战结束后韩国对外战略调整的动因，在于苏联阵营的解体及朝鲜威胁的逐步下降。苏联的解体使得朝鲜得到大笔外来支援的可能性锐减，加之朝鲜经济形势恶化，导致朝鲜在冷战结束之初就被很多国际评论家视为已处于经济和社会崩溃的边缘，对韩国的现实威胁不断下降。与此同时，中国的快速发展、中韩两国经贸关系的不断深入以及中国在半岛事务上不断增强的影响力，均为韩国借助中国平衡其向美国的一边倒的同盟关系、更好地维护韩国的利益、最终实现国家统一创造了更为现实的可能。而韩国与中国之间的历史和文化联系也使其发展同中国关系时较之美国拥有了更为广阔的空间。[③] 因此，有不少乐观的韩国学者对于韩国在东亚地区的权势均衡以及美、中、俄、日等国的相互博弈当中发挥独立和更为显著的作用，进而争取国家战略利益的尽快实现充满了期待。

四、当前韩国对外战略中的问题与应对

进入 21 世纪第二个十年后，随着朝鲜半岛局势和地区安全形势的剧烈变动，韩国处于调整中的对外战略开始遭遇重大问题。其结果则导

① Gilbert Rozman, "South Korea and Sino-Japanese Rivalry: A Middle Power's Options within the East Asian Core Triangle," *The Pacific Review*, Vol.20, No.2, 2007, p.199.

② Zhiqun Zhu, "Small Power, Big Ambition: South Korea's Role in Northeast Asian Security under President Roh Moo-hyun," *Asian Affairs: An American Review*, p.68.

③ Hyon Joo Yoo, "The China Factor in the US – South Korea Alliance: the Perceived Usefulness of China in the Korean Peninsula," *Australian Journal of International Affairs*, p.87.

致韩国几乎中止了自冷战结束以来对于"事大"战略的调整及对"平衡"战略的追求,重新将巩固韩美同盟政策作为当前乃至未来一段时间内对外战略的基轴。

这种战略调整受到重大挫败的原因,主要来自朝鲜核进程的快速发展及其对韩国安全威胁的急剧上升。尽管自 20 世纪 90 年代开始,朝鲜已经习惯于对外宣称拥有或即将拥有核打击能力作为国家对外战略的一种手段,以求同美国、日本和韩国讨价还价以换取经济好处,[①]但是2011 年金正恩执政后,早先朝鲜以研发核武器要挟外部世界的战略明显开始转向现实拥有核打击能力以确保国家生存,"拥核"已经成为朝鲜现实追求的国家战略目标。而近年来朝鲜日益频繁的核试验和运载工具发射实验,尤其加重了作为朝鲜头号打击对象的韩国的严重不安全感。

在此情况下,韩国不少政治-知识精英失望地发现,尽管韩国自身早已是一个不可小视的权势力量,但其实力同周边的中、美、俄、日相比仍远远不如,在缺乏顶级大国力量支持的情况下,韩国所谓的自主外交、平衡战略往往只是一纸空谈,既缺少足够的号召力和影响力,同时也根本无法解决韩国日趋严重的现实军事威胁,更勿论实现主导半岛政局走向、实现民族统一等宏大目标。出于这种考虑,在 2010 年"延坪岛炮击事件"后,李明博主政时期的韩国,其从同盟战略向平衡战略方向发展的趋势便开始减弱,开始将韩美同盟提升到全面战略同盟的新高度,并在韩美军事联演、引进反导系统等方面与中国明显疏离。[②] 特别是以朴槿惠总统任期内韩国一改早先政策,不顾中、俄等国的强烈反对坚持引进美国"萨德"反导系统为重大标志,韩国开始重新将政治上依随美国、经济上依附美国、安全上依赖美国作为应对战略安全环境恶化的主要途

---

① 正是凭借这种手段,朝鲜这个经济总量全球排名百位左右的国家,可以在某种意义上显著影响,甚至个别时段部分引导着半岛局势的走向。

② Hyon Joo Yoo, "The China Factor in the US - South Korea Alliance: the Perceived Usefulness of China in the Korean Peninsula," *Australian Journal of International Affairs*, p.91.

径。但韩国重新将同盟战略作为国家对外政策基轴、严重忽视中俄等国战略关切的政策，却导致了半岛局势更为复杂动荡。韩国单方面追求安全的结果，却是在客观上推动地区局势更加不安全。

尽管如此，韩国通过平衡战略追求自主、追求强大的对外战略依然具有深厚的思想基础。朴正熙早就指出，虽然"我们的地缘政治位置要求我们对大国保持和平的外交政策，我们既没有能力也没有愿望来纠正这种依附性的对外关系"，但是"将来我们必须清除奴性和依附的习惯，建立起一个独立外交的传统"。[①] 而冷战结束以来，韩国历届政府所提出的"中等国家"定位、对充当"东北亚均衡者"的热衷，亦充分地表明：韩国在传统安全威胁相对缓解的局面下，完全可能在极为复杂的亚太大国的战略博弈中采取更加务实化的态度，其对美同盟战略受到一定程度的削弱甚至为平衡战略所取代，可能性依然不能完全排除。

在长达 2000 余年的历史中，半岛政权的对外战略便一直存在两个层次的考虑。其中，相对较低的政策目标是确保安全，确保自主，争取主宰自己的命运的能力。为更好地在大国竞争的现实背景下维持自身的生存与自主，在实力相对孱弱时，精明地比较其与周边强国以及周边诸强国之间的权势对比，采取抵御、平衡、妥协、臣服等各种方式，都是可以被半岛历史上的各政权接受的。第二个同时也是较高层次的政策目标则是争取强大。如时机相对有利，向外投射文化、政治乃至军事方面的影响（鲜少凭借自身、大多仰仗其依附国之力），进而发挥地区级的影响，在半岛历史上亦非孤例。然而应当承认的是，上述两个层次战略目标的达成，或者说，半岛是否可以确保自主乃至有所强大，至少从历史视角考察，其成功的关键并不在半岛政权自身，相反全部位于半岛地域之外。

在历史进入到 21 世纪第二个十年后，这一事实依然没有发生任何改变：解决朝鲜半岛问题的关键依旧掌握在半岛之外的强国手中。主导

---

① 朴正熙：《我们国家的道路》，第 68 页。

半岛安全形势走向的,不是朝鲜或韩国的自身政策,而是其周边大国的竞争和博弈。在这些大国当中,有的是军事和经济实力全球独大的超级大国,有的则是军事实力或者经济实力不容小觑的传统强国,有的是正处于全面崛起的过程、有望成长成为全球顶级强国的权势力量。总之,这些在全球权势对比当中处于顶尖的国家不仅均在综合实力上远远超过朝韩两国,并且均处于半岛周边。而最为致命的是,这些大国在半岛事务上还有着不那么一致,有时甚至是截然相悖、相互冲突的重大利益诉求。这就是半岛问题之所以长期难以解决的根源所在。

值得关注的是,当下半岛局势又出现大变数:韩国朴槿惠政权因丑闻黯然倒台,文在寅当选韩国新任总统,不顾中俄等国反对,延续甚至加速朴政权在韩部署美制"萨德"反导系统(THAAD)政策;朝鲜继续大力推动弹道导弹和核武器研制进度,并于2017年9月3日第六次试爆核武器,爆炸当量之大为2006年以来所仅见;同一时期,主要在时任总统唐纳德·特朗普主导下,美国频繁在半岛周边进行大规模军事演习演训,对朝鲜战略威慑强度空前加大。特朗普甚至宣称,(美国)"将以烈火与暴怒(fire & fury)应对朝鲜的威胁",暗示军事打击朝鲜的可能性。[①] 半岛大规模武装冲突有一触即发之势。

当前半岛局势又来到一个极其严峻的,同时也应当是极具历史意义的关键性时间节点。必须承认的是,同半岛历史发展极端类似,当下韩国对外战略和安全战略选择依然极端困难,回旋空间亦非常有限。然而,处于安全焦虑当中的韩国必须认识到:在半岛复杂性、矛盾性、联动性不断上升的今天,单纯地依赖"事大"或者"平衡"战略显然已经无法应对如此错综难解的国际政治现实。相反,采取一种较为灵活的方式,凭

---

① Washingtonpost, "Trump threatens 'fire and fury' in response to North Korean threats," 8 Aug. 2017, https://www. washingtonpost. com/politics/trump-tweets-news-report-citing-anonymous-sources-on-n-korea-movements/2017/08/08/47a9b9c0 – 7c48 – 11e7 – 83c7 – 5bd5460f0d7e_story.html? utm_term=.334172c2a4e3.

借多样化的战略手段,依靠现有国际机制体制安排,多方沟通协调半岛利益攸关各方政策立场,应当是韩国当前乃至未来一个较长时期对外战略当中需要格外关注的关键问题。而这种战略路径,可能才是确保自身利益关注得以实现,从而维持自身乃至整个半岛区域安全的真正解决之道。

自助、合作与搭车：新加坡的安全战略传统 *

新加坡的生存与发展无疑是现代国际体系演进中的一个独特现象：自 1965 年独立以来，作为一个领土面积 700 余平方公里、人口不及 600 万的小小岛屿，新加坡的经济发展完全依赖国际市场，包括粮食、水、能源在内的主要物资供应几乎全部仰仗外部输入，国家的独立生存能力曾一度饱受质疑；但同时，位处马六甲海峡入口、扼守印度洋与西太平洋交通门户的新加坡，不仅因其地缘位置之极度重要使其战略价值倍受关注，更因其独立半个世纪以来被证明是极大成功的国家发展道路，尤为国际观察家所注目。这个全球竞争力排名数一数二的现代化经济体，其充满活力的经济表现、良好的治理模式和外交折冲能力，使其"拥有远远超过其领土规模的政治影响力"①。

尽管如此，作为一个并无任何自然资源、人口与领土面积极为有限的典型小国（small power），外部世界任何的地缘政治变动均会对新加坡造成比其他国家大得不成比例的影响，这也无怪乎新加坡自独立以来一

＊ 原文发表于《东南亚研究》2018 年第 4 期，中国人民大学复印报刊资料《国际政治》2018 年第 10 期全文转载。

① Alan Chong, "Small State Soft Power Strategies: Virtual Enlargement in the Cases of the Vatican City State and Singapore", *Cambridge Review of International Affairs*, Vol.23, No.3, 2010, p.384.

直将对外政策视作"关乎生死之事"（a matter of life and death）。① 历来的新加坡决策者均不得不承认：为了确保生存，新加坡并无任何鲁莽行事的空间，它必须对外部形势的变化保持高度的敏感和时刻的警醒。新加坡建国元勋之一、前副总理和外长信那谈比·拉惹勒南（Sinnathamby Rajaratnam）就指出，新加坡"不得不分析所有可能的选项"，以避免被卷入大国权势争夺引发的"旋涡"当中去。② 而在这些选项当中，包括自助、搭车乃至地区合作在内的各种战略路径，均在新加坡不同历史阶段的对外政策当中为其所单独或组合运用。其后果，则是在确保了新加坡内部与周边环境的大致稳定、为新加坡的经济奇迹提供了有效保证的同时，也由此形成了独具特色的安全战略传统，并对当下乃至未来很长时期内新加坡的对外政策提供了经久的逻辑与精神指引。

一、自助：确保生存的战略

令人难以置信的是，在独立以来半个多世纪的时间里，这个基本生存物资严重依赖外部世界、国小地狭的城邦，却时常宣称将主要依靠自身的努力和实力以确保国家的生存与安全，"自助"（self-help）战略在新加坡对外政策中占有异常突出的位置。以新加坡建国之父和长期的执政者李光耀（Lee Kuan Yew）为代表，历来的新加坡决策者往往是以一种异常冷静的、极具现实主义意味的话语以描述其生存环境和制订国家政策，在对外事务上尤其如此。他们均通过强调新加坡在地缘形态和地区安全格局中的脆弱性（甚至有时言过其实），为新加坡社会描画出一种有关外部世界"混乱与无序"的地缘政治想象（geopolitical imagination）。基于这种逻辑，新加坡领导人不断告诫其民众必须将"生存主义"作为应对国际与国内双重压力不二选择，必须将发展壮大自身实力作为克服严

---

① 李光耀语，转引自 Ming Hwa Ting, *Singapore's Foreign Policy: Beyond Realism*, Ph.D. dissertation, the University of Adelaide, 2010, p.12.

② Chan Heng Chee and Obaid ul Haq, eds., *The Prophetic & the Political: Selected Speeches & Writings of S. Rajaratnam*, Singapore: Graham Brash, 1987, p.477.

峻局势、吓阻现实或潜在敌手的首要战略路径。

在新加坡建立以来的近两百年历史中,将自助战略作为对外政策的重要甚至主要组成部分,主要出现于新加坡 1965 年独立建国之后。而在历史上大多数时期,是外部强国的安全保证而非其自身的实力构成了新加坡安全的基础。自 1819 年托马斯·莱佛士爵士(Sir Thomas Raffles)于新加坡登陆、建立殖民地并将其纳入英国统治后直至 1941 年日本入侵的百余年时间里,远离国际政治斗争中心、笃信大英帝国优势实力的新加坡丝毫不忧虑自己会被卷入到某场战争中去。在殖民宗主国的保护下,无论是新加坡政界或经济精英还是普通民众,都将全部精力置于赚取足够的商业利益,而对加强自身的防务漠不关心。因此非常容易理解,英国殖民当局因防务需要而向富庶的新加坡商人征收的任何摊派,"都会让后者愤恨上好一阵子",而新加坡仅有的军事工事也只能"偶尔用来对付一下地方上的骚乱"。面对这一局面,19 世纪 40 年代中期"三宝垄"号测量船船长爱德华·贝尔彻爵士(Sir Edward Belcher)不禁哀叹,这个小小的岛屿是不设防的,它"完全没有任何防御能力"。①

然而,殖民时代的新加坡远非自己认为的那样安全:其极具战略意义的地缘区位、繁盛的财富、在英属东方各殖民地中居于核心的地位及其微小到可以忽略的防务,会使其在战时成为一个颇具吸引力的攻击目标。早在 1854 年克里米亚战争和第一次世界大战中,新加坡的安全就曾一度受到俄帝国海军和德帝国海军东亚分舰队的威胁,数次引发新加坡社会的恐慌。而在 1941 年爆发的太平洋战争当中,日军在山下奉文指挥下仅用三个师团便在一周时间里击败英国守军并占领新加坡,后者也因此遭受到历史上最为惨重的战争浩劫和人道主义灾难。二战结束后,英国全球霸权地位的衰落和冷战的出现,加之东南亚民族解放运动的高涨,均为新加坡的安全与防务提供了新的国际政治背景。而 1965

① C. M. Turnbull, *A History of Modern Singapore*, Labuan: NUS Press Ltd, 2005, pp.77-78, p.100.

年新加坡脱离马来西亚联邦宣布独立,为新加坡重新思考和定位其安全防务政策提供了可能。

独立之初的新加坡面临的最大的问题在于:它是否能够生存? 作为第三世界国家当中的一块较为发达的资本主义飞地,一个位于穆斯林海洋(往往还是具有潜在甚至现实敌意的)包围下的主要由华人居住的小岛,新加坡无疑是极其脆弱且易受攻击的。与此同时,鉴于其领土的狭小导致其赖以生存的资源(水、粮食与能源)均仰仗别国的输入,加之其经济繁荣主要建立在国际贸易基础上,因此新加坡在经济方面取得的成功使其早就为周边国家所侧目,尤其是这些国家大多还是新加坡基本生存物资的提供者。因此,无论是从种族构成上还是从经济发展程度上,新加坡均与其他东南亚国家截然不同。作为东南亚地区的一个"异类",无论言行如何,新加坡存在本身就是地区其他国家"憎恶和嫉妒"的目标,"它的生存和发展越是成功,便越是形成了对其他国家的非难甚至威胁"。①

20世纪60、70年代以来地区安全形势大变动,亦为新加坡调整对外战略取向提供了全新的依据。新加坡独立前后,正是其传统安全保证者英国计划全面收缩全球兵力之时。受困于国力的严重衰退,英国这个早先的全球顶级强国现在不得不宣布将在1971年前从马来西亚和新加坡撤出其驻军,而不管后两者是否遭遇威胁。② 而此时的东南亚,虽然卷入越南战争的美国迫于形势开始将美军撤出越南,但中南半岛的战火依旧没有停止甚至更趋激烈。与此同时,活跃于马来西亚、泰国等东南亚国家的共产党游击队活动频繁,影响力不断扩大。而刚刚将新加坡逐出联邦的马来西亚以及有统一马来群岛梦想的印度尼西亚,亦对新加坡存在着潜在甚至公开的敌对态度。在地区安全形势动荡不宁、周边邻国捉摸

① Tommy Koh, and Chang Li Lin, eds., *The Little Red Dot: Reflections by Singapore's Diplomats*, Singapore: World Scientific Publishing, 2005, p.104.
② [新加坡]李光耀:《经济腾飞路:李光耀回忆录1965—2000》,北京:外文出版社2001年版,第40页。

不定、强国保护和外来援助不可指望的严峻局面下,新兴的新加坡不得不极力强调这个小小的岛屿所面临的安全危机,以求凝聚国力、主要依靠自身努力以求妥善应对。

出于这种认识,初生的新加坡将"自助"战略作为应对不确定外部安全形势的基本对策,重点就是在刺激经济发展同时,极力强化国家的军事实力,以期能够主要依赖自身的实力捍卫国家的生存与安全。最为重大的举措就是迅速依靠强制兵役制组建起一支精悍的、训练有素的公民军队,以取代当时负责新加坡防务的马来西亚步兵旅,以求在平时能够吓退对其充满敌意的邻国,在战争中战胜远比自己强大得多的敌手或至少使其蒙受不可接受的损失。用李光耀的话说就是,"在这个大鱼吃小鱼,小鱼吃虾米的世界当中,新加坡必须成为一只有毒的小虾"①。"只要我们拥有一支能够吓阻侵略者的武装部队,就不会有人来干涉我们。"②而这种方法,同样也是确保新加坡能够同其周边邻国正常交往的基础,尤其是同近在咫尺,刚刚将新加坡逐出联邦并对其充满敌意的马来西亚相安无事的共存。

出于这种考虑,一经独立的新加坡以打造"远东以色列"为目标,迅速强化自身武装力量。本着这一政策,新加坡在效仿以色列兵役制度基础上,采取了全民征兵制度,规定成年男性公民必须进入军队服役。新加坡还不顾其穆斯林邻国的反对,邀请以色列军事顾问帮助其建设武装力量,并从以色列进口坦克等先进武器装备,并早于其主要对手马来西亚列装部队。在强化陆军部队同时,新加坡陆续建立了空军司令部和海军司令部,完善国家整体防务体系。新加坡经济的发展亦为其强化武装力量提供了可能。1968年,新加坡防务开支增加到原先的三倍,上升至国民生产总值的10%。③ 此后的很长时间里,新加坡防务开支一直维持

① Ali Mustafa, "Singapore: Small State, Big Weapons Buyer," 20 Mar. 2014, http://www. aljazeera.com/indepth/features/2014/03/singapore-small-state-big-arms-purchases-201432092219131312.html.
② [新加坡]李光耀:《观天下》,北京:北京大学出版社2015年版,第139页。
③ C. M. Turnbull, *A History of Modern Singapore*, p.311.

较高水平和稳步增长，数额稳居东南亚地区国家之首，个别年份甚至超过其两大邻国（印度尼西亚和马来西亚）军费的总和。2017年，新加坡的军费达142亿新元（约合100亿美元），占国民生产总值的3.2%，位居全球第21位。2018年，新加坡军费预算继续增长3.9%，达147亿新元（约合112亿美元），占政府总预算的18.5%。①

在军事战略上，由于缺乏防御纵深，加之任何爆发于新加坡本岛的战斗均会对自身构成严重破坏，新加坡强调国防建设的"总体防卫"（Total Defence）概念和军事战略上的前沿防御（Forward Defence）战略，强调军队必须发挥威慑作用以在第一时间遏制任何外来入侵企图，而一旦吓阻失败，则力争迅速且决定性地击败入侵之敌。② 鉴于本土无法满足训练需要，新加坡借助海外训练场以强化部队战斗能力，美国、法国、澳大利亚、以色列、南非、泰国、文莱和中国台湾均根据相关协议为新加坡军队提供训练场地。③ 经不断发展，截至2016年新加坡已经拥有一支总数7.1万、配备高技术装备的精悍武装力量，并且在战时可以再动员至少40万后备役加入军队。新加坡军队已经成为整个东南亚地区装备最为精良、足以与其周边最强邻国相匹敌的武装力量，成为新加坡安全与独立最强有力的保证。新加坡现在早已不是一只"有毒的小虾"，而成为一头足以吓退周边入侵者的"豪猪"。④

---

① Jon Grevatt, "Singapore Announces 4% Increase in Defence Spending," http://www. janes.com/article/78021/singapore-announces-4-increase-in-defence-spending.

② Tim Huxley, *Defending the Lion City: The Armed Forces of Singapore*, NSW: Allen & Unwin, 2000, p.24; Weichong Ong, "Peripheral to Norm? The Expeditionary Role of the Third Generation Singapore Armed Forces," *Defence Studies*, Vol. 11, No. 3, 2011, p.544.

③ Andrew T. H. Tan, "Punching above Its Weight: Singapore's Armed Forces and Its Contribution to Foreign Policy," *Defence Studies*, Vol.11, No.4, 2011, p.692.

④ 1982年，李显龙准将（Brig. Gen. Lee Hsien Loong）宣称有新加坡必须将其形象从一只"有毒的小虾"转变成为一头积极主动的"豪猪"（porcupine）。Jonathan Gad, "Poison Shrimp, Porcupines, and Dolphins: Singapore Is Packing Some Serious Heat," 30 Mar. 2015, https://news. vice. com/article/poison-shrimp-porcupines-and-dolphins-singapore-is-packing-some-serious-heat.

独立后的新加坡采取自助战略的根源,在于其根源蒂固的不安全意识。而这种不安全意识,既有来自外部的潜在或现实安全威胁的存在,也源自新加坡国内政治的现实。在这个领土狭小、资源缺乏的新生国家中,一直存在着严重的国家认同问题。在新加坡并存的华裔、马来裔、印度裔和欧亚裔等四大种族,不仅在语言、肤色、宗教和文化上存在极为显著的差异,彼此关系同样错综复杂,矛盾及冲突早已有之并在不同的历史阶段随着外部安全形势的发展不时激化。甚至在同一种族之间,族群矛盾也较为广泛的存在。新加坡国内种族问题的复杂性还在于:它的四个主要种族皆与母国(中国、马来西亚、印度、西方)存在千丝万缕的联系,而母国形势的发展变化,几乎天然地会在新加坡的本族中引发回响,进而对新自身的内部安全及对外政策构成强大的影响。1964 年爆发的两场种族冲突正是新加坡被逐出马来西亚联邦的导火索,而独立后爆发的两次种族冲突(1969 年、2013 年)也是新加坡种族矛盾短期内极难消除的明证。

为了解决种族对立问题、强化国家认同,新加坡不得不将民族共同记忆从 1819 年算起。拉惹勒南曾指出,“莱佛士于 1819 年在新加坡登陆后,我们新加坡人便有了共同的喜悦、悲伤、失望与成就。这就是我们共同的记忆,我们唯一的和有意义的塑造我们及指导我们未来的历史。”[①]而在 20 世纪 80 年代,当李光耀被媒体问及中国香港和台湾及新加坡等华人社会如何在中国的经济改革中发挥作用时表示,“我必须纠正你,新加坡是一个多元社会,并非华人社会。尽管华人占人口的 75%,但有 25% 的马来人和印度人。这使我们不同于华人社会”[②]。在制度安排上,新加坡还通过选择不同种族公民轮流担任国家元首、国会议员等职务,以培养各种族对新加坡的政治认同。而在诸多措施当中,通过鼓吹外部威胁,强化国家实力,尤其是建立国民军队以及国民在兵役结束

---

① Sinnathamby Rajaratnam , "Singapore's Future Depends on Shared Memories, Collective Amnesia," *Straits Times*, 20 Jun. 1990.

② 转引自 Ming Hwa Ting, *Singapore's Foreign Policy: Beyond Realism*, p.102.

后长期担负预备役义务，亦是新加坡致力于推动种族融合、塑造共同的国家认同的关键性举措之一。①

　　在新加坡独立以来的历史中，不安全感一直主导着新加坡决策者的思维，"危机与生存"构成了新加坡精英用于描述国家安全环境及筹划应对之策的惯用模式，因此通过提升国家实力，特别是军事实力从而确保国家安全也成为新加坡内外政策的重要组成部分。即使在冷战结束乃至步入 21 世纪之后，在国际形势相对缓和的情势下，这种思维模式与战略取向依然贯穿于当下新加坡决策者精神意识当中，他们依旧在敏感地关注着地区形势的任何变动，不间断地评估这些变动对新加坡这个小小岛屿的冲击或影响。② 尽管有学者认为，长期以来新加坡实质上并没有面临任何直接影响其生存的重大安全挑战，其领导人不断制造一种"虚假的"和"不真实"的危机意象主要是出于维持国内统治的需要，③而新加坡决策者对安全问题的过度紧张及表现出的强硬现实主义立场也使其时常面临诸多指责，但应当承认的是，这种主要依赖自身努力、为维持生存而奋斗的战略及所附带的精神力量在新加坡生存乃至取得大成功的过程当中发挥了极其重要，甚至是决定性的作用。这一点，诚如新加坡前外长杨荣文（George Yeo）所言，"虽然基辛格就曾不止一次地将新加坡领导人形容为一些'冷血的人'，我们不得不如此。为了在危险的边缘求生，新加坡不能承受主观或多愁善感的世界观"④。

---

① C. M. Turnbull，*A History of Modern Singapore*，p.308.
② 新加坡强化其军事力量建设的努力几乎永不停歇，无论是 1984 至 1985 年间的经济衰退、90 年代国际形势的极大缓和，还是 1997 年亚洲金融危机，均没有延缓勿论打断新加坡武装力量建设的进程。See Seng Tan, and Alvin Chew, "Governing Singapore's Security Sector：Problems，Prospects and Paradox，" *Contemporary Southeast Asia*，Vol.30，No.2，2008，p.247.
③ 见 Ming Hwa Ting, *Singapore's Foreign Policy：Beyond Realism*，p.15.
④ George Yeo, "Foreword"，in Tommy Koh and Chang Li Lin，eds.，*The Little Red Dot：Reflections by Singapore's Diplomats*，Singapore：World Scientific Publishing，2005，p.vii.

二、地区合作:稳定周边的战略

独立伊始的新加坡面临极为严峻复杂的周边环境。在英、荷远东殖民帝国崩溃之后,东南亚地区出现了大批新近独立的民族国家。虽然在面积、人口数量、经济发展等方面千差万别,但这些新兴国家在摆脱了长期的外来统治之后,在面临巩固国家独立、塑造民族-国家认同、完善政府治理等一系列难题同时,彼此间更是在领土、意识形态、经济、安全等问题上存在错综复杂的纠纷和矛盾。加之随着冷战的出现、升级及向亚洲的扩展,这些新兴国家很快成为美苏两国权势渗透的对象,很快就卷入到美苏这两大敌对阵营的争夺当中,部分国家甚至成为美苏两国在该地区的代理人乃至冷战的工具,地区安全形势也随之愈发紧张。以越南战争为标志,美苏两国的冷战,在东南亚地区此时已经发展成为 20 世纪当中最为血腥的"热战"之一。

新加坡的独立,实际上加剧而非缓和了地区的紧张局势。尽管与其周边邻国以及地区多数国家在遏制所谓的"共产主义渗透扩张"问题上存在共同立场,但新加坡与地区其他国家,特别是它的两大邻国存在几乎无法调和的矛盾。在种族问题(马来西亚总怀疑新加坡煽动其境内的华人以争取种族平等权利)、贸易逆差、军事安全、领土(白礁岛归属)及领海划界等一系列问题上,马来西亚政府对新加坡存在着一种由敌意、嫉妒和反感相混杂的情绪。新加坡领导人回忆,在新马分家之初,马来西亚在供水、军事和经济等方面对新加坡施加了强大的压力:在军事上,态度并非友好的马来西亚步兵旅依旧驻守新加坡;经济方面,马来西亚对与新加坡的经济贸易联系施加了种种限制;马来西亚更是不时以减少向新加坡供水以向后者施压。① 甚至在东南亚条约组织成立后,新马两国也不时发生争执,而这些争执往往都是以新加坡让步相告终。

新加坡与印度尼西亚的关系也非一帆风顺。出于对自身领土规模、

---

① 　李光耀:《经济腾飞路:李光耀回忆录(1965—2000)》,第 256 页。

人口数量和国家实力或潜力的自信,对统一马来群岛的渴望及对新成立的马来西亚联邦的不满,以及对新加坡繁荣的嫉妒加之对东南亚华人的普遍敌视,均构成了印尼不满新加坡的缘由。早在新加坡独立之初,围绕两名印尼军人在新加坡进行爆炸被判处死刑一事,印新两国关系便出现极大紧张。当这两名军人被执行死刑后,在印尼政府的默许甚至纵容下,新加坡驻印尼使馆受到当地民众冲击,印尼军队更宣布在距新加坡不远的廖内群岛举行军事演习,向新加坡发出军事威胁。另外,两国间还存在领海分界、海上航道、双边贸易管制上的分歧。尽管 20 世纪70 年代后,两国关系因经济合作和政治互谅的加强出现显著的改善,但印尼对于新加坡的态度仍极为复杂,甚至直到 20 世纪末期,刚刚当选的印尼总统优素福·哈比比还因新加坡没有立即向其发出贺电而公然威胁称:"在印尼大片绿色领土的包围之下,新加坡不过是一个小小的红点。"①

正是在此背景下,这个刚刚成立的共和国虽然其短期目标是形成牢固的国家认同以及维护军事安全,但它的长远利益却有赖于地区国际关系的稳定及与邻国间关系的和谐。新加坡早就认识到,其经济发展有赖于周边和平的环境和睦邻友好的国家间关系,它必须着力化解东南亚地区邻近国家的现实或潜在的敌意,以此维持生存,进而推动经济和贸易的发展。为实现这个目标,新加坡必须扮演其邻国能接受的角色,并寻求在东南亚的不断繁荣中获得自己应得的份额,而不是从一个停滞的地区经济体中攫取大部分收益。② 因此,新加坡在一方面努力强化自身实力并争取外部大国的支持同时,另一方面也希望修复同邻国之间的紧张关系,特别是同印尼及马来西亚的关系。新加坡开始承认印尼是本地区天然的领袖、强化与印尼之间的经济合作,改善同其主要贸易伙伴马来西亚在政治与防务上的关系,并与菲律宾、泰国等地区其他国家建立更

---

① 李光耀:《经济腾飞路:李光耀回忆录(1965—2000)》,第 288 页。

② C. M. Turnbull, *A History of Modern Singapore*, p.328.

为紧密的合作。

正是出于这种考虑,作为该地区领土面积最小、人口最少、在族群构成与文化上也最与众不同的国家,新加坡却一向是东南亚区域合作的积极推动者。1967年新加坡作为创始会员国加入东南亚国家联盟,其他成员国包括印尼、马来西亚、菲律宾和泰国。作为东南亚本地首个区域政府间组织,东南亚联盟持续聚焦于东南亚区域内部事务,为东南亚联合开创了一个重要先例。[①] 正如《曼谷宣言》所称,该组织致力于促进经济、社会、文化、科学和管理等领域的相互合作。[②] 从早先的贸易立国到现代化起飞后的来料加工和出口工业制成品,自由贸易一向是新加坡经济生存、成长乃至繁荣的关键所在,因此新加坡特别强调加强区域经济合作的重要意义,一向是地区国家之间自由贸易的推动者,并将加强与周边国家的贸易合作视为是化解周边国家敌意的重要手段之一。

在新加坡的持续推动下,尽管早期并不成功,特别是在推动与马来西亚与印尼的自由贸易不时受到挫折(后两者总认为新加坡是经济剥削者,会在经济合作中获得更多的好处),但在1976年新加坡与菲律宾最早同意对彼此进口产品降低10%的关税,为新加坡与东盟其他成员国发展自由贸易开创了先机。[③] 尤其是到了80年代末期,随着更多的国家开始推行经济开放,自由贸易对于国家经济发展的助益愈发为很多国家所认知,东盟其他各成员国的态度才有所转化。在新加坡的努力下,第四届东盟峰会同意从2008年起成立东盟自由贸易区,东盟经济部长会议又将这个预期目标提前到2003年。随着东盟自由贸易区的建成,东盟地区合作开始取得重大突破,从早期处理成员国之间关系和协助化解纠纷到为进一步互相融合开启了契机,并开始以一个整体在国际上发挥作

---

① 郑先武:《东南亚早期区域合作:历史演进与规范建构》,《中国社会科学》2017年第6期,第196页。

② "Joint Communique, 3rd Ministerial Meeting, 1966", in Michael Hass, ed., *Basic Documents of Asian Regional Organizations*, Vol. 6, New York: Oceana Publications, 1979, pp. 310 - 311.

③ 李光耀:《经济腾飞路:李光耀回忆录(1965—2000)》,第306页。

用,影响力不断扩大。

李光耀指出,只要这种联盟或集团不是基于种族或思想意识的排他性,那么新加坡对参加任何联盟或集团都不会有什么损失。他甚至认为,从长远来看,支持强化地区合作,是东南亚区域内那些较小的、生存力不强的小国能够在一个由两三个超级大国称霸的世界维持其独立存在的唯一办法。① 前新加坡驻联合国代表、著名外交家许通美也认为,"我们生活于一个不完善的社会之中",因此"加强国际合作,促进世界政治经济秩序的更加稳定、有效和公平是世界各国的共同利益所在"②。正是在这种考虑下,尤其是自 20 世纪 90 年代以来,凭借其在应对数次地区重大安全危机(亚洲金融危机、非典疫情、印尼海啸)中极为恰当且有相当预见性的出色表现,新加坡已经一跃而为引领东盟前进的关键角色,某种程度上甚至是冷战后东盟进程的"标杆和主导者"。③

新加坡在推动东盟成立和巩固方面付出的努力,不仅有助于成员国之间的政治沟通、经济交流和国际互信,也成功地促进了区域的安全与稳定,更使新加坡在化解周边国家敌意、争取更为友善的周边环境过程当中发挥了重要作用。与此同时,东盟作为一个整体发挥影响,还为作为小国的新加坡发挥更为积极的、明显超越其边界的国际作用提供了更好的契机。尤其是在一些地区重大安全问题上,如 1979 年新加坡外长拉惹勒南提议召开东盟外长特别会议,便推动东盟成员国共同谴责越南对柬埔寨的侵略,并推动了东盟各国对越南长达 10 年的孤立。④ 东盟10＋1、东盟 10＋3、东盟地区论坛的规律化运行,更是为新加坡在同中国、日本、欧盟、美国、俄罗斯、印度此类域外强国对话协商时,利用东盟

---

① ［英］亚历克斯·乔西:《李光耀》,安徽大学外语系译,上海:上海人民出版社 1976 年版,第62 页。

② ［新加坡］许通美:《探究世界秩序:一位务实的理想主义者的观点》,北京:中央编译出版社1999 年版,第 8 页,第 10 页。

③ 韦民:《论新加坡与东盟关系——一个小国的地区战略实践》,《国际政治研究》2008 年第 3期,第 31 页。

④ 李光耀:《经济腾飞路:李光耀回忆录(1965—2000)》,第 345 页。

集团优势争取对己更为有利的收益、实现自己的战略目标提供了难得的契机,而这些对话国当中并不乏现今国际政治经济中的超一流强国或集团。

然而,新加坡对东盟活动的积极参与主要集中于经济合作方面,但对东盟国家在安全方面的合作则大多持谨慎态度。主要依靠自己的防务力量,并努力争取大国强国的安全保证的新加坡,实际上对所在地区其他国家提议的加大地区安全合作的建议一直心存警惕,原因在于此举极易使印尼此类具有明显规模优势的邻国主导其安全事务。因此当1972 年马来西亚总理敦阿都·拉萨(Abdul Razak)提出,东南亚国家应当强化安全合作,将东南亚建设成为一个和平、自由和中立的区域后,虽然东盟多数成员国对这一提法表示支持,但新加坡却对此缺乏信心,更愿意寻求美国对地区国家,尤其是新加坡在安全上的切实支持。[①] 与此同时,新加坡还积极推动东盟成员的扩大,从而化解东盟事务被个别强大成员国所主导的风险。新加坡欢迎文莱 1984 年加入东盟,对越南、缅甸、老挝和柬埔寨于 20 世纪 90 年代的加入持支持态度,并推动中国、日本、欧盟、美国、俄罗斯、印度、韩国、澳大利亚、新西兰与加拿大成为东盟的对话伙伴国,并与之建立更加紧密的联系。此举的目的,不仅在于扩大该组织在地区事务上的影响力,同时也可通过引入外部力量从而有效牵制成员国内部权势竞争。

进入 21 世纪以来,随着形势的发展,新加坡在推动东盟深化安全合作的努力有所增加。以 2006 年东盟首届国防部长会议召开为标志,东盟安全合作也开始进入机制化建设阶段。然而经过十余年的建设,东盟安全合作的进度和深度,与经济合作相比依然严重滞后。这可能也从反面印证了新加坡近年来推动强化地区安全合作的政策根源和战略判断:新加坡早已意识到,多数东盟成员国在安全问题上,尤其是在基本安全政策立场上存在的显著分歧,短期内仍无得到根本改善的可能。甚至,

---

① C. M. Turnbull, *A History of Modern Singapore*, 2005, p.331.

部分成员国之间在安全问题上的疑虑、彼此防备乃至对立依然广泛存在。因此，采取渐进的方式推进成员国在安全问题上，尤其是非传统安全问题上的对话、谅解与合作，短期内并不会导致部分成员国在安全事务上主导其他成员国，以至对新加坡安全形成实质威胁的情况出现，相反可以在进一步强化成员国之间的政治互信同时，亦可对遏制地区范围内非传统安全问题危害的蔓延提供部分助益。

三、搭车：维持秩序的战略

李光耀曾指出，新加坡历史上有过两大悲剧：一是大英帝国被击败，新加坡沦于日本占领统治之下；二是新加坡被逐出马来西亚联邦，处于内外矛盾漩涡中的新加坡似乎将立刻垮台。[①] 但李光耀言中的这两大悲剧性事件，结局却迥然不同：前者构成了新加坡历史当中最为血腥和凄苦的记忆，后者则为新加坡凭借自身努力创造一系列奇迹提供了可能。历史的经验昭示出以下事实，即：新加坡可以吓退其周边实力不强的敌手从而为国家的发展提供一个大体安全的周边环境，但是在传统地区安全格局剧烈变动乃至最终鼎革之际，新加坡若无地区乃至全球主导性强权的足够支持，即便全副武装亦绝无侥幸生存的可能。因此，真正能够对新加坡生存和安全构成最致命挑战的，并不在于位于其周边的东南亚邻国，而在于那些对本地区安全秩序形成实质性挑战的庞大外来权势及其致力于变更地区安全秩序的宏大企图。这些国家，既包括 20 世纪 40 年代的日本，也包括 60、70 年代的苏联以及当前部分新加坡决策者眼中的中国。这一点，诚如很多学者指出的那样，"决定新加坡外部安全的因素并不在新加坡自身，其未来命运主要由外部事件所决定，被国际上交替上演的繁荣与衰退所决定，被中国、日本国内事态的发展所决定，被东京、华盛顿和伦敦所作的决策所决定"[②]。

---

① 李光耀：《观天下》，第 273 页。
② C. M. Turnbull, *A History of Modern Singapore*, p.137.

正是基于对历史经验的审视,构成了长久以来新加坡决策者对于国际关系当中小国、弱国生存和安全境况的现实主义判断。李光耀在 20 世纪 70 年代就曾极为形象地指出,(在国际关系当中)"有些国家就像树,长得高大挺拔,不需要支持,有些国家则像匍匐植物,需要依赖大国才能往上爬"。在他看来,美国、日本、韩国、中国甚至位于新加坡周边的越南都属于前者。[①] 新加坡同此类国家相比,尽管可能在经济竞争力方面有所见长,但在综合实力尤其是军事实力方面根本无从比较,更谈不上与之相抗衡。而面对此类权势力量对于地区安全秩序的冲击,小小的新加坡除尽力依赖时下在地区乃至全球范围内占据霸权地位的主导性强国以求后者提供安全保证外,别无他途。因此,尽管独立以来的新加坡一直拒绝加入任何军事同盟体系,但这并不妨碍其采取"搭车"战略,运用经济、外交、文化等多重手段换取地区乃至全球主导强国的谅解和安全保证,以求在除极力强化自身实力之外对本国安全寻求更高层面的"再保险"。

为新加坡提供安全保护的外来强国,最早是其前殖民宗主国英国,20 世纪 70 年代至今则是美国,均为其时全球政治经济秩序中的霸主国家,同时也都是在东南亚地区乃至整个亚太地区拥有显著实力优势的主导性强国。新加坡即便是在独立之后的较长时期里,其国家安全也仍与前殖民宗主国英国存在种种有形和无形的联系,且持续的时间比东南亚任何前英国殖民地都要长。[②] 尽管新加坡独立仅三年后,英国困于实力衰退宣布将于 1971 年前撤出全部英国军队,但为延续英国的军事保护,新总理李光耀赶赴伦敦,利用游说英国政商界领袖、通过电视向英国公众发表演讲甚至联合其他英国远东前殖民地共同向英施压等各种手段,试图说服英国延缓撤军进程。在新加坡的努力下,英国的撤军计划虽最终仍然得以执行,但也承诺提供一揽子援助计划以帮助新加坡建设武装

---

① 李光耀:《观天下》,第 68 页。

② C. M. Turnbull, *A History of Modern Singapore*, p.329.

力量,并于 1971 年连同马来西亚、澳大利亚和新西兰一起与新加坡签署
《五国防务协议》。根据该协议,少量的英国、澳大利亚、新西兰军队仍常
驻新加坡,直到 1989 年最后一支新西兰部队才最终撤离。

在英国远东权势大幅衰落的背景下,新加坡很快便将争取美国的安
全保证视为对外政策的当务之急。尽管对美国在亚洲对抗"共产主义扩
张"的手法颇有微词,但早在 60 年代末越南战争进行之时,新加坡就对
美国直接卷入越南战争表现出区别于其他东南亚国家的政策态势,将设
法说服美国维持在东南亚的庞大军事存在视为维持新加坡安全的保障。
李光耀就表示,美国是当时世界上唯一具备力量和意志抵御("共产主义
扩张")这股"无情历史潮流的国家","只要美国第七舰队还留驻在本区
域,新加坡同中国和苏联的交往就自在得多,否则苏联的影响力必定席
卷整个区域"。① 在 1975 年越南统一,特别是其 1978 年入侵柬埔寨之
后,越南及其盟主苏联在中南半岛的影响力激增、一度有席卷之势,而美
国在经历了越南的失败后对该地区兴趣大幅下滑,但新加坡仍采取多种
途径,尤其是外交途径,努力争取美国能够继续在地区发挥军事、政治和
经济影响。例如,越南侵柬后,新加坡就在促使东盟各国共同孤立越南
同时,争取美国与泰国、马来西亚、新加坡一道,向柬埔寨尚存的非共产
党抵抗力量提供巨额援助,以阻止"共产主义势力的进一步扩张"。②

冷战结束后,新加坡在安全上搭车美国的政策得到延续甚至加一步
强化。20 世纪 90 年代以来,随着冷战的结束和亚太地区安全形势的进
一步好转,日本、澳大利亚、韩国、菲律宾等美国亚太地区的传统盟国开
始在继续巩固与美军事同盟关系上呈现明显的犹豫态度。③ 但与上述国

① 李光耀:《经济腾飞路:李光耀回忆录(1965—2000)》,第 301、481—482 页。
② 李光耀:《经济腾飞路:李光耀回忆录(1965—2000)》,第 484 页。
③ 冷战结束之初,日本、澳大利亚、韩国等美亚太地区盟国在维持与美军事同盟关系上出现
的政策态度摇摆,可参见葛汉文:《冷战后日本的地缘政治思想》,《和平与发展》2014 年第 4
期,第 57—58 页;葛汉文:《冷战后澳大利亚的地缘政治思想》,《战略决策研究》2015 年第 4
期,第 79—80 页;以及葛汉文、林佳萱:《事大还是平衡:韩国对外战略传统及其当下效应》,
《和平与发展》2017 年第 5 期,第 33—47 页。

家政策形成鲜明对比,新加坡在周边安全环境总体向好背景下,反而立即着手进一步强化同美国的军事合作,为此不惜与印尼、马来西亚等其他东南亚国家产生分歧。1990年新加坡同美国签署备忘录,允许美国使用新加坡的巴耶利峇(Paya Lebar)空军基地和三巴旺(Sembawang)码头,以供撤出菲律宾苏比克湾后的美军使用。根据此备忘录,美国海军得以在新加坡建立后勤基地,舰只定期访问新加坡,空军战斗机亦定期在此进行训练和演习。1999年新加坡允许美海军停靠新建成的、适应大型海军舰只停靠的樟宜海军基地。时任美国总统布什声称,"新加坡的安全与繁荣均与美国的利益相一致,因为这将有利于建设一个更为稳定和繁荣的世界。……美国认识到美国在该地区的军事存在可为两国共同的繁荣和防务提供基础"①。1998年美政府发布的《东亚战略报告》中称"新加坡是东南亚地区要求美国延续军事存在最为积极的国家"②。

与此同时,新加坡还注意在国际事务当中,通过外交及其他手段支持美国在本地区乃至全球范围内发挥主导性影响。尤其是在美国的反恐战争中,新加坡通过外交、政治、经济、军事等各种手段全力支持美国发动的阿富汗战争与伊拉克战争,并提供了数百名军人携海空装备直接支援美军行动。新加坡强化与美安全合作的另一个重要手段,在于向美国大量购买武器装备。自20世纪90年代至今,新加坡已从美国获取了相当数量、性能先进的武装直升机、固定翼战斗机、军舰、火炮、雷达等现代化军事装备。③ 新加坡向美国的示好,换回与美国更为紧密的战略、安全和经济合作关系。2003年,新美签订自由贸易协定(FTA),新加坡成为全球第六个、亚洲第一个与美国签订此协议的国家。而新加坡与美国建立的战略合作伙伴关系,更是极大提升了两国在政策协调、安全对话、

---

① George Bush, *The US and Singapore: Opportunities for a New Era*, Washington, D.C.: U.S. Department of State Dispatch, Vol.3, No.2, 1992, p.3.

② Andrew T. H. Tan, "Singapore's Cooperation with the Trilateral Security Dialogue Partners in the War against Global Terrorism," *Defence Studies*, Vol.7, No.2, 2007, p.197.

③ 李光耀:《观天下》,第70页。

反恐、反大规模杀伤性武器扩散、联合军演和训练以及防务技术等方面的合作水平，新加坡已成为美国在东南亚地区最为重要和关系最为紧密的安全伙伴，成为美军在东南亚最重要的据点。有学者评论称，目前新加坡在美国全球战略布局中的地位，已经与二战之前新加坡在英国远东殖民帝国当中所扮演的角色旗鼓相当："除了没有正式名义，新加坡早已成为美国实质上的军事盟国。"[1]

然而新加坡对外部强国的安全搭车战略，在效果上是十分可疑的。事实证明，新加坡通过向强国提供军事基地、凭借外交甚至诉诸与大国之间的"感情纽带"以换取强国安全保障的战略，虽足以应付新加坡面临的一般性或周边性的安全挑战，但当地区安全格局受到重大挑战甚至颠覆之时，新加坡安全搭车的对象却往往不愿为新加坡的安全付出过多的战略投入。在历史上，甚至在新加坡作为英殖民帝国远东核心之时，其安全就不甚受其宗主国的重视：英国并不认可新加坡的战略重要性，并坚持认为其军事防御开支应由本地承担。甚至在太平洋战争爆发前夕，英国依然坚持将自己的海军力量集中部署于欧洲，仅承诺当东方爆发战争时派舰队前往增援。[2] 与此同时，作为小国的新加坡，对于其安全提供者对其利益的漠视，也少有制约之策。除经济贸易联系以及政治文化等感情纽带之外，新加坡实际上并无多少办法和筹码可以说服强国为其安全买单。例如，独立之初的新加坡对于英国决心立即从新加坡撤军的做法惊怒交加，因此曾一度考虑使用经济手段对此进行报复（如退出英镑区，对英国航运、保险和金融企业采取报复性措施），但很快就失望地发现，此举对新加坡的打击甚至比对英国的打击还大。[3]

历史进入 21 世纪第二个十年之后，随着地区形势的发展和主要国家间实力对比的变化，新加坡的搭车战略亦开始面临重大挑战。新加坡

[1] Andrew T. H. Tan, "Singapore's Cooperation with the Trilateral Security Dialogue Partners in the War against Global Terrorism," *Defence Studies*, p.199.
[2] C. M. Turnbull, *A History of Modern Singapore*, p.182.
[3] C. M. Turnbull, *A History of Modern Singapore*, p.309.

决策者已经明确地认识到,在 21 世纪当中,对该地区传统国际关系格局影响最为深远的,当属中国和印度这两个位于东南亚侧翼的大国的兴起。尤为关键的是,这两个大国还都对包括新加坡在内的整个东南亚地区国家的国家安全、经济发展甚至是其国内社会的稳定持续发挥着影响力。特别是中国,其实力的快速发展已经并愈发对美国在亚太地区,尤其是西太平洋的优势地位构成强有力的冲击。而这种冲击,正在极大影响甚至决定了东南亚安全秩序演进的方向与路径。然而令新加坡领导人格外关切的是,这个在实力上可望超过美国的大国,与新加坡一同位于太平洋西侧,其本土与新加坡的最近距离仅为 2000 公里,而美国必须越过整个太平洋发挥影响力。随着形势的发展,尽管美国将如过去半个世纪那样继续在该地区发挥作用,美国也不会放弃与日本、韩国、菲律宾的同盟,但地区安全局势终将发生不可避免的改变,虽还远没有达到将美国逐出这个地区的程度。[①]

在以往的世界历史中,霸权国家的经济优势与军事优势往往合而为一,如 19 世纪的英国和 20 世纪的美国。这些不同时期国际体系中的霸权国家对于世界政治经济和安全秩序往往拥有超强的主导能力,因此不会给新加坡此类小国选择搭车对象造成太多的困扰。但进入 21 世纪后,当美国依然维持一支领先全球的庞大武装力量同时,其经济的疲态与中国经济充满活力的高速增长形成了鲜明的对比,而后者已经并正在为新加坡发展提供强劲的助力。正是在上述事实或趋势面前,新加坡在极为精细地分析了相关国家政策、实力、意图及影响之后,开始对以往注重在安全和经济事务上依附于同一强国的战略做出了更为复杂的规划。具体地说,新加坡开始在经济上确保获益于中国快速的经济增长,但在安全方面依旧维持甚至进一步强化与美国的安全合作关系。正如李光耀所言,新加坡的总体战略是确保即使搭上中国非凡的经济增长列车,也应不切割同世界其他国家,尤其是美国的联系,特别是安全和军事上

① 李光耀:《观天下》,第 29 页。

的紧密合作关系。"即使与中国关系日益加强,它也不能阻止新加坡同美国保持强韧的经济、社会、文化和安全关系。"①

但是新加坡面前所面临的难题在于:尽管美国也认识到中国是一个难以围堵的潜在对手,但美国绝不会轻易接受中国取代其区域主导性地位。以美国2012年提出"亚太再平衡"战略为标志,美国近年来以西太沿岸国家岛屿主权争端与海洋权益争端为契机,利用多种手段强化其亚太军事同盟体系,以应对中国地区影响力的大幅增强。特别是在南海,近年来美国炒作中国南海岛礁建设,并以"维护航行自由"为由,不断派遣海上和空上军事力量于中国岛礁周边频繁活动,推动地区安全形势复杂性进一步升级。在中美两国在西太平洋,尤其是在中国南海竞争博弈空前激烈的背景下,处于大国战略博弈漩涡当中的新加坡与地区其他国家一起,不得不在争取更大的经济收益和巩固对美的安全搭车之间被迫做出选择。② 然而,由于新加坡关键的战略位置,它不仅早已成为美军强化东南亚地区军事部署的主要基地,更是在近来扮演了美海军前出南海的主要基地,成为美军主导的、主要针对中国的多国军演的重要参与者之一。因此,希望搭车强国的新加坡实际上已经被强国的战略企图绑架,有意无意间已经成为美国在亚太遏制中国崛起的重要一环。

四、小国在地缘政治大变局中的地位与作用

从领土、人口、资源等传统地缘政治参数衡量,新加坡无疑是一个小国甚至袖珍国家。而在国际政治理论和实践当中,小国时常因其微乎其微的权势力量、有限的生存能力而倍受质疑。印度独立运动领袖、前总理贾瓦哈拉尔·尼赫鲁(Jawaharlal Nehru)在警告印度可能面临的分裂前景时就曾郑重断言:"小国是属于过去的现象。即使印度分裂为若干小国,这些小国也会因为彼此间一贯存在的强烈依赖而迅速产生建立一

---

① 李光耀:《观天下》,第56页。
② Chung Min Lee, "China's Rise, Asia's Dilemma," *National Interest*, Vol. 81, No. 3, 2005, p.94.

个联盟的需要。"①然而,在历史和现实当中,国际社会当中有不少小国在成功地确保了自身的生存发展同时,反而凭借突出的经济活力、良好的政府治理模式、出色的外交折冲能力,或者文化和宗教影响等软实力(soft power),有效突破其规模的局限,实现了影响力的极大拓展。② 新加坡即为一个典型的案例:在独立以来的几十年时间里,新加坡不仅持续向国际社会展示其极为成功的发展经验,它在全球事务和地区事务中所发挥的外交、经济、文化作用也尤为世人所注目,在国际事务中拥有与其领土面积、人口和资源保有量相比大得不成比例的影响。

然而与一般理解不同,这个充满活力、井井有条的小小城邦并非与世无争。相反,自独立至今,新加坡时常陷入与外部世界的纠纷中去。这些纠纷,既存在于新加坡与毗邻的周边邻国(马来西亚与印尼)之间,也经常出现于新加坡与域外大国的相互关系当中(如冷战期间同苏联和中国的敌对、冷战结束初期同美国在人权理念上的不和、当下与中国在中国南海岛礁"国际仲裁"问题上的争论等),还会不时出现于它同部分国际组织(如不结盟运动、罗马天主教会)的交往之中。而这些纷争的大量存在,既充分说明了新加坡与外部世界的关联之深以及其政治经济和社会结构的外向型特征,同时也表明新加坡在很多事务上宁愿采取一种虚张声势甚至咄咄逼人的态度,以吓退可能的敌人从而捍卫其生存与发展。秉持一种对国际关系实质的悲观性理解,长期以来新加坡在安全战略上采取了一种包括自助、搭车和地区合作在内的混和战略。简单地说,就是用自助战略吓退其周边的潜在敌手,用地区合作化解邻国的敌意,用搭车霸主国家抑制其他域外大国颠覆既有秩序进而主导地区事务的企图。当然,随着历史的演进,这三种战略在新加坡整体安全战略中

① Sanjay Chaturvedi, "Representing Post-Colonial India: Inclusive/exclusive Geopolitical Imaginations," in Klaus Dodds and David Atkinson, eds., *Geopolitical Traditions: A Century of Geopolitical Thought*, London and New York: Routledge, 2000, p.216.
② Alan Chong, "Small State Soft Power Strategies: Virtual Enlargement in the Cases of the Vatican City State and Singapore," *Cambridge Review of International Affairs*, p.383.

分别占据了不同的比重,共同确保了新加坡长达半个世纪之久的和平与繁荣。

但从历史的视角观之,除少数直接危及地区甚至全球安全秩序的重大事态(如一战、二战、越战)外,新加坡一般是不受威胁的。尽管在20世纪六七十年代,东南亚地区直接面对"多米诺骨牌效应",尤其是越南战争的冲击,但主要归因于其所在地区并非军事冲突直接覆盖地域,因此独立后的新加坡周边环境仍是大体安全的,陆上、海上皆是:虽被迫退出马来西亚联邦导致彼此敌视,但新马两国之间仍不至于爆发大规模军事冲突;虽与苏加诺时期的印尼不和,但后者很快倒台后,苏哈托时代的印尼与新加坡保持着大体良好的关系。在周边国家实力相对有限且敌意有所化减、地区秩序仍主要受外来大国主导的情况下,新加坡得以安享和平稳定的战略环境,并成功将之转化为经济上的繁荣和作为区域经济、贸易、文化中心地位的确立和巩固。从这点上看,独立以来新加坡所面临的安全挑战是大体有限的。然而新加坡往往会反应夸张,甚至成为部分国家眼中不安分的"毒蝎子"的原因,部分归因于新加坡独特的政治经济结构对于外部世界变动的高度敏感性;部分则源自长久以来一直隐藏于其执政精英内心深处的不安全感。

然而亦必须承认,作为小国的新加坡生存不易。而其建国以来的发展路径,特别是新加坡政府在若干次国际政治变局(独立、越战、英国撤军、越南统一及侵柬、冷战结束、反恐战争)当中的应对,亦充分验证了其安全战略在过去半个世纪当中的总体成功。因此,就历史经验而言,成功适应环境的变迁既是新加坡取得成功的关键所在,同时也是这个小国发展当中面对的一个永恒主题。尤其是在当下,在21世纪第二个十年行将结束之时,在当前亚太国际政治经济秩序大变动迹象有所出现、各强国之间地缘政治竞争有所激化的宏观历史背景下,新加坡的未来发展乃至持续成功还在于其应变能力,尤其是面对外部安全秩序出现或者即将出现剧变时的应变能力,而后者无疑将直接决定着新加坡的地位和命运。

总的来看,由于先天因素所限制,新加坡在安全方面依然脆弱,它几乎没有应对重大军事安全问题的能力。新加坡的武装力量虽经长期建设足以吓退其周边邻国，但在面对那些致力于变更地区安全秩序的域外强国时则依旧微不足道。而新加坡由于其发展模式（包括经济和安全）均太过依赖传统秩序，因此作为旧秩序长期受益者的新加坡往往会天然成为那些致力于挑战乃至颠覆旧秩序的权势力量的反对者。尤其是它搭车当前霸主国家的做法，也使得其往往有意无意之间卷入到强权竞争的漩涡中去，而其脆弱的地位也会使其极易成为秩序挑战国所致力打击的首选目标。在此情况下，新加坡的安全提供者是否会承担巨大风险全力支持战略价值极其有限的新加坡，此点也不能得到历史的充分验证。至少从这个角度观察，在未来国际形势和地区安全形势出现重大变动时，因循传统经验的新加坡很有可能会成为第一批牺牲品。

因此，与冷战时期相比，当下乃至未来不短时间内的新加坡安全战略的路径选择甚至更加困难。对它来说，在地区乃至全球政治经济乃至安全形势即将发生深刻变动之时，指望遥远的搭车国家的武力支援是不可靠的，依靠一方反对一方没有成功的可能。尤其是当它过分依赖衰落中的一个大国，同时还与一个崛起中的大国为敌时更是如此。并且更为严重的，是这个崛起中的大国既与新加坡的地理距离并非遥远，同时又在经济、文化甚至历史上与其存在极为紧密的关联。李光耀曾经说过，像新加坡这种小国，没有选择错误的空间，一旦错误将在短时间带来灾难性的后果。[①] 从当下来看，李的说法似乎应当改成：像新加坡这种小国，在面对一流权势的竞争时，它在安全问题上实际无须选择，选择不持立场就是最好的选择。相反，它完全可以凭借其几十年来的发展经验在全球治理、可持续发展、贸易自由化等全球议程和非传统安全事务中发挥独特的影响力，这正是它的真正价值所在。唯有如此，新加坡完全可以延续其繁荣与成功，而非像当前这样，不时被国际安全热点问题所扰动，甚至不时成为个别国家挑衅和遏制中国的马前卒。

---

① 李光耀：《观天下》，第 56 页。

第四部分　退向未来：新时代与旧路径？

麦金德的遗产与历史宿命的批判*

　　在 19 世纪末、20 世纪初国际紧张局势加剧,西方社会为"世纪末"(*fin de siècle*)恐慌所笼罩的复杂历史背景下,地缘政治作为一门新兴的"科学与艺术"之出现,意在为其时那种异常动荡、前途难料的时局提供一种规律化的解释,为特定的国家(尤其是那些雄心勃勃,并不满足于当前权势地位的国家)之生存和发展提供准确的预言。① 在这一时期诸多经典地缘政治论述当中,尤以 20 世纪初时英国地理学家哈尔福德·麦金德(H. J. Mackinder)的相关论述最值得关注。在第一次世界大战爆发前后波云诡谲的国际紧张局势下,麦金德提供了一种对世界空间和人类历史的独特理解,连同其提出的"枢纽地区""心脏地带""世界岛""海上人""陆上人""新月形地带"等概念一起,对 20 世纪里欧洲、北美乃至世界其他区域诸多国务家有关国际政治的思考发挥了经久的精神指引,甚至构成了他们心目当中用于理解世界最为冰冷、宿命的那一部分思维模式的主要内容,在意识层面上部分助推了第一次和第二次世界大战的爆发乃至冷战的出现。

　　进入 21 世纪第二个十年之后,在国际政治经济形势的急剧演进和

＊　原文发表于《唯实》2021 年第 5 期。
① 　葛汉文:《地缘政治的历史理解》,载张生主编:《史地》,北京:社会科学文献出版社 2019 年版,第 138 页。

区域权势分布状况的大幅变更背景下,以亚太区域整体安全紧张形势升级、主要国家间战略竞争不断加剧及地区主权权益争端日趋激化为重要标志,国际关系中对抗性因素甚至"零和"(zero-sum)博弈趋势加速凸现。尤其美国特朗普政府执政后,以"美国优先"为口号,着力强调中国兴起对全球权势结构、战略平衡特别是美国"主导地位"的巨大冲击,宣布结束"对华接触"政策、将中国列为主要"战略竞争者",在贸易、军事、文化、科技、经济等各领域几乎同时展开对华竞争,中美关系发展甚至有演化出现"另一场冷战"的风险。① 应当看到,在冷战后美国的战略决策中,国际政治现实主义原则以及地缘政治思维一向贯穿其间,麦金德在一个多世纪前的经典表述依旧构成了美国大战略缔造的重要精神基础。在这一历史发展的"关键节点"(critical junctures),重读麦金德,重新反思其理论构建中出现的部分地缘政治概念、定理和精神信条在当下国际政治发展中的适切性,对于分析与预测美国全球战略发展、世界安全形势演进乃至人类历史走向均具有突出的理论和现实意义。

一、"哥伦布时代"的终结?

1904年,麦金德写道,"当历史学家在遥远的未来回顾我们正在经历的这些世纪,并如同我们今天看待埃及各王朝那样将其缩短来看,他们很可能将最近四百年描述成为哥伦布时代,并认为这个时代在1900年后便很快结束了"②。麦金德言中的"哥伦布时代",是整整四个世纪以来欧洲物质文明、殖民主义和对外扩张高歌猛进的时代,是欧洲在世界政治经济中心地位得以牢固确立的时代。与欧洲人对于"未知世界"不懈的地理探索与地理发现相伴随的,是"欧洲几乎是在没有抵抗的情况下进行扩张",是欧洲文明"优于"世界其他任何文明形式的反复验证过程;

---

① Kenneth R. Weinstein, "A New Cold War Between the US and China", Aspen Review, 15 Mar. 2019, https://www.aspen.review/aspen-review/.

② H. J. Mackinder, "The Geographical Pivot of History (1904)", *The Geographical Journal*, Vol.170, No. 4, 2004, p.298.

而对大量所谓"无主土地"的发现和占领,则成为 19 世纪西方诸强在欧洲本土大体维持和平,同时充分释放其扩张野心和获取"荣耀"的主要途径。而也正是在此过程中,世界被逐步塑造为"一个紧密连续的政治体系","建立在列强之间不稳定平衡之上的欧洲人的国际秩序,现在已被投射到这个行将定局的世界的另外几个大陆上来",欧洲的历史已成为世界的历史。[1]

自 19 世纪 70 年代开始,大肆扩张殖民领土、在殖民帝国内建立排他性经济区已经成为欧洲列强普遍的政策倾向,而在 20 世纪之交这股扩张狂潮即将结束的时候,世界上已经不再存在"归属不明"的"空白"地带:各帝国主义列强统辖区域已经彼此接壤,界限分明,在共享的边界之后相互敌对。对于那些仍然致力于扩张殖民领土的国家而言,它们面对的是"一个地理上的'零和'游戏"[2]。除非采取强力手段从现有列强手中重新分割,或者说,"从一个'主人'转归另一个'主人'"(列宁语),再无他途,由此引发的敌对和冲突也成了 19 世纪末、20 世纪初国际关系的常态。其结果,则正如麦金德所言,"每一种社会力量的爆发,不会在周围的某个不为人知的空间和野蛮的混乱中消失,而是在地球遥远的一边引起强烈的反响",注定将世界上政治和经济有机体中的薄弱成分"震得粉碎"。[3]

麦金德的预言在两次世界大战的爆发当中得到了部分的验证。这两场如约而至的残酷杀戮,不仅严重打击了欧洲诸强的财富、信心及文明"共同体"意识,直接导致了欧洲战后的分裂,更一举结束了其维持数百年的全球优势地位,代之以位于欧洲东西侧翼、具有庞大领土面积和

---

[1] [英]杰弗里·帕克:《二十世纪的西方地理政治思想》,李亦鸣等译,北京:解放军出版社 1992 年版,第 11 页。

[2] Peter J. Taylor, "Introduction: A Century of Political Geography", in Peter J. Taylor, ed., *Political Geography of the Twentieth Century: A Global Analysis*, London: Belhaven Press, 1993, p.1.

[3] H. J. Mackinder, "The Geographical Pivot of History (1904)", *The Geographical Journal*, p.299.

人口基数的洲际强国的兴起。1947 年美国副国务卿迪安·艾奇逊曾称"目前世界上只剩下美国和苏联两个大国。自从罗马和迦太基时代以降,再也没有一个时刻出现这种权力两极化的现象"①。尤其是美国,二战结束时,其国民生产总值占世界总量的 1/3、世界制造业产值的一半以上并垄断核武器,实力之强仅有 1815 年的英国可与之相比。② 为了在与苏联集团的总体较量中胜出、巩固全球霸权地位,美国更是在 20 世纪 40 年代后期至 50 年代中期快速建立起一个以抵制"共产主义扩张"、维护"集体安全"为口号的庞大同盟网络,这个网络从东北亚经西太平洋、东南亚、南亚、中东、地中海、西欧一直延伸至北大西洋,对整个西方以及处于西方影响下的广泛区域构成了严密控制。③ 到 20 世纪 90 年代时,随着苏联解体和冷战结束,以美国在全球范围内显赫的权势优势和庞大的全球同盟体系为基础的"美国治下的和平"已经成了国际政治事实:"一种压倒性的、成功的、几乎是完全的西方统治。"④麦金德早先的警告,即以西方全球权势优势为主要标志的"哥伦布时代"远没有出现终结的征兆。

然而,20 世纪初时麦金德对世界大势的悲观论调和"西方主导世界"时代行将落幕的预言,并非全无意义。二战后苏联的兴起及在其后半个世纪时间里对西方的持续挑战,就是非西方社会(国家)对哥伦布时代以来维持已久的西方主导格局构成的一次严重冲击。⑤ 尤其是在 20 世纪

---

① [美]基辛格:《大外交》,顾淑馨等译,海口:海南出版社,1998 年版,第 405 页。
② [美]保罗·肯尼迪:《大国的兴衰:1500—2000 年的经济变迁与军事冲突》,陈景彪等译,北京:国际文化出版公司 2006 年版,第 449 页。
③ 葛汉文:《特朗普时代美国的同盟政策及同盟体系》,《世界经济与政治论坛》2019 年第 1 期,第 3 页。
④ 塞缪尔·亨廷顿语,见 Samuel P. Huntington, *The Clash of Civilizations and the Remaking of World Order*, New York: Smion & Schuster, 1996, p.81.
⑤ 有关俄罗斯-苏联是否属于"西方"的争议一直存在,但至少在 20 世纪初俄国"欧亚主义"者看来,俄罗斯既不属于西方文明亦不属于东方文明,而是一个有其特殊民族道路的、独特的欧亚文明共同体。而西方文明,长久以来便是俄罗斯文明的大敌。见 Marlène Laruelle, "The Two Faces of Contemporary Eurasianism: An Imperial Version of Russian Nationalism", *Nationalities Papers*, Vol.32, No.1, 2004, p.116.

70 年代时,苏联国民生产总值与美国之比已从 1950 年的 30% 一举跃升至 60%,而苏联军备的高速增长使之在战略核力量的类型和数量、投掷重量和总当量方面较美国占有一定的优势,其全球出击态势更一度有压倒以美国为首的全球资本主义阵营之势。[①] 而 50、60 年代兴起的民族解放运动,更是基本结束了 16 世纪以来遍及全球的西方殖民统治体系:二战刚结束时仍受英国、法国、荷兰、西班牙、比利时和葡萄牙等欧洲殖民帝国统治的,占世界人口四分之一以上的广大殖民地人民,在其后短短三十年时间里相继赢得了民族独立地位。尽管仍受国家治理羸弱、种族宗教冲突、经济社会不发达等痼疾的严重困扰,但这些国家作为一个整体在世界事务中的地位得到了明显提升,尤其是在反对霸权主义、强权政治和新老殖民主义以及维护世界和平与国际正义等方面发挥着愈发显著的作用。

特别是进入 21 世纪以来,以中国、南非、印度、巴西等新兴经济体为代表,国际政治经济格局调整的速度明显加快。尤其是归功于中国近四十年来的和平发展,其经济实力、科技实力、国防实力、综合国力正急速地进入世界顶尖国家之际。这一在当代甚至在世界历史发展中亦属少见的伟大成就之取得,势必对为西方国家(欧洲及其文明旁支)所构建、规范和主导已历几个世纪之久的现有国际政治经济体系(至少是对国际权势结构)造成一种持续的、非线性的、复杂叠加的深刻影响。[②] 事实上,早在冷战结束之初,便有美国学者敏锐地发现:冷战结束后的西方,占世界政治、经济和军事权力的比重正在下降。"西方赢得冷战的结果,不是胜利,而是衰竭。"与之相比,"经济力正在迅速转移至东亚,军事权力和政治影响亦开始随之转移"。"中国正逐渐成为最有可能在全球影响方面向西方挑战的国家。"[③] 而当历史进入到 21 世纪第三个十年之时,西方

---

① 左荣凤:《致命的错误:苏联对外战略的演变与影响》,北京:世界知识出版社 2001 年版,第 238 页。

② 葛汉文:《大战略的演进、机理及其中国意义》,《国际展望》2018 年第 5 期,第 14 页。

③ Samuel P. Huntington, *The Clash of Civilizations and the Remaking of World Order*, pp.82 - 83.

学者更是吃惊地发现：中国经济实力与军事力量的高速发展、"构建以其为主导的国际机制的努力"及"对当前国际秩序的'破坏'"，使其已经成为美国在现代历史上"最强劲和最可怕的竞争者"，对西方主导的国际秩序构成了最为严重的地缘政治挑战。[1] 总之，西方主宰天下的时代正在终结。[2]

然而，作为整体的西方在全球权势结构中的优势地位依然坚固，尤其是在全球金融、国际经济贸易、能源、尖端科技研发和制造，以及将之为基础的先进军事力等方面的优势地位短期内依然足够坚固。与此同时，考虑到当前国际政治经济体系为西方国家（欧洲及其文明旁支）所构建、规范和主导已历几个世纪之久的事实，因此，主要在当前的霸权国家和体系主导国推动下，包括中国在内的非西方国家的发展及兴起完全可能不止一次地遭遇到克劳塞维茨所反复强调的"敌对情感和敌对意志"（hostile feelings and hostile intentions）的挑战。[3] 这一点，从近十余年来诸新兴经济体国家内外部环境不时出现较大规模扰动、不时陷入国际政治漩涡、霸权国家针对前者的战略施压不时增强、国际紧张局势不时加剧当中，均可以得到部分的证明。

在此过程中，必须注意到西方国家的权力-知识精英长久以来对于世界历史演进一贯秉持的悲观的、冷静甚至"冷酷"的态度。早在一战结束时，麦金德便提醒道，由于地球表面富源（fertility）和战略机会分配的不均，领土国家间的相互关系不得不受到其位置、资源、气候等自然条件的限制和塑造，因此各个国家的不平衡发展根本就是一种"权力的现实"；同时，国家决策精英和国务家在处理对外事务时亦受制于自身独特的历史记忆和集体经验，每一个国家（社会）都有其自身政治视角，都有

[1] Kurt M. Campbell and Ely Ratner, "The China Reckoning: How Beijing Defied American Expectations", *Foreign Affairs*, Vol.97, No.2, 2018, p.70.
[2] Samuel P. Huntington, *The Clash of Civilizations and the Remaking of World Order*, p.91.
[3] Carl Von Clausewitz, *On War*, trans., by Michael Howard, and Peter Paret, New York: Oxford University Press, 2007, p.14.

其对"时间"和"空间"的不同理解。在上述两者的共同作用下,国家间关系的缓和(*détente*)仅为历史的偶然,竞争和敌对则是国际关系的常态,相互冲突甚至注定不可避免。其结果,就是"过去四百年以来,历史每隔大约一百年就会有一次世界大战"①。根据这种逻辑,在"哥伦布时代"似乎行将落幕的宏观历史背景下,当今世界诸大国(特别是西方同非西方大国之间)是否依旧无法摆脱地缘政治学家所反复警告的历史宿命? 当下已然大大显现的战略竞争是否将无可避免地滑向彼此间的毁灭性冲突? 这一点不仅将持续拷问决策与战略学界的良知和智慧,当然亦需要引发国际社会足够的警惕和关注。

二、"陆上人"与"海上人"的永恒斗争?

长久以来,"海权"(sea-power)与"陆权"(land-power)的对立一直是地缘政治学最基本的,也是最广为人知的命题。作为始作俑者,麦金德宣读于 1904 年著名论文的中心议题便是,世界历史基本上是"陆上人"(landsman)与"海上人"(seaman)的反复斗争过程。在大量的地理、历史及技术论证之后,麦金德发现:"陆上人"对"海上人"曾经拥有的历史优势在哥伦布时代开始后被大体颠覆,但在 20 世纪初时,这一持续数百年之久的情势发生了翻转。陆上交通技术的大发展导致陆上机动性开始对"海上人"的优势构成强劲挑战,而"陆上人"向为海上国家所控制的欧亚大陆边缘地带发起攻势,并能够利用大陆资源来建立舰队的话,"世界帝国也就在望了"。② 根据"德国地缘政治学"(*Geopolitik*)的领军人物卡尔·豪斯霍弗(Karl Haushofer)显然言过其实的称颂:麦金德对于世界空间的二分法,及其将人类历史视为"陆上人"与"海上人"斗争史的总结,无异于"一曲铿锵有力的古老主旋律······它所谱写的当今世界的曲

---

① H. J. Mackinder, *Democratic Ideals and Reality: A Study in the Politics of Reconstruction*, New York: Henry Holt and Company, 1919, pp.3 - 4.

② H. J. Mackinder, "The Geographical Pivot of History (1904)", *The Geographical Journal*, p.313.

式就像曾被谱入古希腊和罗马时代的一样"①。

麦金德这一结论的重大意义,在于影响了其后几乎所有地缘政治乃至战略研究的基本表述方式。尽管在具体言辞上存在一定的区别,但20世纪至今的大多数地缘政治研究均将"海权–陆权"的空间二分法作为考察全球地缘政治及国际政治经济空间分布态势的主要基础。这种空间划分的特征在于:(1)作为一个整体的世界空间主要由两种特定的空间区域所构成,即海权区域与陆权区域;(2)上述两种区域在自然地理方面恒久的并且迥然有别的特殊属性,决定了其政治行为方式的根本不同;(3)以上两点的结果,导致这两大空间区域之相互关系必然是长期性的和历史性的对抗。通过这种方式,整体的世界空间被分割为两种彼此不同的和等级化的空间区域,彼此间的敌对决定了全球地缘政治的总体态势,甚至决定了人类历史演进的基本走向。②

如麦金德一样,大多数地缘政治学家均承认来自欧亚大陆腹心地区(即所谓"心脏地带",heartland;或"枢纽区域",pivot area)的陆上强国对全球权势结构发挥的重大影响。通过这种逻辑,幅员广袤、资源丰富、长期以来处于"专制独裁"统辖,极富侵略传统的心脏地带国家在现代工业技术的组织下,成了"世界政治的枢纽",蕴含统治世界的力量,构成了对"海上人"及其控制的海洋与欧亚大陆边缘地带的巨大威胁。正是在地缘政治学家的反复告诫下,20世纪里包括英日同盟、英美亲善、纳粹德国突袭苏联等诸多历史重大事件的出现,均受到这种观念的部分推动。二战结束后,这种对世界空间的二元划分更以一种意识形态的面目复活了:欧亚大陆心脏地带现已为一股与西方意识形态迥异的权势力量所占据,后者"残酷无情""神秘莫测"并且还在不断强大。③ 因此,整个冷战时期,如何围堵、遏制这股来自欧亚大陆心脏地带的权势力量,便成为西方社会,尤其是美国战略学界所有理论思考的头号问题。因此,尽管美国

① 杰弗里·帕克:《二十世纪的西方地理政治思想》,第64页。
② 葛汉文:《历史视野下的西方地缘政治思想》,北京:军事谊文出版社2012年版,第94页。
③ 杰弗里·帕克:《二十世纪的西方地理政治思想》,第143页。

著名国际关系学家汉斯·摩根索曾轻蔑地将麦金德理论称为"一种严重夸大地理作用的伪科学"[1]，但这并未影响整个冷战期间美国发起的、同苏联在欧亚大陆边缘地带的争夺、直接冲突或代理人战争，而两极世界也成为"陆上人"与"海上人"全球对抗最典型的例证。

冷战结束后，在巩固为美国等西方国家所主导的"世界新秩序"（New World Order）过程中，"防范来自欧亚大陆腹心威胁的复活"依然是美国战略学界乃至决策关注的头等议题。[2] 1992年美国国防部主管政策的副部长保罗·沃尔福威茨（Paul Wolfowitz）就提出警告，尽管苏联已经瓦解，但"美国的头等目标就是阻止在苏联领土或其他地方复活一个新的敌手，并像苏联之前那样威胁国际秩序。这片足以产生全球性强国的地区，不能够被任何敌对国家主宰"[3]。两年之后，美国前国家安全顾问、地缘政治学家兹比格涅夫·布热津斯基（Zbigniew Brzezinski）亦赞同沃尔福威茨的判断。在他那里，欧亚大陆一向是"最具决定性的地缘政治棋盘"，是"世界之轴"，主宰欧亚大陆将对占世界经济生产三分之二的地区（西欧和东亚）构成决定性的影响，几乎将自动控制中东和非洲。[4] 而当代著名战略学者、前国务卿亨利·基辛格亦指出，"不论冷战存在与否，单一大国主宰欧亚大陆两大范围之一（欧洲或亚洲）都会对美国构成战略意义上的危险。""不论谁统治它，俄罗斯跨有麦金德称为地缘政治心脏地带的领土，也继承最丰富的帝国传统。"[5]

正是在此种思维惯性的引导下，为完全消除来自心脏地带的战略威胁，冷战结束后俄美关系在经历了不长时期的大体和缓后，很快便转向

[1] Hans J. Morgenthau, *Politics among Nations*, New York: Alfred A. Knopf, 1948, p.115.
[2] 1991年，美国总统乔治·布什在海湾战争期间提出建设"世界新秩序"。见 President George Bush, "Toward a New World Order", in Gearóid Ó Tuathail, Simon Dalby, and Paul Routledge, eds., *The Geopolitics Reader*, London: Routledge, 1998, p.132.
[3] Gerry Kearns, *Geopolitics and Empire: The Legacy of Halford Mackinder*, New York: Oxford University Press, 2009, p.7.
[4] Zbigniew Brzezinski, "Geostrategy for Eurasia", *Foreign Affairs*, Vol.76, No.5, 1997, p.50.
[5] 基辛格：《大外交》，第754—755页。

继续敌对,而美国直接控制下的军事同盟体系更是自西方、西南和南方三个方向持续向欧亚大陆腹心扩张势力范围。到 21 世纪第二个十年结束之际,除白俄罗斯、中亚五国之外的所有苏联加盟共和国和华沙条约国国家,已经全部或正谋求加入北大西洋公约组织,并通过向美国提供军事基地、派兵参加美国主导的军事行动(阿富汗、伊拉克)、参加毗邻俄罗斯边界的联合军事演习等多种方式,积极寻求强化与美国的军事/安全合作关系。[1] 为此,当代俄罗斯战略学界悲观地看到:无论俄罗斯如何努力融入西方为主导的国际体系、加快西方式民主步伐并主动消除对西方的军事威胁,但仅仅是出于地缘政治原因,西方社会在思想深处长久隐藏的"恐俄症"(Russophobia)就注定会延续下去。[2] 一个世纪之前,"麦金德的基本诉求就是清除俄罗斯对'心脏地带'的控制,这与俄罗斯今天的'死对头'布热津斯基与基辛格的理念是完全一致的。……冷战结束后北约完全是在按照麦金德的方式,力图建立起对东欧的控制以便控制'心脏地带'"[3]。

不仅如此,伴随着国际政治经济的快速演进,进入 21 世纪后,西方地缘政治与战略学界关于"陆上人"与"海上人"的历史性对抗又发展出了新的理解。实际上,冷战结束后头二十年时间里,大部分西方学者依然对中美关系的战略稳定性表示出较大程度的乐观:自 1991 年以来东亚的权势结构就是一种均势:中国主导东亚大陆而美国控制海洋。"由于双极结构和地理特性,因此中美两国间的竞争能够将军备竞赛、危机和战争的压力降到最低。"[4]但进入 21 世纪第二个十年以来,随着中国和平发展效应的不断积累,尤其是近年来中俄两国关系的持续提升与"全

[1] Z. Selden, *Alignment, Alliance, and American Grand Strategy*, Ann Arbor: University of Michigan Press, 2016, pp.42-43.

[2] Charles Clover, "Dreams of the Eurasian Heartland: the Reemergence of Geopolitics," *Foreign Affairs*, Vol.78, No.2, 1999, p.12.

[3] Mark Bassin and Konstantin E. Aksenov, "Mackinder and the Heartland Theory in Post-Soviet Geopolitical Discourse," *Geopolitics*, Vol.11, No.1, 2006, p.104.

[4] Robert S. Ross, "Bipolarity and Balancing in East Asia", in T. V. Paul, James J. Wirtz, and Michel Fortmann, eds., *Balance of Power: Theory and Practice in the 21st Century*, Stanford: Stanford University Press, 2004, p.270.

面战略协作伙伴关系"的构建、2013 年中国"一带一路"倡议的提出及建设的不断加快、中国海洋强国战略的推出与深入实施,西方战略学界新的关注重点再次转向部分位于欧亚大陆边缘地带国家兴起对全球地缘政治进程的影响上来。

实际上,麦金德于一个多世纪前就曾预言中国权力兴起在地缘政治上对西方形成的巨大威胁:"如果(中国)濒临海洋的优越地位与庞大大陆资源合为一体,这是占有枢纽地区的俄国人目前还未到手的有利条件",其后果,"将构成威胁世界自由的黄祸(yellow peril)"。[①] "大大陆(great continent,即欧亚大陆)的一大部分一旦为一个单独势力所统一,以此为基地,一个无敌的海上强国就此出现";"就战略而言,这是对世界自由最重大的威胁。"[②]当代美国知名地缘政治专栏作者罗伯特·卡普兰(Robert Kaplan)在解释麦金德预言时写道,由于心脏地带通过海洋的通道大多数被完全封闭,因此麦金德实质上并不担心心脏地带对"海上人"的威胁;相反,他极其担心"陆上人"控制沿海地区,诸如类似中国这般拥有 9000 英里海岸线,且自身陆上边界延伸至中亚的海陆兼备大国,借助其资源、人口优势开始大力建设海军的话,这占世界人口四分之一的文明,"势必将主导世界"[③]。

正是麦金德当年所谓"黄祸复活"的警告,为当前西方战略学界诸多夹杂着明显偏见和无依据幻想的奇谈怪论提供了精神指引:中国有关建设"陆上丝绸之路经济带"的倡议被不少西方学者视为"中国从东方进入心脏地带以便控制欧亚大陆腹心区域巨大资源"的直接证据;[④]中俄关系

---

① H. J. Mackinder, "The Geographical Pivot of History (1904)", *The Geographical Journal*, p.313.

② H. J. Mackinder, *Democratic Ideals and Reality: A Study in the Politics of Reconstruction*, p.89.

③ Robert D. Kaplan, "The Geography of Chinese Power: How Far Can Beijing Reach on Land and at Sea?" *Foreign Affairs*, Vol.89, No.3, 2010, p.22.

④ 参见 Theresa Fallon, "The New Silk Road: Xi Jinping's Grand Strategy for Eurasia", *American Foreign Policy Interests*, Vol. 37, No. 3, 2015, p. 142. 以及 Torbjorn L. Knutsen, "Halford J. Mackinder, Geopolitics, and the Heartland Thesis", *The International History Review*, Vol.36, No.5, 2014, p.852.

的稳定发展,则成为"中国借助麦金德言中的心脏地带以减轻来自东部太平洋方向的巨大压力"的需要;[1]而中国近年来捍卫国家统一和主权、维护正当海洋权益以及建设"21世纪海上丝绸之路"的倡议,被认为实质就是在获取大陆资源之后陆上强国向海洋的进军,目的在于努力实现对"第一岛链"(diyidaolian)内海洋空间控制基础上进而与美国"平分太平洋","直接威胁海洋国家生存",因此是中国当前最具挑战的、"最值得警惕"、必须强硬应对的战略性举动。[2] 过去十年来,此类论调在当前西方学术界的爆发式涌现,格外强化了现今西方,尤其是美国决策界对中国兴起的愈发显著的总体疑虑,体现出西方社会长久以来对异质文明(尤其是东方文明)兴起的经久恐惧。[3]

在此基础上,美国全球战略的重心历经了冷战结束、反恐战争后的第三次战略转移,美国等西方国家对亚太区域的战略性投入开始显著增加。早在2007年,美国太平洋总部司令蒂莫西·基廷(Timothy Keating)上将就宣称,"在太平洋,我们是在一个地缘政治环境中行动"[4]。2011年美国总统奥巴马提出的"回归亚洲"(Pivot to Asia)政策——这一用词本身既带有极强的地缘政治色彩,及其配套的诸多外交、军事、经济手段的运用,以及2017年后美国"印太"战略的推进,最重要的战略目的之一,显然在于努力阻止中国"向海洋的进军",尽管中国快速发展的"反介入"/"区域拒止"(anti-access/area denial, A2/AD)能力依然被认为是类似威廉德国提尔皮茨海军上将(Admiral Alfred von Tirpitz)在英德海军竞赛时所采用的、主要由海上实力较弱一方抗衡海洋强国的战略方式,

---

[1] Lanxin Xiang, "China's Eurasian Experiment", *Survival*, Vol.46, No.2, 2004, p.118.

[2] Robert S. Ross, "Nationalism, Geopolitics, and Naval Expansionism: From the Nineteenth Century to the Rise of China", *Naval War College Review*, Vol.71, No.4, 2018, p.44.

[3] John Agnew, Matthew G. Hannah, Joanne Sharp, Peter J. Hugill, Lorraine Dowler, and Gerry Kearns, "Reading Gerry Kearns' Geopolitics and Empire: The Legacy of Halford Mackinder", *Political Geography*, Vol.30, No.1, 2011, p.49.

[4] David Scott, "US Strategy in the Pacific-Geopolitical Positioning for the Twenty-First Century", *Geopolitics*, Vol.17, No.3, 2012, pp.610-611.

而非以"远洋歼敌"为信条的马汉传统。① 正是在这种近乎天然的敌意和海上强国的外来干扰下，近年来中国周边海上热点安全问题成为影响区域局势乃至中国国家安全的重要因素，而由此引发的国际关系，尤其是中美关系不时的战略性动荡，更为地区紧张形势不时升级提供了主要的动力。

三、麦金德的遗产：批判及超越

与同时期其他地缘政治思想相类似，麦金德理论的提出实质上是"世纪末"心理的一种体现。尽管新世纪的到来不一定必须带来某些特定的历史意义；但出于宗教和文化原因，每当新世纪到来时，西方社会有关过去、现在和未来的争论便从未曾停止，尤其希望通过对过去的审视进而得出对未来的指引。同这些对未来的思考相合拍，大部分早期的地缘政治文本尽管乔装成为一种新式的、理性的和"科学的"理论而出现，但基本上均反映出那个时期几乎普遍存在于西方社会的对于世纪末的忧虑、恐惧和希望，均倾向于假定：人类历史的演进存在一种基本的非延续性，新的时代将会与过去清楚地割裂，百年的结束必然与巨变相伴随。②

尽管当时没有引发足够的重视，但麦金德理论实际上代表了那个时代大英帝国甚至欧洲相当一部分政治精英的国际战略理念。麦金德对于寻找战略重心或者"关键位置"（key position）的兴趣，当然是受其所属时代的影响。主要受拿破仑战争的冲击与启示，19世纪及其后军事战略家们的重要任务和关注点，就是在战争中发现战场中的"关键位置"

---

① Christian Le Mière, "America's Pivot to East Asia: The Naval Dimension", *Survival*, Vol.54, No.3, 2012, p.85.

② Michael Heffernan, "Fin de siècle, fin du monde? On the origins of European geopolitics, 1890-1920", in Klaus Dodds and David Atkinson, eds., *Geopolitical Tradition: Critical History of a Century of Political Thought*, London and New York: Routledge, 2000, p.31.

（即战线的重点或薄弱之处）。而在其时日趋激烈的国家间竞争当中将世界某个区域视为全球战略重心，则特别受益于航海大发现以来欧洲四个世纪地理知识的积累。作为地理学家，麦金德实质上是将墨卡托投影（Mercator Projection）转化成了全球战略棋盘，而将枢纽地带或心脏地带认定为世界岛上的"关键位置"，则是从地理学家的角度，在全球层次上对于军事战略方法的借用，这无疑使其结论具备了大战略的宽广视野。[①]

但是与很多理论模型一样，这种观念使用了一种过于简化的手段，即通过对一些地理事实和历史大事有选择的援引，力图对事实上远为复杂多变的历史事态进行全面的描述。因此，与其他宏大叙事存在同样的弊病：麦金德理论显然过于宏观而忽略了复杂且烦琐的细节，"尽管不容忽视，但它大体不能为未来演进提供一幅精确的蓝图"[②]。而其对"自然地理具有持续的战略关键性"的假设，实质上是一种粗陋的物质决定论（地理决定论），并不能作为一个可信的地缘政治分析基础，其最为出名的关于"陆海对抗"的论断不仅与历史经验（如二战中的反法西斯同盟）严重矛盾，也与技术发展不相符合：早自麦金德做出其论断之时，飞机、电报等交通通信技术的发展就已经从根本上改变了全球地缘政治形态，当代科技的发展，特别是航空、太空、互联网技术的突出发展，更是对麦金德有关海陆机动性的对比形成了颠覆性的挑战，并从根本上调整了中心与边缘、心脏地带与边缘地带、海洋与陆地之间的关系。而麦金德启示录般的预言："谁控制了欧亚大陆的心脏地带，谁就控制了世界"，从来就没有贴合过世界历史的发展，更与 20 世纪至今全球政治经济中心位于北美、西欧和亚太地区的事实严重偏离。与此同时，麦金德有关维护大英帝国政治边界之内的经济繁荣，而非与世界经济的其他部分保持紧

---

① Christopher J. Fettweis, "Revisiting Mackinder and Angell: The Obsolescence of Great Power Geopolitics", *Comparative Strategy*, Vol.22, No.Ⅹ, 2003, p.110.

② ［美］普雷斯顿·詹姆斯、杰弗雷·马丁：《地理学思想史》，李旭旦译，北京：商务印书馆1989 年版，第 249 页。

密联系等重商主义（mercnatilism）逻辑，严重对立于当下经济全球化进程的不断加快及目前被广泛接受的政治经济规范，并随着时代的发展愈发不合时宜。这种由政治精英所阐发，通过秘密外交与幕后操纵方式应用于国际政治的战略理念，在当时就与大众政治广泛兴起的趋势相抵触，现在更是与当今时代政治及国际关系民主化的发展严重脱节。因此，总的来看，麦金德那些陈旧的、古板的理论早已脱离了国际政治现实，任何力图借此来规范当今国际关系的努力显然是不合时宜的，甚至仅是"一种具有嘲弄意义的现象"而已。①

尽管面临诸多严肃的，甚至直接出自西方学术界的批评，但麦金德在一个世纪前提出的那些冰凉、宿命且不存在任何历史进步性的经典地缘政治概念、定理或信条，作为西方国家（尤其是英、美等益格鲁-萨克逊国家）传承至今的历史记忆、政治文化和政治思想，依然在其国家大战略缔造过程中发挥重要的，有时甚至是决定性的作用。作为例证，1907年，直接推动英德敌对，进而助长一战爆发的《克劳备忘录》便用典型的麦金德逻辑断言，"最强大的陆军与最强大的海军结合于单独一个国家，将迫使世界联合起来挣脱这一梦魇"②。而110年后，《美国国家安全战略（2017）》则回应道，"纵观历史，对权力的争夺一以贯之，当今时代也不例外"。"中国和俄罗斯正在夺取我们的地缘政治优势，试图根据他们的利益改变国际秩序。"③因此，在当下这个新事态、新趋势不断涌现、国际政治经济孕育革命性变动的关键时间节点，地缘政治建构出的"意识形态"和思维逻辑，依然被美英等西方国家决策界和战略学界奉为其国家大战略塑造的根本信条，依然将其作为指引本国在这个本质上仍为无政府状

---

① Mark Bassin and Konstantin E. Aksenov, "Mackinder and the Heartland Theory in Post-Soviet Geopolitical Discourse," *Geopolitics*, p.111.

② Eyre Crowe, "Memorandum on the Present State of British Relations with France and Germany", in J.S. Dunn, *The Crowe Memorandum: Sir Eyre Crowe and Foreign Office Perceptions of Germany, 1918 –1925*, Newcastle: Cambridge Scholars Publishing, 2013, p.228.

③ The White House, *National Security Strategy of the United States of America（2017）*, Washington, D.C.: The White House, 2017, pp.25 – 27.

态所主导的世界上维持"生存和伟大"的关键。

在中国高速发展、经济实力和军事实力同步快速增长的当下,必须注意以麦金德为代表的、西方传统的、兼具深刻洞察和过头恐惧的诸项地缘政治预言对当前西方大国大战略的直接影响。在坚持和平发展总体战略方针不动摇的情况下,必须注意到:进入到 21 世纪第三个十年后,麦金德、马汉此类西方地缘政治大师的逻辑依然对西方大国强化对华战略竞争,尤其是强化海洋方向的战略竞争形成了有效的指引。即使是基辛格此类长期从事对华关系的"中国人民的老朋友",在告诫"美中关系对全球稳定与和平至关重要、两国之间的冷战会扼杀太平洋两岸一代人取得的进展"的同时,依然表示"如果中国的政策坚持按照《克劳备忘录》的规则行事,美国必然将予以抵制。这将是一个不幸的结局"[①]。

世界历史当中诸大国的成败经验均表明,中国作为世界大国的兴起将是一个复杂的、长期的、艰巨的过程,风险挑战重大,并且不一定能够必然成功。考虑到国家实力现实和对外政策行为均在决定一国之前途方面发挥近乎同等的作用,因此在当前甚至较长的一个时间段,在综合国力于全球权势结构乃至区域权势结构中的位置依然没有发生革命性翻转的情况下,在众多的国家战略目标当中,优先权的选择也即目标的"轻重缓急"尤为关键,对外政策行为保持总体的战略克制在较长时期内亦为必需。与此同时,也应看到,欧洲和中东仍然是美国全球战略关注的重点,而在上述两大分别位于欧亚大陆西部和南部的重要战略区域中,美国与俄罗斯作为主要战略博弈方,彼此间一直持续的空间和权势竞争依然存在,甚至还不时加剧:乌克兰问题依然未能彻底解决,乌克兰、格鲁吉亚仍在努力加入北约,互以对方为作战对手的高强度军事演习仍在不断举行;中东地区各类矛盾激化,美、俄等外来势力介入及本生的国家间冲突短期内绝难解决。此类问题的复杂并生,仍在严重牵制美国等主要西方国家战略精力,麦金德关于"警惕欧亚大陆心脏地带向边

---

① [美]亨利·基辛格:《论中国》,胡利平等译,北京:中信出版社 2012 年,第 510 页。

缘地带扩张"的告诫依然在美国决策界发挥强大影响。

当然最重要的,应当寄希望于推动人类意识的觉醒和国际社会对经典地缘政治逻辑的总体超越。国际政治经济的演进和进步,最终根源来自社会意识的发展及其实践后果。麦金德自己虽然坚持"自然在很大程度上控制(国家政治行为)",但同时也承认"是人类而非自然起着主动作用"。[1] 冷战结束后,诸多新事实、新趋势的发展均使得经典地缘政治这一萌生于帝国主义争霸时代,以空间占有为权势增减标尺,以领土控制、封锁与战争为主要手段的"零和"博弈逻辑愈发落后时代的发展。尤其是经济全球化和区域一体化,日益成熟完善的国际规范和国际机制,国家间依然强劲发展的相互依存态势,世界人民对和平、进步、繁荣的强劲诉求,为世界主要国家突破这种被严重固化的、被自我验证的和无任何历史进步的理论与观念桎梏提供了极大可能。而在这一过程当中,中国对和平发展道路的坚守、对推动人类命运共同体构建、促进各个国家互惠发展进而实现普遍繁荣的不懈努力,必然在其中发挥极其重要的战略性作用。

---

[1] H. J. Mackinder,"The Geographical Pivot of History(1904)", *The Geographical Journal*, p.229.

"权力的声誉":国家威望、美国经验与大国竞争 *

"威望"(prestige)一向是影响国家战略决策乃至治国之术(statecraft)的重要因素之一。近现代以来,包括黎塞留、俾斯麦、斯大林、凯南和艾奇逊等在内,历史上诸多国务家在战略决策过程中均极其重视国家威望对于实现本国战略目标发挥的关键性作用。在学术研究领域,以 E. H. 卡尔、汉斯·摩根索和罗伯特·吉尔平为代表,国际关系与战略学界更是将"威望"视作具有重大战略性意义的概念,认为其对于国家权力增减和国际地位起伏具有突出甚至决定性的影响。自 20 世纪初以来,美国在国家实力不断攀升同时,增长国家威望亦成为美国大战略制订的主要出发点之一。尤其是在第二次世界大战结束后,美国在战争中体现出的优势武力,使得国际体系中的其他国家"对美国的实际权力或是美国希望他国相信本国拥有的权力产生了深刻的印象"(汉斯·摩根索语),①美国从而得以在战后"国际威望等级"(hierarchy of prestige)攀升至顶级地位,并为其在之后半个世纪时间里争取乃至在一定程度上实现全球霸权奠定了非物质基础。然而,当进入到 21 世纪第三个十年后,主要源自国际权力分布的较大幅度变动,美国的国家威望及其在国际威望等级中的

---

* 原文发表于《和平与发展》2021 年第 4 期。
① Hans Morgenthau, *Politics among Nations: the Struggle for Power and Peace*, New York: Alfred A. Knopf, 1948, p.51.

地位亦出现总体调整趋向。在此背景下，为延缓乃至阻止美国权力相对衰落的预期，威望政策已成为美国对外战略的重点之一：当下的美国显然更加倾向于向外界展示其权力（尤其是武力）之"可信度"，以期使世界其他国家延续对美国威望优势地位"不可撼动"之认识，以求继续维持其在国际体系中的"主导性地位"。

一、"权力的声誉"：国家威望的战略含义

尽管因其自身的不可捉摸与微妙使之常常受到忽视，但在国际事务中，"威望"是普遍存在且极其重要的一项国际关系事实。① 现代国际关系学科的主要开创者 E. H.卡尔早就意识到在军事、经济等所谓"物质权力"之外，国际关系领域还存在所谓的"观念的权力"（power over opinion）。而"观念的权力"由于能够"扩大己方政治的基础"，因而在国家实现政治目标过程中具有重要地位，并且与国家的军事和经济权力紧密相关。② 在汉斯·摩根索那里，早自伯罗奔尼撒战争以来，威望作为国家权力的"非物质方面"，便一直是影响国家间关系的基本因素之一。③而作为国际权力斗争的三种主要形式之一，国家"谋求威望"政策更是一个国家"理性的外交政策不可或缺的要素"。④ 与之相类似，当代著名国际关系学者罗伯特·吉尔平将威望视作"权力（尤其是军事权力）的声誉"，是其他国家对特定国家行使权力的能力、实力和意愿的认知。而威望之战略性作用，在于凭借威望"这个国家就可以实现自己的目标，而无需使

---

① Robert Gilpin, *War and change in world politics*, Cambridge：Cambridge University Press, 1981, p.31.
② 在卡尔那里，获取"观念的权势"主要为通过宣传，贬低敌方，进而强化己方政治权势。见 E. H. Carr, *The Twenty Years' Crisis, 1919 - 1939: An Introduction to the Study of International Relations*, New York：Harper Torchbooks, 1964, pp.132 - 133.
③ 即所谓"威望政策"（Policy of Prestige）。Hans Morgenthau, *Politics among Nations: the Struggle for Power and Peace*, p.51.
④ 其他两种为："维持现状政策"（Policy of the Status Quo）与"帝国主义"（Imperialism）。见 Hans J. Morgenthau, *Politics among Nations: the Struggle for Power and Peace*, pp.21 - 22.

用其力量"①。

尽管并不存在一个足够精确的定义,但国际关系与战略学界对"威望"的理论思考主要存在五个方面的理解:(1) 威望是一种"集体的"(collective)的认知。特定时段的国际社会,特别是多数国家,在关于国际行为体的何种特征值得被尊敬和被钦佩方面,一般均存在较为普遍性的认识;(2) 威望是一个"关系型"(relational)的概念,一个国家的威望的存在、增长或削弱,均有赖他者(而非这个国家自身)的看法;(3) 威望具有"相对的"(relative)含义。在等级化的国际体系中,如同权力一样,国家间威望的竞争存在"零和"(zero sum)效应:一个国家威望的增加,意味着他国威望的下降;(4) 尽管有细微的区别,但威望与"地位"(status)大体同义;(5) 威望具有战略意义。作为软权力(soft power)的一种,拥有较强威望的国家可以指望其他国家对己方意志的"自愿顺从"。②

学界大多从"人性"角度出发,通过对国际政治与国内政治的类比,论证威望在国际关系中的重要作用。早在公元前 432 年,雅典人在向斯巴达人解释雅典对外政策时,便强调其所谓追求"安全、名誉和自身利益"等三种动机,"皆不违背人性",可谓是此类逻辑的最早表述。③ 摩根索亦将国家对外政策中寻求威望的考虑,与个人在社会关系中提高声誉、追求社会承认的渴求相类比,认为提升威望亦是国家获得安全、财富和权力的重要途径,因此追求威望是国家天然具有的"本能的冲动"。④ 吉尔平则将威望等同于"权威"(authority)在国内政治中的作用:国际政治当中,权威能够确保特定内容的命令或政策能够为特定人群所遵从,

---

① Robert Gilpin, *War and change in world politics*, Cambridge: Cambridge University Press, 1981, p.31.

② Jonathan Mercer, "The Illusion of International Prestige," *International Security*, Vol. 41, No. 4, 2017, pp.135 – 136.

③ Williamson Murray, MacGregor Knox and Alvin Bernstein Murray, eds., *The Making of Strategy: Rulers, States, and War*, New York: Cambridge University Press, 1994, p.5.

④ Hans Morgenthau, *Politics among Nations: the Struggle for Power and Peace*, pp.50 – 51.

而在国际关系当中,威望则能确保体系中的较小国家服从大国或主导国家的意志。[1]

一般认为,威望是若干主客观变量综合组成的产物,这包括:(1)国家的特征;(2)多数国际行为体公认的、构成国家威望的价值或原则。[2]一般认为,国家的威望首先取决于其主要特征,如政治结构的性质、经济、历史、文化、技术及军事实力等。但鉴于此类特征与国家的实际权力(特别是物质实力)的紧密关系,这便是很多学者将威望直接称为"权力的声誉"的缘由。[3]与此同时,由于威望的反映性和相对性特征,国际体系内多数行为体在"何为威望"及"威望高低"问题上的共识同样关键。当然,共识的达成是一个长期、渐进的过程,很可能落后于特定国家真实权力的增长或衰减,这便造成了国家权力与其所处的威望等级的"不匹配"现象。[4]而一个国家的"真实"特征(或权力)与在其他国家行为体眼中所建构出的"形象"的落差,在历史上时常构成国际关系突变性演化的直接驱动力。

国家争取威望最为直接和有效的方式,是在战争中(尤其是在大战)中取胜。[5]主要通过战争,国家的物质权力(尤其是军事与经济力)能够得到现实的验证,进而导致本国威望出现较大幅度的增减。诸多历史案例均证明:战争对于特定国家威望的影响,在绝大多数情况下,甚至远远超过对该国物质权力产生的实际效应。拿破仑战争结束后,俄罗斯帝国威望在全欧范围内的急剧提升,远远大于其实际物质所得;美国冷战期间在朝鲜,尤其是越南的失败,对其军事与经济打击或许相对有限,但对

[1] Robert Gilpin, *War and change in world politics*, Cambridge：Cambridge University Press，1981，p.30.
[2] Amitai Etzioni, "International Prestige, Competition and Peaceful Coexistence," *European Journal of Sociology*, Vol. 3，No. 1，1962，p.24.
[3] Robert Gilpin, *War and change in world politics*, p.31.
[4] Lilach Gilady, *The Price of Prestige: Conspicuous Consumption in International Relations*, Chicago and London：the University of Chicago Press，2018，p.7.
[5] Youngho Kim, "Does Prestige Matter in International Politics?" *Journal of International and Area Studies*, Vol. 11，No. 1，2004，p.42.

其全球威望的冲击几乎具有致命效应。而苏联在军事干涉阿富汗所受到的挫败,更对其20世纪70年代"缓和"以来国家威望的大幅跃升构成了直接冲击。

在和平时期,国家间威望的竞争亦是国家间互动的一般性模式,或者说,"威望是国际关系的日常"①。通过军事演练、战争动员甚至较低规模使用武力等方式向其他国家展示自身的武力优势地位,是提升本国威望的有效方式。1946年,美国邀请外国观察员观看其在太平洋进行的两次核武器试验,目的便在于向外界展示美国武力优势地位之不可撼动。②而20世纪60年代中后期苏联大力发展红海军的基本动机之一,也在于在同美国的"和平竞赛"中提升国家的威望。苏联战略家、海军元帅谢·格·戈尔什科夫便指出,苏联海军在进行外交活动时,不仅"有助于苏联同一系列发展中的主权国家的国际联系",更为重要的是,"可以向受访国家人民展示社会主义原则在苏联的胜利,展示苏联在科学技术和工业上取得的巨大成就,展示苏联的思想文化和生活方式",为"增进各国之间和人民之间的相互谅解以及巩固苏联的国际威信做出贡献"。③

国家寻求获得威望之目的,在于在和平时期不实际使用权力(尤其是不直接使用武力或较低限度使用武力)情况下以达成自身战略企图。但威望并不等同于虚张声势。在历史发展当中,虽然存在特定国家通过"夸大"其权力现状以获取"不符常规"的国家威望进而成功谋求短期利益的案例,但"虚张声势"的国家,其真实的权力状况迟早能够被其他国家所认知,进而影响到其国家威望出现报复性下跌。与此同时,一个国家威望如果长期低于其实际权力,或在较短时期内明显下降(如在关键问题或领域不断向其他国家屈服或做出重大让步),会导致国际体系中的其他成员对这个国家的实际权力及其使用权力的意志形成明显质疑

---

① Robert Gilpin, *War and change in world politics*, p.31.
② Hans Morgenthau, *Politics among Nations: the Struggle for Power and Peace*, p.54.
③ 〔苏〕谢·格·戈尔什科夫:《国家的海上威力》,济司译,北京:三联书店1977年版,第411—412页。

甚至提出直接挑战。因此对国家而言,过高或过低的威望均是一种"可怕的创伤"①。

国家的威望主要来自其他国际行为体的反映与评价。鉴于国家存在于一个由主权国家构成的国际体系之中,因此威望与国际体系存在紧密的联系。吉尔平便指出,在本质由"无政府状态"支配,但同时亦具有等级化特征的国际体系当中,除国家间"权力的分布"外,国家威望之间的"差异"及其表象(即"威望等级")亦是决定国际体系结构的一个重要因素。② 尤其是在霸权国际体系当中,霸权国家的物质权力在上一场主要战争中得到了有效验证并被充分认识,因此霸权国家通常在体系占据威望优势地位,足以确保它在不实际使用武力的情况下将其意志强加于体系中的其他国家,或者以较低的武力成本实现价值更高的目标。当然,为了在不实际发生战争情况下继续维持自身的优势威望,通过演练、封锁、干涉等方式使其他国家认识到自身的优势物质权力,便成为霸权国家对外行为的日常。③

在国际体系当中,业已形成的威望等级虽然在很大程度上是现存的国家间权力分布状况的反映或投影,但国际社会对特定国家威望的认知一般均落后于该国实际权力的变化。结果就导致:国际权力分布的变动往往不能在国际威望等级中得到及时反映。而这种不匹配,往往会导致国际体系出现动荡乃至引发较大规模的武装冲突:"使用武力经常能够提供一种解决此类矛盾的决定性方法。"④尤其是在霸权国际体系中,威望的竞争是崛起国家同霸权国家最主要的互动模式:崛起国家致力于提升自身在国际威望等级中的地位,以求使之符合国际权力分布的当前实

① Ralph Hawtrey, *Economic Aspects of Sovereignty*, London: Longmans, 1952, pp.44 - 65.
② Robert Gilpin, *War and Change in World Politics*, pp.29 - 30.
③ 在"弥罗斯人的辩论"中,雅典人的讲话极为鲜明地体现出这种倾向:"你们(弥罗斯)对我们(雅典)的敌视对我们的损害少,而我们对你们友好对我们的损害多;因为同你们友好,在我们属民的眼中认为是(雅典)软弱的象征,而你们的仇恨则是我们力量的表现"。见〔古希腊〕修昔底德:《伯罗奔尼撒战争史》,谢德风译,北京:商务出版社1960年版,第467页。
④ Robert Gilpin, *War and Change in World Politics*, p.33.

际;而霸权国家出于维持其优势威望目的,不断试图压制崛起国家威望的增长。此类竞争发展至极致,或许导致双方均有意愿使用权力(特别是武力)以求验证本国的实际威望。就此意义而言,国家间的威望竞争是国际体系中战争爆发的重要来源之一,甚至也是推动国际体系出现变革的基本动力。

二、威望与霸权:美国的政策实践及其战略效应

长期以来,寻求提升国家威望便是影响美国对外政策最重要的因素之一。尤其是二战结束后,美国在战争期间所展示出的雄厚军事实力,急剧提升了美国的国家威望,并为美国实现在国际威望体系中的顶级地位提供了现实证据。而随着冷战的爆发,维持其国家威望,尤其是通过展示并"适度"运用武力以支撑和验证其"优势性威望",在较小代价情况下实现更高价值的目标,便成为冷战时期美国对外政策的重要考虑之一。

朝鲜战争便是典型的案例。在美国战略决策过程当中,无论是决定大规模武装介入以及最终实现停火停战,有关巩固、提升至少是维持美国威望的考虑,一直发挥重要作用。早在 1947 年,美国政府一份跨部门报告便承认美国在半岛驻留军事力量"并不具有多少军事利益";[1]1949年驻日美军司令和"联合国军"司令道格拉斯·麦克阿瑟(Douglas Mac-Arthur)关于构筑一条从菲律宾到琉球、日本到阿留申的"太平洋战略防线"的讲话,亦有意没有提及朝鲜;1950 年国务卿迪安·艾奇逊(Dean Acheson)在定义美国在亚洲的"防御半径"时,同样没有将朝鲜纳入其中;[2]但在美国决策层当中,有关美国撤出半岛驻军、放弃朝鲜半岛会导致苏联影响增长,进而对"对美国的威望与影响构成严重挫败"的看法一

---

[1]   Youngho Kim, "Does Prestige Matter in International Politics?" *Journal of International and Area Studies*, p.46.

[2]   Michael Green, *By More than Providence: Grand Strategy and American Power in the Asia Pacific since 1783*, New York: Columbia University Press, 2017, p.274.

向占据重要地位。[①] 尤其是 1950 年 6 月战争爆发后,威望同样是美国决定大规模军事介入的重要考虑因素。时任国务院政策计划主任的乔治·凯南(George Kennan)认为,"放任朝鲜被纳入苏联的卫星国将对美国的威望构成严重的破坏"。国务卿艾奇逊亦主张,美国必须介入战争以挫败斯大林的企图,而"让步将对美国的权力和威望构成严重的损害"[②]。即使在战局严重不利的情况下,美国亦从威望的角度出发评估停战乃至从朝鲜撤出军事力量的可能性。总统杜鲁门坚持认为,美国主动从朝鲜撤出,不仅损害美国的威望,同时亦"极度助长'共产主义中国'的政治与军事威望,进而对'非共产主义亚洲'的'抵抗'均产生损害"[③]。

"维持威望"更是美国越南政策制订和实施极其重要的考虑因素。尽管 1966 年乔治·凯南在美国国会作证时便承认"即使南越被越共完全控制,……构成的威胁也不值得我们(美国)进行直接军事干涉"[④],但是主要出于维护威望考虑,美国还是决定将全力确保南越政权作为头号目标。在时任总统林登·约翰逊(Johnson)那里,维持一个"自由和独立的越南"不仅关乎美国的国家利益,更直接影响美国的威望。他在不止一个场合宣称:"我决不会当一名坐视东南亚走上中国道路的美国总统。"[⑤]而通过对南越的直接军事干涉以显示出其压倒性军事实力和干涉意志,证明自身不是"一只纸老虎"(a paper tiger)[⑥],进而巩固对苏联阵营的威望优势,被广泛认为有助于美国在欧洲等冷战关键地域不需运用

---

① Michael Green, *By More than Providence: Grand Strategy and American Power in the Asia Pacific since 1783*, p.267.

② Youngho Kim, "Does Prestige Matter in International Politics?" *Journal of International and Area Studies*, p.48.

③ Youngho Kim, "Does Prestige Matter in International Politics?" *Journal of International and Area Studies*, p.51.

④ Michael Green, *By More than Providence: Grand Strategy and American Power in the Asia Pacific since 1783*, p.313.

⑤ Michael Green, *By More than Providence: Grand Strategy and American Power in the Asia Pacific since 1783*, p.313.

⑥ Yuen Foong Khong, "Power as prestige in world politics," *International Affairs*, Vol. 95, No. 1, 2019, p.133.

武力即可达成自身战略目标。司法部长罗伯特·肯尼迪（Robert Kennedy）就表示："如果美国没能在南越阻止共产主义，人们如何相信美国会在柏林阻止它？"[1]即使在美国战略投入花费高昂、伤亡人数持续激增、战局依旧不利的局面下，致力于从越南撤军的亨利·基辛格依旧强调："虽然'可信度'（credibility）和'威望'两个字眼现已饱受嘲弄，但它们却并非空洞的词汇；非如此，其他国家将不会调整自身行动以配合美国。"[2]而包括摩根索在内，即使诸多学者对美国越南政策提出严厉批评，但此类批评实际上仍基于几乎同样的逻辑："美国政府过于担心暂时的挫败对国家威望造成的损失，但却忽视了事态延续和升级对美国威望造成的更为严重的损害。"[3]

苏联解体、冷战结束后，美国在国际权力对比中的"一超独强"成为后冷战时代国际体系的主要特征，其时美国的决策者显然也将构建和巩固一个为其所主导的国际霸权体系（即所谓"新世界秩序"）作为当时乃至未来较长时间的国家战略目标。[4] 在此过程中，通过威胁运用武力或较小规模运用武力以显示和验证美国的超强权力（特别是军事权力）、进而巩固其在国际威望等级中的顶尖地位，亦是冷战后美国主要政策考虑之一。本此目标，拥有世界历史上最为庞大和全球性军事力量美国，在后冷战时代显然较冷战中后期更敢于展示武力或发起武力干涉。[5]尤其是在克林顿政府时期，甚至仅在 1993 至 1995 两年间，美国便运用武装力量进行了不少于 25 次的海外军事干涉。与之相比，乔治·布什任内

---

[1] Michael Green, *By More than Providence: Grand Strategy and American Power in the Asia Pacific since 1783*, p.314.

[2] Michael Green, *By More than Providence: Grand Strategy and American Power in the Asia Pacific since 1783*, p.329.

[3] Michael Green, *By More than Providence: Grand Strategy and American Power in the Asia Pacific since 1783*, p.313.

[4] President George Bush, "Toward a New World Order," Gearóid Ó Tuathail, Simon Dalby, and Paul Routledge, eds., *The Geopolitics Reader*, London: Routledge, 1998, p.131.

[5] Matthew Carr, *Sherman's Ghosts: Soldiers, Civilians, and the American Way of War*, New York & London: The New Press, 2015, p.224.

为 14 次，而在里根两个任期时间内不过 17 次。① 尽管存在摩加迪沙的挫败，但随着 2001 年美军攻陷喀布尔及 2003 年席卷伊拉克，美国在后冷战时代里极其频繁的武力运用及取得的"辉煌"战果，不仅对美国的现实或潜在"敌手"形成了"有效"威慑，同时也对其他国际行为体在诸多国际事务中主动或被迫"跟随"美国发挥了关键性作用。

但进入 21 世纪第二个十年之后，国际观察家一般均承认：与冷战刚结束时相比，此时美国国家实力正处于缓慢衰落当中。② 美国在伊拉克和阿富汗战事的延绵连同 2008 年爆发的全球金融危机，使得美国在经济上忍受大萧条，在军事上被迫应对过度扩张，美国在国际权力体系中的地位正从冷战结束之时的高峰时期滑落。③ 然而，与"硬实力"绝对优势面临的侵蚀相比，美国的国家威望及其在国际威望等级中的地位，下降趋势并非如此明显。尽管在奥巴马任内，美国通过运用武力以验证其全球威望的作法已经被实质性放弃，但美国依然通过包括无人机和特种部队行动等样式，以有限度的、目标性强和精确的军事打击，以显示美国的先进军事技术和武力运用的"可信度"和实力绝对优势，以期继续维持其全球"首要地位"。④ 与此同时，奥巴马政府将加大与其盟国合作、利用中间人作为战略原则，鼓励美国盟国和地区伙伴国在国际事务，尤其是热点国际事务中发挥作用，以适应全球权力体系的大变迁，即所谓"通过外交、施压和武力以塑造世界"⑤。尤其是在所谓"重返亚洲"（"亚太再平衡"）战略指引下，美国通过"有选择地展示武力"（如在南海展开的"自由

---

① Harvey Sicherman，"The Revenge of Geopolitics"，*Orbis*，Vol.41，No.1，1997，p.7.

② Jacob Shively，*Hope，Change，and Pragmatism：Analyzing Obama's Grand Strategy*，New York：Macmillan，2016，p.5.

③ Michael Clarke，and Anthony Ricketts，"US Grand Strategy and National Security：The Dilemmas of Primacy，Decline and Denial，"*Australian Journal of International Affairs*，Vol.71，No.5，pp.479－480.

④ 见葛汉文：《超越战术：无人机打击的战略运用、效应及其悖论》，《世界经济与政治论坛》2020 年第 3 期，第 120 页。

⑤ Jacob Shively，*Hope，Change，and Pragmatism：Analyzing Obama's Grand Strategy*，New York：Macmillan，2016，p.6.

航行行动",FONOPs)和"有活力的外交"(如构建"跨太平洋伙伴关系",TPP)等双重手段,以期在国际权力对比持续出现不利趋势下,显示美国的权力优势,抵消新兴国家(中国)权力与威望的同步增长,延续美国在国际威望体系中的相对优越地位。

特朗普就任总统以来,尽管在诸多事态影响下,美国在国际权力对比中的不利态势似乎愈发明显,但不得不承认的是,虽然面临自身军事与经济实力的相对下降,但美国在当今国际威望体系中的主导性地位依旧牢固。作为典型例证,特朗普政府就任之初,以"美国优先"为原则,要求盟国增加承担比例甚至全额承担驻海外美军费用,否则便以重新考虑美国的安全承诺相威胁。[①] 其结果,则是大多数的北约盟国被迫同意将国防开支提升至本国国民生产总值(GDP)2%的目标;[②]经贸方面,美国以单方面提升关税为威胁,对几乎所有的主要经贸伙伴均要求重新谈判贸易关系。在美国强压下,包括加拿大、墨西哥、中国、欧盟、韩国和日本在内,美国几乎所有主要经济伙伴均被迫展开与美国的经贸谈判,并或多或少满足了美国的单方面要求;与此同时,特朗普政府尽管大体延续奥巴马政府从阿富汗、伊拉克等"安全泥潭"脱身并审慎对待大规模军事介入(尤其是地面部队介入)的政策,但自2017年以来,美国在全球关键性地缘政治地域(如朝鲜半岛、南海、波罗的海和中东)更为激进地展示并威胁使用武力,以求维系美国对全球安全事务"不容撼动的主导性影响",并部分实现了战略企图。

拜登就任美国总统后,在既定领域内大体延续了特朗普政府的政策思路。2021年初以来,美国联合其盟国或地区伙伴国,在波罗的海、黑海、东海、南海、台湾海峡等地域以极高密度频繁展开军事演训活动,以期向其战略竞争对手展示其优势武力与优势威望。因此,尽管美国在国

① 葛汉文:《特朗普时代美国的同盟政策及同盟体系》,《世界经济与政治论坛》2019年第1期,第7—10页。
② Stockholm International Peace Research Institute, "SIPRI Yearbook 2019 · Military expenditure", https://sipri.org/yearbook/2019/04.

际权力对比中的相对衰落已经成为国际政治事实,而上届特朗普政府的对外政策更将美国在世界上的形象"成功推至历史最低点"①,但至少从当下而言,美国仅凭外交施压和军力展示的方式,便在不实际使用权力(尤其是武力)的情况下能够大体实现一系列国家政策目标(当然亦存在诸多失败的案例)。从中体现出的,便是美国在当前国际威望等级中的顶级地位实际上依然为当前世界多数国家所承认(或被迫承认)。

三、表象还是实质? 中美战略博弈中的威望竞争

作为"权力的声誉",国家权力的增减和国际权力对比的变化,必然对特定国家威望乃至国际威望等级产生根本性影响。进入 21 世纪以来,随着新兴国家发展速度的加快,当前世界主要国家之间的威望对比亦随之出现缓慢但同时亦是坚定的转移趋势。尤其是当步入 21 世纪第三个十年之际,在和平发展效应的不断累积下,中国作为新兴国家的代表,其国家实力的巨幅增长显然已经取得了国际社会,尤其是亚太国家的普遍承认:中国的国家实力被认为已远远超出日本、印度、俄罗斯等亚太地区主要国家。在多数关键性指标整体接近美国的情况下,中国甚至被认为已经成为几乎同美国地位相当的"超级大国"。② 不少国际观察家承认,至少在亚太地区,西方约五个世纪的主宰局面已临近终结。③ 而当下亚太地区的整体地缘政治形势,"已经极端类似于 20 世纪 70 年代,甚至类似于 20 世纪 20 年代,尽管有一个关键的例外,……中国取代了日

---

① Stephen M. Walt, "How to Ruin a Superpower," Foreign Policy, 23 Jul. 2020, https://foreignpolicy.com/2020/07/23/how-to-ruin-a-superpower/.

② 根据澳大利亚罗伊国际政策研究所发布的 2018 年"亚洲实力指数"(Asia Power Index)显示,根据经济资源(占比 20%)、军事能力(占比 20%)、弹性(占比 7.5%)、发展趋势(占比 7.5%)、外交影响(占比 10%)、经济关系(占比 15%)、防务网络(占比 10%)和文化影响(占比 10%)等八项主要指标,亚洲权力排名前五位的国家分别为:美国(85.0)、中国(75.5)、日本(42.1)、印度(41.5)以及俄罗斯(33.3)。Yuen Foong Khong, "Power as prestige in world politics," *International Affairs*, Vol. 95, No. 1, 2019, p.127.

③ Christopher Layne, "The US – Chinese power shift and the end of Pax Americana", *International Affairs*, Vol. 94, No. 1, 2018, p.90.

本成为亚洲均势的核心角色"①。

在国际权力对比,尤其是亚太地区主要国家间权力对比发生重大战略性变动背景下,以美国 2017 年《国家安全战略报告》中无理指责中国"挑战美国的实力、影响和利益"、断言"美国对华接触战略是错误的"、宣称"将重视竞争与博弈以迎接挑战"②为标志和开端,当下美国显然已将中国列为全球范围内主要甚至头号战略敌手(strategic rival)。自特朗普政府开始,美国在过去四年多时间内,在经贸、安全、科技、人文交流、人权、台湾、新疆、疫情等议题上,以"全政府领域"态势,系统、全面对华战略施压,中美两国已经进入到一个较长时期的全面战略博弈阶段。

围绕国家威望的较量,同样是美国对华强化战略博弈的重要战略出发点和主要竞争领域之一。相当一部分美国政治-知识精英均将中国"希望进一步扩张国家威望""致力于提升在国际威望等级中地位"视作中国近年来对外政策行为的根源,并借此为美国对华政策的巨幅调整辩护;而美国近年来在诸多领域、问题中不断"加罪"(stigmatize)而非"接纳"(accommodate)中国这一事实已经表明:美国实际上断然拒绝并严格防范中国进一步扩大国家威望进而提升在国际威望等级中地位的任何可能。③ 正是在此类想象、假定、论说引导下,威望竞争已经成为当下乃至未来较长时期内中美两国关系的常态。其结果,亦必然对冷战结束后延续至今的国际威望等级乃至国际体系产生实质性影响。

中美两国的威望竞争被认为几乎出现于两国关系的各个领域。尤其是在军事安全领域,相当数量的美国学者认为,中国自 2013 年在南海开始的岛礁建设,使得中国在这一极其关键性的海上战略要道已经逐步占据压倒性优势。在此过程,中国向地区其他国家展示出的强大军事、

---

① Stephen Kotkin, "Realist World: the Players Change, but the Game Remains," *Foreign Affairs*, Vol. 97, No. 4, 2018, pp.12 – 13.

② The White House, *National Security Strategy of the United States of America*（2017）, Washington, D.C.: The White House, 2017, pp.2 – 3, p.28.

③ Yuen Foong Khong, "Power as prestige in world politics", *International Affairs*, Vol.95, No.1, 2019, p.121.

经济、工程能力及坚定的战略信心，使得中国的国家威望在短期内得到大幅提升。与之相比，尽管奥巴马政府不断努力试图在该问题上做出"有效"的回应，但美国在南海问题上的政策应对"总体上是失败的"：奥巴马政府在中国岛礁建设之初（2013 年 8 月到 2015 年 5 月）反应迟缓甚至坐视不理，后期（2015 年到 2016 年底）则举止失措以至收效甚微。[①]至少在南海问题上，美国在同中国的威望竞争中实质上已经败北。而自2015 年 10 月一直延续至今，美国不断派遣主战舰艇穿越中国西沙领海及南沙岛礁濒临水域、空中军事力量飞越中国在建岛礁上空，以及在相关海域极其频繁进行的单方或联合军事演训活动，真实目的之一，正在于向中国及地区其他国家展示美国对地区安全事务的"主导性能力"，以求"缓解"乃至"抵消"中国南海岛礁建设和军事现代化发展所导致的国家威望显著提升趋势。

中国政府 2013 年以来提出并推动的"丝绸之路经济带"和"21 世纪海上丝绸之路"建设，也被美国视为是中美威望竞争的重要组成领域。尽管"一带一路"建设主要致力于推动国家间的互联、互通、互惠与经济合作，中国政府亦反复表示"一带一路倡议是开放的产物，而非地缘政治的工具"[②]，但西方很多学者仍将之视为中国在 21 世纪里的大战略设计，甚至是中国变更全球秩序的两大关键手段之一，目的在于借此实现国家权力与威望的双重提升。[③] 美国政府在其正式的官方文件中便将之称为是中国"扩大其国家主导的经济模式的势力范围，并以对它有利的方式

---

① Donald K. Emmerson, "South China Sea: US Bargaining Chip or Key Interest?" 1 Jun. 2017, https://yaleglobal.yale.edu/content/south-china-sea-us-bargaining-chip-or-key-interest.

② 《王毅：一带一路不是地缘政治工具，不能用冷战思维看待》，中国日报网，2015 年 3 月 8 日，http://www.chinadaily.com.cn/hqcj/xfly/2015 - 03 - 08/content_13337177.html。

③ Angela Stanzel, "Grand Designs: Does China Have a 'Grnad Strategy'?", European Council on Foreign Relations, 1 Oct. 2017, https://ecfr.eu/archive/page/-/ECFR_234_-_China_Analysis_Grand_strategy_2.pdf.

改写地区秩序"的尝试。① 为此,自特朗普政府时期开始,美国主要利用外交强制手段,频繁胁迫"一带一路"沿线国家退出和抵制与中国达成经济、交通和科技合作安排,以阻止中国在既定区域内国家威望的继续提升。在这个方面,最新的案例便是美国参议院正处于审议阶段的《2021战略竞争法案》(草案)。该法案前所未有地规定,美国必须在四国机制、东盟、G7及联合国等国际组织,以及"印太"、东南亚、非洲、中东及北极等异常广宽的地域内强化与中国的竞争,以"反制中国在世界范围内扩张影响力"。②

甚至在公共卫生等以往被理解为"低级政治"领域,中美两国的不同应对事实上也存在有威望竞争的意味。在应对 2020 年初爆发的新型冠状病毒疫情过程中,与中国卓有成效的防控及其体现出的制度、经济和社会优势相比,美国在此次疫情中的应对乏力、治理体制的"失灵",不仅对其社会基础和经济实力造成冲击,在一定程度上削弱了其在全球权力结构中的优势地位,并且(可能更为重要)对其在国际威望体系中的优势地位构成了严重冲击。有学者指出,美国在应对疫情当中"史诗般的政策失败"并没有使美国"再次伟大",反而直接损害美国的声誉和其他国家对美国的信任:由于特朗普政府在应对疫情中的无能和失职,"美国的实力、智慧或有效行动的能力现在饱受质疑"。而"国家威望作为美国全球地位的三大支柱之一,已经彻底崩解并且难以修复"。③

国际威望体系之形成与变动,源自国际体系内主要大国之间相对威望状态的变化。因此,与权力和安全竞争类似,大国间的威望竞争亦存

---

① The White House, *National Security Strategy of the United States of America* (2017), Washington, D.C.: The White House, 2017, p.25.

② "S.1169-Strategic Competition Act of 2021", 117th Congress (2021 – 2022), 15 Apr. 2021, https://www.congress.gov/bill/117th-congress/senate-bill/1169/text? q＝％7B％22search％22％3A％5B％22Strategic＋Competition＋Act＋of＋2021％22％5D％7D&r＝1&s＝3.

③ Stephen M. Walt, "The Death of American Competence," 3 Apr. 2020, https://www.21cir.com/2020/04/foreign-policy-the-death-of-american-competence/.

在"零和"效应：特定国家在国际体系当中威望的增长，主要建立在其他国家威望的损失基础上；该国在国际威望体系中地位的上升，结果必然导致其他国家相对威望地位的下降。尤其是在霸权国际体系当中，霸权国家在国际威望等级中的绝对优势地位，使其可以在不运用武力（或较低限度运用武力）情况下要求体系内其他成员满足己方意志，因而实质上构成了霸权国家主导国际体系的重要基础。而霸权国际体系内威望竞争的激化，及由此引发的国际威望体系的变动，必然对现行霸权国际体系是否得以延续构成直接影响。从这个意义上讲，由于事关两国在国际威望体系进而在全球权势体系中的相对地位，美国近年来极力阻止"中国威望提升"之举，事实上已经触及国家间战略竞争的实质。

与国家间物质权力竞争（如军备竞赛、经济竞争等）相比，威望竞争更为复杂。与存在具体指数的军备建设与经济增长不同，威望的"主体间性"（intersubjective）本质，使其尽管与国家真实物质权力（以军事和经济为主要方面）密切相关，但亦具有突出的反映（特别是群体性反映）意义。因此，特定国家在力求推行威望政策时，很难对本国威望的现状及其在国际威望体系中的地位进行精确的指标化分析，对本国威望政策的战略效应则更难以进行准确的把握。在这方面面临的突出问题包括：（1）决策者如何评估本国的威望？（2）如何评估他国的威望？（3）怎样衡量本国与他国（主要对手）间的威望差距？以及，（4）决策者采取的提升本国威望、削弱他国威望的政策，效果如何评估？等等。

不仅如此，考虑到国家在和平时期获取威望的途径，主要在于通过以武力为核心的国家权力的展示和低限度运用，因此国家间威望的竞争（特别是主要大国间威望的竞争），不仅将直接刺激涉及特定国家采取更为激进的对外政策，加剧大规模军备竞赛出现的可能，并将严重提升竞争双方出现军事摩擦乃至误判的机率。就此意义而言，与军事安全领域、经济领域与意识形态领域的竞争相比，国家间威望的竞争同样甚至更加危险。尤其是在国际权力对比出现较大规模变动的情势下，大国在威望等级领域的竞争,亦有引发彼此武装冲突的可能。①尤其是近年来美国在中国周边热点安全问题上异常激进的军事介入与武力展示,尽管主要以提升本国威望、打击对手威望为目的,但亦严重激化了地区紧张气氛与安全风险,显著抬升了特定国家通过武力方式验证本国实际权力,从而捍卫本国威望的可能性。

西文"威望"一词原型为拉丁语"Praestigiae",意为"杂耍者的小把戏"。随着历史发展,"威望"一词中的"积极色彩"逐步增多,语义最终演化为"由早先的特质、成就、关系特别是成功所引发的声誉"。②艾奇逊就曾将威望相当形象地定义为"权力的投影"。③ 然而,该词早先具有的"欺诈"或"幻象"含义,依然为世人所记忆,依旧构成了世人对"威望"理解的重要组成部分。在国际事务当中,虽然威望对于国家所具有战略性或内在价值已达成了较为广泛的共识,但由于威望概念及实践本身亦存在诸多难以精确界定之处,尤其是国家寻求威望政策之功用,长期以来均为不少国际关系和战略学者所质疑。

身处社会生活中的个人,个体形象来自所处社会(群体)对其的认识与评价。但在国际政治当中,决策者和民众在涉及评估本国及他国威望时,往往倾向于将自身有关"荣誉"或"耻辱"的感受作为衡量本国威望的标尺;同时存在一个普遍的现象,即:本国往往倾向于夸大自身的威望而贬低他国的威望,因此,对特定国家威望的现状、国际对比及演进趋势进行尽量贴近"现实"的估算难度极大。④基于以上原因,不少学者指出,国家威望因其主要为认知或感觉所主导,因此无法以理性框架、成本/收益

① Amital Etzioni, "International Prestige, Competition and Peaceful Coexistence," *European Journal of Sociology*, Vol. 3, No. 1, p.21.
② Youngho Kim, "Does Prestige Matter in International Politics?" *Journal of International and Area Studies*, p.41.
③ Youngho Kim, "Does Prestige Matter in International Politics?" *Journal of International and Area Studies*, p.40.
④ Jonathan Mercer, "The Illusion of International Prestige," *International Security*, Vol. 41, No. 4, 2017, pp.134-135.

方法进行准确的评定和测算,威望更多地体现为一个间接推断的问题。正是基于以上原因,一些学者甚至提出:"国家的威望"过去是,并且未来仍将是一个"幻象"或"错觉"而已。①

尽管存在诸多反例,然而应当看到,以提升国家威望为目标的政策实践,依然将构成世界历史演进当中一种现实存在且影响重大的国际关系事实。尤其是在国际权力分布状况出现较大幅度调整趋势或事实背景下,由于国家威望,尤其是国家在国际威望体系中的地位天然存在的滞后性特质,因此特定国家试图维持国家威望以掩盖权力相对下降事实,或者另一些国家力求较为快速地提升威望以求尽快使之符合权力结构变动实际的努力,不仅不会消弭,甚至依旧构成国际体系演进的内生动力。在当前国际权力对比出现较大程度变动情况下,必然警惕这样一种可能性的存在,即:当其时国际体系中的主导性国家自认为其威望的下降趋势已经无法通过展示力量得以挽救时,通过制造冲突甚至战争以求"验证"自身的优势实力,很可能成为此类国家可能的政策选项之一。②而其后果,则势必对国际关系的总体演进构成战略意义上的冲击,同时也势必加速国际体系较大幅度甚至革命性调整的到来。

---

① Jonathan Mercer, "The Illusion of International Prestige," *International Security*, p.134.
② Yuen Foong Khong, "Power as Prestige in World Politics", *International Affairs*, Vol.95, No.1, 2019, pp.119 - 142.

预防性战争:逻辑、伦理及其启示[*]

预防性战争(preventive war)可谓是一个异常古老、时常出现并且一向引发热烈关注的国际政治现象。早在公元前 5 世纪,修昔底德便指出,伯罗奔尼撒战争爆发的真正原因,不在于直接导致对立双方利益冲突的诸多突发事件,而在于"雅典势力的增长及因而引起的斯巴达的恐惧"①。至少对于当时古代希腊国际体系当中的优势一方——斯巴达而言,在实力天平倾底倾覆之前对雅典发动军事打击,无疑具有浓重的预防性战争的意味。进入现代以来,考虑到包括日俄战争、第一次世界大战、太平洋战争、阿以战争、伊拉克战争在内的诸多案例的出现及其引发的冲击性甚至是灾难性后果,预防性战争已经成为推动现代世界历史发展的几类最强有力的影响因素之一。

在 21 世纪第二个十年行将结束之际,有关预防性战争目的、效应、合法性及国际政治意义的讨论,再度激发起学界的广泛关注。相关的议题主要包括:随着诸多新力量、新趋势的发展,预防性战争在当前国际情势下是否仍有爆发可能? 在国际权势对比发生急剧转变情况下,目前国

* 原文发表于《和平与发展》2019 年第 6 期,中国人民大学复印报刊资料《国际政治》2020 年第 4 期全文转载。

① [古希腊]修昔底德:《伯罗奔尼撒战争史》,谢德风译,北京:商务印书馆 2007 年版,第 15 页。

际体系中的霸主国家是否仍将预防性战争作为其对冲衰落的主要战略选项？鉴于预防性战争对于世界历史演进产生的严重扰动与冲击,国际社会应当如何制止预防性战争？等等。在国际权势体系和全球地缘政治演进即将或者已经出现较大调整、国际安全形势出现持续激化势头的当下,对上述问题的回答对于判断乃至规范国际安全的未来走向乃至人类历史的演进路径显然具有非凡的理论与现实意义。

一、预防性战争的逻辑

作为主权国家对外发动战争的三类主要动因之一,[①]预防性战争的源起一般被认为是一个国家(尤其是在当时的权势结构中占据优势的国家)为预先阻止本国与敌手之间不利于己的权势转移(power transition),而动用其军事力量进行的战争行为。[②] 与其他类型的战争相比,预防性战争是在一个国家为防止未来可能出现的危险,但却在没有受到任何"迫在眉睫的"安全威胁(进而不得不采取"紧急性"的自卫措施)情况下而主动发起的战争。其用意,在于运用军事力量以求挽救国家间权势对比的不断失衡,维持继续有利于己的国际权势分配。[③] 如不考虑规范性或道德性因素,预防性战争的实质在于通过采取暴力和强制手段以维持(而非打破)当前的国际政治秩序,这与转换或组建同盟、发动军备竞赛等企图颠覆现存秩序的战略行为存在显著的不同。

尽管时常被混淆,但是预防性战争与"先发制人"(preemption)实属

---

① 在瑞士法学家艾默·瓦特尔(Emer de Vattel)的归纳下,一个主权国家对另一个国家发动军事攻击的原因,要么是夺取其宣称的利益;或是对已经受到的伤害进行复仇;抑或是先发制人防止自己"即将受到的"伤害,以规避自身面临的威胁。见 George R. Lucas, Jr., "The Case for Preventive War", in Deen K. Chatterjee ed., *The Ethics of Preventive War*, New York: Cambridge University Press, 2013, p.46.

② Jack S. Levy, "Preventive War: Concept and Propositions", *International Interactions*, Vol.37, No.1, 2011, p.87.

③ Scott A. Silverstone, "Preventive War and the Problem of Post-Conflict Political Order", *International Interactions*, Vol. 37, No. 1, 2011, p.109.

不同的概念。① 发动预防性战争的国家实际上并未直接面临他国"即将甚至已经发动"的军事进攻，但出于维持有利于自身的权势地位目的，试图使用武力，以期延缓、阻止、消除当下已然显现、日后甚至会更加危险的战略未来。② 预防性战争的目标并非仅是摧毁敌手，而在于"保卫、恢复和稳定被威胁的国际秩序"③。其逻辑就是"现在打仗比日后强"（War better now than later!），就是当机遇还在、我方还掌握优势的时候打击并削弱对手，而不是坐等自身继续衰落、坐等对己方更加不利境况的出现。因此，一个国家发动预防性战争的决定，并非依据现实可见的外来军事入侵威胁，而是基于对当前"无所作为"将导致未来总体战略被动的极大忧虑。

预防性战争不是一种特殊形式的战争，而主要体现为一种以追求"绝对安全"为目标的国家战略选择。④ 当然，预防性战争特别充分地体现出政治目的对于武力运用的主导性作用，尤其是特别充分地映证了克劳塞维茨有关"战争是国家政策的工具""战争是政治活动的一个分支"

---

① 当代最杰出的战略学者之一柯林·格雷指出，"先发制人"指力图对敌人先行展开攻击，而敌人针对己方的进攻已然准备完成，即将甚至正在发动，至少是迫在眉睫。Colin S. Gray, *The Implications of Preemptive and Preventive War Doctrines: A Reconsideration*, Carlisle: Strategic Studies Institute, 2007, p.6. 在有关"先发制人"是否具有正当性的解释上，1842 年美国国务卿丹尼尔·韦伯斯特（Daniel Webster）的讲话被视作是有关该行动是否具有"正义性"最为经典的表述。韦伯斯特在质疑 1837 年英军攻击"卡罗林"（*Caroline*）号汽船时指出：在和平时期发动攻击，必须证明"自卫是刻不容缓的，压倒性的，无从选择且无深思熟虑时间"。唯有在此情况下，先发制人行动方有其正义性质。见 Michael Byers, *War Law: Understanding International Law and Armed Conflict*, New York: Grove Press, 2005, p. 54. 又见 Michael W. Doyle, *Striking First: Preemption and Prevention in International Conflict*, Princeton: Princeton University Press, 2008, p.26.

② 参见 Sam R. Bell, and Jesse C. Johnson, "Shifting Power, Commitment Problems, and Preventive War", *International Studies Quarterly*, Vol.59, No.1, 2015, p.125.

③ Jack S. Levy, "Preventive War: Concept and Propositions", *International Interactions*, Vol.37, No.1, 2011, p.89.

④ Colin S. Gray, *The Implications of Preemptive and Preventive War Doctrines: A Reconsideration*, Carlisle: Strategic Studies Institute, 2007, p.14.

的伟大论断。① 与其他战争一样，预防性战争同样为战争的一般性特征和规律所主导，同样体现出克氏描述出的战争性质：即"原始的暴力和仇恨；机会和可能性；及理性的三位一体"②。虽然，一般而言，具有预防性意图、能够选择战争发动时机的国家，均为权势上占据优势的国家或安全实体，但预防性战争也是一场赌博：战争一旦打响，必然进入到由机会、风险、不确定性、摩擦和可能的过度损失所主宰的领域当中。特别是：如果这场战争不能够仅凭一场单一战役迅速结束的话，战争发动方在时机、实力、方式等方面优势将随时间的流逝逐步消失，被攻击方能够反应过来、重新组织、用不同方式展开反击。甚至，即使一场预防性战争在军事方面取得了迅速胜利，但战场上取得的成就还会毁于"战争之后的战争"，发起国完全可能"赢得了所有的战斗，最终却输掉了战争"。③即使是在现代条件下，打一场稳操胜券、可以精确预知或控制损失的预防性战争，也是一种十足的幻想。

二、预防性战争的动机

在世界历史演进中，七年战争中的普鲁士、日俄战争中的日本、一战中的德国、太平洋战争中的日本以及 1981 年以色列对伊拉克核设施的突袭，均是预防性战争的典型案例。④ 尤其是 1914 年的德国，尽管并未受到任何显著的和严重的外来军事威胁、本国（连同盟国）实力要明显强过敌对国家集团，却因俄罗斯帝国实力的日趋增强、德国的绝对优势可

① Carl Von Clausewitz, *On War*, trans., by Michael Howard, and Peter Paret, New York: Oxford University Press, 2007, p.252.
② Carl Von Clausewitz, *On War*, p.30.
③ Colin S. Gray, *The Implications of Preemptive and Preventive War Doctrines: A Reconsideration*, Carlisle: Strategic Studies Institute, 2007, p.49.
④ Jack S. Levy, "Preventive War and Democratic Politics: Presidential Address to the International Studies Association March 1, 2007, Chicago", *International Studies Quarterly*, Vol.52, No.1, 2008, p.5.

能于 1916—1917 年被颠覆而产生了极度焦虑。[①] 处在战争"要么现在，要么永不！"(Now or never!)的自我暗示下，时任德帝国首相的贝特曼·霍尔维格(Bethmann Hollweg)发现，遵循俾斯麦早年的警告，利用一切机会将俄国"现在"就拖入战争，可能是德国的一个明智选择。[②]

德国的战略选择，相当集中地体现出预防性战争的动机问题：一是霸权国或权势优越国与崛起国之间出现的权势转移，二是由此所引发的心理后果，即霸权国或权势优越国如何侦测、预计及感受未来的战略危险。首先是权势转移。诚如现代国际法的主要奠基者瓦特尔所言，"单是权势不构成威胁，但意图去伤害必有权势相伴"[③]。在国际政治现实主义理解中，在一个封闭的国际体系当中，各个国家由经济力、军事力、人口、领土、资源等所谓"可见"实力与政治力、战略力、可信度等"不可见"实力所构成的国家总体权势，一般均处在不平衡发展当中。[④] 而国家间权势的不平衡发展，既是国际政治经济演进的常态，同时亦是导致国际体系原有权势结构被削弱乃至最终瓦解的主要原因。其后果，被认为必将引发包括预防性战争（当然还包括霸权战争）在内的国际冲突和国际战争的爆发，更由此推动新的国际权势结构的出现。

在引发国家间既有权势对比失衡的诸多因素当中，主要由经济增长不平衡所导致的大规模的、快速的权势转移，实际上是稀少的，而由此引

---

① 1913 年德国与奥匈帝国在世界工业生产中所占的百分比为 19.2%，而法国加上俄国占比为 14.3%；钢产量上，德国与奥匈帝国为 2002 万吨，法国加俄国为 940 万吨。见［美］保罗·肯尼迪：《大国的兴衰：1500—2000 年的经济变迁与军事冲突》，陈景彪等译，北京：国际文化出版公司 2006 年版，第 322 页。

② 俾斯麦早就宣称，"如果感觉到战争是不可避免的话，没有一个政府要愚蠢到留给敌人选择时机和场合的机会，而坐视敌人在最有利的时间发动战争。"转引自 Fritz Fischer, *War of Illusions*: *German Policies from 1911 to 1914*, trans., by Marian Jackson, New York: W. W. Norton & Company, 1975, p.461.

③ 瓦特尔语，见 George R. Lucas, Jr., "The Case for Preventive War", in Deen K. Chatterjee ed., *The Ethics of Preventive War*, New York: Cambridge University Press, 2013, p.46.

④ 以上定义源自雷·S.克莱因的归纳，参见戴维·A.鲍德温：《实力分析与世界政治：新趋势与旧倾向》，载［美］威廉·奥尔森、戴维·麦克莱伦，弗雷德·桑德曼编《国际关系的理论与实践》，王沿等译，北京：中国社会科学出版社 1987 年版，第 151 页。

发的预防性战争数量则更为有限。[①] 据部分学者的统计,在拿破仑战争结束后(1816 年)至 21 世纪初(2007)近两个世纪的世界历史中,和平时期出现的、主要因经济增幅不一所导致的主要强国间整体实力年度对比超过 10％的大变动,只出现过 5 次;相反,大多数重大的、直接危及现有国际秩序的权势转移主要来自崛起国军事投入的大幅增长及由此引发的军事力对比的显著变动,这种情况(也即综合实力年度对比超过 10％的大变动)出现了 111 次。[②] 因此,能够明显引发霸权国家警惕进而增大预防性战争机率的权势转移,大多不在于经济发展的差异,而在于主要当事国国内政策,尤其是军备政策的大幅调整及由此引发的相对军事力的较大变动,这被认为是导致战争,尤其是预防性战争爆发的主要原因。

权势转移与预防性战争的关系,还受权势转移的规模、速度、环境等诸多变量的影响。一般而言,单位时间内权势转移规模越大,霸权国发动预防性战争的动机就越强,完全的权势转换可能引发预防性战争的可能性将远远大于有限的权势转移;权势转移越是迅速,处于相对衰落当中的强国,其战略选择(增长权势、赢得同盟、寻求与其敌手妥协)的范围及反应时间便越被缩小,军事回应(预防性战争)的可能性亦随之增加;两极体系当中的权势转移更易导致预防性战争。[③] 再就是技术,具有重大战略意义的技术革新(铁路、电报、机关枪)的出现及军事运用,加剧了主要国家间军事力的不平衡发展,显著增加了预防性军事行动出现的可能。尤其是进入 20 世纪下半叶以来,以开发和拥有核武器为衡量标尺的军事力变化,更引发了包括以色列 1981 年对伊拉克、2007 年对叙利亚

①   Robert Powell, *In the Shadow of Power: States and Strategies in International Politics*, New Jersey: Princeton University Press, 1999, p.163.
②   Alexandre Debs and Nuno P. Monteiro, "Known Unknowns: Power Shifts, Uncertainty, and War", *International Organization*, Vol.68, No.1, 2014, p.5.
③   在多极体系中,衰落国家可以更易寻求盟友以威慑未来更强对手的挑战,同时还须防备"两败俱伤"进而让第三方得利的局面,因此会减弱其发动战争的冲动。见 Jack S. Levy, "Preventive War: Concept and Propositions", *International Interactions*, Vol.37, No.1, 2011, pp.90 - 91.

的打击;美国 1994 年对打击朝鲜的讨论、2003 年对伊拉克的入侵等预防性军事行动,即使此类技术的扩散实际上并不能导致彻底的权势转换(power shift)。

然而特别应当注意的是:大规模的且快速的权势转移可能仅仅为预防性战争的爆发提供了部分统计学证据,但直接诱发战争的最主要因素更多应归因于心理因素,即霸权国家或权势优越国对崛起国家实力(军事力、经济力、科技突破、人口数量)的大幅变动和战略意图的不信任、嫉妒甚至恐惧,往往直接导致(至少是加速了)预防性战争的爆发。① 这方面的典型案例包括:即将完工的西伯利亚铁路、俄国远东舰队的扩张及旅顺港设施的完善引发了 1904 年日本对俄国远东权势增长的深切忧虑;1914 年德国对俄国的担心源于俄国日趋加快的现代化进程(特别是军事实力)及其"咄咄逼人"的民族精神;1941 年日本发动太平洋战争出于对日美之间愈发拉大的经济实力鸿沟的极度焦虑,等等。②

然而,霸权国家对于崛起国实力发展及其战略意图的恐惧,有些具有现实证据,更多则主要源自感观或直觉,不少很难得到现实证据支持,尤其是无法精确回答以下问题:(1)霸权国如何判定崛起国家实力的发展? 以及更为重要的,它将如何认定崛起国的战略意图? 或者说,它如何断定崛起国家的不满? (2)即使崛起国家存在不满,这种不满来源是什么? 现行的国际秩序是否能够容纳和消除这种不满? (3)面对崛起国家的不满,霸权国家除预防性战争之外是否别无选择? (4)发动预防性战争是否能够达到预期目的? 等等。③ 然而,考虑到世界历史演进当中霸权国对崛起国的实力意图几乎普遍存在的严重误判及其连锁后果,至少说明了一个现象,即:国家之间(特别是霸权国同崛起国之间)就有关

---

① Dale C. Copeland, *The Origins of Major War*, Ithaca, NY: Cornell University Press, 2000, p.3.

② Jack S. Levy, "Preventive War: Concept and Propositions", *International Interactions*, Vol.37, No.1, 2011, p.94.

③ Alexandre Debs, and Nuno P. Monteiro, "Known Unknowns: Power Shifts, Uncertainty, and War", *International Organization*, Vol.68, No.1, 2014, p.4.

国际秩序问题达成共识的几率是极度稀缺的，它们一般互不信任，很难避免安全两难。而以"自助"（self-help）原则为指导，凭借单方面努力甚至武力以期实现单方面的战略目标，却常常受到现实、情绪及历史经验的激励。特别是当霸权国家决策者认定其发动预防性战争，或者崛起国对霸权国家发动军事挑战被认为是符合"帕累托更优"效应的话，这两个国家往往会发现它们处在这样一种处境：即至少有一个国家倾向于发动战争而非维持和平。①

三、预防性战争的伦理

同其他类型战争一样，预防性战争引发了复杂的伦理问题。毫无疑问，至少在现代条件下，预防性战争严重挑战了国际法，为当前以《联合国宪章》为主要代表的国际法所严格禁止。② 但另一方面，《联合国宪章》第51条有关"行使单独或集体自卫之自然权利"的规定，实际上又为部分西方学者据此为"先发制人"打击甚至发动预防性战争的合法性问题进行法理辩护提供了部分证据。③

事实上，将预防性战争视为国际关系当中国家的一种被迫为之的政

---

① Robert Powell，"War as a Commitment Problem"，*International Organization*，Vol. 60，No1，2006，p.170.

② Deen K. Chatterjee，"Introduction"，in Deen K. Chatterjee ed.，*The Ethics of Preventive War*，New York：Cambridge University Press，2013，p.1.作为当前国际法最主要的渊源之一，联合国宪章第一章"宗旨及原则"中明确规定："各会员国应以和平方式解决其国际争端，避免危及国际和平、安全及正义"；"各会员国在其国际关系上不得使用威胁或武力，或以与联合国宗旨不符之任何其他方法，侵害任何会员国或国家之领土完整或政治独立。"《联合国宪章》，联合国网站，2019年11月17日，https://www.un.org/zh/sections/un-charter/chapter-i/index.html。

③ Robert Delahunty and John Yoo，"The 'Bush Doctrine'：Can Preventive War Be Justified?" *Harvard Journal of Law and Public Policy*，Vol. 32，No.3，2009，pp.843 – 865.《联合国宪章》第51条规定："联合国任何会员国受武力攻击时，在安全理事会采取必要办法，以维持国际和平及安全以前，本宪章不得认为禁止行使单独或集体自卫之自然权利。会员国因行使此项自卫权而采取之办法，应立向安全理事会报告，此项办法于任何方面不得影响该会按照本宪章随时采取其所认为必要行动之权责，以维持或恢复国际和平及安全。"《联合国宪章》，联合国网站，2019年11月17日，https://www.un.org/zh/sections/un-charter/chapter-vii/index.html。

策选择,至少无关对错的表述,在西方学界一向广有市场。① 孟德斯鸠就曾表示:"对国家而言,天然的防卫权有时涉及攻击的必要性。一个国家发现和平的持续将使另一个国家能够摧毁自己,对这个国家发动攻击是阻止自身毁灭的唯一道路。"②瓦特尔也认为:"当一个国家展示出不守道义、贪婪、狂傲或是迫切渴求统治力迹象时,它就成为其邻国提防的对象;而当它正处于权势巨幅增长的关键节点之时,这个国家的企图便可能被(他国的)武力所提前阻止。"③同这种思路相合拍,第二次世界大战结束后,西方国家学术界出于反思大战起源之目的,其战后叙事大多对英、法等国家没有在 20 世纪 30 年代(特别是 1939 年前)采取强力措施以"提前"制止希特勒德国,进而"导致"二战爆发充满遗憾。这种观念的广泛传播,建构出战后西方社会有关预防性战争的大体态度。④

其后果,则是自 20 世纪下半叶以来,绝大多数西方学者不仅对预防性战争表现出深厚的兴趣,并且大多将之归为一类注定难免,有时甚至具有积极意义的国际政治现象。汉斯·摩根索就将之视为无政府状态与安全两难困局的注定结果:"虽为外交语言和国内公意所厌恶,但预防性战争事实上是均势的自然产物。"⑤而发动预防性战争的动机,用罗伯特·吉尔平冷静甚至稍显冷酷的表述就是:"对一个衰落中的社会而言,

---

① 在西方学术发展中,真蒂利(Gentili)、格劳秀斯、瓦特尔(Emer de Vattel)、孟德斯鸠、埃德蒙·伯克、弗朗西斯·培根等诸多理论先贤均对预防性战争问题有过卓有成效的思考。参见 Michael Walzer, *Just and Unjust Wars: A Moral Argument with Historical Illustrations*, New York: Basic Books, 2006, pp.76 - 77.以及 George R. Lucas, Jr., "The case for preventive war", in Deen K. Chatterjee ed., *The Ethics of Preventive War*, New York: Cambridge University Press, 2013, pp.46 - 47.

② 转引自 Douglas Lemke, "Investigating the Preventive Motive for War", *International Interactions*, Vol.29, No.4, 2004, p.275.

③ Michael Walzer, *Just and Unjust Wars: A Moral Argument with Historical Illustrations*, New York: Basic Books, 2006, p.78.

④ Scott A. Silverstone, "Preventive War and the Problem of Post-Conflict Political Order", *International Interactions*, Vol. 37, No. 1, 2011, p.107.

⑤ Hans J. Morgenthau, *Politics among Nations*, New York: Alfred A. Knopf, 1948, p.155.

第一个也是最有吸引力的反应,就是摧毁或削弱其兴起中的挑战者。"①新现实主义代表人物肯尼斯·沃尔兹更是对预防性战争的发动一方有所同情:"尽管一个国家希望保持和平,但它不得不考虑进行预防性战争。因为如果它不在有利时机发动打击,它可能就会在晚些时候被打击,而此时优势已转至另外一方。"②正是在此类论调的渲染下,霸权国家所发动的预防性战争不仅被视为国际关系演进中历来"绝难避免"的客观现象,相反由于其战争动机是为"维持国际秩序而非单为个别国家的利益",效果在于"确保国际体系稳定而非仅仅有利于强国维持自身的权势优势地位",因此甚至被视作为"善"的目的而被迫行之的"恶"。

冷战结束后,特别是 2003 年美国发动的伊拉克战争,更引发了西方学界对既定议题的热烈研讨。在部分同情甚至支持预防性战争的西方学者看来,尽管与国际法条文存在严重冲突,但预防性战争至少有两点与国际法理存在精神上的共通之处:(1) 鉴于国际秩序的稳定有利于永久和平的维持、各国的自由与共处与各国人民的幸福,因此以维护现有国际秩序为目的的预防性战争是可以被接受的,甚至就其效果而言具有某种正义性质;(2) 在国际体系内部即将失衡预期下,强国针对崛起国提前发动的战争,较权势平衡被打破后注定爆发的战争,实质上减轻了战争的破坏力和损失。③ 因此,作为一种因新的安全形势变化而出现的国际政治现实,学术界对于预防性战争的看法不应再恪守于对《联合国宪章》的"形式主义解释"。④

然而事实上,即使不论预防性战争与"国际关系中严禁使用武力或

---

① Robert Gilpin, *War and Change in World Politics*, Cambridge: Cambridge University Press, 1981, p.191.
② Kenneth N. Waltz, *Man, the State, and War*, New York: Columbia University Press, 1959, p.7.
③ 见 Michael Walzer, *Just and Unjust Wars: A Moral Argument with Historical Illustrations*, New York: Basic Books, 2006, p.76.
④ [德]卡尔-海因茨·卡姆普:《预防性军事行动——一种新的安全政治现实?》,《世界经济与政治》2005 年第 2 期,第 65 页。

以武力相威胁"等现代国际法条文与精神的严重抵触,发动预防性战争的两大动机,无论是权势的转移及其引发的心理效应(尤其是后者),均缺乏一套可以明确衡量且被证明为合法、合理、客观且可操作的指标证据体系。这便为预防性战争时常被滥用、时常服务于侵略留下了巨大的利用空间。林肯早就警告过预防性战争存在的巨大伦理道德风险。1848 年,在强烈谴责波尔克总统发动美墨战争借口时,林肯指出:决策者完全可以通过渲染并不存在的危险、以掌握更多"不便公开"的证据甚至以自身"高人一筹"的战略素养为由坚持对其他国家进行预防性打击的"正确性":"你看不出来危险,而我可以!"[1]而历史诸多案例亦大多表明,很多以消除未来的战略风险为由发动的战争,大多并无标准,至少是不可验证,不少实质上成了诸多国家决策者追逐政治野心、鼓动国内情绪进而发动非正义战争的惯用借口。[2]

四、美国的预防性战争经验

对外运用军事力量乃至主动发动战争以实现国家总体战略目标,向来是美国重要的对外政策手段。[3] 自立国至二战爆发 200 余年的历史当中,虽然美国大多数时间不处于国际体系的中心位置,但是依然不时发动或卷入战争。在此阶段,美国参与的 6 场主要对外战争,理由大多是"国家利益受损""国家或私有财产受到损失"或是"美国公民受到伤害"。无论是 1846 至 1848 年的美墨战争、1898 年的美西战争、1900 年参与八国联军侵华以及参与两次世界大战,均属于此类性质。唯有 1812 年以"英国将利用加拿大作为进攻美国的跳板""美国受到挑战"为由发动的

---

[1] Michael W. Doyle, *Striking First: Preemption and Prevention in International Conflict*, Princeton: Princeton University Press, 2008, p.36.

[2] 当然,即使出现了明确可辩的大规模权势转移事实或趋势,甚至崛起国家亦开始展现出采取针对性措施以挑战衰落中强国的意图,强国是否能够以此为由主动打破和平、发动对崛起国家的战争,此点本身依然存在巨大的伦理疑问。

[3] 有学者统计,1789 年以来美国对外发动军事行动达到了每年将近 1 次的频率。参见石斌:《美国"黩武主义"探源》,《外交评论》2014 年第 4 期,第 84 页。

美英战争,在某种意义上多少带有一些所谓"预防"性质。

二战结束后,凭借超强的经济力量、军事力量及组建的全球政治军事同盟,尤其是核垄断地位,加之世界大战对其他强国实力的巨幅损耗,美国迅速上升至世界一流权势力量。在其后半个多世纪时间里,应对其他权势力量对美国霸权的侵蚀和挑战,巩固美国的全球优势地位、维系其全球"领导能力",便成为美国战略学界和决策界精英殚精竭虑的中心议题。而战后初期,苏联作为美国政治、军事及意识形态挑战者的迅速兴起及其对美国全球优势地位的实质性撼动,更使得"必须对苏联发动一场预防性战争,非如此美国便无法确保生存"的主张一度在美国乃至其他西方国家决策界和战略学界广为盛行。特别是在 20 世纪 40 年代末至 50 年代中期美国核垄断地位不断被侵蚀的关键时段,以丘吉尔、戴高乐为代表的不少欧洲政治人物曾一再鼓动美国在仍具有显著权势优势(特别是核优势)的情况下对苏联发动预防性战争。杜鲁门本人也设想在 1946 年打一场一劳永逸的核战争。[1] 50 年代晚期,以艾奇逊、保罗·尼采为代表的美国决策界高层就"在苏联核武器存量依然规模不大时对其进行预防性打击"议题展开了反复的评估。[2]

但是,总的来看,尽管在冷战时期美国主动发起或卷入了以朝鲜战争和越南战争为代表的多场战事,但针对其主要权势挑战者——苏联发动预防性军事打击甚至大规模预防性战争,美国总体仍持慎重态度。其根本原因,在于美国决策高层意识到美国针对苏联的核打击不可能完全奏效:"根本不可能在一场全面战争中迅速、彻底地击败苏联,而西方也必须首先牺牲整个西欧,然后很可能陷入一场漫长的、代价高昂的战争,并且苏联也不会轻易服输。"[3]因此,"遏制"加"威慑"成为冷战时期(尤其

---

[1] 杜鲁门曾称,"使联合国正常运作、最终建立一个自由世界的途径,在于(美国)有足够的核武器在手,并且投一枚给斯大林"。转引自 Marc Trachtenberg, "Preventive War and U.S. Foreign Policy", *Security Studies*, Vol.16, No.1, 2007, p.5.

[2] Marc Trachtenberg, "Preventive War and U.S. Foreign Policy", *Security Studies*, Vol.16, No.1, 2007, p.5.

[3] [美]戴尔·科普兰:《大战的起源》,黄福武译,北京:北京大学出版社 2008 年版,第 239 页。

是两国核均势形成后）美国应对苏联的基本政策。①

冷战结束后，作为世界唯一的超级大国，美国凭借其空前的军事优势，以建构"美国治下和平"为目标，开始放弃其传统的、主要以"威慑"为基轴的军事战略，发动对外军事行动的频率、规模均不断上升。尤其是以 2002 年 6 月时任总统乔治·W.布什讲话为重要标志，美国开始强调其面临危险形式之变化（大规模杀伤性武器、"流氓国家"和全球恐怖组织网络），声称"必须在对手发动进攻之前对之使用军事手段"②。"反应性的应对"或是"威慑潜在的攻击者"现已全无用处，"美国不能让敌人率先发动攻击"，"必须在'流氓国家'及其恐怖主义代理人能够威胁美国或对美国使用大规模杀伤性武器之前阻止它们"。③ 正是在这一被称为"布什主义"（Bush Doctrine）原则的指导下，美国于 2003 年发动的伊拉克战争，成为当代预防性战争最为典型的案例。④

美国发动伊拉克战争的缘由，在于认为伊拉克获取核武器的努力导致了大规模且迅速的权势转移，进而对美国的地区主导地位甚至自身安全构成"严峻挑战"。美国如果继续坐视不理，伊拉克政权将发展并拥有更多的大规模杀伤性武器，即使自身不主动发动对美国地区军事存在的直接打击，也会将之支援恐怖主义组织。⑤ 在认定这一地区敌手的军事实力出现超常规跃升并存在明显敌对意图的情况下，针对伊拉克的预防

---

① Marc Trachtenberg, "Preventive War and U.S. Foreign Policy", *Security Studies*, p.2.

② Robert Jervis, "Understanding the Bush Doctrine: Preventive Wars and Regime Change", *Political Science Quarterly*, Vol.131, No.2, 2016, p.289.

③ The White House, *The National Security Strategy of the United States of America*, Washington D.C.: The White House, 2002, p.15.

④ 尽管小布什用"先发制人"（preemptive war）以描述其对外军事行动的合法性，但绝大多数学者认为，由于并无明确迹象表明美国面临"迫在眉睫"的威胁、必须做出"刻不容缓"的军事应对，而小布什及其顾问也以伊拉克对美国安全构成的长期威胁解释解释其军事入侵，因此，伊拉克战争实质就是预防性战争。Michael Doyle, *Striking First: Preemption and Prevention in International Conflict*, Princeton: Princeton University Press, 2008, p.10; Robert Delahunty, and John Yoo, "The 'Bush Doctrine': Can Preventive War Be Justified?" *Harvard Journal of Law and Public Policy*, Vol.32, No.3, 2009, p.849.

⑤ Penn State, "Preventive wars are rare in American history", AAAS, 17 Nov. 2019, https://www.eurekalert.org/pub_releases/2003-03/ps-pwa030503.php.

性战争成为布什政府对外政策的首要选项——"美国不会当危险聚集之时依然无所作为"①。

然而,在经历了最初的军事胜利之后,美国在阿富汗和伊拉克陷入的长期战事,不仅在当地造成了持续不止的冲突和战乱,对美国国家实力亦构成严重消耗,人员遭受重大伤亡。尤其是当小布什政府发动伊拉克战争的理由(伊拉克发展并存贮大规模杀伤性武器)事后被发现全无现实证据支持、主要源于错误情报甚至决策者的幻想时,不仅美国发动战争的合法性问题遭到了异常广泛的批评,预防性战争自身的功用亦受到美国战略学界的严重质疑,即:在所谓的"安全两难"中,占据优势地位的强国时常出现的不安和恐惧,可能更多地为非理性主导或是有意为其政策选项服务,它往往更倾向于主动挑起战争而非理性地评估他国实力与真实的战略意图。②

尽管如此,依然有学者并不因美国在伊拉克的失败而否认预防性战争的价值。柯林·格雷就宣称,尽管预防性战争并不一定有效,但其固有的有利性也不容怀疑。这种有利性体现在强国可以凭借自身依然具有优势的实力和手段,在自己选择的时间和地域,以自己擅长的方式打一场"速战速胜"的战争。当然,美国在 21 世纪初的失败也再次证明了如下原则必须得到重视:(1)必须牢记克劳塞维茨的教诲——武力是最后手段,同时无政策指导的战争不会成功;(2)预防性战争的目标是有限的,在于削弱对方的权势、威胁及巩固自身地位,因此不应包括军事征服、更叠政府甚至推动社会重建;(3)成功的预防性战争亟需情报信息的有效支持,无论是在战前还是战争当中;(4)预防性战争只能作为一种"偶然为之"的战略或计谋,但绝不能将之上升成为国家战略;(5)同其他战争一样,预防性战争也存在巨大风险,并不存在一场无损失、无伤亡的

---

① Marc Trachtenberg, "Preventive War and U. S. Foreign Policy", *Security Studies*, pp.1 - 2.

② Alexandre Debs and Nuno P. Monteiro, "Known Unknowns: Power Shifts, Uncertainty, and War", *International Organization*, Vol.68, No.1, 2014, p.26.

战争,必须尽可能多地考虑发动战争的成本-收益问题。[1] 同时,考虑到其历史上严重缺乏打赢一场预防性战争的战略经验,因此美国未来必须更加审慎对待预防性战争。

五、权势转换与预防性战争

权势转换与战争之间的关系,一向是国际政治研究长盛不衰的主题,近年来随着国际政治经济的演进而显得尤为兴盛。特别是围绕预防性战争,总的来说,尽管学界在其根源与动机、合法性、效用等相关问题上依然存在严重分歧,但大致均同意:同其他战争类型相比,预防性战争同样是一场赌博,是在继续坐等衰落还是主动挑起战争以争取可能的机会,以及发动战争的预期与实际后果之间的一场赌博。而较其他战争类型更为复杂的是,预防性战争往往还与决策者的世界观、个性和风险偏好相联系,因此它更加充满不确定性、更加不易把控,能够成功达成预期战略目的的案例数量极其有限。在这一点上,用俾斯麦著名的表述就是,"预防性战争是因惧怕死亡而发起的自杀"[2]。

作为当前世界的头号权势力量,尽管美国历史上发动预防性战争的次数相对有限,但自其成长为其时国际秩序的霸权国家和守成大国之后,在所谓"霸主诱惑"(hegemon's temptation)困扰下,预防性战争作为一种政策选项在美国决策界的政策辩论和战略筹划中长期发挥重要作用。尤其是在冷战初期,面对苏联极为显著的权势增长,美国战略界有关对苏联发动预防性战争的讨论,甚至构成了冷战初期美国对苏强硬政策的逻辑基础——就是在自身优势处于最高峰时期,以各种方式、利用各种议题设法激怒苏联,引诱其打第一枪,进而凭借优势实力实施打击,借此阻止苏联的进一步兴起。至少是在二战结束至 50 年代初期,美国

---

[1] Colin S. Gray, *The Implications of Preemptive and Preventive War Doctrines: A Reconsideration*, Carlisle: Strategic Studies Institute, 2007, p.51.

[2] Ariel Colonomos, *The Game of War: Is It Possible to Justify Preventive War*? New York: Palgrave Macmillan, 2009, p.1.

这种异常危险的政策不仅急剧推升了其国内和国际紧张气氛、严重恶化了全球安全形势，并且不止一次将世界推至大规模战争的边缘。

冷战结束后，传统国际权势对比乃至冷战结束以来的国际权势格局出现深刻调整。早在1993年，便有美国学者提醒美国必须注意中美之间权势对比的变化，以及这种权势转移趋势在经济、军事、安全环境上的影响。① 近十年来，随着中美两国实力差距的进一步减小，更有不少美国学者判断：2030年可能是双方权势平衡的"破界点"。而在此时间点之前，中美间爆发摩擦甚至战争的概率极高。② 2017年特朗普就任美国总统后，有关"中美之间战争无可避免"的观点在美国执政团队当中更是成为热门话题。中美贸易摩擦的主谋者之一、极受特朗普信赖的国家贸易委员会主席彼得·纳瓦罗早就警告称："美国必须在不那么晚之前，更为积极地和全面地处理中国问题"。而特朗普前首席顾问、普遍被认为是其政治谋主的斯蒂夫·班农（Steve Bannon）在2016年亦预言：未来十年，"美中必有一战"③。

必须重视美国决策界的预防性思维在处理对华关系中发挥的重要作用。可以认为，在经历了两场反恐战争和金融危机，综合国力相对衰落的美国，当下将中国列为"战略竞争者"，并在政治、外交、经贸、安全等问题上骤然加大对华施压力度本身，就是预防性思维的具体政策体现。这正与当今国际政治中预防性行动已经完全不再限于战争范围，而成为一个全谱系行动（政治、军事、法律、伦理和经济）的论断完全吻合。④ 预防性行动已经上升至大战略层次，即采取外交压制、经济制裁、暗中颠覆

---

① Douglas Lemke, "Investigation the Preventive Motive for War", *International Interactions*, Vol.29, No.4, 2003, p.277.

② Hal Brands, and Zack Cooper, "Getting Serious about Strategy in the South China Sea", *Naval War College Review*, Vol. 71, No. 1, 2018, p.22.

③ Nicholas Borroz, "How Trump can Avoid War with China", *Asia & the Pacific Policy Studies*, Vol. 4, No. 3, 2017, p.613.

④ Ariel Colonomos, *The Game of War: Is It Possible to Justify Preventive War?* New York: Palgrave Macmillan, 2009, p.40.

和军备竞赛乃至最终的预防性战争，以减少不断增长的"战略危险"。①
而从特朗普、副总统彭斯等人的屡次表态和政策措施看，当前部分美国决策者的战略企图就是在其经济、军事（尤其是后者）仍拥有较大优势情况下，利用各种议题、借助各种手段以尽力干扰、阻滞中国赶超的速度。②
甚至不排除个别决策者心存设法激怒中国以挑起一场预防性战争进而完全消除中国"威胁"美国全球霸权地位的可能性。其结果，则"必将导致紧张局势的持续升级"③。

二战结束以来，兴起国家在守成国家强大压力下成功实现权势转换的最典型案例，当属二战结束至50年代中期的苏联：与1914年被激怒的俄国在尚未准备完毕时匆忙走上战场不同，此时的苏联决策者显然意识到了战略平衡已经或即将发生的变化，同时也敏感地意识到美国的预防性意图，并且主动调整政策以求适应，至少在1955年氢弹成功试验前对美国各类挑衅（言论攻击、军事示威、经济挑衅）采取了避免与之争锋相对、相对灵活的政策态度，同时集中全力强化自身权势（尤其是战略核力量），以设法尽快达到与守成国家的权势平衡。因此，此时的苏联决策者与其前辈（尼古拉二世）及后辈（戈尔巴乔夫）相比，冷静得多，对权力的算计也精细得多，结果就是苏联成功的风险管控最终将和平维持到了新的权势平衡重新形成之后。④

但不得不承认的是，此类成功的案例出现的概率极其稀少。在更多案例中，衰落当中的霸权国虽说亦存在与潜在挑战者达成协议进而冻结当前权势分配现状的意愿，但基于对未知前景的"恐惧"，大多倾向于采

---

① Colin S. Gray, *The Implications of Preemptive and Preventive War Doctrines: A Reconsideration*, Carlisle: Strategic Studies Institute, 2007, p.42.
② 参见葛汉文：《"拒绝衰落"与"美国要塞化"：特朗普的大战略》，《国际安全研究》2018年第3期，第89—90页。
③ Jack S. Levy, and William Mulligan, "Shifting Power, Preventive Logic, and the Response of the Target: Germany, Russia, and the First World War", *Journal of Strategic Studies*, Vol.40, No.5, 2017, p.740.
④ Marc Trachtenberg, "Preventive War and U.S. Foreign Policy", *Security Studies*, Vol.16, No.1, 2007, p.8.

取攻击性政策乃至主动挑起战争;即使兴起中的国家现在向强国作出让步,强国亦极有可能将这种妥协视为战略上的欺骗,目的是争取时间进而最终战胜自己。① 在这种冰凉的、悲观的、宿命的逻辑预设下,在国际关系的无政府状态和国家的安全两难处境依然没有得到根本性改善,国家依然感到不安全、彼此难以信任并且未来充满不确定性的情况下,权势转移的当事双方似乎很难达到一个有效的、持久的互信以规范双方的行为(尤其是未来的行为),因此霸权国家发动的预防性战争,至少是预防性行动仍有再度出现的可能。②

在历史经验似乎并不能为当下情势提供更多战略裨益的情况下,能够有效突破类似战略困境的方案,只能寄希望于对传统现实主义逻辑的超越。预防性战争及其引发的诸多历史恶果,均已充分昭示出:这个主要兴起和发展于帝国主义争霸时代的国际政治思维与实践,根本无助于国际关系的大致缓和乃至人类命运的总体进步。世界历史与人类社会的发展演进,最终根源来自人类意识的发展及其实践后果。冷战结束后,经济全球化和区域一体化、日益成熟完善的国际规范和国际机制、国家间依然强劲发展的相互依存态势和世界人民的政治觉醒,加之全球主要大国的有核国家地位及彼此间大致维持已久的和平,均可能成为防止战争爆发(尤其是大规模预防性战争爆发)的制约力量。

特别值得关注的,是来自中国的经验与规范。尽管作为事实,中国近40年来的快速发展无疑大幅改变了世界经济重心,同时亦对全球权势结构乃至全球战略平衡发挥重要影响;但与世界人民求和平、谋发展的心愿合拍,作为当前国际体系和国际秩序的坚定维护者而非挑战者自

---

① 值得关注的是,当下美国战略学界对中国"韬光养晦"战略的激辩,特别是对之的反面解读(认为这是"中国力有不逮时的权宜之计甚至骗术,而力量壮大后必然进行报复从而洗刷其长久以来蒙受的外来屈辱"),为这种思维提供了"有力"的论据。"Deng Xiaoping's '24-Character Strategy'", Global Security, 17 Nov. 2019, https://www.globalsecurity.org/military/world/china/24-character.htm.
② 这一点尤为国际政治现实主义者所深信,见 Robert Gilpin, "The Theory of Hegemonic War", in Robert I. Rotberg, and Theodore K. Rabb, eds., *The Origin and Prevention of Major Wars*, New York: Cambridge University Press, 1988, p.35.

我定义的中国,其在参与现有国际机制构建和全球治理时所展现的建设性的、开明的和包容的姿态,以构建人类命运共同体而非霸权更替为最终诉求的战略目标,求和促合、兼容并蓄、亲诚惠容的战略格局,加之原则性与灵活性兼具的战略智慧,必将能够继续争取到世界绝大多数国家和人民对我正义事业的支持理解,必然有望为破除"国强必霸""国强必战"的战略-历史困局提供中国智慧和中国方案。而这种努力,亦必将对世界历史的总体演进提供一种有益的与进步的正向推进力量。

战略稳定:历史教益与当代寓意 *

    第二次世界大战结束后,受美国和苏联两大超级大国及所属阵营全面敌对及军事技术发展的双重影响,美、苏等世界主要大国之间爆发大规模战争(甚至核大战)的可能性始终无法排除,整个冷战时期的国际安全长期处于高度紧张状态当中。尽管如此,部分归功于"战略稳定"(strategic stability)概念的出现及政策转化,美、苏两国在全球争夺中,至少在核武器运用方面保持了总体的克制,全面对抗没有演变成为全面冲突,大体维持了"冷和平"状态的延续。冷战结束特别是进入 21 世纪后,随着国际政治经济与军事技术的快速演进及国际权势对比的剧烈变动,"战略稳定"概念再次引发战略学界的广泛关注。尤其是自 2018 年以来,主要受美国强化"大国竞争"与权势争夺影响,当前世界主要大国间关系出现显著波动,不和乃至对抗因素急剧增多,国际安全不确定性有所上升,部分地区甚至国际紧张形势不断加剧。面对新的形势发展,"战略稳定"作为一个主要源起和发展于冷战的概念是否还具备足够的现实适切性? 是否能够在新的条件下为促进主要大国关系和国际安全形势的总体缓和形成新的助力? 在中美战略竞争加剧的背景下,对上述问题的回答,不仅有益于借助历史有益经验用于当下现实问题,亦对国

---

* 原文发表于《国际战略研究》2021 年第 4 期。

际关系发展乃至整体国际安全形势演进具有较为重大的理论规范性意义。

一、"战略稳定":概念、机理与历史效应

"战略稳定"一向被认为是与冷战紧密相关的概念。作为一个语义异常模糊的词汇,战略稳定大体意指美、苏两大超级强国有关核问题(包括核武器及运输工具、核战略、核战争等)的双边讨论和相关机制性安排。当然,该词的含义远不止于此:在冷战期间美、苏两国诸多政策文件和官方声明中,这个词汇被非常宽泛地用以描述从估算两国核武库规模、双方对核战争和核力量建设的认识到对两国关系中可能引发严重后果的政治危机的评估过程。因此,这个概念不仅直接涉及美、苏两国的战略军事态势与战略军事技术,同样也涉及政策决策、外交谈判和危机管理。

尽管存在不同认识,"战略稳定"应当被理解为一种世界主要核大国之间爆发大规模战争(尤其是核战争)风险较低的状态。[1] 在理想的战略稳定状态中,主要核大国均缺乏对敌手首先使用核武器的动机(即"第一次打击稳定",first-strike stability),均致力于防止某个事件升级成为政治危机(即"危机稳定",crisis stability),均缺乏进一步发展建设核力量的动机(即所谓"军备竞赛稳定",arms race stability)。在双方核力量已经达到"确保相互摧毁"(MAD)情况下,敌对核大国均认识到对敌方发动先发制人的大规模核打击,既无法消灭敌手,也无法避免对手有效的核报复,因此这种核突袭(nuclear surprise attack)要么是不必要的,要么是愚蠢的。[2] 一旦因利益抵触而爆发危机时,敌对双方均有控制危机并使之不发展成为冲突的共识。与此同时,双方的核军备发展应当大体符

---

[1] Ieva Karpavičiūtė, "Strategic Stability: It Takes Two to Tango?" *Lithuania Annual Strategic Review*, Vol. 17, No. 1, 2019, p.102.

[2] Thomas C. Schelling, *The Strategy of Conflict*, Cambridge: Harvard University Press, 1960, p.232.

合对等原则，任何一方均不会单方面争取核力量优势，以避免代价高昂且后果致命的核军备竞赛。①

"战略稳定"一词的出现，主要源于特殊的历史-战略背景。第二次世界大战结束后不久，随着美、苏两国迅速转向战略敌对，拥有核垄断地位的美国，实际上开始考虑在国际危机，特别是与苏联的冲突中率先使用核武器的问题。1947年，美国参谋长联席会议一份报告称，在核条件下，发动突然袭击存在极大的战略价值，有核国家凭借核武器对敌手关键性目标发动核突击，将能够取得成本极省且价值极高的战略效果，使敌手在第一时间遭受惨重失败。② 为此，美国最高决策界曾数度认真考虑"对苏联展开先发制人核打击"，相关方案甚至被列入北约针对苏联的作战方案当中。③

然而，随着苏联于1949年成功试爆原子弹成为有核国家，美国决策层高层反过来开始担心苏联对美国发动核突袭的可能性。④ 1950年，美国国家安全委员会第68号文件（NSC-68）声称，拥有核武器的苏联由于其"高度集权"的政治结构，"在决策方面拥有巨大优势"。一旦苏联认为有足够核力量对美国发动核突袭，苏联就有做出如此尝试的可能，以争

① James M. Acton，"Reclaiming Strategic Stability"，in Elbridge A. Colby，and Michael S. Gerson，eds.，*Strategic Stability: Contending Interpretations*，Carlisle：Strategic Studies Institute and U.S. Army War College Press，2013，pp.117-118. 除上述定义之外，"战略稳定"还意指主要核大国间均无意挑起武装冲突的状态。当然，根据最宽泛的理解，"战略稳定"还指地区或全球安全环境的总体稳定，特别是主要核大国之间保持和平与沟通的关系。
② Michael S. Gerson，"The Origins of Strategic Stability：The United States and the Threat of Surprise Attack，" in Elbridge A. Colby，and Michael S. Gerson，eds.，*Strategic Stability: Contending Interpretations*，p.5.
③ 劳伦斯·弗里德曼：《头两代核战略家》，载［美］彼得·帕雷特主编：《现代战略的缔造者——从马基雅维利到核时代》，时殷弘等译，北京：世界知识出版社2006年版，第718—719页。
④ 1951年美国拥有428件核武器，同期苏联仅拥有25件；1953年美国拥有1169件核武器，苏联仅拥有120件。见 Michael S. Gerson，"The Origins of Strategic Stability：The United States and the Threat of Surprise Attack，" in Elbridge A. Colby，and Michael S. Gerson，eds.，*Strategic Stability: Contending Interpretations*，p.6.

取"显著的战略优势"。① 在此情况下，美国总统艾森豪威尔在 1955 年美苏日内瓦首脑会议上向苏联领导人赫鲁晓夫提议，美、苏两国应就安全问题达成某种"安排"，以减轻两国对突遭对手先发制人核打击而带来的"恐慌和危险"。艾森豪威尔建议美、苏两国应互相交换军事设施（特别是核设施）蓝图和互相进行空中侦察（即所谓"开放天空"），避免因战略误判而引发两国的核大战。此举被认为是推动"战略稳定"概念得以成形的重要一步，因为之前美国（至少是军方）一直在模拟和准备通过先发制人的毁灭性核突袭以求消灭苏联的核武装。

随着 60 年代初苏联核力量（核武器及运载工具）建设取得大幅进步，已经拥有可以毁灭美国的核武装，主要以伯纳德·布罗迪（Bernard Brodie）为代表，美国大多数战略学者开始认识到，核武器的出现已经彻底改变了战争的性质，任何形式的核战争均属于人类的灾难，因此必须不惜一切代价避免这种战争。为了防止未来的战争演变成为无限制的暴力，对美、苏两国决策者而言，最好的办法就是根本不使用核武器。②因此，如何与苏联形成"战略稳定"，便成为整整两代美国战略学界认真思考的问题。美国的战略研究，也至少在方法论上层面上已经演变成一系列"非历史、非政治的计算方法"，被转化成了对轰炸机航程、导弹射程、核弹头毁伤力、发射井数量及弹道导弹核潜艇战备值班日的数据统计、方程式运算和数理逻辑推导。

在理论研究铺垫下，美、苏两国于 1963 年开始就限制战略武器展开谈判，1969 年举行第一阶段削减战略武器谈判（START I）。根本目的，就是维持美、苏两国彼此"可靠"的核威慑，加强对双方核武器的监督和控制，防止两国发生核大战。另外，通过裁军和军备控制谈判，在不削弱

---

① NSC, *NSC 68: United States Objectives and Programs for National Security*, 14 Apr. 1950, https://www.citizensource.com/History/20thCen/NSC68.PDF.

② 劳伦斯·弗里德曼：《头两代核战略家》，载［美］彼得·帕雷特主编：《现代战略的缔造者——从马基雅利利到核时代》，第 729 页。

双方彼此核威慑前提下,缓和紧张局势,降低核战争风险。① 经多轮谈判,美、苏还于 1972 年达成《反弹道导弹条约》(ABM),于 1979 年达成《限制进攻性战略武器条约》(即《第二阶段限制战略武器条约》),严格限制了导弹防御的部署,规定发展进攻性战略武器上限,但并未实际生效。冷战结束前,美国与苏联于 1991 年 7 月签署《削减和限制进攻性战略武器条约》,规定双方各自拥有的核弹头数量削减至不超过 6000 枚,运载工具减至不超过 1600 件。

就冷战时期美、苏两国政策实践而言,"战略稳定"是个动态的概念或现象,或是一种"临时性安排",最基本目的是通过对双方核武器和运输工具的监管,从而遏止对手率先发动核攻击以争取战略优势的冲动,以稳定两国出现恶性军事对抗甚至引发核战争。② 美国战略学家托马斯·谢林早就指出,在主要大国之间的危机当中,任何一方会由于恐惧受到攻击,因此会倾向于率先对敌人发动攻击。尤其是当这个国家的核武器在第一次核打击便足以摧毁敌手的情况下,更是往往会倾向于抢先发动"致命一击"。③ 这种情况,正是"战略稳定"所力图消除的"不稳定"状态。因此,实现"战略稳定"的目的,在于使两国领导人均缺乏率先使用核力量的意愿,也缺乏在质量或数量上进一步增强核力量的动机。从这个意义上讲,"战略稳定"概念极端重视双方在既定问题上的互动反馈及彼此激励。

实际上,"战略稳定"概念自出现之时起,便一直饱受批评。尤其是"战略稳定"对国家冲突的简单化理解,最令学界诟病。这个概念的逻辑基础,在于确信大国间的军事冲突甚至核战争的起因,主要甚至完全是

---

① [美]詹姆斯·多尔蒂、小罗伯特·普法尔茨格拉夫:《争论中的国际关系理论》,阎学通等译,北京:世界知识出版社 2002 年版,第 405—406 页。

② Elbridge Colby, "Defining Strategic Stability: Reconciling Stability and Deterrence", in Elbridge A. Colby, and Michael S. Gerson, eds., *Strategic Stability: Contending Interpretations*, p.48.

③ Thomas C. Schelling, *The Strategy of Conflict*, Cambridge: Harvard University Press, 1980, p.133.

出于"惧怕被对手率先攻击"。因此,有学者批评道,"尽管战略稳定似乎提供了包括'危机稳定性'、'首次打击稳定性'和'军备竞赛稳定性'等概念和模型,但这些均基于错误的前提基础上:似乎战争的爆发完全取决于敌对双方的核力量态势甚至'彼此恐惧'而已"①。世界历史发展早已反复证明,政治、文化、经济、历史或意识形态才是引发国际冲突(包括大国间的军事冲突)的主要驱动因素,而新型武器(从火炮、机关枪、飞机到核武器)的出现和扩散本身并不是冲突的原因。毋庸置疑,战略稳定这个概念只是评估国际安全和力量态势的一个重要且有效的标准,但显然并不能涵盖与核战争相关的所有问题。

二、变动世界中的战略稳定

苏联解体、冷战结束后,随着两极格局的消失和国际权势结构的剧烈变动,尽管美国与俄罗斯联邦仍然拥有庞大核武库储存,但主要核大国之间爆发核大战的危险已大幅减弱。与此同时,全球中小规模武装冲突频次急剧上升,核不扩散风险加剧,包括恐怖组织在内的非国家行为体可能构成的"非对称威胁"也逐步显现。与以美、苏两大国核对峙为基本特征的冷战时期相比,后冷战时代世界进入到所谓的"第二核时代"。②

冷战结束之初,尽管美、俄两国矛盾及地缘关系紧张仍旧不时显现,但美俄关系毕竟较冷战时期出现极大变化。至少在冷战结束后一段时期内,作为拥有世界现有核武器95％以上的主要核国家,美、俄两国在维持全球核不扩散机制及削减战略武器等方面展示出一定的合作态度:双

---

① James M. Acton, "Reclaiming Strategic Stability", in Elbridge A. Colby, and Michael S. Gerson, eds., *Strategic Stability: Contending Interpretations*, pp.128 - 129.

② Colin S. Gray, *The Second Nuclear Age*, Boulder, CO: Lynne Reinner, 1999, p.1. Also see Paul Bracken, *The Second Nuclear Age: Strategy, Danger, and the New Power Politics*, New York: Times Books, 2012, p.1.

方核武器数量规模均进行了较大程度的压缩，并且彼此间仍大体呈现核均势。[1] 1993 年，美、俄签署《第二阶段削减战略武器条约》（START Ⅱ），规定两国进攻性战略核武器总数分别削减至 3500 件和 3000 件。2010 年，美、俄签署《新削减战略武器条约》（New START，又称《第三阶段削减战略武器条约》），规定在今后 7 年时间内，美俄各自部署的核弹头数量不得超过 1550 件，所部署陆基、海基、空基战略核导弹数量不超过 700 件，现役和预备役发射装置不超过 800 个。条约在限定两国战略核武器数量规模同时，确立互相核查机制，通过现场检查和数据交换监控双方守约情况。在此情况下，全球核武器库存量呈明显下降之势：从峰值约 70300 件（1986 年）降至 2021 年初的约 13100 件。[2] 2021 年 6 月，美国总统拜登与俄罗斯总统普京就战略稳定问题发表联合表明，表示减少武装冲突、降低核战争威胁、确保战略领域的可预测是两国的共同目标，重申核战争中没有胜利者，因此必须绝对避免核战争。[3]

尽管如此，从冷战后美国的核战略演变及政策实践看，虽然冷战后美国在各类政策文件报告中仍不断宣称以维持"战略稳定"，与俄罗斯继续保持"总体战略对等"地位为目标，但在俄罗斯经济财政持续困难进而导致核力量更新甚至维持既有核武库均面临重重困难情况下，美国在后冷战时期的核力量优势逐步得以确立，美俄战略核力量平衡（尤其是质量上）显然出现有利于美国的变化。在此情况下，美国仍在不断坚持推进核力量现代化进程（特别是导弹防御计划）以维持所谓"可信"核威慑，显然目的在于寻求单方面战略优势地位。用 2010 年美国《核态势评估

[1] Matthew Rojansky, "Russia and Strategic Stability", in Elbridge A. Colby, and Michael S. Gerson, eds., *Strategic Stability: Contending Interpretations*, p.295.

[2] Hans Kristensen, Robert Norris, "Status of World Nuclear Forces", Federation of American Scientists, 2 Mar. 2020, https://fas.org/issues/nuclear-weapons/status-world-nuclear-forces/.

[3] The White House, "U.S.-Russia Presidential Joint Statement on Strategic Stability", 16 Jun. 2021, https://www.whitehouse.gov/briefing-room/statements-releases/2021/06/16/u-s-russia-presidential-joint-statement-on-strategic-stability/.

报告》(NPR)中的话说就是:美国将继续维持其"首屈一指"的核威慑态势,维持"三位一体"的全球核打击能力,将"可信的"核报复能力作为确保战略稳定的要点。[①] 这显然与冷战时期谋求与苏联建立"对称核威慑"的"战略稳定"政策存在极大不同。

在保有数量庞大且仍在不断现代化更新的核武库同时,美国在新技术发展的强劲促动下,继续着力提升反弹道导弹技术与能力。此举无疑极大挑战、抵消甚至破坏了其他核大国的核威慑能力,并肯定将重新激发军备竞赛的出现。[②] 冷战结束后,美国以应对核扩散威胁为理由,陆续提出"战区导弹防御系统"(TMD)和"国家导弹防御计划"(NMD),计划开发武器系统对近程、中程或远程弹道导弹攻击进行拦截,同时继续发展包括反卫星、网络以及远程精确打击系统在内的先进非核军事技术,以求抵消或减轻核武器的战略影响,这显然对后冷战时代美、俄等主要核大国之间的"战略稳定"形成了根本性冲击。[③]

不仅如此,美国还以面临各类新型战略威胁为由,在核力量的运用方面也出现明显松动。最新的案例,就是2018年美国出台的《核态势评估报告》。该报告虽继续宣称美国的核战略"最优先考虑是威慑潜在敌人不发动任何规模的核袭击",但同时还强调"遏阻核袭击不是唯一目标",发誓强化美国核武力在其国家安全战略中的战略性作用,包括"对核攻击和非核攻击进行威慑、对盟国和伙伴提供战略保障;当威慑失败时实现美国的目标;以及为不确定的未来规避风险",以应对所谓安全环境面临的"多样化威胁和极大不确定性"。[④] 正是在此类逻辑指导下,美国虽不断宣称将继续致力于维持"战略稳定"与核军备控制,但却以俄罗

---

① Brad Roberts, "Strategic Stability Under Obama and Trump", *Survival: Global Politics and Strategy*, Vol. 59, No. 4, 2017, p.48.

② Gregory D. Koblentz, *Strategic Stability in the Second Nuclear Age*, Council on Foreign Relations, Council Special Report, No. 71, p.22.

③ Gregory D. Koblentz, *Strategic Stability in the Second Nuclear Age*, Council on Foreign Relations, Council Special Report, No. 71, p.3.

④ DOD, *Nuclear Posture Review* (2018), 2 Feb. 2018, https://media. defense. gov/ 2018/Feb/02/2001872886/-1/-1/1/2018 - NUCLEAR - POSTURE-REVIEW-FINAL-REPORT.PDF.

斯违反军备控制义务与承诺为由，先后于2001年和2018年退出《反弹道导弹条约》及《中程弹道导弹条约》在内的一系列双方军控协约。

正是出于以上原因，后冷战时代的全球"战略稳定"实际面临严重威胁：以美国片面追求核优势、片面追求核威慑能力为代表，部分国家核战略的调整已经并将继续冲击双边和多边的"战略稳定"关系。另外，随着世界范围内的核扩散步伐的不断加快（印度和巴基斯坦成为有核国家；以色列事实上已拥有核武器；朝鲜已多次进行核试验，伊朗等国不断加快核力量建设）以及新兴技术的迅猛发展（尤其是外太空技术、网络技术及人工智能技术），全球乃至地区的战略形势亦面临来源不同、领域各异的巨大挑战。尤其是军事技术的快速发展及具有战略性影响的新一代先进武器系统的研制和部署，不仅对传统的战略均势造成极大干扰，同时还显著影响到决策者对于战争与战略的理解，为部分决策者战略误判提供了更大的可能。[1]

三、战略稳定与中美关系

进入21世纪第二个十年后，伴随着国际政治经济形势的发展演进和以中国为代表的新兴国家和平发展效应的不断聚积，国际权势对比亦出现较大幅度调整。在此背景下，尤其是特朗普就任美国总统以来，美国以巩固全球霸权、维持"全球领导地位"、挫败"修正主义国家变更国际秩序"为目标，开始以中国为头号战略敌手，在政治、经济、安全、外交、文化、科技等"全政府领域"，积极与中国展开战略博弈。[2]

几乎与此同时，美国决策界与战略学界不断渲染中国军事实力的上升及其对地区实力平衡的所谓"破坏"，有关未来中美在西太平洋地区爆发军事冲突的判断和设想也开始大量涌现。尤其在核领域，2018年美国

---

[1] Ieva Karpavičiūtė, "Strategic Stability: It Takes Two to Tango?" *Lithuania Annual Strategic Review*, Vol. 17, No. 1, 2019, p.119.
[2] 葛汉文：《拒绝衰落与美国要塞化：特朗普的大战略》，《国际安全研究》2018年第3期，第89—90页。

《核态势报告》就宣称,现今世界已经重回大国竞争时代,美国正面临一个前所未有的、更加多样和更为先进的核威胁,"潜在敌人正非常活跃地进行核武器及运载系统的开发和部署"。特别是中国,美国不断指责中国核力量发展缺乏"透明度",不断扩充"已然十分可观"的核武库;美国并猜测中国将或已经放弃其长期采取的"最低限度核威慑"战略,转而采取"更具进攻性"的核战略,声称这一转变将使中、美两国间潜在的军事冲突存在核升级的风险。特别是在西太平洋地区,美国臆测中国正计划"灵活运用"核武器,配合常规军力,持续强化所谓"反介入/区域拒止"(A2/AD)能力,已经对美国在西太平洋的"行动自由"构成愈发严重的威胁,撼动了以美国为主导的地区安全体系,进而破坏整个东亚地区的安全秩序。在"直言不讳"评估中国威胁基础上,美国宣称其对策就是"坚定确保"对中国的"核优势",阻止中国借助核武器或有限核战争以争取战略优势甚至打赢与美国或美国盟友有限战争的企图,特别是要对中国的核或常规"侵略"做出"决定性"的反应,以"慑止中国决策者的类似企图"。①

不仅如此,美国还以实现"战略稳定"为由,一再要求中国加入国际核军控谈判。早在 2010 年《弹道导弹防御评估》(BMDR)和 2010 年《核态势评估报告》中,美国便以中国"迅速强化核力量建设"为由,表示将寻求与中国展开战略对话,以"维护美中战略稳定"关系。特朗普政府时期,多次要求中国加入限制战略武器谈判,变美、俄双边谈判为中、美、俄三方谈判。拜登政府同样延续了这一政策,2021 年 7 月 28 日,美国副国务卿舍曼在与俄罗斯代表团在日内瓦举行军备控制会谈时,再次称希望中国能够"参与更广泛的核武器军控谈判"。②

尽管美国不断渲染中国的核力量,但无可置疑的是:美国在核战略

---

① DOD, *Nuclear Posture Review* (2018), 02 Feb. 2018, https://media.defense.gov/2018/Feb/02/2001872886/-1/-1/1/2018-NUCLEAR-POSTURE-REVIEW-FINAL-REPORT.PDF.

② Matthew Lee, and Robert Burns, "US, Russia Hold 'Professional' Arms Talks Despite Tensions", 29 Jul. 2021, https://news.yahoo.com/us-russia-hold-professional-arms-160334455.html.

领域依然甚至在未来很长时间内一直拥有极为明显甚至压倒性的优势地位。自冷战结束以来,在并无明确核敌手的情况下,美国仍在不断更新,甚至强化、升级其三位一体核打击能力(装备潜射战略导弹的潜艇、陆基洲际弹道导弹和战略轰炸机),坚持在其整体战略设计中突出核武器的战略作用。与此同时,美国还通过不断发展其导弹防御能力,在亚太地区前沿增加部署地区导弹防御系统,将导弹防御与核战略进行整合,试图以此消除来自弹道导弹、高超音速导弹和巡航导弹在内的所有战略威胁,谋求单方面的"绝对"战略安全。总之,美国一直在致力于削弱甚至消除其他国家"核报复"的能力。战略目的,完全在于确保单方面的战略优势,而绝非寻求与世界其他核国家真正形成"战略稳定"关系。[①]

考虑到中美两国当前在战略核力量(无论是规模和质量)上的严重不对等,严格意义上的"战略稳定"概念是否能够应用于中美关系,此点尚存在巨大疑问。就历史经验而言,美国在当下乃至未来很长一段时间内,绝不会放弃其冷战后长期奉行的核优势战略,无论是战略或非战略层次。作为目前世界最大的核军备拥有国,美国近来不断要求中国参加"战略稳定谈判"、提高所谓核态势"透明度",不过是美国试图通过强制手段"冻结"中国核力量发展,继续巩固其核优势的策略而已,目的绝不是真正寻求与中国形成"战略稳定"关系,实际上只会加剧而无法真正缓和紧张局势。

就目前情况而言,在美国不断加大对华战略竞争背景下,美国现行政策无疑将刺激核军备竞赛的出现。在历史上,美国在冷战初期的核垄断和核大棒政策,正是迫使苏联放弃更加克制的核态势、全力与美国展开军备竞赛的缘由之一。因此可以设想,在美国致力于削弱乃至抵消其他国家战略核报复能力情况下,其他核国家无疑将不得不提升其核力量结构、数量与质量,以确保其既有的核报复能力不受损害。甚至美国部

[①] Fiona S. Cunningham, and M. Taylor Fravel, "Assuring Assured Retaliation: China's Nuclear Posture and U.S.-China Strategic Stability", *International Security*, Vol. 40, No. 2, 2015, p.8.

分政治-学界精英自己都承认,美国强化其核优势战略,无疑将迫使中国和俄罗斯采取"合乎逻辑的"预防措施,包括建设更大规模的核力量、采取更多的进攻姿态,以求弥补因美国核优势所造成的战略失衡,弥补其武装部队(尤其是核力量)在和平时期的"脆弱性"和"易损性"。^① 从历史经验看,只有中国与美国在战略能力方面形成某种程度的均势后,美国才会愿意与大体对等的对手进行有意义的接触和谈判,届时才是中国回到谈判桌前的合适时机。而在中国核武器等战略能力远落后于美国之时,中美之间不可能达成一个公平合理的机制安排。

归根结底,"战略稳定"状态的达成,最终是涉及双方之间更为广泛的政治、经济和军事互动的产物,技术(尤其是军事技术)在其中当然扮演重要角色,但双方政策目标的总体契合才是彼此之间能够建立"战略稳定关系"(包括不首先使用核武器、管理危机和防止军备竞赛)的前提和基础。因此,中美形成战略稳定关系的根本途径,并不在于渲染中美两国的战略武器和核力量对比,而在于美国放弃对华的对抗性思维和"零和博弈"判断。相反,单纯在中美关系中套用基于"第一次打击稳定、危机稳定和军备竞赛稳定"的传统"战略稳定"框架,实际上与稳定中美战略关系的目标背道而驰,甚至可能适得其反。

四、退回未来抑或超越竞争?

冷战结束以来,国际格局演变的不确定性,一直是后冷战时代国际政治的重要特征。2013 年,美国首屈一指的战略学家、曾对冷战时期美国战略制定发挥重要影响的托马斯·谢林由衷感叹道,"当今世界已经

---

① Fiona S. Cunningham, and M. Taylor Fravel, "Assuring Assured Retaliation: China's Nuclear Posture and U.S.-China Strategic Stability", *International Security*, Vol. 40, No. 2, 2015, p. 8. Also see David Santoro, "Testimony before the U. S.-China Economic Security Review Commission Hearing on 'A World-Class' Military: Assessing China's Global Military Ambitions", 20 Jun. 2019, https://www.uscc.gov/sites/default/files/Santoro_USCC%20Testimony_FINAL.pdf.

发生了如此巨大的变化。尤其在核领域,变化太过复杂多变,太过不可预测"[1]。尽管美、俄两国的核武器库存量已经自冷战高峰值明显下降,但国际安全形势,尤其是战略安全形势依然面临诸多威胁与挑战。尤其是近年来,随着美国本着巩固全球霸权目的,将应对所谓"大国竞争"作为战略口号,在经贸、海洋、科技、军事、意识形态等领域对华全面发起激烈博弈,继续对俄罗斯奉行战略打压,国际安全形势有所紧张,主要大国(尤其是主要核大国)间的正常关系受到明显扰动。

应当看到,在国际权势对比出现复杂变化背景下,美国对华的"战略不信任"已成为干扰中美两国关系稳定发展的关键性因素,很多美国决策界和战略学界精英均已确信,中国正采取多种步骤力图挑战美国的世界"首要地位",以求最终实现世界性的"权力转换"。在美国对华战略猜疑肯定将无法迅速、完全消除的预期下,中美两国之间特别重要的议题首先应当是解决(至少是管控)对双方关系可能构成挑战的一系列重要问题,特别是经济、科技与人文交流,而非单纯地强调核武器数量与质量的对比。冷战时期的历史经验已经充分证明:随着时代的发展,核大国之间的大规模冲突(甚至是核战争)危害性无法想象,核武器发挥的作用相当有限。在可预见的未来,依然没有令人信服的理由相信这一判断将产生根本性的改变。[2] 大国之间的互动博弈应当更多地被限制在政治和经济竞争方面,而不是军事方面,尤其是战略核力量方面。

冷战时期,"战略稳定"一词受到高度重视的根本原因在于:冷战时期美、苏两国之间僵化的敌对关系经久不变、难以撼动,因此公众对于国际政治格局是否能够产生积极变化的可能性普遍不抱希望,战略研究也因此成为对美、苏双方军事技术和武器装备数量、精度和毁伤能力的评

---

[1] Thomas Schelling, "Foreword", in Elbridge A. Colby, and Michael S. Gerson, eds., *Strategic Stability: Contending Interpretations*, p.vii.

[2] [美]詹姆斯·多尔蒂、小罗伯特·普法尔茨格拉夫:《争论中的国际关系理论》,阎学通等译,北京:世界知识出版社 2002 年版,第 428 页。

估和推算。① 但当今大国关系，尤其是中美关系则完全不同。早在 2013 年，便有美国学者正确地指出，中美之间实现稳定关系的基础应当远远超过彼此对于两国应避免核攻击和核战争方面达成的共识。中美两国在维持自由开放的国际经济贸易、常态有效的全球治理及和平稳定的国际环境等方面存在范围广泛的共同利益，应当成为两国保持发展稳定关系的基础。② 自关系正常化以来，中、美两国高速发展并将继续存在的经济合作和相互依存，对稳定中美关系的作用，显然远远大于以核均势和以相互确保摧毁为基础的"战略稳定"。因此，美国战略学界必须坚决摒弃"零和博弈"思维及单纯仰仗战略武器确保和平的冷战观念，以更为务实、开放的心态推动中美关系的大体稳定与在世界事务中的大体合作。在这方面，作为当今世界最大的有核国家，美国显然需要承担更多的责任。

---

① ［英］劳伦斯·弗里德曼：《核战略的演变》，黄钟青译，北京：中国社会科学出版社 1990 年版，第 473 页。
② Thomas Fingar and Fan Jishe, "Ties that Bind: Strategic Stability in the U. S.‑China Relationship", *Washington Quarterly*, Vol. 36, No. 4, 2013, p.128.

"吓退敌手":威慑战略及其在战略竞争时代中的运用*

　　作为历史最为悠久的战略类型,"威慑"(deterrence)长期在国际安全形势演进中发挥重要作用,一向是国家对外战略的首要选择之一,甚至被认为是"治国之术"(statecraft)的"永恒组成部分"。[①] 第二次世界大战以来,美国在其后半个多世纪的对外战略塑造过程中,已经将威慑作为其最主要的政策工具之一。尤其是在冷战期间,威慑战略不仅得到了美国战略学界系统的学理建构,其政策转化亦对美国全球政策发挥了极其重要的推动作用。进入 21 世纪第三个十年之后,在国际权势结构出现较大程度变动背景下,美国依旧坚持将威慑作为打击现实或潜在敌手的重要工具,甚至被当作其赢得"大国战略竞争"的主要仰仗。但在威慑效力总体下降情况下,美国在特定地区和特定问题上的威慑战略正面临失败前景,甚至还可以成为挑起大国战争的诸多诱因之一。本文从梳理威慑战略的概念与历史出发,分析美国在战后国际政治中运用威慑的主要经验,联系当下美国在对华政策,尤其是在台海问题上威慑战略运用之动因与形式,进而探讨其政策效应及固有缺陷。

＊　原文发表于《战略研究》2023 年第 2 期。
①　Colin S. Gray, "Deterrence in the 21st Century," *Comparative Strategy*, Vol. 19, No. 3, 2000, p.255.

一、威慑的概念与历史

"威慑"并非一个新颖的概念。① 一般认为,威慑是通过向现实或潜在敌手展示己方的实力和意图,使其明确意识到采取特定对外行为(特别是对外发动武装攻击)的风险远超出可能的收益,从而迫使其不得不放弃早先的企图。② 从这个意义上讲,威慑与"强制"(compellance)概念密切相关,但含义却截然相反:威慑的目的在于维持现状,在于阻止目标方采取己方所反对的行动;③而"强制"则在于强迫目标方按己方的意图行事。威慑的核心在于判定"敌手"的政策意图,关键在于运用"威胁",目标在于阻止敌方可能对外发动的攻击行为,防止可能出现的武装冲突。④

就涉及的主要行为体而言,威慑可以分为"直接威慑"(direct deterrence)和"延伸威慑"(extended deterrence)。直接威慑一般用于阻止和吓退现实和潜在敌手对自身的直接攻击;而延伸威慑目标在于阻止被威慑方发动针对第三方的武装攻击。具体作法就是通过公开宣示对第三方的安全承诺,设法增强第三方的防御能力,以降低潜在侵略者对第三方发动攻击行动的可能。就手段区分,威慑可以分为"惩罚威慑"(deterrence by punishment)和"拒止威慑"(deterrence by denial)。惩罚威慑是向被威慑方清楚表明,任何针对自身的武装攻击必定将受到己方猛烈的军力反击或其他严厉的惩罚措施,以打消其发动袭击的企图;拒止威慑则是通过政策宣示,并在关键区域部署足够的军事力量,使目标方觉

① Bernard Brodie, "The Anatomy of Deterrence," *World Politics*, Vol. 11, No. 2, 1959, p.174.
② Henry A. Kissinger, *Nuclear Weapons and Foreign Policy*, New York: Council of Foreign Relations, Inc., 1957, p.96.
③ Andrew Krepinevich, Jr., *The Decline of Deterrence*, Washington, D. C.: Hudson Institute, Inc., 2019, p.16.
④ Patrick M. Morgan, *Deterrence: A Conceptual Analysis*, Beverly Hills: Sage Publications, 1977, p.18.

察到其入侵计划行动并不可行、不太可能成功甚至将蒙受灾难性损失，大幅增加目标方行动失败的风险，从而打消潜在的攻击者实现其目标的决心。就冲突（或潜在冲突）的规模划分，威慑亦可区分为"战略威慑""常规威慑"及针对更小规模冲突的威慑。战略威慑或者更直接地说——核威慑，是核大国以核武器为惩罚手段的威慑战略，最为典型的案例是冷战期间美苏两国间的相互核威慑；常规威慑是针对可能出现的有限冲突或常规战争的威慑，如美苏两国冷战时期在中欧地区的相互武装威慑；针对更小规模冲突的威慑，大体可以等同与致力于消弭危机的预防性外交。上述三种威慑的类型，分别具有不同的目标及与之相配套的手段和资源。①

在国际政治领域，威慑向来都是运用最为广泛的战略类型之一。尽管对之进行的理论化归纳相对出现较晚，但威慑战略的原理早已为历史上诸多的战略决策者所熟知。修昔底德在《伯罗奔尼撒战争史》中便曾提及，古希腊人已经发现：敌对一方如果意识到一旦开战（或进一步扩大战争规模）成本极高但收益甚微，甚至得不偿失的话，那么它在发动攻击之前，就会慎重考虑，以致不敢轻举妄动。② 这种理解实质上已经接触到威慑战略的真谛。中世纪里，东罗马帝国皇帝、"智者"利奥六世（Leo XI）和马基雅维利也提到通过"展示武力"或采取类似手段，以促使敌手打消发动进攻的念头。与冲突或战争爆发后实际运用武力去阻止敌方进攻相比，此举被认为无疑"经济"得多。③

18 世纪末，格外受益于法国大革命所惠及的政治、社会、技术和战略遗产，拿破仑法国武力强大到欧洲其余诸强联合起来均无法对法国的武力扩张形成有效威慑，在相当长一段时间也无法将其击败之程度，这被

---

① Alexander L. George, and Richard Smoke, *Deterrence in American Foreign Policy: Theory and Practice*, New York & London: Columbia University Press, 1974, p.52.

② 参见《赫摩克拉底的演说》，[古希腊]修昔底德：《伯罗奔尼撒战争史》（上册），谢德风译，北京：商务印书馆 1985 年版，第 303 页。

③ Alexander L. George, and Richard Smoke, *Deterrence in American Foreign Policy: Theory and Practice*, New York & London: Columbia University Press, 1974, p.12.

认为是拿破仑能够频繁对外发动战争以争取其战略企图的主要原因。而战后形成的维也纳体系，实质上带有威慑体系内国家（主要是欧洲大国）不得彼此攻伐之意味。这种被称为"均势"（balance of power）的结构设计，运作机理被认为建立在威慑基础之上：在"相互威慑"框架下，任何一方权势力量或权势集团均不拥有显著的实力优势，在体系中能够被有效地制衡。在此情况下，任何一个主要国家已经意识到：对其他大国发动战争，尤其是挑起全面战争取胜把握不大，近乎无利可图，相反将肯定招致惨重损失。这在很大程度上有效降低了大规模战争爆发的可能性，在一定意义上有助于维持欧洲主要大国间的长期和平。

威慑战略在第二次世界大战后得到了较以往更为集中的关注。在核武器扩散步伐不断加快、爆发全面核战争几乎等同于自我毁灭背景下，如何通过威慑的方式以求在大国不爆发冲突和战争的情况下实现自身战略目的，便成为诸多战略学家致力于探讨的热门议题。出于这种原因，自 20 世纪 60 年代以来，在诸多新的理论方法（如博弈论、系统分析）支持下，威慑理论开始演化成为一个由特定的概念和命题所构成的系统性的理论体系。不仅如此，威慑理论（尤其是核威慑理论）对特定国家战略决策（战略力量态势布建与战略运用）的影响也不断加大。其结果，则是在冷战时期的实际历史发展中，威慑战略被认为在若干次柏林危机及 1962 年古巴导弹危机当中发挥了绝佳的助力，既吓退了敌手、制止了美苏间全面核大战的爆发，同时亦推动事态更多地向有利于威慑者一方发展。

当然，历史上也存在诸多威慑失败的案例，两次世界大战的爆发使被认为与威慑失效存在紧密联系。尽管英国在 19 世纪时曾成功威慑了任何入侵低地国家的企图，但到 1914 年时，德国却不顾与英国开战的明确预期，断然决定借道比利时入侵法国北部。[①] 20 多年后，无论是英、法

---

① 在入侵比利时肯定会导致英国武装干涉问题上，德国决策高层显然早有预期。时任德军总参谋长的毛奇曾轻蔑地对德国外交大臣亚哥夫表示，即使英国远征军在安特卫普登陆，也将毫无用武之处："我们对付得了 15 万英国人。"Fritz Fischer, *War of Illusions: German Policies from 1911 to 1914*, trans., by Marian Jackson, New York: W. W. Norton & Company, Inc., 1975, p.390.

两国对德国的威慑，以及美国在太平洋地区对日本的威慑，均以失败而告终，代价就是第二次世界大战的全面爆发。冷战时期，美苏两大超级强国之间虽然凭借相互核威慑保持了大体的和平，美国也自认为在柏林危机及古巴导弹危机中成功威慑了苏联的"侵略"企图，同时亦实现了自身的战略目标，但 1950 年朝鲜战争和 1990 年伊拉克入侵科威特，被认为是美国在冷战时期威慑政策失败的典型案例。

二、威慑的机理、要害与缺陷

与其他战略类型相比，威慑尽管历经了相对久远的演进历史，并且出现了诸多角度不同、层次不一的划分类型，但其主要机理实质上并未出现重大变化。著名战略学者柯林·格雷就曾指出，就理论或实践等层面而言，21 世纪的威慑同 20 世纪乃至同公元 5 世纪的威慑相比，并不存在任何的区别。[①]

尽管相对而言较为简明易懂，尽管这并不意味着威慑战略的操作复杂性有丝毫下降。威慑战略的实行，一般包括以下三个步骤：（1）公开向目标方清楚地释放"信号"（signal）；（2）采取实际行动（如部队调整部署，展示武器装备，举行军事演习，进行部分或全面动员等），展示己方的实力与决心，以支持其政策宣示；（3）确保敌手收到这个"信号"，并且相信这个信号的"可信度"，进而取消拟议当中的入侵行动。更具体地说，完整的威慑过程应当是：（1）威慑方评估其目标；同时，被威慑方评估其目标。（2）威慑方评估威胁。（3）威慑方决定是否采取威慑战略。（4）威慑方展开威慑行动，进行公开政策宣示，展开配套行动，确定政策限度，决定如威慑失败将作何反应。（5）敌方评估采取进一步行动的风险。（6）威慑方根据敌方的动向调整政策：要么撤回威胁，要么继续施加甚至

[①]　Colin S. Gray, "Deterrence in the 21st Century," *Comparative Strategy*, Vol. 19, No. 3, 2000, p.256.

强化威胁。^①

威慑目的在于阻止敌手采取己方所反对的行动,特别是敌手对本国或其致力于保卫目标的攻击,基本路径是改变对手对成本、收益和风险的计算,进而迫使对手改变拟议中的行为。这些看似简单的逻辑实际上涉及一系列复杂问题:在政策宣示的决策过程中,必须对本国利益和能力展开估算,对敌手意图和能力进行评估;在采取行动过程中,需要评估投入多少资源以保证威慑的效力;以及如何通过有效的交流确保目标方得到并相信这个信号;等等。在这方面,用美国战略学家基辛格的著名表述就是,威慑需要兼具以下三点因素:"实力、有运用实力的意志以及让潜在的侵略者认识到这两点。"^②

实力是威慑战略能够奏效的头号因素。不同于虚张声势,威慑成功与否与威慑方的实力(特别是军事实力)直接相关。一般来说,能够发起威慑的一方在实力上较被威慑者拥有相对的优势,而成功的威慑也正在于被威慑方了解并认可这一事实的存在。正是出于这个原因,威慑的成败总是与军队的规模、训练与士气紧密相关,更是与武器装备状况与军事技术发展存在复杂的联系。尤其是,每当具有重要战略意义的武器或技术(从无畏舰、机关枪、坦克、飞机、航空母舰、核武器到当下的高超音速武器乃至太空武器)之出现,总是能够被及时应用于威慑战略当中,总是能够成为强国对弱国展示己方优势武力、威慑敌手的重要手段。

第二则是运用实力的意志。诚如基辛格所言,实力不论如何强大,如果没有诉诸实力的意愿,威慑也不会成功。^③ 与具有明确物质标尺的实力不同,运用实力的意志或决心(或者说,可信度,credibility)相对而言较为模糊,不易被清楚地衡量,但历史已经反复证实:"以眼还眼、以牙还

---

① Alexander L. George, and Richard Smoke, *Deterrence in American Foreign Policy: Theory and Practice*, New York & London: Columbia University Press, 1974, p.102.

② [美]亨利·基辛格:《选择的必要:美国外交政策的前景》,国际关系研究所编译室译,北京:商务印书馆1972年版,第18页。

③ [美]亨利·基辛格:《选择的必要:美国外交政策的前景》,第19页。

牙"正是威慑战略赖以成功的基本逻辑。在国际无政府状态当中，国家不得不以"自助"（self-help）原则行事，如果一方希望避免受到某种武器或某种入侵的打击，最直接的办法就是威胁用同种武器或同样方式实行报复，还击被认定是制止敌手采取进一步行动的仰仗，甚至是主要仰仗。用英国首相艾德礼的话说就是，"对付轰炸的唯一有效手段就是轰炸机！"[①]从这个意义上讲，具有坚定的报复意志是吓退敌手、成功威慑的关键所在。

决定威慑成败最后甚至也可能是最为重要的一点，是目标方的认知（perception）。成功的威慑需要具备诸多必要因素，如令人印象深刻的实力、立场坚定且明确无误的政策宣示以及实施报复的完美纪录等，但所有这些均不是威慑战略成功的必然条件。威慑战略的要旨就是向敌手施加威胁以求影响对方政府的决策，但敌手如何认识这个威胁进而影响其决策过程，是威慑战略所面临的最具不确定性的问题。虽然根据经典看法，敌手作为理性行为体，它在发动攻击之前，无疑将估算行动的成本和收益，并对自身的目标、行动的可行性及由此导致的风险进行清晰的定位，[②]但历史却已经反复证明：如果被威慑方决策者出于国内因素或个人因素驱动，甚至受偶然因素影响，没有接受以上信息或者选择对其视而不见，那么威慑就一定会失败。在这方面，1914年的德国和1940年的日本就是最为典例的例证。

从这个意义上说，威慑是否成功，往往有赖心理的作用。被威慑方的心理变化连同威慑发起者的心理变化，均直接关乎威慑的成败。威慑战略在心理层面上所涉及的问题包括：（1）威慑方是如何评价自身目标价值的？即目标是否值得武力保卫？（2）被威慑方是如何评价己方目标价值的？即己方目标是否值得运用武力为之冒险？（3）威慑方决策者对于威慑失败的结果是否存在预期，及有何种预期？威慑失败它将采取何

---

① ［英］劳伦斯·弗里德曼：《核战略的演变》，第57页。

② Robert Gilpin, *War and Change in a World Politics*, New York: Cambridge University Press, 1981, p.202.

种行动?(4)被威慑方如何看待威慑方的威胁,如何评估已经出现变动的收益/成本关系?它是否还有利益可图,或有多少利益可图?(5)在此基础之上,被威慑方将作何行动?等等。此类直接涉及威慑战略成败的关键性问题,直接取决于威慑双方心理层面的相互交流与彼此博弈。

总的来看,有关威慑的话语叙事实际建立于国际政治现实主义传统的三个假定基础上:其一,无政府状态是国际体系的基本特征,体系成员之间存在不信任;其二,在这个体系中,大国在决策中通常优先追求国家的生存和安全;其三,在此过程中,大国主要依据理性行事。[1] 根据这些假定,国家被认为具有某些不证自明的属性:国家是单元性的行为体,有其对利益的完整和清晰的界定,以促进利益最大化为目标,并通过评估收益/成本进行理性选择。一旦一个国家决定采取威慑战略,它将清楚地表明(承诺)将捍卫哪一种或哪一类特定的利益,而被威慑方同时也将理性地估算和衡量采取进一步行动的成本风险与可能的收益,并根据这一结果决定是否继续发动攻击。

但不得不指出的是,有关国家必然依据理性行事的假定,并不一定完全符合历史,现实国际政治中的国家也并不总是如威慑理论所阐述地那般行事。在相当多的时候,国家(或某个国际行为体)并非总是理性的,它在对外政策方面并不完全遵循理性原则决策,也并不总是理性地算计其成本和收益。或者至少是,被威慑一方往往并不依据威慑方所认定的理性行事。这方面最为典型的例证,在于珍珠港事变前的美国对日本的威慑政策。诸多威慑理论家极度失望地发现,日本决策者已经意识到了美国承诺的可信度并且也意识到采取入侵行动的高昂代价,但最终还是主动发动了攻击。[2] 从这个意义上讲,威慑理论最大的缺陷就在于它基本没有考虑不同类型敌手之间存在的显著的社会和文化差异,忽视

---

[1] John J. Mearsheimer, *The Tragedy of Great Power Politics*, New York: W. W. Norton & Co., 2001, pp.30 - 31.

[2] Alexander L. George, and Richard Smoke, *Deterrence in American Foreign Policy: Theory and Practice*, New York & London: Columbia Unversity Press, 1974, p.91.

了后者对敌手心理和行为肯定存在的巨大影响。正因为此，威慑理论更多的体现出一种规范性（normative）特征，而非是历史性-解释性（historical-explanatory）意义，它更多源自理论建构，而非历史的归纳。

三、美国的威慑经验

美国的战略学界对威慑理论几乎有着天然的热情。尽管美国独特的地缘位置使得几乎很少能够有敌手对其本土发动直接军事攻击，但在二战结束后，主要归因于现代军事技术的快速发展，尤其是可以携带核炸弹的战略轰炸机及更为致命的——装载核弹头的洲际弹道导弹的出现，美国的地缘优势开始受到极大削弱，美国本土开始受到敌手战略性打击的严峻威胁。与此同时，二战后走上世界舞台中央的美国，随着时间的发展，也自认为其全球霸权的基础有赖于对其遍布世界的海外利益，尤其是在重点地区的战略利益的护持。因此，如何防范任何潜在或现实敌手对其本土及海外战略目标的武装攻击，便成为冷战后历代美国战略-决策精英所致力于讨论的议题，而运用威慑政策以提前吓退和化解潜在和现实敌手的试探、威胁和攻击，开始被认定是一个代价较少、收益较高的解决方案。正是出于这个原因，自 20 世纪 60 年代以来，威慑战略实质上已经成为历任美国政府有关美国安全政策表述的"当然要素"或"必然条件"（sine qua non），成了美国安全战略和国防政策的核心。[①] 简而言之，就是运用战略威慑（或直接威慑、惩戒威慑）以确保本国国土安全，阻止其他核大国对其发动战略打击；运用延伸威慑（或拒止威慑）以保证其盟国和海外利益安全，维系其全球霸权地位。

战后美国威慑理论研究的起点和取得的最主要成就，是战略威慑理论的构建及其政策转化。两次世界大战所导致的巨大损失和惨重伤亡，特别是核武器在战争末期的应用及其所体现出的毁灭性杀伤，使得战后

---

①   Alexander L. George, and Richard Smoke, *Deterrence in American Foreign Policy: Theory and Practice*, New York & London: Columbia Unversity Press, 1974, p.40.

美国战略学界开始对战争的起因、性质及目的产生了新的思考。1946 年美国著名战略学家、威慑理论的主要奠基人伯纳德·布罗迪就指出,"至今为止,军事力量的主要目标在于赢得战争。但从现在开始,我们的主要目的必须是避免战争"[①]。面对核战争的可怖前景,美国战略学界乃至很多决策界人士已经认识到,主要大国之间的下一场重大武装冲突将不会产生赢家,而只会出现幸存者。

尽管如此,在军事领域,尤其是在应对苏联"武力扩张"的假定下,此时的美国军方依然在准备与苏联的战争,甚至是核战争。美国军方(特别是美国空军)相信,在几乎无法用常规军事力量打垮苏联的情况下,首先对苏联的军用和战略目标动用原子弹轰击,是取得战争胜利最为便捷和有效的方式。[②] 在此影响下,自二战结束至 1950 年美国国家安全委员会第 68 号文件(NSC - 68)出台之前,有关战略威慑的考虑极少在美国决策界出现,因此也少有将威慑运用于解决实际危机和小规模冲突的考虑。直到苏联于 1949 年成功试爆原子弹成为有核国家之后,美国决策界才开始认真思考阻止来自苏联的核攻击问题。在此情况下,威慑开始正式被视为具有极端重要意义的战略艺术,核武器也主要被视为是主要用于阻止(而非发动)下一场大战的工具。

艾森豪威尔政府提出的所谓"大规模报复战略"(Massive Retaliation)是威慑理论进入政策转化的典型例证。但这种将大规模核惩戒作为应对所有类型威胁(包括苏联对美国本土的核打击威胁、对美国盟国和关键地区的常规军事进攻威胁乃至一般性的外交危机)的方法,其可信度受到广泛怀疑。面对不同的威胁来源和日趋复杂的挑战类型,大规模报复战略实质上根本无法吓退敌手的不断试探和可能发动的进攻,尤其是对美国盟国及关键利益区的小规模常规攻击。在这一战略不断遭受质疑的情况下,美国开始将战略威慑与其他类型的威慑战略进

---

① Austin Long, *Deterrence: Lessons from Six Decades of RAND Research*, Santa Monica: RAND, 2008, p.1.

② [英]劳伦斯·弗里德曼:《核战略的演变》,第 71 页。

行了较为明确的区分：以 1962 年美国政府宣布"相互确保摧毁"（MAD）概念为标志，美国实质上将战略威慑主要用于防范敌手对美国本土可能发动的核攻击。

与得到高度关注的战略威慑相比，美国的延伸威慑政策实际上更为复杂微妙。冷战期间，美国所奉行的延伸威慑主要着眼于阻止苏联对美国盟友（如北约成员国）的攻击。《北大西洋公约》第五款是美国延伸威慑政策最具代表性意义的表述。然而，即使这一条款也没有明确提出对"可能的入侵行动"自动以武力（甚至核打击）作为回应，而是要求各成员国立即互相协商，以采取包括使用武力在内的各项措施，"恢复和保持北大西洋地区的安全"。① 以此为代表，冷战时期美国的海外安全承诺大多语义模糊，目的在于保留其行动自由。其后果，则是此类威慑在可信度方面始终存在诸多疑问。在整个冷战期间，美国的延伸威慑政策实际上一直无法使其盟友，特别是让苏联相信：如果美国的盟国受到攻击的话，美国将肯定动用包括核武器在内的武力展开报复，甚至"为了巴黎而牺牲纽约"②。从这个意义上说，美国保卫第三方的决心显然要远远逊于美国保卫自己的决心。

整个冷战期间，威慑战略成为美国安全战略和国防政策的核心要素。在这一逻辑的支配下，美国自称为一支维持现状（*status quo*）的力量，"无意于"获取新的领土或势力范围，其武装力量存在和运用（尤其是毁灭性巨大的核打击能力）并不在于改变现状，而只是用于"阻止侵略"和"吓退"敌手的可能攻击。这一解释，不仅为其规模庞大的核武库和常规武装力量存在提供了"足够正义"的理由，甚至也配合并有助于不断"妖魔化"敌手的努力。随着苏联的解体和冷战的结束，威慑战略更是得到了美国决策和战略界精英的广泛颂扬：威慑战略（尤其是战略威慑）开

---

① *The North Atlantic Treaty*，4 Apr. 1949，https://www.nato.int/cps/en/natolive/official_texts_17120.htm.

② Michael J. Mazarr，*Understanding Deterrence*，Rand，04 Dec. 2020，https://www.rand.org/content/dam/rand/pubs/perspectives/PE200/PE295/RAND_PE295.pdf.

始被认为成功阻止了世界大战的爆发,同时亦成功帮助美国实现了遏制苏联的大战略目标。在冷战结束之初的狂喜氛围当中,威慑在美国战略学界几乎已经成为一种信仰、一条不证自明的有效逻辑和实现自身战略目标的最佳途径,尽管这一战略究竟是否以及如何产生效力,至今依然很难得到足够精确的解释。

正是出于以上原因,即使在冷战结束 30 年之后,威慑战略仍然在美国安全战略和国防政策中发挥重要作用。2017 年《美国国家安全战略报告》依然提出,美国应保持足够规模的军事能力,以威慑潜在的冲突;而一旦威慑失败,则必须赢得战争。[①] 2018 年《美国国防战略概要》开篇也声称"国防部的持久使命在于提供阻止战争和保护国家安全所需的、具有可信战斗力的武装力量"[②]。当然,随着国际安全形势的复杂化演进,美国也开始认识到:其长期坚持的威慑战略实质上正受到来源复杂而规模不一的严峻挑战,"9·11"事件的爆发即为最典型的例证:恐怖组织在明确认识到美国的威慑能力和报复意志的情况下依然对美国发动了袭击。因此,2018 年《美国核态势报告》也承认,"并不存在一个'形式单一却适用一切'的威慑模式。有效的威慑须根据特定的认知、目标、利益、实力、战略和不同的敌手而发生变化。可以有效威慑一方的战略并不一定适用于另外一方"[③]。

尽管如此,从老布什政府到拜登政府,冷战结束至今的历任美国政府似乎也没有能够根据国际环境不同而调整其威慑战略的目标、手段和可用资源。尤其是当下,随着技术的迅猛发展和地缘政治竞争的加速,冷战结束之初美国史无前例的军事优势时代已告结束。尤其是在所谓"大国战略竞争"及当前主要军事技术竞争向新兴领域(太空、网络空间、

---

① The White House, *National Security Strategy of the United States of America* (2017), Washington, D.C.: The White House, 2017, p.19.

② DOD, *Summary of the 2018 National Defense Strategy of the United States of America*, Washington, D.C.: DOD, 2018, p.1.

③ Office of the Secretary of Defense, *Nuclear Posture Review*, Washington, D.C.: DOD, 2018, p.26.

深海)全面拓展背景下,准确衡量全球军事力量平衡正变得更为困难,美国的"威慑可信度"正面临愈发强烈的质疑。与此同时,传统的行为模式(特别是应对高风险的行为模式)也正受到认知科学进步的极大冲击,威慑的理论根基(尤其是心理基础)目前正饱受挑战。尽管如此,至少从美国政府的政策宣示及武装力量的实际运用看,上述直接涉及威慑战略成败的重要问题,似乎依旧没能得到美国战略学界,尤其是高层决策界的足够关注和深入理解。

四、大国竞争时代中的"一体化威慑"

美国针对中国的威慑政策,历史上早有先例可循。蒋介石政权败退台湾后,美国虽一度有放弃蒋政权打算,但在朝鲜战争爆发后政策出现大幅回转。1954 年,美国与蒋政权签订所谓《美台共同防御条约》,承诺"帮助"台湾当局发展军事力量,并规定台湾遭到武装进攻时,美国应立即采取行动对付"共同的危险"。①美国政策转向"确保海峡两岸的军力平衡","吓退"中国大陆"征服"台湾国民党政权企图。这实质上就是将台湾纳入美国冷战时期的全球延伸威慑体系当中。甚至在中美关系正常化之后,美国政府依然通过《与台湾关系法》,并做出所谓"六项保证",对台湾做出"安全承诺",并保证将继续增强台湾的"防御能力",基本目的均在于"防止"中国大陆武力解决台湾问题。② 在 1996 年台海危机中,美国出动两个航母战斗群前往台海及周边区域以"阻止"大陆对台湾动武,便是美国在台湾问题上依旧坚持威慑战略的现实证据之一。

进入 21 世纪第二个十年后,尤其是在奥巴马政府执政的第二个任期,美国推出"亚太再平衡"战略,转而将亚太地区作为美军事力量部署

---

① Alexander L. George, and Richard Smoke, *Deterrence in American Foreign Policy: Theory and Practice*, New York & London: Columbia University Press, 1974, p.268.

② 这六项保证包括,"美国未同意设定停止军售台湾的日期;未同意就向台湾军售事宜事先与中国大陆协商;不会在中国大陆与台湾之间担任斡旋的角色;不会修订《与台湾关系法》;未改变美国对于台湾'主权'的立场;不会迫使台湾与中国大陆进行谈判"。

重点地区,其公开理由之一,就是不断指责中国在南海、东海、台海等区域加紧推行"咄咄逼人"的强制政策。特别是在台湾问题上,美国不断指责中国具有愈发强烈的"以武力打破现状"的企图。在此类语境下,"威慑"一词也很快成为美国决策者乃至战略学家在论及中美关系时频繁使用的词汇。而自2017年特朗普就任美国总统后,美国开始将应对中国和俄罗斯等所谓"修正主义国家"作为其全球战略的重点。① 拜登政府就任后,大体延续了特朗普政府的威胁判断,方式就是以威慑确保所谓地区力量平衡。美政府高官不断宣称,美国的目标是与盟友和伙伴国共同合作,在台湾海峡与印太区域"强化威慑力",威慑中国"可能的侵略行动",确保该地区的"自由开放"。② 尤其是在台湾问题上,美国部分决策与战略精英坚持认为,尽管与台湾并无正式的同盟关系,但美国一向反对任何一方"以武力改变现状",并依据《与台湾关系法》及所谓"六项保证",长期对台湾许有"安全承诺",在"保卫台湾免于侵略"方面具有所谓"天然的责任"。总之,必须"让北京明白,不能通过武力实现扩张目的"。③

　　除反复进行公开政策宣示外,近年来美国战略学界就"如何威慑中国"事实上已经达成共识。其关键,就是"拒止"中国在第一岛链内获得海空域的力量优势,即所谓"通过拒止实现威慑"(Deterrence through Denial)。具体对策,就是通过向"第一岛链"及邻近区域(日本、中国台湾、菲律宾,甚至越南),增加部署美军预警、防空、反导、反舰和反潜武器系统,甚至在关键地域增派地面部队,以费用相对低廉的方式,大幅提升中国展开军事攻击的风险和成本,从而阻止中国可能做出的"激进企图"。为显示其威慑决心,美国近年来还频繁以军舰穿行台湾海峡、军机

---

① The White House, *National Security Strategy of the United States of America*(2017), Washington, D.C.: The White House, 2017, pp.2 - 3.

② Peter Martin, "U.S. Needs 'Combat-Credible' Forces to Deter China, Nominee Says", *Financial Post*, 16 Jun. 2021, https://financialpost.com/pmn/business-pmn/u-s-needs-combat-credible-forces-to-deter-china-nominee-says.

③ Andrew Krepinevich, "How to Deter China: The Case for Archipelagic Defense," *Foreign Affairs*, Vol. 94, No. 2, 2015, p.83.

抵近侦察、海上联合军事演习、强化对台军售甚至政府高官访台等行动,甚至将其弹道导弹核潜艇等战略兵器公开展示等方式,以求提升其在台湾等问题上对华军事威慑的"可信度"。

不仅如此,随着技术发展和权势对比的较大幅度调整,美国还新近推出"一体化威慑"(Integrated Deterrence)概念,试图将此作为对华政策甚至美国国防政策的基石。① 根据美国国防部的表述,所谓"一体化威慑",是将常规威慑、核威慑、新兴军事领域(网络、外空、深海、人工智能、无人系统、高超声速武器)融为一体,将军事与非军事领域(如贸易、金融、信息)合而为一,联合美国的盟国(特别是日本)和伙伴国,从所有领域和多重维度,以联网交织的方式,置敌于多重困境,强化威慑效力。② 为此,美国在巩固提升传统威慑能力同时,近年来还特别注重将强化新兴军事技术领域优势(网络、外空、深海、人工智能、无人系统、高超声速武器)作为进一步强化威慑能力的重点。另外,美国还提出将常规威慑与核威慑合而为一,从而使美国在与有核敌手发生有限冲突情况下依旧能够保持有效的威慑能力。③ 与此同时,美国强调帮助盟国-伙伴国迅速提升防御力量的必要性,重点就是加快向后者输出先进军事装备,强化与美军的联合演训,进一步提高与美军的作战协同能力。④ 特别需要关注的是,"一体化威慑"还要求打破军事与非军事手段的界限,将金融和贸易制裁、信息与认知攻击作为其威慑能力的重要组成部分,进而大幅提升了威慑战略的总体效力。在美国不断强化对华"战略竞争"背景下,

① Dinair Alves, "'Integrated Deterrence' is Cornerstone of U. S. Defense, says Defense Secretary", 3 May 2021, https://www. defenseforces. com/2021/05/03/integrated-deterrence-is-cornerstone-of-u-s-defense-says-defense-secretary/.
② "Pentagon Seeks New Ways to Deter China in Defence Strategy", 11 Dec. 2021, https://dailyasianage. com/news/277743/pentagon-seeks-new-ways-to-deter-china-in-defence-strategy.
③ Adam Mount, and Pranay Vaddi, *An Integrated Approach to Deterrence Posture: Reviewing Conventional and Nuclear Forces in a National Defense Strategy*, Washington, D.C.: Federation of American Scientists, 2020, p.13.
④ Andrew F. Krepinevich, "How to Deter China: The Case for Archipelagic Defense," *Foreign Affairs*, Vol. 94, No. 2, p.80.

威慑战略显然已经被美国用作制约中国全面解决台湾问题乃至防止中国崛起的主要手段。

尽管如此,很多美国决策和战略学界人士也不得不承认,与冷战时期美国在欧洲针对苏联的威慑相比,美国在台湾问题上的威慑战略极具风险,并且成本高昂。① 美国在冷战时期之所以能够在欧洲成功威慑苏联,主要原因是苏联相信美国对西欧的军事承诺,同时也满足于在东欧的势力范围,无意对西欧发动攻击。但台湾问题则与之完全不同:第一,台湾问题并非国际关系问题,台湾问题属于中国的核心利益,中国人民从不满意台湾问题的现状,并具有坚定的意志愿意承受最终武力解决台湾问题可能导致的风险。第二,随着近年来中国国家实力的高速增长,美国武力威慑的可信度也正受到前所未有的质疑。在中国军事力量现代化建设步伐的不断加快和"反介入/区域拒止"(A2/AD)能力加速提升情况下,美军在西太平洋的军事实力优势已并非如早先那样明显,地区的军事力量对比正在加剧"失衡"。在此情况下,美国有关反对中国"以武力改变现状"的承诺,究竟还有多大的威慑效力,这点十分值得怀疑。尤其是,考虑到中国"极具威力"的常规武装力量给部署在该区域美军所构成的严重威胁,因此美国是否能够冒愈发升高的风险和成本,在"威慑失败"后使用其常规甚至战略力量全力投入世界"另外一端"的大规模战事,此点即使在美国国内也并非全无异议。

近年来美国在对华政策中频繁使用"威慑"一词,显然表明,美国决策层对中国实质上已经进行了"有罪推定",不仅全无依据将中国认定为现行国际秩序的所谓"修正主义国家",甚至还将中国视为潜在的"侵略者"和地区安全秩序的"破坏者",尤其是将中国在台湾问题上的政策立场,视为中国有意在其周边区域采取"侵略性政策"进而挑战美国海外安全承诺的"罪证"。在历史经验主义和霸权思维引导下,美国完全无视中国人民在台湾问题上近乎完全一致的心理认知,也根本不顾中国是世界

---

① Alexander L. George, and Richard Smoke, *Deterrence in American Foreign Policy: Theory and Practice*, New York & London: Columbia University Press, 1974, p.273.

和平的建设者、全球发展的贡献者和国际秩序的维护者的事实以及极具和平主义追求的政策主张。其政治和战略精英有意"加罪"中国论调的实质，在于通过挑动地区国家对中国的"戒心"和"忧虑"，进一步强化甚至胁迫这些国家在安全事务上对美国的依赖，确保其所谓的"全球和地区领导地位"；与此同时，美国渲染中国"潜在侵略企图"，还存在转移自身国内矛盾、凝聚国内人心、直接服务军工集团利益等一系列考虑。甚至，还存在趁自身实力优势依然存在、对手准备并未完成之际，诱使对手在不成熟时机主动发动武力进攻，进而借机对其展开预防性行动之可能。① 美国战略界精英近年在该问题上反复渲染"向公牛挥舞红布"一词，就是明证。从这个意义上讲，美国目前在对华政策中采取的所谓威慑政策，与冷战爆发前后美国部分政客反复渲染所谓"共产主义扩张"以求为其全球争霸展开国内和国际动员的做法，可谓异曲同工。

正是在这些考量的主导之下，古罗马的谚语，"如果希望和平，请准备战争"（*si vis pacem para bellum*）如今在美国战略学界又呈流行之势。而这类洋溢着浓厚冷战思维和零和博弈思路的做法，频繁干扰中美正常关系，不仅严重落伍，并且极其危险，反复刺激中国人民的感受和认识。美国决策和战略学界必须牢记，只有对手愿意或决定被威慑时，威慑战略才能取得成功；而威慑方长期向目标方施加的敌意政策，完全存在激怒对手并使之最终发起进攻的可能。考虑到中美两国均是超大体量的有核大国，因此在这一点上，即便是部分美国学者也承认，单纯强调对中国施以威慑，不仅无效并且极度危险，未来美国对华政策的关键，应当是寻求在西太平洋与中国一道寻求构建起一个力量相对均衡、能够照顾彼此核心利益、更加安全稳定的地区秩序。②

作为一种战略类型，威慑在 20 世纪中后期得到了空前强调，部分原

---

① 有关美国对华发动预防性行动可能性的相关论述，参见葛汉文：《预防性战争：逻辑、伦理、美国经验及启示》，《和平与发展》2019 年第 6 期，第 53—69 页。

② Michael D. Swaine, "The Real Challenge in the Pacific: A Response to 'How to Deter China'," *Foreign Affairs*, Vol. 94, No. 3, 2015, p.148.

因之一来自对近现代世界历史进程的反思。在之前的历史当中,大国早已习惯了在国际政治中将战争作为合法的战略手段,而在战争中通过拿破仑式的大胜以迫使敌手屈膝投降,成为大国寻求安全、扩张利益乃至争取强大的必经之途。然而两次世界大战所导致的巨大损失,使得早先有关战争(尤其是主要强国之间的大规模战争)的理解,出现了巨幅调整。特别是在核武器惊人毁伤力面前,核大国之间的战争被认为实属自我毁灭,对国家的生存发展毫无意义。在此背景下,威慑战略开始被认为是一种代价较少的取胜手段。尤其是与代价巨大的大国战争相比,威慑成了核时代大国追逐利益的"相对廉价的取胜之道"[①]。

在人类历史进入 21 世纪第三个十年之际,伴随着国际政治经济和军事技术的快速发展,美国国内很多决策和战略界精英,在主要源自冷战经验的思维方式驱动下,有关"中国随国家实力增长必将对美国构成挑战,甚至将使用武力对美国地区军事存在及其盟国-伙伴国主动发起攻击"的说法甚嚣尘上。在对中国"有罪推定"前提下,中国维护国家主权和正当权益之举统统被污名为中国"咄咄逼人的侵略意图",而威慑战略也再度被美国从冷战旧工具箱中拿出作为应对所谓大国战略博弈的重要手段。历史反复证实,威慑战略的确曾构筑过和平,但也引发过世界大战。美国当下对中国的威慑战略,已经并将继续成为对中美关系乃至地区安全构成格外重大冲击的关键性问题。最终成效如何,恐怕也绝非部分美国决策界人士所想象的那样乐观。威慑战略的要害,在于涉事双方实力与意志的比拼。而美国延续传统思维对于中国战略决心的错误估计,无疑将可能导致灾难性的后果。这一点,诚如基辛格早在半个世纪之前就反复警告的那样,"威慑要么有效,要么无效,在这方面,政策错误可能根本无法补救。……在这一年正确的事情,在下一年便会成为灾难"[②]。

---

①　Patrick Morgan, *Deterrence Now*, Cambridge: Cambridge University Press, 2003, p.6.

②　[美]亨利·基辛格:《选择的必要:美国外交政策的前景》,国际关系研究所编译室译,北京:商务印书馆 1972 年版,第 19—20 页。

"卡脖子":海上封锁的战略功用及其当下效应 *

　　"海上封锁"是一类敌对性行为,是指特定国际行为体运用其海上武装力量(甚至民间力量)对一个国家特定空间区域(通常是其海岸、港口和航线)单方面的隔离,以阻止这个国家以及中立国军用或民用船舶自由出入。① 在国际关系历史演进中,封锁,尤其是海上封锁,一向是部分海洋国家,尤其是拥有明显海上优势的国家惯常运用的战略手段,在七年战争、美国独立战争、拿破仑战争、克里米亚战争、美国内战以及两次世界大战中发挥重要作用,对若干次战争之胜负及和平时期国际安全形势演进构成显著影响。自 20 世纪初作为海上强国兴起以来,美国显然已习惯于将海上封锁作为其和平时期与战争时期战略缔造的关键手段。进入 21 世纪第三个十年之后,随着国际权势分布状况的剧烈变动和国际安全形势的复杂演进,尤其是在中美战略竞争日趋激化背景下,对中国实施海上封锁以求在大国竞争中阻滞、削弱乃至战胜之,已经成为近年来美国战略学界激辩的几大热门话题之一。在世界和平发展潮流依旧强劲的背景下,此类顽固坚持"零和"效应、逆时代潮流而动并且极其危险的思维逻辑在美国战略学界的再度泛起,及其对特定国家(特别是

＊　原文发表于《世界经济与政治论坛》2022 年第 1 期。

①　Encyclopaedia Britannica, "Blockade", https://www. britannica. com/topic/blockade-warfare.

361

世界主要国家)战略决策可能发挥的影响,严重毒化了当今世界的和平发展氛围,加剧了地区安全紧张局势,格外值得引起国际社会高度警惕和强烈反对。

一、海上封锁的历史、特性与战略意义

在战争乃至和平时期,对敌方特定空间区域实行封锁,尤其是海上封锁,以求争取某种战略裨益,乃是一种具有悠长历史且较为常见的战略类型。海上封锁的目的,在于封锁敌方军用或民用舰只、孤立敌方守军、切断敌方海上交通及削弱敌方战争潜力等。历史上已知的第一次海上封锁案例,出现于公元前5世纪的伯罗奔尼撒战争期间。在公元前最为优秀的战略大师之一伯利克里(Pericles)的高超筹划下,雅典及其统辖的提洛同盟凭借其占据显著优势的海军坚持对伯罗奔尼撒同盟实施海上封锁,通过部署战舰在敌方海岸线巡逻,将敌方舰队围困在港口之内,扰乱敌方的海上贸易,以求迫使敌方舰队出战、破坏对方经济、震慑人心并最终压制对方屈服。[①]

进入航海大发现时代以来,随着海权势力的大勃兴及其战略优势的逐步显现,欧洲海洋国家开始重新意识到海上封锁这一古老战法的战略价值,并将之主动引入本国的战争实践和战略缔造过程当中。尤其是到18世纪之后,主要以其时的海上霸主——英国为代表,利用优势海军力量对敌对势力展开海上封锁,以求以己方所擅长的方式、以较小的代价赢得胜利,成为英国参与战争的主要样式,甚至上升为其国家大战略的重要组成部分。几乎与雅典海军在伯罗奔尼撒战争中的做法完全一致,英国在七年战争(1756—1763)中对法国主要港口的近距离封锁,不仅阻止了法国舰队出港,切断了正在加拿大作战的法国军队与本土的联系;还通过扣押、捕获试图穿越封锁的商船,阻断了法国大多数的海上贸易,

---

① Athanassios G. Platias and Constantinos Koliopoulos, *Thucydides on Strategy: Grand Strategies in the Peloponnesian War and their Relevance Today*, London: Hurst & Company, 2010, p.62.

进而对法国整体经济造成沉重打击,为其最终在战争中取胜提供了极其有效的助力。[①]

美国独立战争(1775—1783)期间,英国再度将海上封锁作为配合陆上战事、平息北美殖民地叛乱的主要借助。但与七年战争不同,英国海军对波士顿、纽约等殖民地主要港口甚至整个北美殖民地沿海地带(特拉华和切萨皮克湾)的封锁,基本不带有直接的军事目的(因为殖民地并不拥有值得一提的海军),而主要出自阻止外来援助、间接削弱大陆军实力的企图。同时,英国还尤其希望借此切断殖民地与外界的海上贸易,对殖民地社会经济生活制造混乱,以打击殖民地士气和继续战争的意志。[②] 不仅如此,自独立战争结束后直至英美战争(1812—1815)爆发,即使是在非战争时期,英国仍对美国实施严格的海上封锁和禁运政策,英国海军船只封锁美国港口,并不断抓捕扣押美国贸易商船,这也正是美国决定向英国宣战,进而引发英美战争的直接原因之一。

几乎与此同时,英国在拿破仑战争(1803—1815)中更是将海上封锁作为打击法国的决定性手段。战争期间,英国海军对法国所有的重要港口进行了严密封锁,将法国舰队困死在港口之内。法国舰队突破封锁的尝试,是拿破仑战争中许多重大海战(最为著名的当数特拉法尔加海战)的直接导火索。而英国在这些海战当中的胜利,不仅消除了法国入侵英国的可能,并且进一步巩固了英国的全球海上霸权。海上封锁所发挥的战略性作用还不局限于此:英国的海上封锁在很大程度上切断了法国获取外来资源的渠道,最终使"(法国)如同一座城堡由于封锁而陷落"。不仅如此,英国封锁对法国经济造成沉重打击,逼迫拿破仑发布柏林敕令,强制其他欧洲国家遵从其对英国的大陆封锁体系。而此举造成的经济困难,正是导致俄罗斯帝国退出该体系,迫使拿破仑发动征俄战役并最

---

① Paul Kennedy, *The Rise and Fall of the Great Powers: Economic Change and Military Conflict*, London: Unwin Hymann, 1988, p.114.

② Lance Davis and Stanley L. Engerman, *Naval Blockades in Peace and War: an Economic History since 1750*, New York: Cambridge University Press, 2006, p.65.

终败北的重要原因。[①]

随着国际贸易尤其是海上贸易的快速发展,海上封锁对特定国家战争实力的影响愈发具有破坏性。克里米亚战争(1853—1856)期间,英法两国海军在黑海地区针对俄国的封锁,为两国围攻塞瓦斯托波尔要塞提供了战略便利。美国内战(1861—1865)期间,北方海军对南方邦联展开了严密的海上封锁,对南方经济构成了毁灭性打击,为北军赢得内战胜利提供了绝佳助力。日俄战争(1904—1905)当中,交战双方均对彼此采取了海上封锁政策:日本海军封锁了旅顺港,而俄国则封锁了向日本供应物资的中国港口。第一次世界大战(1914—1918)期间,英国海军不断拦截、搜查和扣押同盟国甚至中立国船只以强化对德国的封锁;而德国为进行反制,于1915年2月宣布不列颠群岛周边为作战区域,任何进入该区域的船只都会在没有警告的情况下受到攻击:德国此举实际上是借助新的军事技术(潜艇、鱼雷等),以不对称的方式对英国展开一种新型的海上封锁。第二次世界大战期间,海上封锁依然是交战两大集团惯用的作战样式之一,尽管封锁形式与一战相比并无太大变化,但封锁作战的任务区域此时已得到极大扩张,整个大西洋乃至大部分太平洋地区已经成为敌对各国海军展开封锁和反封锁作战的主要战场。

二战结束后,海上封锁仍然在战后国际安全形势演进中扮演重要角色,而美国则取代英国成为战后海上封锁的主要实施方。冷战时期最为有名的海上封锁,当属美国自1962年开始对古巴长达数十年的禁运、封锁和海上围困。尤其是导弹危机期间,美国对古巴采取的近、远距离封锁行动,特别是其水面作战舰只对苏联及其他苏东集团民用舰只的拦截甚至开火示警,极大加剧了全球紧张局势,甚至将世界推至核大战的边缘。越南战争(1964—1975)期间,美国对越南民主共和国进行的海上封锁,阻断了越南北方从海上获得任何外来援助的可能性。海湾战争

---

① Peter Paret, ed., *Makers of Modern Strategy: from Machiavelli to the Nuclear Age*, Princeton: Princeton University Press, 1986, p.452.

(1990—1991)中,以美国为首的多国联军对伊拉克进行的封锁,阻止军用物资通过波斯湾和红海输入伊拉克,为多国联军在战争中获胜提供了有力保障。

从历史诸多案例当中,可以大体归纳出有关海上封锁的若干一般性解释:首先,与"制裁"(根据相关标准,谴责并惩罚特定国家或国家集团的某种行为)和"禁运"(禁止对某国输出或由该国输入全部或部分商品)等概念相比,海上封锁作为一种特定的军事行动,含义相对更为具体,同时敌对意味也更为显著;[①]实施海上封锁行动的国家,一般多为经济力(资源与工业基础)较强,拥有足以控制海洋的军事实力,能够确保中立国家服从的国家。封锁行动的目的,在于以一种风险不高和看似"相对平和"的方式破坏被封锁国家的稳定,削弱其军事潜力,最终迫使其大幅变更政策。[②]

其次,就作用时段而言,海上封锁可以分为战争期间的封锁与和平时期的封锁(pacific blockade)。前者明确属于战争行为,而后者则是一种非战争的敌对行为;按封锁地域区分,海上封锁可以分为近距离海上封锁与远程海上封锁;海上封锁的意图,可以分为针对军用舰只的封锁和针对商业活动的封锁。前者的目的在于阻止对方海军舰只离港以实现对特定海域的控制,后者目的是破坏敌方的海上贸易。当然,在诸多历史案例当中,尤其是在战争时期,这两种意图往往兼而有之。

再次,海上封锁是确保海洋控制权的两种方法之一(另一种是舰队决战),是海军的一项基本行动样式,如同舰队决战、两栖攻击、护航及执行强制外交一样;[③]海上封锁涉及复杂的外交、经济和军事问题,尤其是

① Adam Biggs, Dan Xu, Joshua Roaf, and Tatana Olson, "Theories of Naval Blockades and Their Application in 21st Century", *Naval War College Review*, Vol. 74, No. 1, 2021, p.4.

② Lance Davis and Stanley L. Engerman, *Naval Blockades in Peace and War: an Economic History since 1750*, New York: Cambridge University Press, 2006, p.321, pp.385 – 386.

③ Bruce Allen Elleman and Sarah C. M. Paine, eds., *Naval Blockades and Seapower Strategies and Counter Strategies, 1805 –2005*, New York: Routledge, 2006, p.xviii.

法律问题;执行海上封锁行动的难易程度,与封锁实施方及被封锁方的海军实力对比紧密相关,同时还受被封锁国家海上贸易水平、海岸线长短和港口数量等因素的直接影响;海上封锁的战略效应,对不同国家存在不同的影响。对于那些具有较高的海洋依赖度、较活跃海上贸易和较发达海洋经济的国家,海上封锁显然能够收获更为可观的战略裨益;海上封锁行动的成效,不仅取决于封锁国执行封锁行动的方式和力度,同时还取决于第三方或中立国的态度及行为,甚至后者更为关键,这一点已为诸多历史案例所反复证实。

在近现代历史发展中,海上封锁行动在诸多战争甚至非战争时期的频繁出现,使得海上封锁对部分国家在军事乃至国家战略方面所发挥的助益作用,得到战略学者与决策者的极大关注。美国海军少将阿尔弗雷德·马汉(Alfred Mahan)自己就曾在美国内战中执行过针对南方邦联的海上封锁任务,因此对海上封锁在战时和平时可能发挥的战略性作用有着深刻的体会。作为海权论的主要阐述者,马汉极力强调海权之获得对于特定国家生存、强大乃至实现霸权的重要意义。在马汉看来,世界强国的兴起、发展和衰落,都与海权的获取与丧失直接相关联——"获得海权或控制了海上要冲的国家,就掌握了历史的主动权"。而海上军事力量的主要作用,就是保障海权产生发展的三大环节(即商品生产和商品交换、海上航运及保障海上航运的殖民地)之顺畅运行,"维持这三大环节不至于中断,确保海上航路的畅通无阻"。而对特定国家实施海上封锁,既可以"严重干扰这个国家的贸易从而给这个国家带来苦痛",还可将敌方商船和海军战舰困在敌方港口,并在敌方战舰设法逃脱时将其歼灭于海上。[①] 因此,海上封锁行动不仅直接关乎封锁国与被封锁国的海上商业、财富与资源,更对特定国家是否能萌生、培育进而巩固海权具有决定性意义。

[①] Peter Paret, ed., *Makers of Modern Strategy: from Machiavelli to the Nuclear Age*, Princeton: Princeton University Press, 1986, p.459.

现代著名战略学家李德·哈特(Liddell Hart),尽管没有专门论及海上封锁在国家战略塑造中的重要意义,但在其论述当中,一向将海上封锁视为打破敌手平衡,使敌手丧失对抗耐心,使其认清并无成功希望的大战略手段。哈特将伯罗奔尼撒战争期间伯里克利所制订的,主要利用海军对伯罗奔尼撒同盟港口和海岸实现封锁和两栖袭击,而在陆上采取守势、避免地面决战的战略视之为一种较高级战略的应用,一种消耗战略的典型形式,一种采取间接路线(indirect approach)的大战略,目的在于打破敌手的平衡,迫使敌手丧失战争意志,从而产生决定性战果。① 诚如哈特所言,在很多海洋国家,尤其是海权优势国家看来,海上封锁是在自己擅长的领域内进行的一项成本-收益比极高的战略行动,可以较小的代价实现战略目的,而不必陷入获胜希望显然不大的地面战争。同时,通过出动海军执行近距离封锁行动,可以向敌手展示自己的强大物质优势,从而从心理上向对手施加压力,逼迫对手对采取进一步举动必须三思而行,直至按己方要求行事,屈服于自己的意志。哈特早就试图证明,战略缔造的完美境界,在于不需要任何激烈战斗而产生决定性的战果。用孙子的解释就是:"不战而屈人之兵,善之善者也。"② 而海上封锁则被认为是以最低程度的暴力发动战争的一个典型、节省和有效的方式。③

二、美国的海上封锁经验及主要规律

美国对于海上封锁的历史经验最早源自与英国的斗争。早在美国独立战争爆发之前,英国海军便对北美殖民地展开了贸易禁运和海上封锁。有学者统计,英国对北美主要港口和海岸线共实施了 477 个月的封锁行动(自 1775 年 4 月 17 日一直持续至 1814 年 12 月 24 日《根特条约》

① B. H. Liddell Hart, *Strategy*, New York: Meridian, 1991, p.10.
② B. H. Liddell Hart, *Strategy*, New York: Meridian, 1991, p.324.
③ Christopher Coker, *The Improbable War: China*, *The United States and the Continuing Logic of Great Power Conflict*, New York: Oxford University Press, 2015, p.154.

签署),而英美两国之间正式的战争状态(独立战争和英美战争)不过区区 126 个月。① 独立战争结束后,尤其是拿破仑战争期间英国对美国的禁运、海上封锁、扣押美国商船和水手,正是美国向英国宣战,进而引发英美战争的重要缘由之一。

自 19 世纪中叶之后,随着国力的逐步伸张及海军建设的加速,美国也开始将海上封锁用作战时甚至平时实现国家战略目标的有力工具。尤其是美国内战,不仅塑造起美国风格的战争方式(American way of war),联邦海军对南部邦联整个海岸线(自弗吉尼亚至格兰德河口)的封锁及其对战争进程的有利促进,也为美国在其后一个多世纪时间里运用海上封锁推进国家战略提供了难得的经验。与早先英国对北美的封锁存在显著不同,内战期间北军海军对南方海岸线和港口(如查尔斯顿)的封锁,不仅违反《巴黎宣言》的相关规定,②同时还体现出更为鲜明的"进攻"色彩:海上封锁不仅完全切断南方与世界其他地区(尤其是欧洲)的商业联系,对南方农产品(棉花、烟草、谷物)出口构成毁灭性打击,甚至最终还演化成为对南方主要港口的海上军事进攻。③鉴于北军海上封锁对于内战进程所发挥的显著战略作用,甚至有学者断言,由于陆上战局长期胶着,"如无海上封锁的话,南方很可能将赢得独立地位"④。

---

① Lance E. Davis and Stanley L. Engerman, *Naval Blockades in Peace and War: an Economic History since 1750*, New York: Cambridge University Press, 2006, p.53.

② 英国和法国在克里米亚战争期间对俄罗斯帝国的海上封锁行动,严重冲击了海上贸易并损害了中立国利益。在包括美国在内的部分中立国的抗议下,1856 年欧洲七国签订《巴黎海战宣言》,历史上首次尝试通过以国际公约的形式来限制某些海上武装冲突行为。该宣言确定了克里米亚战争期间的海上作战四原则(即废除私掠船制度;不得拿捕装载于悬挂中立国旗帜船舶的敌国货物,战时违禁品除外;不得拿捕装载于悬挂敌国旗帜船舶的中立国货物,战时违禁品除外;以及不得实行"纸上封锁"等),头一次规范了海上封锁的国际法基础。尽管如此,此事的始作俑者之一美国却以宣言没有接受其提出的"免予拿捕海上所有私人货物"的建议而拒绝加入该公约。

③ Lance E. Davis and Stanley L. Engerman, *Naval Blockades in Peace and War: an Economic History since 1750*, pp.109 – 110.

④ Francis B. C. Bradlee, *Blockade Running During the Civil War; And the Effect of Land and Water Transportation on the Confederacy*, Salem: Essex Institute, 1925, p.163.

在两次世界大战期间,美国开始频繁地将海上封锁作为战略塑造(尤其是在战争时期战略塑造)的一种有效借助。特别是第二次世界大战当中,美国对日本的海上封锁,通过运用潜艇袭击、航空母舰攻击和广泛布雷等方式,极为成功地切断了日本本土与朝鲜和其他海外占领地区的海上联系,实质上对日本发动并赢得了一场商业战争。太平洋战争开始之初,日本商船队总吨位约为 600 万吨,但到战争结束时,这一数量下降到 150 万吨。日本损失的商船当中,约有总数 55% 的商船被执行封锁任务的美军潜艇击沉。① 数量庞大且训练有素的潜艇部队,成为美国除原子弹外击垮日本的最有力武器。

二战结束后,美国仍然频繁运用海上封锁手段作为实现其全球战略的头号选择之一。尤其是在 1962 年古巴导弹危机中,美国在"不反应""外交施压""秘密接触""入侵古巴""空中打击"和"海上封锁"等六种应对方案当中,选择采取海上封锁以迫使苏联从古巴撤出核导弹。据时任美国防部长麦克纳马拉的解释,"海上封锁是一种有限的压力,可根据情况需要而逐步增压;同时封锁又是一种引人注目而强有力的压力,这种压力能为对方所理解,并且最重要的,美国可以控制事态的发展"②。10 月 24 日海上封锁命令生效后,美海军大批作战舰只构成两条封锁线:一条沿以古巴东北端迈西湾(Cape Maisi)为圆点、半径为 500 英里的一个圆弧执行封锁任务;另有大批海军舰只在封锁线外围进行部署,以拦截、跟踪、检查任何怀疑向古巴运送进攻性武器的苏联船只。③ 在美国的强大压力下,从 11 月初开始,苏联陆续从古巴撤出弹道导弹和其他进攻性武器。在古巴导弹危机当中,美国的海上封锁行动最终迫使苏联实现让步,达到了预期战略目的,为危机的最终解决发挥了重要推动作

---

① Lance E. Davis and Stanley L. Engerman, *Naval Blockades in Peace and War: an Economic History since 1750*, p.322.

② [美]罗伯特·肯尼迪:《十三天:古巴导弹危机回忆录》,复旦大学历史系拉丁美洲研究室译,上海:上海人民出版社 1977 年版,第 7 页。

③ David Cleman, "The Fourteenth Day", 21 Oct. 2013, https://jfk14thday.com/naval-quarantine-line-cuban-missile-crisis/.

用。美国当代著名战略学家托马斯·谢林认为,在所谓的"威慑性威胁"(deterrent threat)未能阻止苏联对古巴进行核武装后,美国对古巴所采取的海上封锁是一次极为成功的"驱迫性威胁"(compellant threat)。[①]

冷战时期美国进行的又一次较大规模海上封锁行动,发生于越南战争时期。美国大规模军事介入越南后,为阻止社会主义阵营国家通过海上为越南民主共和国运送石油、弹药等物资补给,美国不得不对格外漫长曲折的越南海岸线展开海上封锁。在拦截驶向越南港口的外国货船、击沉或捕获大批试图穿越海上封锁线的越南北方船只同时,1969年美国在越南北方最主要的港口海防(Haiphong)及主要水道实施了布雷。尽管如此,每年仍有超过400艘船只抵达海防港,外来援助仍通过海上运输不断运入北方。据美国防部估计,1971年越南北方共进口了超过250万吨的物资,其中85%的物资源自海上运输,大部分均运抵海防进口。[②]在此情况下,美国自1972年5月开始,在8个月时间内在鸿基(Hon Gai)、广溪(Quang Khe)、荣市(Vinh)、清化(Thanh Hoa)、锦普(Cam Pha)、洞海(Dong Hoi)等北方港口水域布设1.1万多枚水雷,几乎完全阻断了越南北方的海上交通。[③]尽管如此,由于外部援助船只仍可通过在中国南方港口或柬埔寨西哈努克港口卸货并通过陆路转运至越南,美国海上封锁的最终成效依然存在巨大疑问。

美国在20世纪的最后一起大规模海上封锁行动,则是海湾战争期间以美国为首的多国联军对伊拉克的封锁。1990年8月2日伊拉克入侵科威特后,联合国安理会通过第661号决议,禁止伊拉克或科威特出口或转运任何商品或产品,同时禁止除医疗用品和食品外的任何商品和

---

① [美]格雷厄姆·艾利森、菲利普·泽利科:《决策的本质:还原古巴导弹危机的真相》,王伟光等译,北京:商务印书馆2015年版,第142页。

② Spencer C. Tucker, "Naval Blockades during the Vietnam War", in Bruce Allen Elleman and Sarah C. M. Paine, eds., *Naval Blockades and Seapower: Strategies and Counter Strategies*, 1805 - 2005, New York: Routledge, 2006, p.175.

③ Spencer C. Tucker, "Naval Blockades during the Vietnam War", in Bruce Allen Elleman and Sarah C. M. Paine, eds., *Naval Blockades and Seapower: Strategies and Counter Strategies*, 1805 - 2005, New York: Routledge, 2006, p.176.

产品输入伊拉克或科威特境内。① 与越南相比，伊拉克几乎完全是一个内陆国家，出海通道相当有限，海上封锁难度相对不大。美等多国联军采取拦截、击毁和登船核查等方式，对进出伊拉克和科威特港口的船舶及其搭载货物展开军事封锁。甚至直到1991年2月28日地面主要战事结束之后，以美国为首的多国联军依然决心维持对伊拉克的海上封锁，以"确保阻止伊拉克发展大规模杀伤性武器的能力"。在此情况下，由于大量水雷、未爆物（UXO）和封锁战舰的存在，波斯湾北部海域，特别是通往伊拉克的海上交通完全陷入了停滞。② 这种情况，直到2003年伊拉克战争主要战事结束后方有所好转。

统观南北战争以来美国的历次海上封锁行动，大体呈现以下若干特征或规律：其一，美国显然已经习惯了将海上封锁作为对外政策和战略缔造的重要手段，完全根据本国战略需要主动发起，其中多数并无国际法理依据。③ 作为头号海上强国，自冷战开始以来，美国发起（或主导发起）了世界上绝大多数的海上封锁行动。据统计，在1970年至1998年期间总计120起禁运及封锁行动中，有65%为美国所发起；与之相比，位居次席的西欧国家发动禁运及封锁行动仅占总数的22%。④ 除几场规模有限的战争（如朝鲜战争和越南战争）之外，战后美国的海上封锁行动大多是在并未正式宣战的情况下发动的，即所谓"和平时期的封锁"。必须注意的是，在国际法当中，对一个主权国家实行海上封锁是战争的一种形式，是一种具有重大战略意义的作战行动。而除少数得到联合国授

---

① 联合国安全理事会：《第661（1990）号决议》，1990年8月6日，https://undocs.org/zh/S/RES/661(1990)。
② James Goldrick, "Maritime Sanctions Enforcement against Iraq, 1990 - 2003", in Bruce Allen Elleman and Sarah C. M. Paine, eds., *Naval Blockades and Seapower: Strategies and Counter Strategies, 1805 - 2005*, New York: Routledge, 2006, p.205.
③ Baronmaya, "US Regime Warships deploy a Maritime Blockade to isolate Venezuela," 1 Apr. 2020, https://cosmoschronicle.com/us-regime-puts-15-million-bounty-on-president-maduros-head-while-warships-deploy-a-maritime-blockade/.
④ Lance e. Davis and Stanley L. Engerman, *Naval Blockades in Peace and War: an Economic History since 1750*, New York: Cambridge University Press, 2006, pp.387 - 388.

权的合法封锁行动(如对伊拉克入侵科威特的禁运和海上封锁)外,美国在战后所发起的多数封锁行动(尤其是对古巴的海上封锁,以及近来以反对莫罗斯政权而对委内瑞拉进行的海上封锁),多为单边或纠合盟国发起的对外强制行为,既无联合国授权,同时也无相应的国际法依据。出于这种原因,美国在进行海上封锁行动时,往往有意将之称为"隔离"(quarantine)而非"封锁"(blockade),以求规避相应国际法问题,此举以古巴导弹危机时美国的做法最具典型意义。

其二,针对不同的行动场景和不同类型的对手,美国大多灵活选择行动方式,以求实现最佳战略效果。作为"和平时期封锁"的典型案例,在古巴导弹危机中,为避免与苏联发生直接军事冲突,美海军内部明确,如苏联船只突破封锁线、拒不返航,美海军可以射击其舵叶和推进器,使其失去航行能力,但应注意避免造成生命损失或船只沉没。[1] 但在越南战争当中,由于身处战时,美海军在执行封锁任务时采取了极具攻击性的行动,在南越海岸线、湄公河河口,甚至泰国湾等海域拦截、击沉或捕获大批试图穿越其封锁线的越方"渗透"帆船和舢板。而自 1969 年后,为尽可能直接和有效打击北方战争潜力,美国在越南北方主要港口及海岸线的大规模布雷,以对所有船只进行无差别杀伤为威胁,以吓退驶向越南北方港口的包括中立方船只在内的外国船队。

其三,在展开海上封锁时,美国极其重视第三方作用,多采取劝服、威胁甚至直接运用武力等方式,以求争取第三方对己方行动的支持(至少是不反对)。事实已经反复证明,海上封锁是否能够取得预期中的战略效果,关键在于第三方。南北战争中,美国联邦政府在宣布对南方海岸线进行封锁的同时,立即着手对英国、法国等与南方邦联存在贸易关系的欧洲国家做出解释并反复展开协商。在美国的积极争取下,英、法两国对北方封锁的态度从最初的"深感不安"最终演变为"勉强接受",并

---

① 罗伯特·肯尼迪:《十三天:古巴导弹危机回忆录》,第 24 页。

相继宣布中立，尽管此举对两国自身利益均构成一定的损害。[①] 在越南战争中，美国于 1972 年 5 月 8 日通过公开渠道宣布通过大规模布雷的方式对越南北方主要港口和海岸线实施海上封锁，以切断北越获得外来援助（尤其是军事援助）的渠道。[②] 此举目的，正在于防止第三国（尤其是越南的主要援助方之一——苏联）船只因不知情而受到误伤，从而对美国封锁行动甚至两国关系造成重大损害。在水雷威胁面前，绝大多数第三方援助此后多经陆地转运。

三、对华海上封锁：可能性及其悖论

进入 21 世纪第二个十年，尤其是唐纳德·特朗普（Donald Trump）就任美国总统以来，随着国际权势结构的剧烈变动，美国以巩固全球霸权、维持"全球领导地位"、挫败"修正主义国家变更国际秩序"为目标，开始以中国为头号战略敌手，在政治、经济、安全、外交、文化、科技等"全政府领域"，积极与中国展开战略博弈。[③] 在此过程中，有关利用海上封锁以应对大国竞争甚至在未来大国冲突中取胜的话题得到了美国当前战略学界的积极关注。在此过程中，与美国长期存在重要政治、经济和安全关系的中国已经成为诸多美国战略学者想象当中的主要封锁对象之一。

事实上，早自进入 21 世纪以来，伴随着中国和平发展效应的不断积聚和国家实力的不断上升，特别是所谓"反介入/区域拒止"（A2/AD）能力的显著增强，美国战略学界便不断渲染中国军事实力的上升及其对地

---

①   Robert Browning, Jr., "The Blockade", in Aaron Sheehan Dean, ed., *The Cambridge History of the American Civil War*, New York: Cambridge University Press, 2019, p.455.

②   Spencer C. Tucker, "Naval Blockades during the Vietnam War", in Bruce Allen Elleman and Sarah C. M. Paine, eds., *Naval Blockades and Seapower: Strategies and Counter Strategies, 1805–2005*, New York: Routledge, 2006, p.175.

③   葛汉文：《拒绝衰落与美国要塞化：特朗普的大战略》，《国际安全研究》2018 年第 3 期，第 89—90 页。

区实力平衡的所谓"破坏",有关未来中美在西太平洋地区爆发军事冲突的判断和设想也开始大量涌现。总的来看,美国战略学界大多认为,美国旧有的、主要以打赢反恐战争为目标的军事战略,目前已远远无法应对中国军力发展所构成的挑战,因此调整其军事战略势在必行,为此提出三种目标、途径和利弊各不相同的战略模式供美国决策界参考。① 尤其是"海上封锁"战略的提出,格外引发了广泛关注和巨大争议。

在不少美国战略学者看来,相对于中国军事实力的快速崛起,当下美国的主要战略优势之一,便体现在其对海洋等"全球公域"的秩序,尤其是世界主要海上商道和战略咽喉通道的长期控制。② 早自二战结束,特别是英国宣布自苏伊士运河以东地区撤出武装力量以来,美国海军便实际上控制了连接东亚和中东的主要海上航线,并与该地区的大多数国家达成了海军和基地准入协议。③ 当前,在中美战略竞争加剧背景下,考虑到中国经济发展严重信赖海上贸易和海外能源进口,美国可以通过结

---

① 这三种战略类型分别是:一是所谓"大陆打击"(Mainland Strikes)。该战略要求一旦爆发冲突,美国应以中国大陆的军事设施(如雷达、空军基地、地空导弹阵地、指挥中心、情报中心、反卫星武器发射场等)为目标,主要运用隐身、超音速、射程更远和续航时间更长的武器系统展开常规打击。该战略希望通过运用美国仍具优势的常规武装力量,以向中国表明美国之不容挑战,并通过解除中国的常规武装迫使中国求和。当然,该战略实施难度极高且风险巨大,特别是,对中国大陆的常规打击很难不引发中国的核报复。二是所谓"海上拒止"(Maritime Denial)。该战略要求在中美爆发冲突后,美国将重点置于攻击在中国陆地边界之外活动的海军、空军和两栖作战部队。该战略要求应当避免与中国的水面、空中和岸基A2/AD防御系统直接交战,而是在中国武器系统打击范围之外发动攻击,尤其是运用其水下武器平台(潜艇)和远程空中平台。这些行动可能包括但不限于反潜战、海战和大规模水雷布设。该战略的用意,在于以主动进攻的方式增加中国发动军事行动的成本,阻止中国实现其行动目标,向中国施压从而结束冲突。三是"远程封锁"(Distant Blockade)或"海上封锁"。该战略设想美国通过对中国的海上贸易和海上交通实施远程封锁来胁迫中国屈服。该战略要求美国与其盟国和伙伴国合作,将封锁设置于距中国相对遥远的海峡和咽喉要道,通过扼杀中国的进出口来胁迫中国。参见Derek Grossman and John Meyers, "Minding the Gaps: US Military Strategy toward China", *Strategic Studies Quarterly*, Vol. 13, No. 4, 2019, pp.106–108.

② Christopher Coker, *The Improbable War: China, The United States and the Continuing Logic of Great Power Conflict*, New York: Oxford University Press, 2015, p.148.

③ Christopher Coker, *The Improbable War: China, The United States and the Continuing Logic of Great Power Conflict*, p.148.

合海上和空中武装力量(主要是海军),封锁"第一岛链"以防止中国海军进入太平洋;在第一岛链内外设定海上禁区,以拦截对中国经济至关重要的超级油轮和超巴拿马型货轮,没收和扣押可疑船只,或迫使这些船只绕道而行。① 通过海上封锁,美国有望阻断中国绝大多数的海上贸易,严重削弱中国的经济,使其无法正常获得所急需的物资,最终逼迫中国不得不回到谈判桌前,从而获得胜利。② 与此同时,考虑到中国"反介入/区域拒止"能力的不断提升,近距离封锁有与中国发生大规模冲突的风险,因此必须切记霍雷肖·纳尔逊(Horatio Nelson)海军上将的名言,"一条战舰只有愚蠢之极才会与陆上要塞发生战斗"③,将重点放在远距离海上封锁上:美国及其盟国海军将主要在中国军事打击能力范围之外行动,在距中国相对遥远的海峡和咽喉要道阻止中国海军前进太平洋,同时扣押和捕获(而非击沉)出入中国的商船,从而避免与中国的大规模军事直接冲突。④

美国战略学界目前几乎已经达成共识,随着中国武装力量现代化发展,西太平洋区域的攻防平衡已经发生了更有利于防御的决定性转变。在中国不断发展的陆基火力面前,美国将火力甚至武装力量投射到中国大陆成本高昂,而其力图继续维持海洋控制的努力亦面临极大困难,代价昂贵得让人望而却步。⑤ 因此,与"大陆打击"(Mainland Strikes)或更早的空海一体战概念相比,海上封锁的战略益处主要在于:美国不需要袭击位于中国大陆的指挥中心、雷达站和陆基导弹发射场,不需要对中

---

① Christopher Coker, *The Improbable War: China*, *The United States and the Continuing Logic of Great Power Conflict*, p.154.

② Fiona S. Cunningham, "The Maritime Rung on the Escalation Ladder: Naval Blockades in a US-China Conflict," *Security Studies*, Vol. 29, No, 4, 2020, p.732.

③ Jonathan D. Caverley and Peter Dombrowski, "Cruising for a Bruising: Maritime Competition in an Anti-Access Age", *Security Studies*, Vol. 29, No. 4, 2020, p.676.

④ Evan Braden Montgomery, "Reconsidering a Naval Blockade of China: A Response to Mirski", *The Journal of Strategic Studies*, 2013, Vol. 36, No. 4, pp.615 – 623.

⑤ Jonathan D. Caverley and Peter Dombrowski, "Cruising for a Bruising: Maritime Competition in an Anti-Access Age", *Security Studies*, Vol. 29, No. 4, 2020, p.676.

国大陆发动任何军事打击,也不需要在第一岛链之内采取海上军事行动,相对成本(或损失)较小且收益较高。① 同时,该战略对盟国的要求也不高,美国的一些盟国和伙伴国海军可以参与封锁行动,但由于这些国家并不主动攻击中国军事力量,因此中国将无法对这些国家进行军事威慑乃至军事攻击。另外,与直接攻击中国大陆的军事或其他关键基础设施相比,海上封锁相对较为温和,这将避免引发战争的升级(甚至核升级),同时也不会使美国陷入一场与中国旷日持久的消耗战当中。② 从这个角度出发,对中国进行海上封锁,切断中国与其贸易伙伴以及石油、天然气和其他资源来源的联系,被部分美国学者认为是美国在与中国战略竞争甚至在未来一场大战中击败中国的最佳的和成本最低的方式。在此过程中,美国有望以较小的伤亡甚至零伤亡情况取得决定性收益,这正是李德·哈特所极力推崇的"绝佳战略"。

尽管存在诸多想象当中的好处,但很多学者也不得不承认,那些认为美国可以通过"轻松和不流血"的海上封锁以击败中国的设想,既低估了海上封锁面临的实际困难和政治挑战,同时也严重高估了封锁自身的战略价值。③ 首先,对于美国海军而言,远距离封锁中国将是一项极其艰巨的任务,包括大隅海峡、宗谷海峡、津轻海峡、巴士海峡、南海、马六甲海峡、巽他海峡和龙目海峡等海上要道都必须受到有效和不间断的控制,这对于目前因执行所谓"航行自由行动"(FOWOPs)能力已经严重透支的美国海军将构成更为严峻的挑战。其次,对华实施海上封锁将对美国自身的现实利益与国际形象构成重大冲击。在几乎完全不可能得到联合国安理会授权的情况下,美国对另一个安理会常任理事国展开海上封锁,这远远超出了国际社会的接受底线。尤其是,这个国家拥有仅次

---

① Christopher Coker, *The Improbable War: China*, *The United States and the Continuing Logic of Great Power Conflict*, p.152.
② Christopher Coker, *The Improbable War: China*, *The United States and the Continuing Logic of Great Power Conflict*, p.154.
③ Jason Lancaster, "Blockade: An Imperfect Strategy", 1 May 2019, https://cimsec.org/blockade-an-imperfect-strategy/.

于美国的经济体量,早已成为世界工厂,并与世界绝大多数国家保持着
友好关系,甚至与美国也存在着有史以来规模最为庞大的双边贸易关
系。再次,对华实施海上封锁还必须得到第三方的有力协助。尽管依然
维持着唯一的全球海上力量,但由于中国海军实力的不断加强,美国对
中国的海上封锁必须借助其海上盟国的力量。[1] 为达到预期的效果,美
国还必须得到新加坡、印度尼西亚、马来西亚等非条约盟国的支持(至少
是默许),而其中很多国家的政策态度目前亦存在巨大变数。

与上述问题相比,美国决策者所面临的最紧要的问题在于:在何种
情势(和平博弈、有限冲突、大规模战争、核大战)下,美国才能决定对中
国实施海上封锁? 其一,在和平博弈过程中,中美之间经济上的高度依
存使得美国如对华采取封锁的话,自身也将受到极其严重的经济损失;
其二,在有限冲突背景下,美国的战略目标在于保卫重要利益而非生死
攸关的利益(vital interest),为保卫这个利益对中国采取海上封锁,自身
同样将付出高昂代价,很可能会得不偿失;其三,如果中美之间爆发核大
战,已不需要考虑海上封锁实施的必要;其四,只有在大规模战争背景
下,也即美国认定自身核心的、生死攸关利益受到中国挑战,美国情愿冒
更大风险、承受更大负担、花费更高代价以赢得战争情况下,才会动用封
锁。与此同时,美国只有在认定它无法迅速和决定性地击败中国、常规
战争将旷日持久并演化成为"消耗战"的前提下,美国才会考虑实施海上
封锁。[2] 归纳起来就是,美国只有在特定场景下、在必须"保卫其关键利
益"之时才能考虑实施封锁,同时它还必须承担自身经济和政治利益肯
定受到的极大损害,并对中国可能出现的军事反弹甚至两国间的直接军
事冲突做好充分的准备,与此同时,它还不得不取得盟友和其他相关国

[1] Jonathan D. Caverley and Peter Dombrowski, "Too Important to Be Left to the Admirals: The Need to Study Maritime Great-Power Competition," *Security Studies*, Vol. 29, No. 4, 2020, p.584.

[2] Sean Mirski, "Stranglehold: The Context, Conduct and Consequences of an American Naval Blockade of China," *The Journal of Strategic Studies*, 2013, Vol. 36, No. 3, pp.388 – 391.

家的全力支持。上述前提缺一不可,否则即使美国愿意冒险对中国实施海上封锁,也很难达到预期的目标。

不仅如此,纵观历史,海上封锁对战争进程甚至历史演进的影响实际上被远远夸大了。尽管受到诸多战略大师的反复鼓吹,但有更多的战略学家指出,海上封锁尽管一直是军事成功的一部分,经常会产生意想不到的政治结果,但它从来都不是战略或战争胜利的关键。成功的海上封锁能够为陆上战役的成功创造条件,但仅靠封锁自身却无法赢得战争或完全实现战略意图。从奥格斯堡同盟战争、西班牙王位继承战争、七年战争到拿破仑战争,陆上战场而非海上封锁最终决定了战争的结局。因此,将腓特烈大王和库图佐夫、布吕歇尔和惠灵顿公爵的军事天才贬低成为英国海上战略的副产品显然是错误的。例如,拿破仑战争当中英国海军对法国的封锁"不能证明其对法国在欧陆的战略地位构成实质性打击,法国虽然失去对海洋的控制,但也并不意味着其资源和耐力已被减弱到了危险的地步。因此,并不存在……英国海上力量对法国的绞杀"[①]。从这个意义上讲,任何鼓吹通过"轻松和不流血"的海上封锁便能够击败一个国家(特别是陆上大国)的断言,显然严重低估了海上封锁所面临的实际困难和政治挑战。历史已经反复显示,单独采取海上封锁以迫使一个国家屈服,实际上并没有多少成功的先例。这一点,从公元前4世纪的雅典对斯巴达的海上封锁,到20世纪美国对古巴延续数十年之久的海上封锁等诸多案例中,均已经得到了充分的验证。

正是出于以上原因,很多美国学者自己也承认,"不流血的远距离封锁"并不是让中国屈服于美国的灵丹妙药。即使美国未来真的对中国施加海上封锁,其自身也将面临巨大压力,无论在道德层面或是在现实层面,同时也不可能不会对国际经济或美国自身的利益与国家形象造成严重破坏。与此同时,海上封锁是胜利的有效辅助手段,但绝非秘密武器,

---

①   Peter Paret, ed., *Makers of Modern Strategy: from Machiavelli to the Nuclear Age*, Princeton: Princeton University Press, 1986, p.453.

更不具备部分学者眼中的"神奇功效"。在封锁的过程中，美国的国家资源运用将达到极限，并伴有未知的外交和军事风险。必须牢记历史：无论是确保战争胜利或是确保国家战略成功，单独动用海上封锁过去没能完全奏效，将来作为一个独立的策略其功用还将继续受到挑战。

世界历史进入到 21 世纪第三个十年以来，伴随着诸多事实和趋势的强劲发展，国际权势体系和地缘政治格局演进无疑进入到一个关键历史时期。当下，一个处于崛起当中的、潜在的世界强国与一个正处于相对衰落当中的、致力于维持现状的霸权国家之间的绝大多数摩擦正发生于海上，而两国之间的战争可能主要将由彼此海军间的冲突而引发。尤其严重的是，这两个洲际规模、彼此激烈竞争且均拥有核武装的强国，均严重依赖于海上贸易。尤其是中国，其作为世界级经济强国的崛起，在很大程度上应当归功于海上贸易和海外能源输入的畅通无阻，这在世界大国中独一无二。[①] 这一世所罕见的情况的存在，正是近年来有关对中国实施海上封锁的假定引发了当下美国战略学界广泛讨论的直接原因。

随着历史的演进，海上封锁逐步从最早阻止敌方军舰出海、阻断敌方对外贸易的军事战略逐步向涵盖平时及战时、更高层级的战略模式转变。尤其是以 1962 年导弹危机期间美国对古巴的海上封锁为例证，海上封锁开始被认定为一种成本-收益比极高的战略选择，在历史特定时期已经上升成为部分国家（尤其是海上实力占具压倒性优势的国家）实现其国家大战略目标的重要手段甚至主要借助之一。特别是在美国这样一个性质独特的社会当中，如果即将到来的战争并不直接关乎美国的"生死存亡"的话，美国公众不会容忍一场除了大量牺牲但却迟迟胜负不决的战争。只有那些目标足够"正义"、进程短促、结果成功和伤亡很少

---

① David Axe, "To Defeat China In War, Strangle Its Economy: Expert", 24 Aug. 2020, https://www.forbes.com/sites/davidaxe/2020/08/24/to-defeat-china-in-war-strangle-its-economy/? sh=c34c4de31a98.

的军事行动,或者说,"压倒性及迅速的"胜利,才有望获得公众支持。[①]
而海上封锁由于可以不依赖地面部队卷入而单独实施,因此被很多美国
人视为"限制战争、甚至维护和平的手段"和一个颇具吸引力的概念。[②]
甚至在部分美国政治和学术精英那里,海上封锁已经成为在对华战略博
弈中"卡脖子"(Stranglehold)进而不战而胜的关键性手段,尽管他们对
于此举可能引发的严重后果视而不见。必须牢记,考虑到中、美两国均
为拥有核武器的巨型权势力量,中国和美国针对彼此的军事选择(包括
海上封锁)均极为有限,且对双方决策者均不具有太高的吸引力:因为即
便中美两国之间最有可能爆发的海上摩擦(更不必说战略性的海上封
锁),一旦出现也会迅速升级,直接导致较大规模的武装冲突,甚至引发
双方均无法承担的后果。

   自第二次世界大战结束以来,美国一直是东亚和西太平洋地区的绝
对统治者。在长期的霸权心态驱使下,美国显然已经对其地区主导地位
习以为常,以至于它很难想象一个崛起中的大国面对外界的威胁(或者
至少是包围)会有作何感想,也根本无法换位思考。[③] 著名历史学家约
翰·基根曾经指出,战争永远不会从政治中消失,除非能够消灭战争爆
发的根源。但不幸的是,大国冲突的首要原因从未改变,那就是竞争。[④]
考察 2017 年以来美国对外政策的演进发展,在权势相对下降恐慌下,甚
至主要为满足国内政治需要,美国政治精英已经将中国视作美国自身问
题的总根源,不断在各个领域加大对华战略挤压,将此作为维持和巩固
自身全球霸权地位的主要手段。拜登政府就任之后,实质上继承了特朗

---

① 科林·S.格雷:《核时代的美国战略(1945 至 1991 年)》,载[美]威廉森·默里、[英]麦格雷
   戈·诺克斯、[美]阿尔文·伯恩斯坦编:《缔造战略:统治者、国家与战争》,时殷弘译,北
   京:世界知识出版社 2004 年版,第 626—627 页。

② Bruce Allen Elleman and Sarah C.M. Paine, *Naval Blockades and Seapower: Strategies
   and Counter Strategies*, *1805 - 2005*, New York: Routledge, 2006, p. xix.

③ Christopher Coker, *The Improbable War: China*, *The United States and the Continuing
   Logic of Great Power Conflict*, New York: Oxford University Press, 2015, p.132.

④ Christopher Coker, *The Improbable War: China*, *The United States and the Continuing
   Logic of Great Power Conflict*, New York: Oxford University Press, 2015, p.176.

普政府的对华政策,甚至在意识形态、联盟政策等方面进一步加大了对华的战略围堵力度。[①] 在此背景下,中美两国目前在南海、台湾海峡和东海的海上紧张形势无一不存在爆发中等强度军事冲突甚至大国战争的风险。而特别令人感到忧虑的是,美国当前部分政治和学术精英对于美国同其他大国间大型战争爆发可能产生的重大灾祸竟也丝毫不放在心上。这一点,至少从当前美国战略学界在对中国实施海上封锁的热议中便可得到充分的体现。而这种洋溢着浓厚对立色彩,与世界和平发展潮流完全背道而驰的言论、假定和逻辑,战略效应极度危险,格外加剧了国际紧张局势,必须引起国际社会的充分警惕和坚决反对。

[①] 参见"State Secretary Blinken Speech: A Foreign Policy for the American People", 4 Mar. 2021, https://fr.usembassy.gov/a-foreign-policy-for-the-american-people/.

后记:战略之艰难与必要

据西塞罗记载,扎马会战失败后被迫流亡的汉尼拔,在以弗所旁听了一场有关指挥艺术的演讲。在听了演说者的长篇大论之后,这位伟大的将军表示:我在不少场合见到过很多夸夸其谈的老糊涂,但却以此次为最! 对于那些不用在严峻时刻和紧要关头被迫做出重大决策的人来说,可能性的边界是开放的和无穷的。

战略是一门"艺术",并且是一门事关战争胜负乃至国家兴衰的艺术,涉及高度对抗背景下对复杂人类事务的总体规划。尽管战略的各个组成要素——目标(ends)、手段(means)、原则(ways)及彼此关系看似简单明了,但考虑到它所涉及的众多变量,整个战略缔造过程中存在着几乎难以化解的困难和矛盾。这一点,诚如当代著名战略学家劳伦斯·弗里德曼所言,"战略的世界充满了失望和无奈,充斥着不见成效的手段和无法达到的目标"。事实也是如此,在人类历史的整体演进当中,成功的战略缔造罕有并且艰难。

其一,战略本身即为复杂的复合体。战略涵盖军事工具的所有方面,还涉及政治、经济、社会与文化的极多方面。在战略缔造过程中,除极小部分客观要素外,绝大多数要素都是不确定的、可变的和难以量化的,尤其是人类个体的激情与信仰、群体大众的精神氛围与意识形态等。

不仅如此,很多影响要素还随着时间的发展而出现变迁。即使如地理此类号称"恒久不变"的物质环境,亦会因技术的发展呈现不同于过往的战略影响。各个要素对于战略缔造的作用也并非均同的或等时的,个别价值空出的要素也很难全然排除其他要素的制约和干扰。军事战略即是如此,而大战略因覆盖范围更广、持续时间更长、涉及因素更多、慨然性和不确定性更为显著,更是充斥着不可估算之事和无法预测的"摩擦"。因此,战略家与战术家不同,前者有更大的概率容易出错。

其二,战略的竞争性本质使之较一般性的社会活动更难以把握。战略并非存在于真空当中,战略缔造的基本背景是战争乃至国家间的竞争,战略是两个(或多个)敌对的意志在事关生死(至少是事关重大利益)过程中运用武力或非武力手段以解决彼此争端的过程。在这场激烈程度显而易见的斗争当中,各个行为体的意志、技巧、手段和目标各不相同,同时这些行为体对其他竞争者的意志、技巧、手段和目标的认识也难以做到准确无误,而竞争者的狡猾、机智及手段上的出人意料更是大大加剧了这一困难。时至今日,发达的技术进步似乎也没能在这方面取得足够巨大的进展,使战略缔造的难度有所降低。

其三,战略没有现成的模式可以参考。克劳塞维茨早指出,在一个偶然性、不确性和含糊性占优势的世界中,战略的"原则、规则甚至其体系"必定总是不足的,受到无休止的复杂性的破坏。最权威的战略学家也从不认为战略存在可量化的、可以反复验证的应用框架,能够为打胜战争和赢得国家间竞争提供现成的公式。即使是最精明的决策者也在为筹划下一步行动而大伤脑筋,最精细的战略也不一定能够必然取得相对积极的结果。用 19 世纪最成功的战略家之一冯·毛奇的著名表述就是,"没有任何计划在与敌人遭遇后还能继续"。指望事先制订一个面面俱到、足以克服一切偶然性的战略实属外行的妄想!

尽管如此,考虑到人类事务之变幻无穷及彼此间竞争之紧要残酷,对军事指挥官和国家决策者而言,在应对日常事务特别是在面临重大选择关头,总是希望能够拥有一套设计精妙、实施顺畅的总体方案,以求在无尽的战争迷雾或国际政治乱象中寻找出解决问题的最佳路径。胸怀战略的好处,用弗里德曼的话说就是,"意味着高瞻远瞩,抓大放小,治本而非治标,探究原因而非症节,放眼全局而非纠纷细节"。而"缺少了战略,什么直面问题、追求目标就仅仅沦为了空谈!"

近十年来,随着国际政治经济形势的快速演进和国际权势对比的显著调整,大国竞争渐趋激化,国际安全治理举步维艰,世界范围内的危机、冲突、战争大幅增生,冷战后维持30余年的国际秩序已然裂痕丛生,甚至存在整体崩塌的可能。与之相伴随,众多有关世界"重回纷争""重回分裂"乃至"重回冷战"的假设、预言甚至论断近年来大量涌现。在大混乱、大冲突迹象日趋显现的今天,国际社会是否能够在新的思想意识鼓舞下共同创设一个和谐共生、和平繁荣的未来,还是又一次陷入强权纷争与霸权兴替的周期循环当中?面对时代的剧烈变动和前景的茫昧难测,对于这个事关人类前途命运的关键问题之解答和应对,当然有赖人为,有赖人的理性、良知和智慧,有赖国际社会集体意识的总体进步和果断行动,更有赖于成功的大战略缔造。

在历史之变和时代之变的浩然洪流面前,中国作为人类历史当中最为悠长的不间断文明和当今世界首屈一指的大国,其大战略缔造的重大功用绝不应止于"独善其身",即营造一个有助于实现民族伟大复兴的稳定、友善的周边和国际环境;更应在"世界大同"和"四海一家"理想的引领下"兼善天下"。尤其是在推动实现安全合作共治、发展普惠和谐与文明并蓄共生等诸方面,身兼最大发展中国家和新兴国家代表于一身的中国,理所当然地负有突出责任,理所当然地承载众多期望。在"危""机""进""退""乱""治"等众多选项并行交错当中,中国智慧、中国方案、中国力量、中国行动,在推动人类正义事业和总体进步过程中的伟大作用,可谓舍我其谁,理应当仁不让!

二〇二四年元月于南京板桥